이한우의
조선 재상 열전

이한우의 지인지감 05

이한우의
조선 재상 열전

조선 500년을 만든 경세가經世家 20인

이한우 지음

21세기북스

머리말

나라는 재상이 만든다

조선 시대 재상이란 의정부(議政府)의 삼상(三相), 즉 영의정·좌의정·우의정을 가리킨다. 임금을 제외한다면 조선 시대 통치의 최정점에 오른 인물들이다.

이들 삼상은 각기 역할 분담을 했는데 대체로 실권은 좌의정이 갖고 있었다. 영의정은 세종 때 상당한 실권을 갖기도 했으나 그 후 명예직에 가까웠다.

특별한 경우를 제외하고는 판서를 지낸 인물 중에서 포용적이고 일에 밝으며 조정 능력이 뛰어난 인물을 뽑아 먼저 정2품 참찬(參贊)으로 삼았다. 판서와 같은 품계이니 수평 이동인 셈이다. 참찬에도 좌참찬과 우참찬이 있었다. 이들은 의정부에 속했다. 그 후 종1품 찬성(贊成)에 오르게 된다. 여기에도 좌찬성과 우찬성이 있었다. 이어서 정1품 우의정에 오르고 좌의정이 되었다가 영의정을 맡는 식이었다.

그러나 조정의 공식 서열은 임금 다음으로 높았지만, 명종 때 비변사(備邊司)가 설치되어 나라의 중대사를 비변사에서 논의하게 됨에 따라 삼정승은 그저 도제조(都提調)라는 이름으로 참여할 뿐이었으니 크게 권한은 없었다. 특히 선조 때 임진왜란이 일어나 국가의 모든 행정이 전쟁 수행에 직결되자 비변사의 기구가 강화되고 권한도 크게 확대되었다. 따라서 의정(議政)·판서·오군문(五軍門)의 장, 사도유수(四都留守) 등 국가 주요 기관의 장이 모두 도제조(都提調-위정장)·제조(提調-위원)가 되어 이에 참여했으며, 국방 문제뿐만 아니라 외교·산업·교통·통신 등 주요 국정(國政) 전반을 비변사 회의에서 토의하고 결정했다. 이는 조선 말기까지 그대로 이어졌다.

게다가 당쟁이 생겨나면서 비변사는 당파의 정치 도구로 전락해 공직 조정의 최고 책임자인 삼정승은 이렇다 할 정치적 역할을 하지 못하게 된다. 조선 중기 이후에 이렇다 할 명재상이나 현상(賢相)이 드문 이유이기도 하다.

그래서 조선 초기만 해도 종묘(宗廟)에 배향되는 것을 최고의 영예로 생각했으나 재상의 지위나 권한이 무력화되면서 신하들은 문묘(文廟)에 배향되는 것을 최고의 영예로 여기게 되었다. 이 또한 당쟁이 남긴 폐단이다.

따라서 조선 재상의 현부(賢否)를 따질 때는 그 재상이 모셨던 임금, 시대 상황, 관련 인물들과의 관계 등을 종합적으로 따져서 판정해야 한다. 지금까지 우리 학계에 이런 식의 접근법이 있었는지는 모르겠다.

재상 혹은 정승은 현대 정치적 차원에서도 큰 도움을 주리라 여긴다. 재상은 덕망만으로 되는 것도 아니고 실무 능력만으로 되는 것도 아니다. 임금들이 뛰어나고 뛰어나지 못하고의 차이는 있지만 대체로 한 시대를 대표하는 정승은 일단 덕망과 실무 능력, 여기에 학식까지 겸비한 경우가 많았다. 따라서 재상학 혹은 정승학을 통해 우리는 미래의 바람직한 정치인을 길러내는 하나의 길을 모색해볼 수 있으리라 여긴다.

사실 우리 학계의 연구 풍토는 정승보다는 학자에 편중되어 있다. 이황이나 이이는 연구해도 조준이나 하륜, 황희를 연구하는 경우는 지극히 드물다. 하지만 현실 역사를 만들어온 사람은 학자보다는 경세가(經世家)인 재상들이다. 경륜(經綸)을 가벼이 여기는 우리의 문화적 풍토 또한 이와 무관치 않아 보인다.

이 책은 2023~2024년 《월간조선》 연재를 바탕으로 한 것이다. 글을 쓸 좋은 기회를 만들어준 이동한 대표와 배진영 편집장에게 먼저 감사 인사를 전한다.

늘 필자의 작업을 응원하고 후원해주는 21세기북스 김영곤 사장과 편집자 양으녕 님께도 감사의 마음을 전한다.

2025년 7월 상도동 보심서실(普心書室)에서
탄주(灘舟) 이한우(李翰雨) 삼가 쓰다

차례

머리말 나라는 재상이 만든다 5

들어가는말 재상을 논한다 11

제1장	태조의 공신이자 명재상 조준	27
제2장	태종의 공신이자 명재상 하륜	45
제3장	세종의 명재상 황희	62
제4장	외유내강 재상 맹사성	79
제5장	세 임금을 재상으로서 모신 신숙주	97
제6장	올곧음 하나로 정승에 오른 구치관	115
제7장	포의에서 단숨에 정승에 오른 책략가 한명회	130
제8장	조선 1호 장원급제 출신 정승 정인지	147
제9장	말년에 임금을 잘못 만난 학자형 정승 노사신	162
제10장	폭군을 만나 뜻을 펴지 못하다, 오고당상 어세겸	178
제11장	용군 중종 밑에서 나온 명재상 정광필	196
제12장	난세를 넘긴 명재상 이준경	212

제13장	세상을 비켜 사는 지혜로 난세의 명재상이 된 **상진**	236
제14장	시대를 잘못 만난 현상 **유성룡**	250
제15장	임금 셋을 바른 도리로 모신 명재상 **이원익**	269
제16장	난세의 든든한 버팀목이 되어준 명재상 **이항복**	285
제17장	탁월한 이재와 신중한 처신으로 38세에 정승에 오른 **한음 이덕형**	307
제18장	백성을 전란의 도탄에서 구해낸 실사구시 재상 **최명길**	320
제19장	백성의 삶을 정치하는 최우선으로 삼은 대동법 재상 **김육**	338
제20장	당쟁 시대의 무력한 재상들 ① **동래 정씨**	354
제21장	당쟁 시대의 무력한 재상들 ② **안동 김씨**	372
제22장	당쟁 시대의 무력한 재상들 ③ **여흥 민씨**	391
제23장	숙종 때 열 번 이상 영의정에 오른 **최석정**	410

들어가는 말

┤ 재상을 논한다 ├

육가, "천하가 안정되어 있을 때는 재상을 주시하고 천하가 위태로울 때는 장군을 주시한다."

한나라를 세운 유방(劉邦)에게 육가(陸賈, ?~?)라는 신하가 『시경』과 『서경』을 강술하려 하자 유방이 욕하며 말했다.

"내가 말 위에서 천하를 얻었지 어찌 『시경』과 『서경』이 도움을 주었겠는가?"

이에 육가가 말했다.

"말 위에서 얻었다고 해서 어찌 말 위에서 다스릴 수 있겠습니까?"

이렇게 해서 유방에게 큰 깨우침을 주었던 육가가 유방 사후 권력이 유씨(劉氏)에서 여씨(呂氏)로 넘어가자, 승상 진평(陳平)을 찾아가 장군 주발(周勃)과 힘을 합쳐 권력을 다시 유씨에게 돌려놓을 것을 권하며 이렇게 말했다.

"천하가 안정되어 있을 때는 재상을 주시하고 천하가 위태로울 때는 장군을 주시합니다."

문(文)과 무(武), 재상과 장군을 보는 눈과 쓰는 잣대는 다르다

당송팔대가 중 한 사람인 북송 때 정치인 소순(蘇洵, 1009~1066년)은 '재상을 임용할 때는 예로써 하라[任相]'는 글에서 장군과 달리 재상이 훨씬 중요한 이유를 다음과 같이 밝히고 있다.

"옛날에 다른 나라를 잘 살필 줄 아는 사람들은 오직 그 나라 재상이 어떤 사람인지를 살필 뿐이었다.

이 문제를 평하는 사람들은 늘 '장군과 재상은 그 중요도가 같다'라고 하는데 장군은 단지 한 사람의 큰 관리일 뿐이요 재상과는 같을 수가 없다.

나라에 정벌과 같은 전쟁 등이 있고 나서야 장군의 권위는 무겁게 되지만 정벌 등이 있든 없든 재상은 단 하루도 가벼이 여길 수 없다.

재상이 뛰어나면 모든 관리가 뛰어나게 되고 장군 또한 뛰어나게 된다.

장군이 뛰어나고 재상이 뛰어나지 않다고 해도 장군을 재상으로 바꿀 수는 없다. 그렇기에 장군은 단지 한 사람의 큰 관리일 뿐이요 재상과는 같을 수가 없다고 말한 것이다."

이어서 소순은 재상을 임용하는 잣대와 장군을 쓰는 잣대를 명확히 구별해 다음과 같이 말한다.

"장군이 된 자는 대개 재주는 많지만, 간혹 우둔하고 부끄러움이 없으니, 모두가 절조 있고 염치가 있으며 예(禮)를 좋아해 사람들이 감히 범접할 수 있는 자가 아니다. 그래서 반드시 예로 우대하지 않지만, 그가 구속에 얽매이지 않아 불법을 저지르더라도 그를 일반적인 법으로 처벌할 수 없는 것은 어째서인가? 강하고 방종해서 구속에 얽매이지 않으려는 것은 실로 장군의 일반적인 태도이기 때문이다.

한 무제가 대장군을 대할 때 종종 평상에 걸터앉은 채로 대했고 이광리(李廣利)가 대완국(大宛國)을 쳐서 승리했을 때 많은 군졸을 희생시킨 죄에 대해서는 들추지도 않고 불문에 부쳤다. 이것이 장군을 임용하는 방법이다.

그러나 재상의 경우에는 반드시 절조 있고 염치가 있으며 예(禮)를 좋아하는 사람이 되어야지 강하고 방종해서 구속에 얽매이지 않으려는 자가 되어서는 안 된다. 그래서 천자는 재상에게 예를 갖춰 우대하고 책임을 엄중하게 요구하는 것이다."

임금의 예대(禮待)와 신하의 진례(盡禮)

이미 공자는 『논어』에서 임금이 신하를 예대(禮待)할 것을 강조한 바 있다. 「팔일(八佾)」편 19이다.

> (노나라) 정공(定公)이 물었다.
> "임금이 신하를 부리고 신하가 임금을 섬길 때는 어떻게 해야 하는가?"
> 공자가 대답했다.
> "임금이 신하를 부릴 때는 예로써 하고 신하가 임금을 섬길 때는 충직함으로 해야 합니다."

이때 신하를 재상으로 고치면 그대로 소순이 한 말과 통한다. 바로

앞 「팔일」편 18에서 공자는 또 이렇게 말한다.

공자가 말했다.
"(내가) 임금을 섬기면서 예를 다했더니 사람들은 그것을 아첨이라고 여겼다."

임금은 재상에게 예대(禮待)하고 재상은 임금에게 진례(盡禮)해야 한다. 예를 다하는 것이 충(忠)이다. 그런데 사람들은 그것을 보고서 오히려 아첨이라고 여긴다고 했다.

『서경』「주서(周書) 군진(君陳)」편에 나오는 글 하나를 보자. 형이상-중-하로 보자면 충이 상, 진례가 중이고, 「군진」편은 하인 셈이다. 이때 형이상·중·하란 필자가 만든 용어이다. 형이상은 개념, 형이중은 정의, 형이하는 사례이다. 이 방법을 쓰면 한결 쉽게 공자 혹은 유학 텍스트를 읽어낼 수 있다.

"너에게 아름다운 모책과 계책이 있거든 즉시 들어와 안에서 너의 임금에게 고하고 네가 그것을 밖에 말할 때는 '이 모책과 계책은 오직 우리 임금 덕분이다'라고 하라."

이를 흔히 군진지충(君陳之忠)이라고 한다. 그러나 곁에서 이를 지켜보는 이가 있다면 그 모습을 아첨으로 여길 수도 있다.

그렇다면 임금과 신하는 일의 이치[事理=禮]를 연결고리로 맺어진 관계이지 일을 떠나는 순간 아무것도 아닌 관계로 돌아간다. 힘에 의한 복속 관계와는 무관한 것이다.

다시 말하면 진례 하지 않는 신하는 신하다운 신하가 아니고 예대하지 않는 임금은 임금다운 임금이 아니다.

다시 소순의 말이다.

"예로써 재상을 우대한 다음에 책임을 엄중히 물으니 원망하는 말이 없게 될 것이고, 책임을 엄하게 묻고 난 다음에 예로써 대우하는 것도 잘못된 것은 아니다.

예를 차리지 않으면서 책임만 엄중히 묻는다면, 그는 "주상께서는 저를 무슨 예로 대우하셨기에 저를 이같이 엄하게 문책하십니까? 너무 심하십니다"라고 할 것이다.

책임은 가볍고 예가 중하면, 그는 장차 게을러져서 자신이 할 일에 힘쓰지 않게 될 것이다.

그러므로 예로써 우대해 재상의 마음을 묶어두고, 엄중한 책임으로 재상에게 게으르지 않도록 격려한 이후에야, 재상 된 자는 조정에 충성을 다하지 않음이 없을 것이다."

임금 입장에서 재상감을 논하다 ①

옛날에는 논상(論相)이란 말이 있었다. 한마디로 임금 입장에서 재상감을 논한다는 뜻이다.

먼저 임금이 뛰어난 이를 재상으로 두려는 마음이 있어야 한다. 그것이 출발점이다. 유향(劉向)이 편집하고 저술한 『설원(說苑)』(이한우 옮김, 21세기북스) '제1장 임금의 도리[君道]'에 실린 두 글은 이 점을 명확하게 보여준다.

1-13

(은나라를 세운) 탕왕(湯王)이 이윤(伊尹)에게 물었다.

"삼공, 구경, 이십칠 대부, 팔십일 원사를 (뽑아 씀에 있어) 알아보는 데 어떤 도리가 있는가?"

이윤이 대답해 말했다.

"옛날에 요임금은 사람을 보는 순간 알아보았고 순임금은 일을 맡긴 다음에 알아보았고 우왕은 일을 (맡겨) 이룬 다음에 그를 들어 썼습니다. 무릇 세 임금이 뛰어난 이를 들어 쓴 것은 모두 도리는 달랐지만, 공업을 이뤄냈습니다. 그러나 (여기에도) 여전히 잘못된 것이 있었는데 하물며 아무런 법도도 없이 자기 마음대로 자기 뜻에 맞는다고 사람을 쓰게 되면 반드시 큰 잘못을 저지르게 될 것입니다. 그래서 임금은 신하에게 자기가 가진 능력을 바치게 한다면 만에 하나라도 잘못됨이 없을 것입니다."

1-14

임금 된 자는 어떤 잣대로 뛰어난 이를 뽑아야 하는가?

무릇 임금 된 자란 뛰어난 재목을 얻어 자기를 보필하게 한 다음에야 다스리는 것이니 비록 요순과 같은 눈 밝음이 있더라도 고굉(股肱-팔다리)과 같은 신하들이 갖춰져 있지 않으면 임금의 은혜는 널리 퍼지지 않고 교화로 인한 은택은 행해지지 않는다. 그래서 눈 밝은 임금이 위에 있게 되면 선비를 고르는 데 신중하고 뛰어난 이를 찾는 데 힘쓰며 사방의 보좌를 두어 자기를 보필하게 해 영준한 인재들로 하여금 관직을 맡게 하여 그 작위를 높이고 그 봉록을 무겁게 해 뛰어난 이는 (벼슬에) 나아와 눈부신 영예를 누리고 능력이 떨어지는 자는 물러나 자기 일에 힘쓰게 한다. 이 때문에 임금은 더 이상 남은 근심이 없고 아래에서는 사특한 마음을 갖지 않아 백관은 능히 다스려지고 신하들은 직무에 즐거이 임해 은혜는 많은 백성에게 펼쳐지고 윤택함은 초목에까지 미치게 된다.

옛날에 우순(虞舜-순임금)은 왼쪽에 우(禹)를, 오른쪽에 고요(皐陶)를 두어 (자기는) 당(堂) 아래로 내려가지 않고서도 천하는 다스려졌으니, 이것이 바로 능력 있는 사람을 잘 부린 결과이다.

임금 입장에서 재상감을 논하다 ②

조선 현종 12년(1671년) 11월 30일 우레 등의 변고가 있자, 우의정 송시열이 사직을 청하는 소를 올렸는데 그중에 바람직한 정승이란 어떠해야 하는지를 논하는 내용이 들어 있다.

신은 또 임금의 일 중에 정승을 논하는 것[論相]보다 더 큰 것은 없다고 생각합니다. 정승을 논하여 적임자를 얻으면 어지러움을 다스릴 수 있고 망할 것을 보존시킬 수 있지만, 진실로 적임자를 얻지 못한다면 안정이 필시 위험해지고 융성이 필시 쇠퇴해질 것입니다. 전하와 같은 명성(明聖)으로 어찌 이것을 모르시겠습니까마는, 또한 신 같은 자를 그 사이에 채워 넣으셨습니다. 신은 그 적임자가 결코 아니며 또 조석 간에 쓰러질 것입니다. 그렇게 되면 다시 진용할 기회가 없고 나라 상황은 불속에서 구하고 물속에서 건지듯 급해질 것입니다. 모름지기 신의 직을 빨리 갈고 적임자를 빨리 구하여 그 지위에 놓는다면 나라의 상황이 가망 있게 될 것입니다.

주자께서 일찍이 인군논상(人君論相)의 설을 가지고 그 임금에게 아뢰기를 '정승을 논해야 할 사람이 자기에게 맞는 자를 구할 뿐 자기를 바로 잡아주는 자를 구하지 않으며, 사랑할 만한 자를 취할 뿐 두려워할 만한 자를 취하지 않는다면, 임금은 그 직임을 잃은 것이다. 임금을 바로잡아야 할 사람이 옳은 일을 건의하고 안 될 일을 폐기하는 것을 일삼지 않고 부합하여 뜻을 받드는 것을 능사로 삼으며, 세상을 경영하며 사물을 주관하는 것으로 마음을 먹지 않고 자신을 용납받고 총애를 굳히는 것을 기술로 삼는다면, 재상은 그 직임을 잃은 것이다. 자기를 바로 잡아주고 두려워할 만한 자를 뽑는다면 반드시 자중하는 사람을 얻게 될 것이고, 내가 그에게 맡기는 것도 부득불 무겁게 될 것이다. 맡기는 것이 무거우면 그가 옳은 일을 건의하고 안 될 일을 폐기하려는 뜻을 다할 것이며, 세상을 경영하고 사물을 주관하려는 그 마음을 행할 것이다. 또 곧고 우직하며 과감히 말하는 천하의 선비를 공정히 뽑아 대간(臺諫)으로 삼고 관직을 주어 의논에 참여케 할 것이다. 내 복심이목(腹心耳目)의 임무 부여가 항상 뛰어난 사대부에게 있고 군소배들에게 있지 않게 하며, 옳고 그름을 상벌하는 권한이 항상 낭묘(廊廟-의정부)에 있게 하고 사문(私門)에서 나오지 않게 한다'라고 했습니다.

이 설은 실로 임금이 정승을 논하는 핵심적인 방법입니다. 전하께서 시험 삼아 이렇게 정승을 구하신다면 반드시 그 적임자가 있을 것입니다.

주희 특유의 임금을 바로잡는 정군(正君), 즉 격군론(格君論)이 담겨 있기는 하지만 원칙적으로 틀린 말은 아니다.

뛰어난 재상의 덕목 [賢相之德]

『논어』「위령공(衛靈公)」편 9에 나오는 일화부터 보자.

자공(子貢)이 어짊을 행함에 대해 묻자 공자가 말했다.
"장인(匠人)이 일을 잘하고자 하면 반드시 먼저 그 도구들을 예리하게 한다.
이 나라에 있으면 그 나라 사대부 중에서 뛰어난 이들을 (스승처럼) 섬기고 그 선비 중에서 어진 사람을 벗 삼아야 한다."

이 글은 장인을 임금으로 바꾸면 이해가 훨씬 쉬워진다. 장인이 일을 잘하기 위해 제일 먼저 할 일은 자기 연장을 잘 가다듬고 예리하게 하는 일이다. 임금 입장에서는 재상을 잘 골라 쓰는 일이 이에 해당한다.

여기서는 스승처럼 여길 신하[師臣]와 벗처럼 여길 신하[友臣]를 찾아내라는 말이다. 결국 이는 스승과 같은 재상, 벗과 같은 경대부(卿大夫)와 대간(臺諫)들을 가까이해야 한다는 뜻이다. 스승과 같은 재상은 임금의 눈이 되고 벗과 같은 신하는 임금의 귀가 된다.

그렇다면 훌륭한 재상은 어떤 덕목과 자질을 갖춰야 하는가? 먼저 공자는 곧음[直] 하나로 훌륭한 재상감을 나타냈다. 「안연(顏淵)」편 22가 그것이다.

번지가 안다는 것[知]이 무엇이냐고 묻자, 공자가 말했다.
"사람을 아는 것이다[知人]"라고 말한다.
번지가 (특히 사람을 아는 것과 관련해) 이 말을 이해하지 못하자 공자가 말했다.
"곧은 사람[直]을 들어 쓰고 모든 굽은 사람은 제자리에 두면, 굽은 자로 하여금 곧아지게 할 수 있다."
번지는 공자 앞을 물러 나와 자하(子夏)를 찾아가 물었다.
"지난번에 내가 스승님을 뵙고서 안다는 것이 무엇인지 묻자, 스승님께서 '곧은 사람을 들어 쓰고 모든 굽은 사람은 제자리에 두면, 굽은 자로 하여금 곧아지게 할 수 있다'라고 하셨다. 무엇을 말함인가?"
자하가 말했다.
"풍부하도다! 그 말씀이여! 순(舜)임금이 천하를 소유함에 여러 사람 중에서 선발하여 고요(皐陶)를 들어 쓰시니 어질지 못한 자들이 멀리 사라졌고, 탕왕(湯王)이 천하를 소유함에 여러 사람 중에서 선발하여 이윤(伊尹)을 들어 쓰시니 어질지 못한 자들이 멀리 사라졌다."

자하 말에서 보듯이 고요나 이윤은 모두 옛날의 뛰어난 재상이다.

유소의 『인물지』에서 제시한 국체(國體)가 바로 훌륭한 재상감

이번에는 위(魏)나라 조조(曹操, 155~220년) 신하 유소(劉劭)의 『인물지(人物志)』(이한우 옮김, 21세기북스)가 제시하는 뛰어난 재상이 갖춰야 할 덕목을 짚어보자.

지인지감(知人之鑑)에 관심이 많았던 조조의 명을 받아 유소는 이 책 『인물지』를 지었다. 이는 앞으로 조선 재상들을 구체적으로 파고들 때 유용한 잣대가 될 것이다.

청절(淸節)의 다움은 (후사를 가르치는) 사씨(師氏)의 임무에 어울린다 (原註-도리와 다움을 담당하며 주자(胄子)들을 가르치고 인도한다).

법가(法家)의 재능은 (범죄를 막고 처벌하는) 사구(司寇)의 임무에 어울린다 (原註-형벌과 법률을 담당하며 간사한 자와 난폭한 자들을 막는 일을 한다).

술가(術家)의 재능은 (재상을 보좌하는) 삼고(三孤)의 임무에 어울린다 (原註-묘당(廟堂-정승이나 삼공의 근무처)에서 계책을 내는 일을 담당하며 삼공을 도와 바른 도리를 논한다).

삼재를 순전하게 갖춘 경우 삼공(三公)의 임무에 어울린다(原註-지위는 삼괴(三槐)이며 삼괴를 보고 앉아서 큰 도리를 논한다.)(譯註-삼괴란 옛날에는 조정(朝廷) 뜰에 회화나무 3그루를 심고 삼공(三公)이 이것을 향하여 앉았다는 데서 온 말로 삼공(三公)을 달리 이르는 말이다).

삼재를 미미하게 갖춘 경우 총재(冢宰)의 임무에 어울린다(原註-천관(天官-이조 판서)의 경(卿)으로 백관을 총괄한다).

장부(臧否)의 재능은 사씨(師氏) 보좌에 어울린다(原註-옳고 그름을 분별함으로써 사씨(師氏)를 보좌한다).

지의(智意)의 재능은 총재 보좌에 어울린다(原註-사(師)의 일을 마땅함으로 제어해 천관을 보좌한다).

기량(伎倆)의 재능은 사공(司空-토목 담당)의 임무에 어울린다(原註-생각을 섞어 정교한 해법을 찾아내는 사람은 그래서 동관(冬官-조선 시대 공조 판서)을 담당한다).

유학(儒學)의 재능은 안민(安民-백성 교화)의 임무에 어울린다(原註-다움과 떳떳함을 담당하며 그 사람됨을 보호하고 지켜낸다).

문장(文章)의 재능은 국사(國史-역사 서술)의 임무에 어울린다(原註-법도가 되는 모범을 서술함으로써 후대에 드리운다).

변급(辯給)의 재능은 행인(行人-외교관)의 임무에 어울린다(原註-저쪽의 제안에 이쪽이 제대로 반응하며 길에서 다른 나라의 외교관을 잘 보낼 수 있다).

효웅(驍雄)의 재능은 장수(將帥)의 임무에 어울린다(原註-군사를 통할하며 고분고분하지 않은 자들을 토벌하고 평정한다).

먼저 유소는 기본적인 세 가지 신하 유형을 제시한다. 그 첫째가 청절가이다. 주자(冑子)는 원래는 임금의 맏아들만 가리키다가 점점 확대되어 천자로부터 경대부에 이르기까지 적자들을 가리키는 뜻으로 바뀌었다. 주자는 그래서 나라 사람의 아들이라 해서 국자(國子)와 통하며 성균관 전신이 바로 국자감이나 주자감이었던 것도 그 때문이다. 대체로 조선 시대에 이런 인물들은 정사에 참여하기보다는 주로 성균관에서 경력을 쌓았다. 성균관 좨주(祭主)가 대표적이다. 조선 초 권근(權近, 1352~1409년)이 이에 속한다.

청절가가 교육을 담당하는 사도(司徒)에 어울린다면 법가는 범죄를 막는 일을 하는 사구(司寇)에 어울린다. 형조 판서의 뿌리라 하겠다.

술가는 계책에 능한 사람이다. 삼고(三孤)란 조선 시대 삼정승 바로 아래 찬성(贊成)과 참찬(參贊)에 해당한다. 찬성은 정승이 일을 이루는 것을 돕는다는 뜻이고 참찬은 그 돕는 일에 참여한다는 뜻이다.

이제 본격적으로 이 세 가지를 바탕으로 재상감을 논한다. 이상 세 가지 재능을 고루 갖춘 이를 국체(國體)라고 부르는데 바로 재상감이다.

재상은 청절한 절의와 법치에 대한 확고한 의식, 큰 계책을 정할 줄 아는 술가의 면모를 고루 갖춰야 한다. 대체로 청절한 절의만 강조하는 우리의 전통적인 신하관 혹은 재상관과는 다르다. 실제로 재상은 정(正)보다는 중(中), 상도(常道)보다는 권도(權道)에 능해야 한다는 점에서 유소가 제시하는 재상관이 훨씬 현실적이다. 정(正)은 일의 이치를 중시하고 중(中)은 일의 형세에 적중하는 것을 중시한다.

유소는 이런 최고 수준에 이른 재상으로 이윤(伊尹)과 태공(太公)을 꼽는다. 조선 초 조준(趙浚, 1346~1405년)이나 황희(黃喜, 1363~1452년), 신숙주(申叔舟, 1417~1475년), 조선 중기 이준경(李浚慶) 등이 바로 국체에 이른 재상이라 하겠다.

하륜(河崙, 1347~1416년)의 경우 큰 계책을 정하고 제도를 정비했다는 점에서 술가와 법가의 면모는 출중했지만 아무래도 청절 측면에서 높은 점수를 받기는 어렵다 하겠다.

청절가·법가·술가 세 가지 재능을 고루 갖추기는 했지만, 전반적으로 재상감에 비해 떨어지는 인물을 유소는 기능가(器能家)라고 이름 지었다. 조준 아래에서 정승을 지낸 김사형(金士衡, 1333~1407년)이나 황희의 파트너 맹사성(孟思誠, 1360~1438년)이 이에 속한다고 할 수 있다. 학재(學才)가 단연 출중했던 정인지(鄭麟趾, 1396~1478년) 또한 이에 속한다고 볼 수 있다. 이들은 대체로 큰 계책을 결단하는 술가 덕목이 떨어지는 유형이다. 그래서 일반적으로 조선 재상들은 국체보다는 기능가들이 많았다고 할 수 있다.

옳고 그름을 따지는 데 집중하는 장부가는 청절가의 아류이고 큰 계책이나 원대한 안목은 없으나 맡은 관직은 빈틈없이 수행할 수 있는 기량가는 법가의 아류로 주로 유능한 경조윤(京兆尹), 오늘날로 치면 서울시장직을 잘 수행할 수 있다. 지의가는 새 제도를 만들지는 못하지만, 임기응변에 능하고 잔재주가 많아 술가의 아류라 할 수 있다.

나머지 문장, 유학, 변급, 효웅은 재상의 덕목과는 무관하므로 더는 논하지 않는다. 문장가는 사마천이나 반고처럼 역사를 쓸 수 있고 유학가는 옛일을 전수만 할 뿐 일을 맡기기에는 적합지 않다. 말재주에 능한 변급가는 외교를 맡길 만하고 웅걸은 한신(韓信, ?~기원전 196년)이 대표적이다. 조선 역사에서는 이순신(李舜臣, 1545~1598년)이 이에 속한다.

재상이란

사마천 『사기(史記)』 「진승상세가(陳丞相世家)」에는 재상(宰相) 혹은 승상이 어떤 일을 하는 자리인지를 명확하게 보여주는 이야기가 실려 있다.

(한나라) 문제(文帝)가 즉위하여 태위 주발이 몸소 병사를 이끌고 여씨들을 죽인 공이 많다고 여겼다. 이에 진평은 주발에게 자리를 양보하고 병을 핑계로 사직하려고 했다. 효문제가 막 즉위하여 진평이

병을 핑계 대는 것이 괴이하여 물었다. 진평은 "고제 때 주발의 공은 신 진평만 못했습니다. 그러나 여씨들을 죽인 일에서 신의 공은 주발만 못합니다. 바라건대 우승상을 주발에게 양보하고자 합니다"라고 했다. 이에 효문제는 강후 주발을 우승상에 임명하니 서열 제1이었다. 진평을 좌승상으로 옮기니 서열 두 번째였다. 진평에게 금 1,000근을 내리고 식읍 3,000호를 더했다.

어느 정도 시간이 지나자, 효문제는 갈수록 국가의 일에 익숙해졌다. 한번은 조회에서 우승상 주발에게 "천하에 1년 동안 처리하는 사건이 얼마나 되오?"라고 물었다. 주발은 사죄하며 "모릅니다"라고 했다. 이어 "그럼 천하에 1년 동안 들어오고 나가는 돈과 곡식이 얼마나 되오?"라고 묻자, 주발은 또 모른다고 사죄했는데 등에 식은땀을 흘리며 대답하지 못한 것을 부끄러워했다.

이에 상이 다시 좌승상 진평에게 물었다. 진평은 "담당자가 있습니다"라고 했다. 주상이 "담당자가 누구인가?"라고 묻자, 진평은 "폐하께서 사건 처리를 물으시려면 정위를 찾으시면 되고, 돈이나 곡식에 대해 알고 싶으시면 치속내사(治粟內史)를 찾으면 됩니다"라고 했다. 상이 "정말 각자 담당하는 자가 있다면 그대가 맡은 일은 무엇이오?"라고 묻자, 진평은 사죄하며 이렇게 말했다.

"신하들을 주관합니다. 폐하께서 신이 모자란 사람이란 것을 모르시고 재상이란 자리에 앉히셨습니다. 재상이란 위로는 천자를 보좌하여 음양을 다스리고 사시를 순조롭게 하며, 아래로는 만물을 알맞게 기르고, 밖으로는 사방 오랑캐와 제후들을 어루만지며, 안으로 백성이 서로 친목하게 하고, 경대부로 하여금 각자 그 맡은 자리에서 충실하게 일하게 하는 것입니다."

효문제는 좋다고 칭찬했다. 우승상은 크게 부끄러워 조정에서 나오자 "그대는 어째서 평소 나에게 그런 대답을 가르쳐주지 않았단 말이오?"라며 진평을 나무랐다. 진평이 웃으며 "그대는 그 자리에 있으면서 그 임무를 몰랐단 말이오? 그러면 폐하께서 장안의 도둑 숫자를 물으면 그대는 억지로 대답하려고 했소?"라고 했다. 이에 강후는 자신이 능력 면에서 진평에 훨씬 못 미친다는 것을 알았다. 얼마 뒤 강후는 병을 핑계로 승상직 사퇴를 청했고, 진평이 홀로 승상을 맡게 되었다.

사마천은 진평에 대해 이렇게 평했다.

진 승상 평은 젊었을 때부터 황제(黃帝)와 노자(老子)의 법술을 좋아했다. 또 그가 도마 위의 고기를 나눌 때부터 그 뜻이 이미 원대했다. 그 뒤 초나라와 위나라 사이를 부지런히 오가다 마침내 고제에게로 갔다. 늘 기이한 책략을 내서 얽히고설킨 어려움을 풀고 국가의 근심을 털어냈다. 여후 때 일들이 많았으나 진평은 결국 자기 힘으로 어려움에서 벗어나 종묘를 안정시키고 영예로운 명성을 끝까지 지킴으로써 뛰어난 재상[賢相]이란 칭송을 들었다. 이 어찌 처음과 끝이 다 좋았다고 하지 않겠는가? 그의 지혜와 모략이 아니고서야 누가 능히 이런 어려움을 감당할 수 있었겠는가?

제1장

태조의 공신이자 명재상
조준

증조부 인규 때부터 권문세가 반열에 오르다

만일 '조선 정승학(政丞學) 혹은 재상학'이라는 학문이 만들어진다면 첫머리는 논란의 여지 없이 조준(趙浚, 1346~1405년)이 차지할 것이다.

조준은 평양(平壤) 사람으로 자(字)는 명중(明仲), 호(號)는 우재(吁齋), 송당(松堂)이다. 먼 조상은 한미했다. 조준 집안은 증조부 인규(仁規, 1237~1308년) 때에 이르러 신분이 급상승한다.

몽골어 역관이었는데 성실하게 몽골어와 한어(漢語)를 익혀 실력을 인정받았다. 『고려사』 열전에는 「조인규전」이 있는데 세 가지 사항이 눈길을 끈다.

하나는 충렬왕이 원나라 중서성에 보낸 글이다.

27

"나의 신하인 조인규는 몽골어와 한어를 통달해 조정에서 보내오는 조서, 칙서 등의 내용을 조금도 틀림없이 번역해냅니다."

또 하나는 쿠빌라이 칸(-원나라 세조)에게 가서 고려 일을 보고한 적이 있는데 그가 하는 말을 듣고서는 칸은 이렇게 말했다.

"고려 사람이 몽골어를 이렇게 잘하는데, 강수형에게 통역을 시킬 필요가 있겠는가?"

강수형은 고려 포로 출신으로 칸의 통역을 맡았던 사람이다.

세 번째는 원나라 사신이 고려에 악감정을 품고 고려 고유의 풍속을 바꿔야 한다고 황제에게 아뢰었는데 조인규가 혼자 황제를 알현하고서 잘 설득해 불개토풍(不改土風)을 이뤄냈다.

그에 관한 『고려사』 평이다.

그는 미천한 신분에서 몸을 일으켜 짧은 시일 내에 국가의 중요한 관직을 얻었고 사람됨이 겉으로는 단정, 장중하고 화색(和色)이 있어 왕의 총애를 받아 항상 왕의 침소에까지 출입했으며 많은 전민(田民)을 긁어모아 부자가 되었다. 게다가 국구(國舅-충선왕 장인)가 되어 그 권세가 한때 가장 유력했으며 아들들과 사위들이 모두 장군이나 재상의 지위에 올라 있어 누구도 감히 그에게 비길 자가 없었다.

조인규에게는 서(瑞)·련(璉)·후(珝)·위(瑋)라는 이름의 아들들이 있었는데 련의 아들이 준의 아버지 덕유(德裕, ?~?)이다. 련의 경우 행실에 문제가 있다는 기록이 있는 데 반해 덕유에 대해서는 조금도 부정적 내용이 없다.

그는 성품이 청백하고 권세 있는 자들을 두려워하지 않았으며 영화나 이익을 바라지 아니하여 비록 친척 친우라 할지라도 국가 사업을 하게 된 때부터는 결코 서로 왕래하지 않았다. 판도판서에 이르렀고 아들들 이름은 후(煦)·린(璘)·정(靖)·순(恂)·준(浚)·견(狷)이다.

준은 덕유의 다섯째 아들이다. 둘째 형 린(璘)은 공민왕 때 홍건적을 패주시킨 장군으로 1등 공신이 되었다. 그 무렵 신돈(辛旽)이 정권을 잡자 모두 그에게 아첨했지만, 린은 '늙은 중놈[老和尙]'이라고 욕했고 신돈을 제거하려다가 살해되었다.

우왕 말기 4년 동안 두문불출 후에 이성계와 연을 맺다

『고려사』는 "조준은 어려서부터 인품이 호협하고 뜻이 컸다"라고 적고 있다. 하지만 뜻은 컸으나 벼슬에는 관심이 없었다.

공민왕 말기인 1371년(공민왕 20년) 조준이 책을 끼고 수덕궁을 지나는데 공민왕이 그를 불러보고서 기특하게 여겨 즉석에서 보마배지유(寶馬陪指諭) 관속에 임명했다. 이때 조준의 나이 26세였다. 당시 공민왕이 홍륜 등을 시켜 여러 왕비를 간음하게 하는 등 기행을 일삼자, 조준은 이렇게 말했다.

"인도(人道)가 없어졌으니, 무엇을 더 말하겠는가? 왕의 상벌 결정은 항상 뭇 소인과 상의하고 군자는 이에 참여하지 못하니 오늘의 형세는 아주 불안하다."

그 후 조준은 두문불출하며 독서로 소일하고 있었는데 어머니 오씨(吳氏)가 하루는 새로 과거에 급제한 사람의 가갈(呵喝)을 보고 탄식하여 말했다. 가갈이란 귀한 사람의 행차 때 길을 치우기 위해 "물렀거라!" 하고 외치는 것이다.

"내 아들이 비록 많으나 한 사람도 급제한 자가 없으니 장차 어디에 쓸 것인가?"

이에 갑인년(甲寅年-1374년) 과거(科擧)에 합격해 벼슬길에 들어섰다. 이해는 공민왕이 죽던 해다. 고려 말 대혼란기가 시작되고 있었다. 겸손한 성품에다, 관리로서의 이재(吏才)도 뛰어났기에 빠른 승진을 거듭해 형조판서에 해당하는 전법판서(典法判書)에 올랐다. 우왕 9년이던 계해년(1383년)에 밀직제학(密直提學)에 임명됐다. 조선 시대로 치자면 승정원 승지가 된 것이다.

그러나 가까이서 지켜본 우왕의 무능과 권간(權奸)의 발호에 실망하여 조준은 벼슬을 버리고 우왕 말년까지 4년 동안 은둔 생활을 하면서 경사(經史)를 공부하며 윤소종(尹紹宗, 1345~1393년), 조인옥(趙仁沃, 1347~1396년) 등과 교유하면서 세상을 관망했다. 이들은 뒤에 조선 건국에 음으로 양으로 기여를 하게 된다.

조준을 다시 세상으로 불러낸 것은 무진년(戊辰年-1388년)에 일어난 이성계(李成桂) 장군의 위화도 회군이었다. 이성계는 회군에 성공해 조정을 장악하고서 그간 쌓인 폐단을 쓸어버리고 모든 정치를 일신(一新)하려고 했다. 이때 조준이 중망(重望)이 있다는 말을 듣고 불러들여 함께 일을 이야기해본 다음에 크게 기뻐하여 지밀직사사(知密直司事) 겸 사헌부 대사헌(司憲府大司憲)으로 발탁했다.

『실록』에 따르면 이성계는 조준에게 "크고 작은 일 없이 모두 물어서 했다"라고 한다. 조준도 감격해 "생각하고 아는 것이 있으면 말하지 아니함이 없었다"라고 기록하고 있다. 조준은 뜻도 컸지만 일에도 밝았다. 정치와 정책 모두에 능한 인물이었다.

토지개혁 선봉에 서다

조정으로 돌아온 조준이 가장 적극적으로 나선 분야는 토지제도 개혁이었다. 『고려사』 「조준전」이다.

그전부터 토지 제도가 대단히 문란해져서 토지를 겸병(兼幷)하는 자들은 남의 토지를 강점하여 그 해독이 날로 심하게 되므로 백성 원망이 자자했다. 우리 태조는 조준, 정도전과 함께 사전(私田) 개혁에 대해 의논했으며 조준은 동료들과 함께 신창(辛昌-창왕)에게 글을 올려 이에 대해 역설했다. 명문거족들은 모두 비난 중상했으나 조준은 더욱더 자기주장을 견지했다. 그리하여 도당(都堂)에서 그 가부를 토의하게 되었을 때 시중 이색(李穡, 1328~1396년)은 오랜 법제를 경솔하게 고칠 것이 아니라는 의견을 가지고 자기주장을 고집하면서 듣지 않았고 이림(李琳)·우현보(禹玄寶)·변안렬(邊安烈)·권근(權近) 등은 이색의 주장을 따랐다. 정도전과 윤소종은 조준의 주장에 가담했고 정몽주는 이 중간에서 일정한 입장이 없었다. 또한 백관으로 하여금 의논케 한 바 의논에 참여한 사람이 53명이었는데 개혁을 요구하는 자가 열 중에 여덟아홉이었으며 요구치 않는 자는 모두 다 명문거족 자제들이었다. 우리 태조는 끝내 조준의 주장을 채용해 전제를 개혁했다.

조준이 창왕에게 토지개혁을 청하는 소를 올린 시기는 1388년 7월, 창왕 즉위 초였다. 이어서 1389년 3월에도 다시 소를 올려 마침내 이성계 도움으로 조선 시대의 토지제도 골격을 이루는 과전법(科田法)을 관철했다. 이로써 이미 새 나라 건설을 위한 경제적 기반은 마련된 셈이라는 평가를 얻었다.

조민수·이색을 저격하다

당시에는 조준이 가장 앞장서서 개혁을 밀고 나가고 정도전이나 정몽주는 이성계와 함께 뒤를 따르는 형국이었다. 그것은 그만큼 당시 고려 말 상황을 조준이 심각하게 인식하고 있었다는 점을 잘 보여준다.

토지개혁을 관철했지만, 여전히 조정은 조민수(曺敏修, ?~1390년), 이색 등 온건파, 실은 수구파들이 장악하고 있었다. 특히 조민수는 이인임 도당으로 이성계와의 묵계를 어기고 우왕 아들 창을 왕으로 세우고서 수상이 되었다. 이에 조민수의 탐오함을 들어 탄핵해 조민수를 제거하는 데 성공하고 온건파를 조정에서 축출했다.

조준은 정몽주 등과 함께 이성계 뜻에 따라 창왕을 폐하고 이성계 사돈 공양왕을 세웠다. 그런데 애초에 조준은 훗날 공양왕이 되는 정창군(定昌君) 왕요(王瑤, 1343~1394년)를 옹립하는 것을 반대했다. 재물 모으는 데나 관심이 있지 임금감은 아니라고 보았기 때문이다.

『태종실록』 5년 6월 27일 자 조준 졸기(卒記)에는 공양왕 초기의 흥미로운 이야기가 실려 있다.

그때 정몽주가 우상(右相-우정승)으로 있었는데 태상왕(-이성계)의 심복(心腹)과 우익(羽翼)을 없애려 하여 비밀리에 공양왕에게 고했다.

"정책(定策)할 때 준(浚)이 다른 의견이 있었습니다."

공양왕이 이 말을 믿고 조준에게 앙심을 품었다.

정책(定策)이란 신하들이 왕을 세우는 일을 말한다. 혁명 동지 정몽주와도 이렇게 멀어지고 있었다.

신미년(辛未年-1391년) 문하부 찬성사로서 명나라에 성절사(聖節使)로 갔는데 이때 남경으로 가던 도중에 지금의 북경에 있던 연왕(燕王)을 만나보았다. 훗날 조카 혜제를 죽이고 황제가 되는 영락제(永樂帝)다. 조준은 당시 연왕을 만나보고 나와서 사람들에게 이렇게 말했다.

"왕은 큰 뜻이 있으니 아마도 외번(外蕃)에 머물러 있지는 않을 것이다."

아주 흥미롭게도 이방원 역시 왕자로 있던 1394년(태조 3년) 정도전을 대신해 명나라에 갔는데 그도 도중에 연왕을 만나고 나서 이렇게 말했다.

"연왕은 왕으로 머물러 있을 인물이 아니다."

태종과 조준

임신년(1392년) 한 해는 조준이 생사의 갈림길을 넘긴 1년이었다. 3월에 정몽주가, 태상왕이 말에서 떨어져 병이 위독할 때를 틈타서 김진양(金震陽) 등 대간(臺諫)을 시켜 조준과 남은(南誾)·정도전(鄭道傳)·윤소종(尹紹宗)·남재(南在)·오사충(吳思忠)·조박(趙璞) 등을 탄핵해, 붕당(朋黨)을 만들어 정치를 어지럽게 한다고 지적해 모두 외방으로 귀양 보냈다가, 이어서 수원부(水原府)로 잡아 올려 극형에 처하려고 했다. 4월에 이방원이 조영규(趙英珪)로 하여금 정몽주를 쳐 죽이게 해, 조준이 죽음을 면하고 찬성사(贊成事)에 복직되었다. 7월 신묘일에 조준이 여러 장상(將相)을 거느리고 태상왕을 추대했다.

개국한 직후 태조는 계비 강씨 아들 이방번(李芳蕃)을 세자로 세우기로 마음먹고 좌시중 배극렴(裵克廉), 우시중 조준, 김사형(金士衡), 정도전, 남은 등을 불러 토의했다. 먼저 배극렴이 말했다.

"적장자를 세우는 것이 고금을 통하는 마땅함입니다."

이에 태조는 불쾌해했다. 조준에게 묻자 이렇게 말했다.

"세상이 태평하면 적장자를 먼저 하고 세상이 어지러우면 공이 있는 이를 먼저 하오니 다시 세 번 생각하소서."

이에 강씨가 울부짖었고 태조는 조준에게 붓과 종이를 주고서 이방번 이름을 쓰게 했으나 조준은 땅에 엎드려 끝내 쓰지 않았다. 그럼에도 결국 세자는 방석으로 정해졌다.

좌의정 조준, 판삼군부사 정도전과 불화하다

같은 해 12월 조준은 배극렴에 이어 조선 두 번째 좌시중(=좌의정)에 오른다.

『실록』은 태조 3년(1394년) 이방원이 명나라를 다녀온 후 어느 날 조준의 집을 방문한 이야기를 기록하고 있다. 조준이 이방원을 맞이해 술자리를 베풀고 매우 삼가며 『대학연의(大學衍義)』를 선물하며 이렇게 말한다.

"이것을 읽으면 가히 나라를 만들 것입니다."

송나라 진덕수(眞德秀)가 지은 이 책은 유학 최고의 제왕학(帝王學) 텍스트다. 조준이 이방원에게 이 책을 주었다는 것은 사실상 거사(擧事)를 준비하라는 암시나 마찬가지였다.

한편 세자가 방석으로 정해진 때부터 정도전은 강씨와 손을 잡고 이방석 후견인 역할을 했고 조준은 그에 맞섰다. 정축년(丁丑年-1397년)에 명나라와 외교 문서로 인한 분쟁이 발생했다. 명나라에서는 그 문서를 지은 정도전을 잡아서 명나라로 보내라고 했다. 이때 삼군부판사(三軍府判事)로 있던 정도전은 병(病)을 핑계로 가지 않고 오히려 요동정벌론을 제기했다.

문제는 현실성이었다. 처음에는 정벌론이 힘을 얻었다. 심지어 정도전과 남은은 전하의 명이라며 집에까지 찾아와 "상감의 뜻이 이미 결정되었다"라고 했다.

당시 병으로 집에 있던 조준은 몸을 일으켜 이성계를 만나고 불가의 뜻을 밝혔다. 무엇보다 "지금 천자(天子)가 밝고 선하여 당당(堂堂)한 천조(天朝)를 틈탈 곳이 없거늘 극도로 지친 백성을 이끌고 불의(不義)의 일을 일으키면 패하지 않을 것을, 어찌 의심하오리까?"라는 설득에 이성계는 정벌의 뜻을 접었다.

이성계는 묘하게도 정도전을 아꼈으면서도 그를 정승에 앉히지 않았다.

『실록』의 한 대목이다.

도전(道傳)이 또 준(浚)을 대신하여 정승(政丞)이 되려고 하여 남은과 함께 늘 태상왕(-이성계)에게 준(浚)의 단점을 말했으나 태상왕이 조준을 대접하기를 더욱 두텁게 했다.

이성계도 정도전은 정승감으로는 보지 않았던 것이다.

1차 왕자의 난 때 조준

조준의 졸기다.

준(浚)이 수상(首相)이 되어 8년 동안 있었는데, 초창기(草創期)에 정사가 번거롭고 사무가 바쁜데, 우상(右相) 김사형(金士衡, 1333~1407년)은 성품이 순근(醇謹) 자수(自守)하여 일을 모두 준에게 결단하게 했다. 준은 성품이 강명정대(剛明正大)하고 과감(果敢)하여 큰일을 결단할 때 의심하지 아니하며, 비록 대내(大內-임금)에서 지휘(指揮)를 내릴지라도 옳지 못함이 있으면, 문득 이를 가지고 있으면서 내리지 아니하여도, 동렬(同列)들이 숙연(肅然)하여 감히 한마디 말도 하지 못했다. 이에 체통(體統)이 엄하고 기강(紀綱)을 떨쳤다. 그러나 임금의 사랑을 독점하고 권세를 오래 잡고 있었기 때문에 원망하는 사람이 많았다.

이런 조준에게 다시 위기가 찾아왔으니 바로 1차 왕자의 난이 그것이다. 1398년 8월은 요동 공략 문제로 정도전과 갈등이 극에 이른

때이기도 했다. 8월 26일 마침내 정안군 이방원이 거사를 감행했다. 이방원 세력은 형세를 장악하자 박포(朴苞)와 민무질(閔無疾)을 좌정승 조준에게 보냈다.『태조실록』7년 8월 26일 자다.

조준이 망설이면서 점(占)치는 사람으로 하여금 그 거취(去就)를 점치게 하고는, 즉시 나오지 않으므로, 또 숙번으로 하여금 그를 재촉하고서, 정안군이 중로(中路)에까지 나와서 맞이했다. 조준이 이미 우정승 김사형과 더불어 오는데 갑옷을 입은 반인(伴人)들이 많이 따라왔다. 가회방(嘉會坊) 동구(洞口)의 다리에 이르니 보졸(步卒)이 무기(武器)로써 파수(把守)해 막으며 말했다.
"다만 두 정승만 들어가십시오."
조준과 김사형 등이 말에서 내려 빠른 걸음으로 다리를 지나가자 정안군이 말했다.
"경들은 어찌 이씨(李氏) 사직(社稷)을 걱정하지 않는가?"
조준과 김사형 등이 몹시 두려워하면서 말 앞에 꿇어앉았다. 이에 정안군이 말했다.
"정도전과 남은 등이 어린 서자(庶子)를 세자로 꼭 세우려고 하여 나의 동모형제(同母兄弟)들을 제거하고자 하므로, 내가 이로써 약자(弱者)가 선수(先手)를 쓴 것이다."
조준 등이 머리를 조아리면서 말했다.
"저들이 하는 짓을 우리들이 일찍이 알지 못했습니다."
정안군이 말했다.
"이 같은 큰일은 마땅히 국가에 알려야만 될 것이나, 오늘날의 일은 형세가 급박하여 미처 알리지 못했으니, 공(公) 등은 마땅히 빨리 합좌(合坐)해야 할 것이오."

합좌란 거사를 공식적으로 도당에서 추인하라는 뜻이다. 그리고 훗날의 정종을 내세워 일단 이성계로부터 왕위를 넘겨받는 계책을 낸 장본인도 조준이다.

태종에게 스승 같은 신하였던 조준

다시 조준의 줄기다.

애초에 정비(靜妃-태종비 민씨) 동생 무구(無咎)와 무질(無疾)이 좋은 벼슬을 여러 차례 청했으나 준(浚)이 막고 쓰지 않았다. 그러므로 경진년(庚辰年-1400년, 정종 2년) 7월에 이들 두 사람이 가만히 대간(臺諫)에게 사주(使嗾)하여 몇 가지 유언(流言)을 가지고 준(浚)을 논(論)하여 국문(鞫問)하기를 청하니, 드디어 순위부(巡衛府) 옥(獄)에 가두었다. 임금(-태종)이 동궁(東宮)에 있으면서 일이 민씨(閔氏)에게서 나온 줄 알고 노하여 말했다.
"대간(臺諫)은 마땅히 이른 아침부터 저녁 늦게까지 직사(職事)에 이바지해야 할 것인데, 세도가(勢道家)에 분주히 다니면서 그들의 뜻에 맞추어 일을 꾸며 충량(忠良)한 사람을 무고(誣告)하여 해치니, 이는 실로 전조(前朝-고려) 말기의 폐풍(弊風)이다."
죄를 묻는 위관(委官) 이서(李舒)에게 일러 말했다.
"(조준과 같은) 재신(宰臣)은 정인군자(正人君子)이다. 옥사(獄辭)를 꾸며서 사람을 사지(死地)에 넣을 수는 없다."

그리고 곧바로 상왕(上王-정종)에게 아뢰어서 준(浚)을 풀려나오게 했다.

이 사건 내용은 다음과 같다. 정종 2년(1400년) 8월 1일에는 평양백(平壤伯) 조준을 순군옥에 가뒀다가 얼마 뒤에 풀어주는 일이 있었다. 배경은 이렇다. 애초에 경상도 감사 조박이 지합주사(知陜州事-합주 지사) 권진에게 말했다.

"계림부윤 이거이가 내게 말하기를 '내가 조준 말을 믿은 것을 후회한다'라고 했다. '무슨 까닭이냐' 하고 물으니 이거이가 말하기를 '조준이 사병혁파 할 때를 당해 나와 말하기를 "왕실을 호위하는 데는 강한 군사만 한 것이 없다"라고 했다. 내가 그 말을 믿고서 패기(牌記)를 곧 삼군부에 바치지 않았다가 죄를 얻어 오늘에 이르렀다'라고 했다."

권진이 간의대부로 있으면서 조박의 말에다가 사사로이 자기가 더 보태 좌중(坐中)에 고했다. 이에 헌신(憲臣-사헌부 관리) 권근과 간신(諫臣-사간원 관리) 박은 등이 교장(交章)해 상언해서 조준·이거이 등의 죄를 말하니 상이 말했다.

"조준이 어찌 이런 말을 했겠는가?"

그 소장을 머물러 두었다. 권근 등이 다시 글을 올려 대궐에 나와 굳게 청하니 이에 조준을 옥에 가두고, 문하부 참찬사 이서, 순군만호 이직, 윤저·김승주 등에게 명해 추국하게 하니 조준은 강개(慷慨)한 성품이므로 화가 나서 말했다.

"신은 그런 말을 하지 않았습니다."

눈물을 흘리며 울기만 할 뿐이었다. 지합주사(知陜州事) 전시(田時)는 조준과 이거이가 믿는 사람이었다. 조준 등의 죄를 입증하려고 해 서리(書吏)를 보내 잡아 오고, 상이 조준·이거이·조박을 한곳에서 빙문(憑問)하게 하려고 하는데 권근 등은 다른 곳에 두고 국문하기를 청했다. 상이 의심해 화를 내며 말했다.

"어찌 죄상이 나타나지 않았는데도 갑자기 형을 가할 수 있겠는가?"

대간에게 더는 말을 하지 못하도록 하고 곧 순군 관리에게 명해 이거이와 조박을 잡아 왔다.

세자가 윤저(尹抵, ?~1412년)를 불러 말했다.

"경은 상께서 경을 순군만호로 삼은 뜻을 알고 있는가?"

윤저가 대답했다.

"신은 본래 혼매하고 어리석어 이사(吏事-관리 업무)를 익히지 못했는데 지금 신에게 형관 임무를 명하시니 조처해야 할 바를 알지 못해 밤낮으로 황공하고 송구합니다."

세자가 말했다.

"경은 본래 세족(世族-오랜 명문가)이며 작은 절조에 구애하지 않고 세태에 아첨하지 않으며 오직 너그럽고 공평한 것을 힘쓰기에 형관 임무를 명한 것이다."

대간(臺諫)의 소장을 보여주며 말했다.

"태상왕께서 개국하신 것과 상께서 대위를 이으신 것과 불초한 내가 세자가 되어 지금의 아름다움에 이른 것이 모두 조준 공이다. 지금 전날 공을 잊고 허실을 가리지 않고, 다만 유사(攸司)의 소장만 믿고 국문한다면 황천상제(皇天上帝)가 심히 두려울 것이다. 조준이 만일 이 말을 했다면 크게 죄가 있는 것이다. 경은 가서 조심하라."

윤저가 재배하고 나오는데 (이방원 장인) 정승 민제(閔霽)가 비밀리에 윤저에게 말했다.

"조준 등이 나와 하륜을 해치고 인연을 연결해 세자에게까지 미치려고 한다. 지금 잡혀 갇혔으니, 끝까지 추궁하지 않을 수 없다."

대성(臺省)이 모두 대궐 뜰에 나와 다시 위관(委官-조사 책임자)을 이거이와 조박이 있는 곳에 보내 조준이 말한 것을 질문하도록 청하니 상이 말했다.

"무릇 질문하는 일은 마땅히 한곳에 두고 빙문해야 할 것이지 어찌 사람을 보내 물을 수 있는가?"

대간이 극력 간쟁 하니 상이 일을 보지 못하도록 명해 각각 사제로 돌려보내고 조박을 순군옥에 가두고 물으니 조박 말이 대성의 소장 뜻과 같지 않았다. 또 권진을 가두고 물으니 권진 말도 소장 뜻과는 달랐다. 상이 권근 등을 크게 미워해 이거이를 순군옥에 가두고 조박과 빙문하니 이거이가 말했다.

"나는 조준이 그런 말을 하는 것을 듣지 못했다."

조박이 맞대고 질문했다.

"그대가 계림 동헌에서 말하지 않았는가?"

이거이가 말했다.

"말한 일이 없다. 그대가 나에게 술 두세 잔을 먹였지만 내 마음은 달랐고 취하지 않았다. 그대가 기묘년에 이천으로 폄출되었다가 경상도 감사로 나간 것은 우리 부자 때문이다. 내가 조준과 정사(定社-1차 왕자의 난) 맹세를 바꾸지 않았으니 조준이 비록 그런 말을 했더라도 내가 어찌 그대와 얘기하겠는가!"

조박이 말했다.

"내 자식 조신언이 회안공 딸에게 장가들 때 조준이 안마(鞍馬)를 주었고 내가 감사로 나갈 때 금대(金帶)를 주었다. 그러나 그 마음은 나를 향해 불평이 있었다."

이거이가 큰 소리로 말했다.

"조박의 말은 모두 사사로운 감정이다. 바라건대 제공(諸公)은 들어 보시오."

조박이 크게 부끄러워하는 빛이 있었다. 조준과 이거이를 석방해 각각 그 집으로 돌려보내고, 조박은 이천에 폄출하고, 권진은 축산도로 유배를 보냈다.

태종, "내가 조준을 아낌을 하륜을 아낌만 못했다."

태종이 마침내 즉위하고 조준은 다시 좌정승에 오른다. 그러나 이미 하륜(河崙) 세상이었다. 조준의 졸기다.

준(浚)이 다시 정승이 되어 일을 시행하고자 했으나, 번번이 자기와 뜻이 다른 자에게 방해를 받아 어쩌할 수가 없었다. 얼마 아니 되어 다시 파(罷)하고 영의정부사(領議政府事)가 되었다. 죽은 나이가 60이다.

뜻이 다른 자란 두말할 것도 없이 하륜이다. 조준이 재상으로 경세를 펼친 것은 태조 때였고 정작 태종과 호흡을 맞춰 일할 기회는 1,

2차 왕자의 난을 함께했던 하륜에게 돌아갔다.

그러나 태종은 조준을 한결같이 극진하게 예우했다.

준(浚)이 만년(晩年)에 비방을 자주 들었으므로, 스스로 물러나 피하려고 힘썼다. 그러나 임금의 사랑과 대우는 조금도 쇠(衰)하지 아니하여, 임금이 일찍이 공신(功臣)들과 함께 잔치를 베풀었는데, 술이 준에게 이르자, 임금이 수(壽)를 빌고, 그를 위하여 자리에서 일어섰다. 그가 죽은 뒤에도 뛰어난 정승[賢相]을 평론(評論)할 적에 풍도(風度)와 기개(氣槪)에서는 반드시 준을 으뜸으로 삼았고, 항상 '조 정승(趙政丞)'이라 칭하고 이름을 부르지 아니했으니, 처음부터 끝까지 이를 공경하고 중히 여김이 이와 같았다.

사관의 평이다.

준(浚)은 국량(局量)이 너그럽고 넓으며, 풍채(風采)가 늠연(凜然)했으니, 선(善)을 좋아하고 악(惡)을 미워함은 그의 천성(天性)에서 나온 것이었다. 사람을 정성으로 대접하고 차별을 두지 아니하며 현재(賢才)를 장려 인도하고, 엄체(淹滯-재주가 있는데도 낮은 자리에 있는 사람)를 올려 뽑되, 오직 미치지 못할까 두려워하며, 조그만 장점(長點)이라도 반드시 취(取)하고, 작은 허물은 묻어두었다. 예위(禮闈-예조)를 세 번이나 맡았는데, 적격자라는 이름을 들었다. 이미 귀(貴)하게 되어서도 같은 나이의 친구를 만나면 문(門)에서 영접해 관곡(款曲-곡진)히 대하고, 조용히 손을 잡으며 친절히 대하되 포의(布衣) 때와 다름이 없이 했다.

유소의 『인물지』 유형론에 따르면 조준은 도리가 깊고 견실해 청절가(淸節家)로 손색이 없고 법제를 개혁해 민생을 이롭게 했으니 법가(法家)의 면모 또한 분명한 데다가 큰 결단을 의심 없이 내릴 줄 알았으니, 술가(術家)의 계책을 갖추고 있어 국체(國體)에 이른 조선 1호 재상이라 할 것이다.

아들 하나가 있었으니, 조대림(趙大臨, 1387~1430년)이다. 태종 딸 경정공주(慶貞公主)와 혼인했으니, 조준과 태종은 사돈이기도 했다.

제2장

태종의 공신이자 명재상
하륜

태종과 함께한 하륜

정도전과 하륜(河崙)은 상극(相剋)이다. 조선 500년 현실 역사에서 하륜에 대한 평가가 올라갈수록 정도전에 대한 평가는 내려갔다. 정도전이 이상주의 경세가였다면 하륜은 현실주의 경세가였다. 그래서 정도전은 실패한 사상가였던 반면 하륜은 성공한 경세가였다. 현실 속의 조선은 정도전의 길을 버리고 하륜의 길을 따랐다.

그래서일까? 오늘날에는 정도전은 알아도 하륜은 모른다. 두 사람에 대한 평가는 역전돼버렸다. 조선에서는 하륜이, 대한민국에서는 정도전이 높은 평가를 받았다. 어쩌면 정도전의 '실패한 꿈'이 주는 묘한 매력 때문에 정도전에 이끌리는 경향은 앞으로 더 강해질지 모른다. 반면 하륜은 현실 정치에 깊이 참여했다는 이유만으로 배척의 대상이 되고 있다. 현실에 뿌리내리지 못해 건강함을 잃은 우리 학계 풍토가 만들어낸 학문적 천박성의 한 단면이라 하겠다.

하륜을 망각의 늪에 빠트려놓고서는 조선(朝鮮) 탄생의 온전한 비밀을 알 수 없다. 반쪽도 안 되는 사실(史實)에 허구를 집어넣는 팩션이 우리 역사일 수는 없다. 역사는 역사로 보고 상상은 그저 상상에 그쳐야 한다.

7년간『조선왕조실록』읽기를 통해 새롭게 조명해야 할 필요성이 큰 인물들을 수없이 만날 수 있었다. 임금의 경우 이미 6명에 대한 조명 작업을 마쳤으므로 이제 국가를 이끈 재상(宰相)에 주목하고자 한다. 뛰어난 재상이 존재했다는 것은 그런 인재를 알아보고 중용한 임금이 있었기에 가능한 것이다.

하륜을 제대로 읽는다는 것은 곧 태종의 인사(人事)를 살피는 길이기도 하다. 하륜 없이 태종 때의 치세(治世)를 설명하기란 불가능하다. 이는 마치 황희 없이 세종 때의 치세를 설명하려는 것이나 마찬가지로 무모한 작업이다.

좌주 이인복이 기이하게 여겨 조카사위로 삼다

하륜이 조선이라는 새로운 배에 올라타는 과정은 순탄치 않았다. 하륜은 1347년(충목왕 3년) 당시 순흥부사 하윤린(河允潾)의 아들로 태어났다. 하륜은 고려 공민왕 14년(1365년)에 당시 나이 19세로 문과에 급제했다. 전형적인 소년등과(少年登科)였다.『태종실록』16년 11월 6일 하륜 졸기다.

좌주(座主) 이인복(李仁復)이 한 번 보고 기이하게 여겨 그 아우 이인미(李仁美) 딸을 아내로 삼게 했다.

이인복은 성주(星州) 이씨 이조년(李兆年) 손자로 권신 이인임(李仁任) 형이며 학식이 뛰어나고 성품이 강직해 옳은 일이라면 작은 일이라도 반드시 기뻐했고 옳지 못한 일을 보면 노기가 얼굴에 나타났다고 한다. 동생 이인임과는 달리 관리로서도 정도(正道)를 걸었다.

여말선초 최대 명문가이자 실력자 집안인 성주 이씨 집안 사위가 됐다는 것은 하륜에게는 든든한 지원군이 생긴 셈이라 할 수 있다.

그런데 시절이 녹록지 않았다. 그때는 신돈(辛旽)의 횡포가 극에 달하고 있었기 때문이다. 공민왕 15년(1366년) 이존오(李存吾)와 정추(鄭樞)가 정식으로 상소를 올려 그를 비판하다가 관직에서 축출당하고 유배를 가야 했다. 성리학으로 무장한 개혁 성향의 신진 사대부들은 다양한 방법을 동원해 신돈에 맞섰다.

하륜도 예외는 아니었다. 춘추관 검열, 공봉(供奉)을 거쳐 1368년(공민왕 17년) 관리 3년 차이던 하륜도 감찰규정(監察糾正)이 되어 신돈 문객을 규탄하다가 좌천을 당하게 된다. 감찰 규정이란 조선 시대의 사헌부에 해당하는 관직으로 종6품직이다. 이때 그의 나이 22세였으니 혈기 왕성할 때다. 그로서는 첫 시련이었다.

복직되어 관리 생활을 하던 하륜은 1388년(우왕 14년) 최영(崔瑩)이 주도한 요동 정벌을 반대하다가 양주로 유배를 가야 했다. 결국 하륜은 유배지에서 조선 개국을 맞이하게 된다. 그런데 하륜 졸기와 달리 『고려사절요』에는 하륜이 이인임의 인척이어서 유배되었다고 기록하고 있다.

풍수와 관상에 능한 술가(術家) 하륜

즉 배경 자체가 이성계와는 다른 쪽에 있었던 인물이다. 그러나 하륜은 개국 1년이 지난 1393년(태조 2년) 9월 13일 경기좌도 관찰출척사로 관직에 복귀한다. 이때 그는 흥미롭게도 풍수지리학을 통해 권력을 잡을 기회를 여러 번 얻으려고 노력했다. 하륜은 이색 문생(門生)으로서 정도전과 함께 정통 유학을 공부한 사람이었으나 풍수지리설(風水地理說)과 관상학(觀相學) 등의 잡설(雜說)에도 일가견이 있었다.

실제로 그는 태조 2년 12월 11일 글을 올려 계룡산 신도(新都) 건설론을 중단시킨다.

"도읍은 마땅히 나라의 중앙에 있어야 하는데 계룡산은 지대가 남쪽에 치우쳐서 동면·서면·북면과 서로 멀리 떨어져 있습니다."

그 후에도 천도론이 제기되자 하륜은 일관되게 무악(-지금의 연세대학교 자리)으로 천도해야 한다고 주장했다. 태조 3년 8월 12일, 그가 올린 글이다.

"우리나라 옛 도읍으로 국가를 오래 유지한 것은 계림(-경주)과 평양뿐입니다. 무악의 국세(局勢)가 비록 낮고 좁다 하더라도, 계림과 평양에 비하여 궁궐터가 실로 넓고, 더구나 나라의 중앙에 있어 조운이 통하며, 안팎으로 둘러싸인 산과 물이 또한 의지할 만하여, 우리나라 전현(前賢)의 비기(秘記)에 대부분 서로 부합되는 것입니다."

그의 주장은 관철되지 않았다. 지금의 한양 천도로 결정이 났다. 그 후 태종 때 다시 천도 문제가 불거지자, 하륜은 그때도 무악 천도설을 주장하기도 했다.

여기에 그치지 않았다. 권력을 향한 그의 노력은 집요했다. 하륜은 사람의 관상을 잘 보았기 때문에, 처음에 이방원을 보고서 장차 크게 될 인물인 것을 알았다고 한다. 그리하여 이방원의 장인 민제(閔霽)를 만나서 간청하기를 "내가 사람의 관상을 많이 보았으나 공의 둘째 사위만 한 인물을 아직 보지 못했습니다. 그를 한번 만나보기를 원합니다"라고 했다. 민제는 사위 이방원에게 권유하기를 "하륜이라는 사람이 대군을 꼭 한번 뵙고자 하니, 한번 그를 만나보도록 하시오"라고 했다. 이리하여 이방원과 하륜의 만남이 이뤄졌다고 한다.

하륜은 두 차례 왕자의 난을 실질적으로 계획하고 지휘한 인물이다. 1차 왕자의 난을 일으켜서 정도전과 남은 일당을 불시에 습격해 죽이고, 세자 이방번과 이방석을 제거했다. 2차 왕자의 난에서도 박포(朴苞) 일당을 죽이고, 회안대군(懷安大君) 이방간(李芳幹) 부자를 유배시켰다. 이방원을 왕위에 올리기 위한 준비 작업이 그의 손에 의해 추진되었던 것이다. 이는 훗날 이야기이고 다시 태조 때로 돌아간다.

태조의 총애, 정도전의 견제

하륜은 태조 때 크게 현달하지는 못했다. 줄곧 맡은 관직은 충청도 도관찰사이다. 『실록』의 줄기이다.

갑술년(甲戌年-1394년)에 다시 첨서중추원사(簽書中樞院事)가 되었다. 병자년(1396년)에 중국 고황제(高皇帝-주원장)가 우리 표사(表辭-외교문서)가 공근(恭謹)하지 못하다고 하여 우리나라에서 문장을 쓴 사람 정도전을 불러 입조(入朝)하게 했다. 태조가 비밀리에 보낼지 안

보낼지를 정신(廷臣-조정 신하)들에게 물으니, 모두 서로 돌아보고 쳐다보면서 반드시 보낼 것이 없다고 했는데, 하륜 홀로 보내는 것이 편하다고 말하니 정도전이 원망했다. 태조가 하륜을 보내 경사(京師-남경)에 가서 상주(上奏)하여 자세히 밝히니, 일이 과연 풀렸다.

이 무렵부터 정안군 이방원과 하륜이 더욱 밀접해지며 거사를 준비한 것으로 보인다. 줄기에 이어지는 글이다.

그때에 정도전이 남은(南誾)과 꾀를 합하여 유얼(幼孼-어린 서자 방석)을 끼고 여러 적자(嫡子)를 해하려 하여 화(禍)가 불측(不測)하게 되었으므로, 하륜이 일찍이 임금(-태종)의 잠저(潛邸-임금 되기 전 사저)에 나아가니 임금이 사람을 물리치고 계책을 물었다.
하륜이 말했다.
"이는 다른 계책이 없고 다만 마땅히 선수를 써서 이 무리를 쳐 없애는 것뿐입니다."
임금이 말이 없었다. 하륜이 다시 말했다.
"이는 다만 아들이 아버지 군사를 희롱하여 죽음에서 벗어나려는 것일 뿐이니, 비록 상위(上位-태조 이성계)께서 놀라더라도 필경 어찌하겠습니까?"

무인년 8월에 변이 일어났는데, 그때 하륜은 충청도 도관찰사(忠淸道都觀察使)로 있었다.
실제로 이미 무인정사(戊寅定社) 1년 전부터 이방원과 하륜은 밀접해 있었고 정도전은 이를 경계해 하륜을 계림부윤(鷄林府尹)으로 내보냈다. 두 사람 사이를 떼놓으려는 것이었다. 태조 6년(1397년)에 일어난 박자안(朴子安) 사건은 흔히 태종이 박자안 아들 박실(朴實) 요청으로 박자안을 구원해준 것으로만 알려져 있는데 실은 이 일은 하륜과도 무관치 않았다. 그 사건 속으로 들어가 보자.

태조 6년(1397년) 5월 18일, 경상전라 도안무사 박자안(朴子安, ?~1408년)이 왜적을 제대로 막지 못해 태조 이성계가 크게 화를 내며 목을 베라고 명했다. 그때 박자안 아들 박실(朴實, 1367~1431년)이 아버지를 살려달라며 정안공 집에 찾아와 울며불며 애걸했다. 박실은 정안공 휘하 사람이었다. 왕자 정안공도 마땅한 길이 없었다. 그도 처음에는 "국가의 큰일을 내가 어찌하겠는가?"라고 말했다. 박실은 땅에 엎드려 떠날 줄을 몰랐다.

어쩔 수 없이 사이는 안 좋지만 태조에게 총애를 받는 남은에게 가서 도움을 청했다. 그러나 남은은 "사자가 이미 떠났으니 어찌하겠는가?"라며 외면했다.

일이 어렵게 되었지만, 남은 앞에 꿇어앉아 대성통곡하는 박실을 보고 불쌍하게 여긴 정안공은 다시 자기 집에 있던 영안공 이방과(李芳果-훗날 정종)와 의안공 이화 등 종친들에게 함께 주상을 찾아뵙자고 제안했다. 그러나 이들도 처음에는 부정적이었다.

"이는 국가 기밀 사항인데 상감께서 만일 어디서 알았느냐고 물으면, 무슨 말로 대답하시렵니까?"

정안공은 "그 책임은 내가 지겠소"라고 답한다.

종친과 함께 대궐에 간 정안공은 내시 조순을 시켜 청을 올리게 했다. 그때 순이 물었다.

"비밀스러운 사안인데 여러 종친이 어떻게 아셨습니까?"

정안공은 "사람을 형벌하고 사람을 죽이는 것은 나라의 큰일인데, 바깥사람이라고 해서 어찌 알지 못할 리가 있겠는가?"라고 답한다. 이 말을 전해 들은 이성계는 처음에는 화를 내며 "너희들은 자안이 죄가 없다고 생각하는가?"라고 했다가 잠시 후 중추원에 명을 내렸다.

"급히 말 잘 타는 사람을 보내 자안의 죄를 용서한다는 명을 전하라."

중추원 심구수가 힘차게 말을 달렸다. 한 사람의 목숨이 자기 손에 달려 있었다. 그런데 도중에 말에서 떨어져 크게 다쳤다. 어쩔 수 없이 역참 관리로 하여금 대신 자기가 받은 명을 전달하도록 부탁했다. 다행히 박자안의 사형을 집행하기 직전에 그 역리는 사형장에 도착해 사면서를 전달할 수 있었다.

이때 아들과 정안공 덕에 가까스로 목숨을 건진 박자안은 3년 후 정안공이 왕위에 오르자, 왕위 계승에 대한 승인을 구하는 습위 주문사(襲位奏聞使)가 되어 명나라에 간다. 귀국한 후에는 의흥삼군부사 참판사와 경상도 도절제사를 거쳐 1405년에는 오늘날 해군 참모총장 격인 수군도절제사까지 겸하게 된다.

물론 정안공이 움직인 이유는 아들 박실의 효심 때문이기는 했다. 그러나 더 중요한 일이 숨어 있었다. 5월 27일 자 『실록』이다. 박자안 공사(供辭)에 계림부윤 하륜이 언급돼 모두 옥으로 불려 온 것이다. 이에 하륜은 수원 감옥에 갇혔다.

정안공이 박자안에 대해 손을 쓰지 않았다면 하륜도 어떻게 될지 알 수 없었다. 1년 동안 관직에서 배제된 하륜은 1차 왕자의 난이 일어나기 한 달여 전인 태조 7년 7월 19일에야 다시 관직으로 돌아올 수 있었다. 역시 충청도 도관찰출척사였다.

그만큼 정도전 일파는 하륜을 경계했으나 끝내 막지는 못했다.

태종이 결단 내릴 때마다 그 뒤에는 하륜이 있었다

하륜은 1차 왕자의 난으로 정사공신(定社功臣), 2차 왕자의 난으로 좌명공신(佐命功臣) 1등에 올랐다. 공로로 보자면 이미 조준(趙浚)을 앞서고 있었다.

즉위 초에 하륜이 가장 먼저 태종 뜻을 헤아린 일은 이거이(李居易, 1348~1412년) 제거이다. 당시 태종에게 가장 부담스러운 인물은 이거이 부자였다. 이거이는 왕자의 난으로 태종이 권력을 장악한 뒤부터 본격적으로 출세하기 시작했다. 왕자의 난 직후에 책봉된 정사공신에 올랐으며, 태종이 즉위한 직후에는 좌명공신에 책봉되었다. 이거이는 조선 왕조의 왕실과 밀접한 관련을 맺고 있었다.

즉, 이거이 아들 이저(李佇)는 태조 이성계 장녀 경신공주(慶愼公主)와 혼인했으며, 또 다른 아들 이백강(李伯剛)은 태종 장녀 정순공주(貞順公主)와 혼인했다. 이러한 특수한 관계가 조선 왕조를 건국한 이후에도 이거이의 정치적 진출을 쉽게 했으며, 나아가 태종이 집권한 이후에도 이거이가 공신이 될 수 있는 배경이 되었다.

그러나 정종 때 세자 이방원 주도로 시행된 사병혁파(私兵革罷) 조처에 대해 크게 불만을 토로한 게 연유가 되어 한때 계림부윤(鷄林府尹)으로 좌천되었다가 이때 태종이 불러올려 좌의정에 임명했다. 그만큼 부담이 컸다.

이에 우의정 하륜이 먼저 물귀신 작전을 펼쳤다. 자기가 먼저 재이와 변괴 등을 이유로 사직서를 제출한 것이다. 결국 이거이도 사직할 수밖에 없었다. 태종 1년(1401년) 3월 28일 자 『실록』이 전하는 그때 배경 설명이다.

즉위(卽位)한 뒤에 이거이를 좌정승으로 삼았으니, 대개 그 마음을 기쁘게 하려는 것이요, 오래 맡기고자 한 것은 아니었다. 이거이가 이를 알지 못하고 조금도 사직할 뜻이 없으므로 하륜이 가만히 임금께 고하고 재이(災異)를 청탁하여 사직한 것이었다.

명군(明君) 태종, 현신(賢臣) 하륜

이거이가 물러난 이후 좌정승 김사형(金士衡), 우의정 이무(李茂) 체제를 유지했다. 그러나 이미 모든 실권은 하륜에게 있었다. 아직 정승에 오르기 전인 태종 2년 9월 17일에 태종은 하륜이 비방으로 인해 관직을 사직했음을 말하고 있다.

그러나 같은 해 10월 4일 김사형을 갈고 하륜을 좌의정으로 임명한다. 이때 하등극사(賀登極使) 사신을 가야 하는데 김사형과 이무가 모두 사양하니 하륜이 나서서 자신이 직접 가겠다고 했다. 오죽했으면 "임금이 기뻐서 울고 하륜도 울었다"라고 기록했을까?

정승 하륜은 무엇보다 일을 알아 계책을 낼 줄 아는 정승이었다. 그래서 『실록』에서는 "하륜의 의견을 따랐다"라는 표현이 수도 없이 나온다.

태종 즉위와 더불어 하륜은 오랜 기간 좌정승으로 있으며 왕권 강화를 추진하던 태종을 지근거리에서 도왔다. 관제(官制) 개혁을 통해 새로운 국가의 관료제도를 확립했고 의정부의 힘을 약화하고 육조직계제(六曹直啓制)를 추진하던 태종의 구상을 앞장서 실현했다. 『태종실록』은 좌정승에 네 차례나 있으며 국정을 이끌었던 그의 모습에 대해 이렇게 평가하고 있다.

"정승이 되어서는 되도록 대체(大體)를 살리고 아름다운 모책과 비밀의 의견을 건의한 것이 대단히 많았으나 물러 나와서는 일찍이 남에게 누설하지 않았다."

사실 이 대목은 『서경(書經)』 「군진(君陳)」편에 나오는 재상의 바른 도리와 그대로 일치한다. 주나라 성왕(成王)은 군진이라는 신하에게 정사를 맡기며 여러 가지를 부탁했는데 그중 한 대목이다.

"너는 아름다운 꾀와 아름다운 계책이 있거든 들어와 안에서 네 임금에게 고하고 너는 마침내 밖에 나가서 사람들에게 일러 말하기를 '이 꾀와 이 계책은 우리 임금님 덕분이다'라고 하라."

훗날 하륜이 세상을 떠나고 다른 신하들이 태종에게 하륜을 그토록 총애했던 까닭을 물은 적이 있었다. 이에 태종은 말했다.

"하 정승의 귀로 들어간 일이 그의 입으로 나오는 것을 나는 일찍이 본 적이 없다."

하륜에게 찾아온 위기

하륜이 태종이 총애하는 측근이었다는 데는 이론의 여지가 없다. 왕위에 오르는 과정에서 고비마다 결정적인 기여를 했고, 탁월한 경륜으로 태종의 새나라 건설을 위한 개혁 정치를 뒷받침했다. 그런데 하륜은 자기 세력이 없었다. 어쩌면 그것을 키우려 하지 않았다고 봐야 할 것이다.

하륜은 태종과 그의 장인 민제 사이를 오가며 힘든 줄타기를 해야 했다. 사실 앞서 본 바와 같이 태종과 하륜을 연결해준 인물이 민제다. 그와 민제의 교제는 계속된다. 그러면서도 너무 태종에 기운다 싶으면 민제의 비판이 따랐고 민씨 집안으로 기울 때는 태종의 견제가 따랐다. 어쩌면 그것은 테크노크라트의 숙명이기도 했다.

태종 7년(1407년) 6월 하륜은 자칫하면 목숨을 잃을 뻔했다. 원래 중국 사신 황엄(黃儼)이 태종 집권 초 한양을 방문했을 때 중국 황녀와 태종의 세자를 결혼시키자는 논의가 있었다. 태종도 긍정적으로 생각했다. 그런데 그 후 별말이 없자 태종은 과거 동기생인 김한로(金漢老)의 딸과 결혼시키기로 약속했다.

이런 와중에 하륜이 태종의 아랫동서인 조박과 함께 민제를 만나 세자와 황녀의 결혼 문제를 은밀하게 논의하다가 김한로에게 발각된 것이다. 그러나 태종은 여느 때와 달리 "다른 뜻이 있어서가 아니라 국가를 위함이었다"라며 "하륜은 공신이니 책임을 묻지 말라"고 말한다. 얼마 후 가뭄을 이유로 좌의정에서 물러나는 것으로 마무리됐다. 그러면서 하륜 사위 이승간을 '특별히' 동부대언으로 임명했다. 『실록』은 "하륜을 위로하기 위함이었다"라고 쓰고 있다.

실은 이런 일이 한두 번이 아니다. 태종 7년이라는 해는 사실 태종과 민씨 형제들 간의 치열한 권력투쟁이 극에 달해 있던 때였다. 세자 혼인 파동이 6월에 있었고 7월에는 민무구·민무질 형제가 연금 상태에 들어가고 11월 11일에는 두 사람의 직첩마저 빼앗았다. 바로 이날 지신사 황희(黃喜)는 태종과 하륜 사이를 오가며 태종의 조치에 대한 하륜 평가를 태종에게 전했다.

이때 하륜이 민씨 형제가 세자를 제거하려고 한 게 아니라 다른 왕자들을 제거하려 한 것이니 그렇게 중하지는 않다고 잘못(?) 답변을 했다. 황희가 다시 태종에게 이 말을 전하자, 태종은 대신들이 앉는 자리 중 한 곳을 가리키며 조용히 이른다.

"전에 하륜이 여기에 앉아서 정사를 논할 때 내가 한심한 말을 들은 적이 있다. 너는 빨리 다시 가서, '이 말을 다른 사람과 말한 적은 없는가? 다시는 그런 말을 입에 올리지 말라!'고 하라."

그러면서 황희에게도 "이 말이 만일 누설된다면, 내가 아니면 네 입에서 나온 것이다"라고 다짐을 받는다. 하륜에 대한 배려가 어느 정도였는지를 보여준다.

이 말을 황희로부터 전해 들은 하륜은 "살길을 가르쳐주시니, 몸 둘 곳이 없습니다"라며 땅에 엎드려 감읍했다. 이를 보고 돌아온 황희에게 태종은 "(하륜은) 내가 아니면 보전하기 어렵다. 그 충성하고 곧음[忠直]을 사랑하기 때문이다"라고 혼잣말처럼 되뇌었다.

태종 8년 10월 1일 태종은 민무구·민무질 형제의 죄 10가지를 구체적으로 열거한 다음에 신료들은 이들 집안과 내왕하지 말 것을 엄명했다. 그런데 11월 7일 대간들이 국문 과정에서 민제와 하륜이 내왕한 사실을 밝혀내 하륜을 탄핵하자 태종은 오히려 대간들을 옥에 가두고 추국했다. 오죽했으면 하륜이 자신 때문에 대간들이 고초를 겪으니 민망하다며 그들을 풀어줄 것을 간청할 정도였다. 이때도 태종은 한사코 "이씨 사직에 하륜만큼 특별한 공덕이 있는 사람이 누가 있느냐"라며 하륜을 감쌌다.

또 하륜은 죽기 4개월여 전인 태종 16년 6월 22일 봉투에 밀봉한 글을 태종에게 올렸다. 이를 읽어본 태종은 지신사 조말생(趙末生)을 불러 이 글을 보여준다. 심온과 황희는 간악한 소인배라는 것이다. 따라서 이 두 사람이 인사를 책임지는 자리에 있어서는 안 된다고 적고 있었다. 조말생이 다 읽고 나자, 태종은 큰 실망감을 표시한다.

"진산(晋山-진산 부원군 하륜)은 충직한 신하이므로 내가 그 덕의를 높여서 신하라고 일컫지 않고 항상 빈사(賓師-스승)로서 대접했다. 그러나 이 글을 보니 내가 심히 마음이 편치 못하다. 황희는 내가 일찍부터 한집안으로 대접해왔고, 더구나 심온은 충녕대군의 장인이다. 옛사람이 이르기를, '임금이 치밀하지 못하면 신하를 잃는데 그치지만 신하가 치밀하지 못하면 몸을 잃는다'라고 했다."

특별한 사실이 있어서라기보다는 아마도 자신의 감이 그랬다는 것 같다. 그리고 11월 6일 하륜은 세상을 떠난다. 황희는 두고두고 명재상으로 칭송을 받게 되고 심온은 태종의 손에 죽게 된다.

그러나 하륜은 태종 16년 벼슬에서 물러난 뒤에도 노구를 이끌고 함경도에 있는 왕실 조상들의 능침(陵寢)을 돌아보던 중 그곳 정평군아(定平郡衙)에서 죽었다. 태종에게 충직한 신하다운 죽음이었다.

『실록』에서 사관이 한 하륜에 대한 평가

하륜이 천성적인 자질이 중후하고 온화하고 말수가 적어 평생에 빠른 말과 급한 빛이 없었으나, 관복 차림으로 묘당(廟堂-정승 집무실)에 이르러 의심을 결단하고 계책을 정함에는 조금도 다른 사람이 헐뜯거나 칭송한다고 하여 그 마음을 움직이지 않았다. 정승이 되어서는 되도록 대체(大體)를 살리고 아름다운 모책과 비밀의 의견을 계옥(啓沃-건의)한 것이 대단히 많았으나, 물러 나와서는 일찍이 남에게 누설하지 않았다. 몸을 가지고 물건을 접하는 것을 한결같이 성심으로 하여 허위가 없었으며, 종족(宗族)에게 어질게 하고, 붕우(朋友)에게 신실(信實)하게 했으며, 아래로 동복(僮僕)에 이르기까지 모두 그 은혜를 잊지 못했다. 인재(人材)를 천거하기를 항상 못 미치면 어떻게 하나 하는 마음으로 했으나, 조금만 착한 것이라도 반드시 취하고 그 작은 허물은 덮어주었다. 집에 거(居)하여서는 사치하고 화려한 것을 좋아하지 않고, 잔치하여 노는 것을 즐기지 않았다. 성질이 글을 읽기를 좋아하여 손에서 책을 놓지 않고 유유(悠悠)하게 휘파람을 불고 시를 읊어서 자고 먹는 것도 잊었다. 음양(陰陽)·의술(醫術)·성경(星經)·지리(地理)까지도 모두 지극히 정통했다. 후생을 권면(勸勉)하여 의리를 상확(商確-깊이 살펴 방향을 정함)함에는 부지런히 하여 권태를 잊었다. 국정(國政)을 맡은 이래로 오로지 문한(文翰)을 맡아 사대(事大)하는 사명(辭命)과 문사의 저술이 반드시 그의 윤색(潤色)·인가(印可)를 거친 뒤에야 정해졌다.

하륜에 대해 인색한 평가를 내린 세종

하륜에 대한 조선 후대 평가를 보면 다양하다. 그중 세종은 매우 인색한 편이었다.

세종 13년 3월 8일 자 『실록』이다.

태종께서 일찍이 말씀하시기를 "하륜의 문장을 권근(權近)에 비한다면 마치 문부(文簿-문서)를 알아보고 처리하는 아전과 같다"라고 하셨는데, 그 뒤에 내가 하륜에게서 경서(經書)를 물었던바, 과연 깊이 알지 못했다. 그러나 문장에는 비록 짧았으나 이재(吏材)는 뛰어난 데가 있었다.

같은 해 9월 8일에는 신하들과 과거 인물들을 평하다가 이렇게 말했다.

전에 지나간 대신들을 말하자면 하륜·박은·이원 등은 모두 재물을 탐한다는 이름을 얻었는데, 륜(崙)은 자기의 욕심 채우기를 도모하는 신하이고, 은(訔)은 임금의 뜻에만 맞추려는 신하이며, 원(原)은 이(利)만 탐하고 의(義)를 모르는 신하였다.

세종의 이 같은 평은 법가와 술가 면모가 강했던 하륜이 청절가 면모는 부족했음을 보여준다.

『주역』 대과괘로 보는 태종과 하륜

『주역(周易)』의 대과괘(大過卦, ䷛) 밑에서 네 번째 양효(陽爻)에 대해 주공(周公)은 "구사(九四)는 들보 기둥이 높아지는 것이니 길하지만 다른 마음을 가지면 안타깝다"라고 했고 공자는 이를 "들보 기둥이 높아지는 것이 길하다는 것은 아래로 휘어지지 않기 때문이다"라고 풀었다.

구사는 군주와 가까운 대신의 자리에 처해 대과(大過)의 임무를 맡은 자다. 구사의 처지를 보면 양효로 음위에 있어 자리가 바르지 못하고 맨 아래 초륙(初六)과 호응하고 있다. 그런데 지금은 대과(大過)의 시대다. 큰 것이 아주 지나친 대업을 이루려 할 때는 양강의 임금인 구오를 양강의 재상이 구사가 보필해야 한다. 이것이 바로 정이천이 말한 "역(易)을 말하는 사람은 형세의 가볍고 무거움, 흘러가는 때의 변역(變易)을 아는 것을 가장 중요하게 생각한다"의 깊은 의미다. 구사에 대한 정이천 풀이를 보자.

대과(大過)의 때에는 양강이 아니면 구제할 수 없고 양효로 음위에 처한 것은 (자리는 바르지 못하나) 마땅함을 얻은 것이니 만약에 또 초륙의 음과 서로 호응하게 되면 지나친 것이 된다. 이미 굳셈과 부드러움이 서로 마땅함을 얻었는데 뜻이 다시 음(陰-초륙)에 응하려 하면 이는 다른 마음이 있는 것이다. 다른 마음이 있으면 구오에 누가 되니 비록 큰 해로움에 이르지는 않더라도 안타깝게 여길 만한 것이다.

그래서 공자도 들보 기둥이 높아진다는 것을 이와 관련해 풀었다. 즉 뜻이 아래로 향해서는 안 된다는 말이다. 이는 강명(剛明)한 군주인 태종을 만나 나라의 기초를 다진 하륜에 해당하는 효라고 할 수 있다. 하륜도 만만치 않은 굳센 신하[剛臣]였기 때문이다. 그것이 가능했던 것은 그때가 바로 대과(大過)를 성취하려던 시대여서일 것이다.

제3장

세종의 명재상
황희

박석명 천거로 지신사에 오르다

『실록』을 통해 황희(黃喜)를 직접 접했을 때 받은 인상은 당혹감이었다. "이것도 옳고 저것도 옳고" 식의 능수능란, 우유부단의 황희는 없었기 때문이다. 그것은 그저 황희에 대한 결과론적인 초상화의 한 단면이고 수준 이하의 위인전식 인물 서술의 폐단에 지나지 않는다. 당혹감의 이유는 다름 아닌, 그의 지나칠 정도의 과단성 혹은 곧은 성품 때문이다.

황희(黃喜, 1363~1452년)는 본관이 전라도 장수현(長水縣)이다. 판강릉부사(判江陵府事) 황군서(黃君瑞)의 아들로 개경 가조리(可助里)에서 태어났다. 황희는 27세인 1389년 문과에 급제해 관리의 길에 들어섰다. 1390년(공양왕 2년) 성균관 학관(成均館學官)에 보직(補職)됐다.

조선이 개국하자 태조 3년에 성균관 학관으로 세자 우정자(世子右正字)를 겸무하고, 얼마 후에 예문 춘추관(藝文春秋館)을 맡았다가 사헌 감찰(司憲監察)과 우습유(右拾遺)로 전직(轉職)됐는데 태조 7년(1398년) 7월 5일 어떤 일로 경원 교수관(慶源敎授官)으로 폄직(貶職)됐다. 좌천됐다는 말이다. 어떤 일이란 이성계 조상인 도조(度祖)의 비 순경왕후(順敬王后) 박씨의 능이 너무 사치하다 해 여러 사람과 그 일을 비판했다가 폄직된 것이다. 얼마 후 1차 왕자의 난이 터진다.

1차 왕자의 난은 결국 그의 인생을 통째로 바꿔놓게 된다. 태종과의 관계는 처음에는 썩 좋지 않았다. 황희 졸기이다.

> 태종(太宗)이 사직(社稷)을 안정시키니 다시 습유(拾遺)의 벼슬로 불러 조정에 돌아왔는데, 어떤 일을 말했다가 파면됐고 얼마 후 우보궐(右補闕)에 임명되었으나 또 말로써 임금의 뜻에 거슬려서 파면됐다.

습유나 보궐은 모두 간언을 맡은 언관(言官)이다. 태조 때나 태종 때 곧은 말[直言]을 꺼리지 않다가 자주 고초를 겪었다. 그러나 이런 성품은 조금도 꺾이지 않았다.

이런 그에게도 기회가 찾아왔다. 그와 가까운 태종 심복 박석명(朴錫命, 1370~1406년)이 지신사(知申事-비서실장, 훗날의 도승지)로 있다가 병이 들자, 자신을 대신할 인물로 황희를 천거하고서 이듬해 세상을 떠났기 때문이다. 박석명은 태종과 어릴 때 친구로 공양왕 동생 왕우(王瑀) 사위였던 관계로 태조 때는 줄곧 은거했다. 사람 보는 안목이 깊었다고 한다. 그 후 태종 초 지신사로 온갖 기밀 업무를 도맡아 처리했다.

그 박석명이 황희를 천거한 것이다.

애초에 박석명이 병으로 여러 차례 사직을 청하자, 태종이 말했다.

"경과 같은 사람을 천거해야만 마침내 그대 자리를 바꿔줄 것이다."

이렇게 해서 태종 5년(1405년) 12월 6일 지신사에 오른 황희는 얼마 안 가서 박석명 못지않은 총애를 태종으로부터 받게 된다. 황희로서는 처음으로 지우(知遇), 즉 자신을 알아주는 이를 만난 것이다. 『실록』은 당시 모습을 이렇게 전하고 있다.

> 후하게 대우함이 비할 데가 없어서 기밀 사무(機密事務)를 오로지 다하고 있으니 비록 하루 이틀 동안이라도 임금을 뵙지 않는다면 반드시 불러서 뵙도록 했다.

그런데 그의 졸기에는 그의 성품을 추론해볼 수 있는 중요한 언급이 나온다.

> 훈구대신(勳舊大臣)들이 좋아하지 아니하여 혹은 그 간사함을 말하는 사람이 있기도 했다.

하륜도 그를 좋아하지 않았고 태종의 처남인 민무구와 민무질 또한 마찬가지였다. 훈구대신과 황희의 갈등을 그대로 보여주는 기록이 『태종실록』 8년 2월 4일 자에 나온다.

> 예전 제도에 좌·우정승(左右政丞)이 이조(吏曹)와 병조(兵曹)를 겸해

맡아서 전선(銓選-인사 업무)을 관장(管掌)했는데, 지신사 황희가 지이조(知吏曹-이조 담당 승지)로서 중간에서 용사(用事)한 지가 오래되어 비록 두 정승이 천거한 자라도 쓰지 않는 것이 많고, 자기와 친신(親信)한 사람을 임금께 여러 번 칭찬하여 벼슬에 임명하게 하니, 재상들이 매우 꺼려했으나 어쩌할 수 없으므로, 매번 전선할 때면 사양하고 회피하여 물러갔다.

이에 좌·우상(左右相)이 모두 겸령(兼領)하는 것을 사면(辭免)하니, 황희의 공정(公正)치 못한 처사를 갖추어 익명서(匿名書)를 만들어서 두세 번 게시(揭示)한 일이 있었다. 황희가 조금 뉘우치고 깨달아, 이때에 이르러 계문(啓聞)해서 예전 제도를 회복하게 했으나, 역시 재상의 의견을 쓰지 않고 붕당(朋黨)을 가까이 하니, 사람들이 모두 눈을 흘겼다.

황희는 오직 임금에게만 충성을 바쳤다. 공신의 힘을 약화해야 하는 태종 입장에서 이런 황희를 총애하지 않을 수 없었다.

태종 처남들을 제거할 때 비밀리에 일을 처리한 인물들로『실록』은 이숙번(李叔蕃)·이응(李膺)·조영무(趙英茂)·유량(柳亮)과 더불어 황희도 포함하고 있다. 정치적으로 민감한 사안에도 깊이 간여했던 것이다. 당시 태종은 이들에게 다음과 같이 말했다.

"만약 신중히 하여 빈틈이 없게 하지 않는다면 후회해도 어떻게 할 수가 없을 것이다."

여러 민씨(閔氏)가 마침내 몰락했다.

여기서 분명하게 민무구와 민무질을 제거하는 데 앞장선 신하 다섯 사람 중 하나로 꼽히고 있다.

목인해 무고 사건 당시 주도면밀함을 보여준 황희

목인해(睦仁海, ?~1408년)는 우왕의 기첩 자손이다. 처음에는 김해 관노로 있다가 활을 잘 쏘아 이제(李濟)의 가신이 되고, 뒤에는 잠저(潛邸)의 이방원(李芳遠)을 섬겼다.

태종은 목인해의 무재(武才)를 아껴 호군(護軍)으로 삼았다. 1398년(태조 7년) 1차 왕자의 난 때 정도전과 연루되어 청해수군(靑海水軍)에 충군되고 1400년(정종 2년) 2차 왕자의 난 때는 이방원 휘하에서 활동했다.

1402년(태종 2년) 처가의 재물을 훔쳐 형조에 고발되고, 1405년 남편을 잃은 지 3년도 안 된 여동생을 다시 혼인시키려다 사헌부로부터 탄핵받았다. 1408년 반역을 꾀하려다 탄로되자 그 책임을 모면하기 위해서 태종의 사위인 조대림(趙大臨)을 무고해 조정에 큰 물의를 일으켰다. 후처가 일찍이 조대림의 가비(家婢)였던 점을 이용해 수시로 조대림의 집을 내왕했는데, 이때 조대림이 말을 조리 있게 못해서 스스로를 변명하지 못하고 화(禍)를 입게 되었다.

그러나 지신사 황희의 노력으로 조대림의 무죄가 밝혀지고 그는 아들과 함께 능지처참 되었다. 이를 흔히 '목인해 무고 사건'이라고 하는데 1408년 당시 『실록』 속으로 들어가보자.

변고가 일어나니 황희가 마침 집에 있었으므로 태종이 급히 황희를 불러 말했다.

"평양군(平壤君-조대림)이 모반(謀反)하니 계엄(戒嚴)하여 변고에 대비(待備)하라."

황희가 아뢰어 말했다.

"누가 모주(謀主)입니까?"

태종이 말했다.

"조용(趙庸, ?~1424년)이다."

황희가 대답해 말했다.

"조용의 사람됨이 아버지와 군주를 시해(弑害)하는 일은 결코 하지 않을 것입니다."

후에 평양군이 옥(獄)에 나아가자 황희가 목인해를 아울러 옥에 내려 대질(對質)하도록 청하니 태종이 그것을 따랐는데, 과연 목인해의 계획이었다. 그 후에 김과(金科)가 죄를 얻으니 조용(趙庸)도 공사(供辭-죄인이 범죄 사실을 진술하는 말)에 관련되었다. 태종이 대신(大臣)들을 모아놓고 친히 분변하니 곧음[直]이 조용에게 있었다. 태종이 황희에게 일러 말했다.

"예전에 목인해의 변고에 경(卿)이 말하기를 '조용은 아버지와 군주를 시해하는 짓은 결코 하지 않을 것입니다'라고 하더니 과연 그랬다."

조용이 비로소 그 말뜻을 알고 물러가서는 감격해 제대로 말조차 하지 못했다.

황희가 했다는 이 말은 『논어(論語)』 「선진(先進)」편에 나오는 공자의 말이다.

계자연(季子然)이 공자에게 물었다.

"중유와 염구는 대신(大臣)이라고 이를 만합니까?"

공자가 말했다.

"나는 그대가 남과는 다른 빼어난 질문을 하리라고 생각했었는데 기껏 유(-자로)와 구(-염유)에 관한 질문을 던지는구나! 이른바 대신이란 것은 도리로서 군주를 섬기다가 더 이상 도로써 섬기는 것이 불가능해지면 그만두는 것이다. 지금 유와 구는 숫자나 채우는 신하[具臣]라고 이를 만하다."

이에 계자연은 "그렇다면 두 사람은 따르는 사람[從之者]입니까?"라고 묻는다.

공자가 말했다.

"아버지와 군주를 시해하는 것은 실로 따르지 않을 것이다."

『논어』를 활용한 지인지감(知人之鑑) 능력이 탁월했음을 보여주는 사례라 하겠다.

이듬해인 태종 9년 황희는 의정부 참지사(參知事)로 자리를 옮긴다. 지신사를 매우 중시했던 태종은 지신사의 업무를 성공적으로 마친 신하의 경우 의정부 지사로 특진시켰다.

그에 앞서 지신사를 황희에게 물려준 박석명도 의정부 지사로 옮겼는데 『실록』은 "개국 이래로 없었던 일"이라고 평하고 있다. 파격 승진이라는 말이다.

이로써 본격적으로 의정 활동을 하는 정승을 향한 첫걸음을 내디딘 것이다. 곧바로 의정부 지사로 승진했다. 태종 11년(1411년) 전후에는 형조판서, 대사헌, 병조판서 등을 지냈다. 이건 누가 봐도 태종이 황희를 키우고 있는 것이다. 그 후 예조판서로 옮겼고 한성부 판사로 있을 때인 태종 18년(1418년) 그의 생애에서 가장 큰 위기가 찾아온다.

곧음[直]이라는 잣대로 황희를 재는 태종

어떤 사람이 곧은지 곧지 않은지[直不直]를 살피기는 여간 어려운 문제가 아니다. 태종은 다양한 방법으로 그 사람이 정말로 곧은지 아닌지를 점검하고 또 점검해 찾아냈다. 대표적인 인물이 황희다.

그가 태종의 불신을 사고 다시 신뢰를 회복하는 배경에는 곧음이라는 문제가 놓여 있었다. 병신년(丙申年-1416년)에 세자가 덕망을 잃자 태종은 황희와 이원(李原)을 불러 세자의 무례한 실상을 걱정했다. 황희는 세자는 경솔히 바꿀 수 없다며 이렇게 말했다.

"세자가 나이가 어려서 그렇게 된 것이니 큰 허물은 아닙니다."

태종은 이 말이 황희의 본심이 아니라고 보았다. 즉 황희가 곧지 못하다[不直]고 판단한 것이다.

태종 생각은 이랬다. 황희는 일찍이 여러 민씨(閔氏)를 제거해야 한다고 주장했다. 그래서 태종이 볼 때 황희는 즉위가 멀지 않은 세자에게 빌붙어 민씨 원한을 풀어주는 쪽으로 힘써서 향후 자기와 자손들 안위를 보장받으려 한다고 거의 확신했다. 이에 태종은 황희에게 거리를 두기 시작했다. 공조판서에 임명했다가 다음해에는 평안도 도순문사로 내보냈다. 바로 내치지는 않았지만, 한 단계 한 단계 멀리했다. 이는 훗날 태종의 발언을 통해서 확인된다. 태종 18년(1418년) 5월 10일 박은·이원과의 자리에서 태종은 이렇게 말했다.

"내가 승선(承宣-승지) 출신인 자를 우대하기를 공신 대접하는 것과 같이 하므로 황희로 하여금 지위가 2품에 이르게 해 두텁게 대접하는 은의(恩誼)를 온 나라가 아는 바이다. 그러나 이 말은 심히 간사하고 굽었으므로[奸曲] 평안도 관찰사로 내쳤다가 지금 다시 한성부 판사로 삼아 그를 멀리했다[疎之]."

2년 후인 무술년(戊戌年-1418년)에 한성부 판사(判漢城府事)로 다시 불러들였지만 세자 폐위 때 황희도 폐해 서인으로 삼고 파주 교하에 폄출시켰다. 더는 조정에 둘 수 없다고 판단한 것이다. 그나마 모자가 함께 거처할 수 있게 허가했다. 5월 28일에는 남원으로 내려가게 했다. 이때 형조와 대간에서 소를 올려 황희의 문제점을 지적했다.

"상께서 친히 물었을 때 황희는 곧음으로 대답하지 않았으니[不以直對] 그에게 충성스럽고 곧은 마음이 없음을 분명히 알 수 있습니다."

이에 태종은 이렇게 답한다.

"사람들이 모두 황희(黃喜)를 간사하다고 하나, 나는 간사하다고 생각하지 않고 심복(心腹)에 두었는데, 이제 김한로의 죄가 이미 발각되고, 황희도 또한 죄를 면하지 못하니, 지금이나 뒷날에 곧 그 사실을 알게 될 것이다. 황희는 이미 늙었으니, 오로지 세자에게 쓰이기를 바라지는 않겠으나 다만 자손(子孫)의 계책을 위해서 세자에게 아부하고 묻는 데 바른대로 대답하지 않았기 때문에 이제 폐(廢)하여 서인(庶人)으로 삼았으니, 인신(人臣)으로서 어찌 두 가지 마음을 가지고 있겠느냐?"

그럼에도 태종은 "그대의 간사함을 미워한다"라며 경기도 교하로 유배를 보냈다가 끝내 충녕대군으로 세자가 교체되자 전라도 남원으로 멀리 내쫓았다.

태종은 그의 본심이 과연 곧은지를 가리기 위해 황희의 생질 오치선을 폄소(貶所-유배지)에 보냈다.

오치선이 복명(復命)하자 상이 물었다.

"황희가 무슨 말을 하더냐?"

오치선이 아뢰어 말했다.

"황희의 말이 '살가죽과 뼈는 부모가 이를 낳으셨지마는, 의식과 복종(僕從)은 모두 상의 은덕이니 신이 어찌 감히 은덕을 배반하겠는가? 실상 다른 마음은 없었다'라고 하면서 마침내 울면서 어찌할 바를 모르고 있었습니다."

상이 말했다.

"이미 시행했으니 어찌 할 수가 없다."

말은 이렇게 했지만, 태종은 보고를 듣고서 황희가 곧다[直]는 쪽으로 결론 내렸다.

4년 후인 임인년(壬寅年-1422년) 2월 태종은 그를 다시 불렀다. 태종은 사왕(嗣王-세종)을 위한 정지 작업을 마치고 이제 충심으로 신왕을 도울 신하를 찾아야 했다. 아무리 생각해도 황희만 한 인물을 찾을 수가 없었다. 그래서 다시 불러올린 것이다.

황희가 태종을 알현(謁見)하고 사은(謝恩)할 때 세종이 곁에 있었다. 태종이 말했다.

"내가 풍양(豊壤-상왕이 되어 머물던 이궁(離宮)이 있던 곳)에 있을 적에 매번 경의 일을 주상(主上-세종)에게 말했는데 오늘이 바로 경이 서울에 오는 날이로다."

명하여 두텁게 대접하도록 하고, 과전(科田)과 고신(告身)을 돌려주게 하고 세종에게 임용을 당부했다.

훗날 세종은 황희를 불러 일을 토의하다가 이렇게 말했다.

"경이 폄소에 있을 적에 태종께서 일찍이 나에게 이르시기를 '황희는 곧 한나라 사단(史丹)과 같은 사람이니 무슨 죄가 있겠는가?'라고 하셨다."

사단과 같은 사람이란 '곧은 신하[直臣]'라는 말이다. 사단은 중국 한(漢)나라 원제(元帝) 때 시중(侍中-재상)을 지낸 명신(名臣)으로 원제가 가장 사랑하는 후궁 부소의(傅昭儀)의 소생 공왕(恭王)이 총명하고 재주가 있어 세자를 폐하고 공왕을 후사로 삼고자 하므로 극력 간(諫)하여 마침내 폐하지 않게 했던 인물이기도 하다.

세종과 악연을 풀다

세종 입장에서 황희는 불쾌한 존재였다. 어떤 이유에서든 자신의 세자 즉위를 가장 앞장서서 반대한 신하이기 때문이다. 10월에 세종은 황희를 의정부 참찬에 임명했다. 한직(閑職)이었다.

이런 황희에게 뜻밖의 기회가 찾아왔다. 이듬해 7월 강원도에 혹심한 기근이 들었는데 당시 관찰사 이명덕(李明德)이 구황과 진휼의 계책을 잘못 써서 백성의 고통이 심화했다. 이에 세종은 당시 61세이던 황희를 관찰사로 임명해 기근을 구제하라는 특명을 내렸다. 놀라울 정도로 단기간에 강원도 민심을 안정시켰다. 이때부터 황희는 일을 통해 세종의 신임을 차곡차곡 쌓아갔다.

당시 그가 맡았던 관직은 이를 말해준다. 판우군도총제(判右軍都摠制)에 제수되면서 강원도 관찰사를 계속 겸직했다. 1424년(세종 6년) 의정부 찬성, 이듬해에는 대사헌을 겸하였다. 1426년(세종 8년)에는 이조판서와 찬성을 거쳐 우의정에 발탁되면서 병조판사를 겸직했다. 이제 건강만 허락한다면 그가 최고의 실세인 좌의정이 되는 것은 시간문제였다.

여기서 우리는 이원(李原)이라는 인물을 떠올려야 한다. 만일 그가 계속 좌의정으로서 업무를 잘 해냈다면 어쩌면 '명재상 황희'는 없었을지도 모르겠다.

이원은 아버지 태종의 신하이자 세종 또한 크게 신뢰했던 인물임을 알 수 있다. 세종 1년 사실상 인사권을 장악하고 있던 상왕 태종은 좌의정에 박은, 우의정에 이원을 임명했다. 이런 체제는 계속 이어지다가 세종 4년 태종이 세상을 떠나기 하루 전날 박은이 세상을 떠났기 때문에 홀로서기를 시작한 세종은 이원을 좌의정으로 올리고 우의정은 정탁, 유관 등이 번갈아 맡기는 했지만 사실상 비워둔 채 병조판서 조말생(趙末生), 이조판서 허조(許稠)의 삼두마차 체제로 정국을 이끌면서 젊은 신왕으로서의 입지를 하나하나 굳혀가고 있었다.

그런데 세종 8년(1426년) 3월 15일 많은 노비를 불법으로 차지했다는 혐의로 사헌부의 탄핵을 받아 공신녹권(功臣錄券-공신에게 주는 공훈사령장)을 박탈당하고 여산(礪山)에 안치되었다가 배소(配所-유배지)에서 죽었다. 복권의 기회는 없었다.

그로부터 1년도 안 된 세종 9년 1월 25일 잠시 우의정을 거쳤던 황희는 마침내 좌의정에 오른다.

황희에 대한 세종의 평가

세종 13년(1431년) 9월 황희가 교하 수령에게 땅을 청하고 그 수령

아들에게 관직을 주었다 하여 정승에서 물러나야 한다는 간언이 연일 이어졌다. 이런 와중에 9월 8일 세종은 지신사 안숭선(安崇善)을 불러 이 문제를 이야기한다.

먼저 안숭선(安崇善)이 말했다.

"이번 일은 진실로 황희의 과실입니다. 그러나 정사를 도모하고 의견을 세움에 있어 깊이 사려하고 멀리 생각하는 데는 황희만 한 사람이 없습니다."

이에 세종은 다음과 같이 답한다.

"경의 말이 옳다. 태종께서 황희를 지신사로 삼고자 하여 하륜에게 의논하시니, 하륜이 말하기를 '황희는 간사한 소인(小人)이오니 신용할 수 없습니다'라고 했으나, 태종께서는 듣지 아니하시고 마침내 제수하셨는데, 이로부터 하륜과 황희는 서로 사이가 나빠서 매번 단점(短點)을 말했다. 조말생은 하륜 편인데, 하륜이 집정(執政)하자 조말생에게 집의(執義)를 제수하니 그때 황희가 대사헌으로 있어서 고신(告身)에 서경(署經)하지 않았다. 하륜이 두 번이나 황희 집에 가서 청했으나, 황희가 듣지 않았다. 하륜은 항상 스스로 말하기를 '태종께서 황희를 지신사로 삼기를 의논하시기에 내가 헐뜯어 말했더니, 황희가 이 말을 듣고 짐짓 내 말을 이처럼 듣지 않는다'라고 했다. 또 황희의 과실이 사책(史冊)에 실려 있는 것을 내가 이미 보았다."

세종이 볼 때 하륜이나 박은 등은 모두 직권을 남용하거나 사사롭게 일을 처리한 데 반해 황희는 그런 일이 거의 없었고 대부분 공정하고 바르게 처신한다고 보았다. 공신이자 대선배인 하륜에게 당당하게 맞서는 황희의 강직함을 태종도 좋게 보았고 세종도 좋게 보았던 것이다. 황희에 대한 이런 생각이 있었으므로 황희는 20년 넘게 재상 자리를 지킬 수 있었다.

현상(賢相) 황희의 명암

황희는 무엇보다 인사 행정(人事行政)에 공정했다. 황희가 평안도 도순문사(都巡問使)가 되었을 적에 행대(行臺-행대감찰) 이장손(李長孫)이 대등한 예(禮)로써 황희를 모욕하고, 황희와 더불어 서로 글장을 올려 논핵(論劾)하므로 태종이 양편을 화해시켰는데, 이때 황희가 정권을 잡으니, 이장손은 통진 수령(通津守令)으로서 교대를 당하게 되었다. 황희가 말했다.

"이 사람은 관직에 있으면서 명성(名聲)이 있었다."

마침내 천거해 사간원 헌납(獻納)으로 삼았고, 또 천거해 사인(舍人)으로 삼았다. 사인이란 의정부 비서실장에 해당하는 관직이다. 자기 바로 밑에 두었다는 말이다.

졸기(卒記)가 전하는 정승 황희 모습이다. 젊은 시절 강직하기만 했던 황희 모습과는 대조를 이룬다.

황희는 관후(寬厚)하고 침중(沈重)하여 재상(宰相)의 식견과 도량이 있었으며, 풍후(豊厚)한 자질이 크고 훌륭하며 총명이 남보다 뛰어났다. 집을 다스림에는 검소하고, 기쁨과 노여움을 안색에 나타내지 않으며, 일을 의논할 적엔 정대(正大)하여 대체(大體)를 보존하기에 힘쓰고 번거롭게 변경하는 것을 좋아하지 아니했다. 세종(世宗)이 중년(中年) 이후에는 새로운 제도를 많이 제정하니, 황희는 생각하기를

"조종(祖宗)의 예전 제도를 경솔히 변경할 수 없다" 하고, 홀로 반박하는 의논을 올렸으니, 비록 다 따르지 않았으나, 중지시켜 막은 바가 많았으므로 옛날 대신(大臣)의 기풍(氣風)이 있었다. 옥사(獄事)를 의정(議定) 할 적에는 관용(寬容)을 주견(主見)으로 삼아서 일찍이 사람들에게 일러 말했다.

"차라리 형벌을 가볍게 하여 실수를 할지언정 억울한 형벌을 할 수는 없다."

비록 늙었으나 손에서 책을 놓지 아니했으며, 항시 한쪽 눈을 번갈아 감아 시력(視力)을 기르고, 비록 잔글자라도 또한 읽기를 꺼리지 아니했다. 재상이 된 지 24년 동안에 중앙과 지방에서 우러러 바라보면서 모두 말하기를 '뛰어난 재상[賢相]'이라 했다. 늙었는데도 기력(氣力)이 강건(剛健)하여 홍안백발(紅顔白髮)을 바라다보면 신선(神仙)과 같았으므로, 세상에서 그를 송(宋)나라 문 노공(文潞公)에 비했다. 그러나 성품이 지나치게 관대(寬大)하여 제가(齊家)에 단점(短點)이 있었으며, 청렴결백한 지조가 모자라서 정권(政權)을 오랫동안 잡고 있었으므로, 자못 청렴하지 못하다는 비난이 있었다.

송나라 문 노공은 북송 때 재상 문언박(文彦博, 1006~1097년)을 가리킨다. 황제 4명을 섬기며 장상(將相)으로만 50년을 재임하면서 정계 원로로 활동했다.

황희는 제가(齊家)에서 종종 문제점을 드러냈다. 본인은 늘 근신했지만 가족 문제를 처리하는 데서는 단호하지 못했다.

처(妻)의 형제(兄弟)인 양수(楊修)와 양치(楊治)의 법에 어긋난 일이 발각되자 황희는 이 일이 풍문(風聞)에서 나왔다고 글을 올려 변명해 구원했다. 또 그 아들 황치신에게 관청에서 몰수(沒收)한 과전(科田)을 바꿔주려고 해 글을 올려 청하기도 했다. 또 황중생(黃仲生)이란 사람을 서자(庶子)로 삼아서 집안에 드나들게 했다가 후에 황중생이 죽을 죄를 범하니, 곧 자기 아들이 아니라 하고는 변성(變姓)해 조(趙)라고 하니 애석하게 여기는 사람이 많았다고 한다.

문종 2년(1452년) 2월 8일 그가 졸하자 나라에서는 익성(翼成)이라는 시호를 내렸다. 사려(思慮)가 심원(深遠)한 것이 익(翼)이고 재상(宰相)이 되어 종말까지 잘 마친 것이 성(成)이다. 아들은 황치신(黃致身)·황보신(黃保身)·황수신(黃守身)이다.

황치신은 훗날 성종 때 종1품 숭록대부에 올랐는데 아버지처럼 장수해 88세에 졸했다. 그의 이름 치신(致身)과 관련해서는 태종과의 일화가 황치신 졸기에 남아 있다.

태종(太宗)께서 일찍이 황희더러 물으시기를 "경(卿)의 아들 중에 벼슬할 만한 자가 있으냐?"라고 묻자, 대답하기를 "장자(長子)가 바야흐로 학문에 뜻을 두었으니, 벼슬을 구할 겨를이 없고 나머지는 모두 어렵니다"라고 하니 태종께서 이르시기를 "동중서(董仲舒)도 하유독서(下帷讀書-휘장을 내리고 글을 읽는다는 말) 했으니, 경의 아들은 이름을 동(董)이라 할 만하다" 하고, 공안부 부승(恭安府副丞)을 제수했으며, 뒤에 다시 지금의 이름을 내려주었다.

치신(致身)은 『논어』「학이(學而)」편에 나오는 말로 '사군능치기신(事君能致其身)'에서 따온 것이다. 임금에게 충성을 다하기를 바라는 마음이 담겨 있다. 황치신은 아들 아홉을 두었는데 그중 다섯 아들이 급제하니 조정에서 황치신을 우의정에 추증했다.

둘째 황보신은 현달하지 못했고 황수신(黃守身, 1407~1467년)은 1423년(세종 5년) 사마시에 응시했다가, 학문이 부진하다고 시관(試官)에게 모욕을 당한 뒤 다시는 과거에 응시하지 않았다. 음서(蔭敍)로 감찰·지평·장령 등을 지냈다. 세조 13년(1467년) 5월 21일 황수신 졸기가 전하는 그의 모습이다.

좌익공신(佐翼功臣)에 참여하여 남원군(南原君)에 봉해지고, 좌참찬(左參贊)에 올랐으며, 좌찬성(左贊成)에 승진되고, 다시 우의정(右議政)에 제수되었다가 마침내 영의정(領議政)에 올랐는데, 이때에 이르러 졸했다. 그 사람됨이 골모(骨貌)가 웅위(雄偉)하고, 성자(性資)가 관홍(寬洪)하여, 재상(宰相)의 기도(器度)가 있었으며, 경사(經史)를 조금 섭렵(涉獵)하여 이치(吏治)에 능했고, 정승이 되어서 대체(大體)는 힘썼으나, 처세하는 데 능히 방원(方圓)하게 하고, 세상과 더불어 부침(浮沈)하여, 누조(累朝)를 역사(歷仕)하면서 크게 건명(建明-건의) 함이 없었고, 회뢰(賄賂)가 폭주(輻輳)하여 한 이랑 밭을 탐하고, 한 사람의 노복을 다투어서, 여러 번 대간(臺諫)의 탄핵(彈劾)을 받는 데 이르렀으므로, 당시 사람들이 말하기를 "성이 황(黃)이니, 마음 또한 황(黃)하다"고 했다.

유소의 『인물지』 유형론에 따르면 황희는 이재(吏才)가 뛰어난 법가 면모가 강했으나 국면을 바꿀 줄 아는 술가 면모는 약했고 청절가(淸節家)에는 이르지 못했다고 하겠다.

제4장

외유내강 재상
맹사성

최영 손녀사위, 맹사성

태조 때 좌의정 조준(趙浚)에게 우의정 김사형(金士衡)이 있었다면 세종 때 좌의정 황희에게는 우의정 맹사성(孟思誠, 1360~1436년)이 있었다. 황희가 양(陽)이면 맹사성은 음(陰)이라 조화를 이루며 세종 치세를 이룩해낼 수 있었다.

맹사성은 신창(新昌) 맹씨로 조부 맹유(孟裕)는 최영(崔瑩)과 친구 사이였고 아버지 맹희도(孟希道)는 고려 말 한성윤 등 중간 관리를 지낸 인물이며 정몽주 등과 교분이 있었다. 명문가는 아니어도 한미한 집안은 아니었던 셈이다.

맹사성은 26세이던 우왕 12년(1386년) 병인년 문과에 장원으로 급제했다. 2년 후 이성계가 단행한 위화도 회군으로 최영 세력은 몰락했

79

지만, 아직 초급 관리였던 맹사성에게 역사의 파고는 덮치지 않았다. 그래서 고려가 망할 때까지 춘추관 검열을 비롯해 사간원 우헌납 등을 지냈고 지방의 외직으로 나가 수원판관과 면천군수 등을 지냈다.

1392년 조선이 건국되자 맹사성은 벼슬에 대한 뜻을 접고 고향 온양으로 내려갔다. 맹사성이라는 이름이 『실록』에 처음 등장하는 것은 태조 5년(1396년) 8월 29일이다. 어떤 문제로 여러 사람이 탄핵당할 때 예조의랑 맹사성도 포함되어 있었다.

그 후 관직으로 복귀하게 되는 것은 1차 왕자의 난 이후 정종 때다. 우간의대부, 좌산기, 문하부 낭사 등이 그가 맡았던 관직인데 모두 언관(言官)이었다. 아마도 그는 이재(吏才)보다는 간언(諫言)에 뛰어났던 인물이었던 것으로 보인다. 좋게 말하면 학재(學才) 쪽이었다고 할 것이다.

일생의 후원자 성석린

태조 때나 정종 때 그리고 태종 때 관직에서 쫓겨났던 맹사성이 관직으로 돌아오는 데는 선배 성석린(成石璘, 1338~1423년)의 후원이 결정적이었다. 성석린은 이성계와 친분이 두터웠고 앞에 나서지는 않았어도 태조·정종·태종으로 이어지는 정치 노선을 일관되게 지지했다. 맹사성의 지우(知遇)는 성석린이었던 것이다. 성석린은 태조와 태종 모두로부터 큰 신망을 얻어 두 임금을 화해시키는 데도 결정적인 역할을 했다. 태종 때는 좌의정과 영의정을 지낼 만큼 현달했지만 자기를 크게 내세우는 성품이 아니었다.

이런 성석린은 일찍부터 맹사성을 눈여겨보았다. 아마도 태조 5년 맹사성이 관직으로 돌아오는 데는 성석린의 지원이 크게 작용했을 것이다. 물론 스승 권근의 권유와 주선도 있었을 것이다.

맹사성은 태종 3년(1403년) 좌사간 대부에 오른다. 역시 간관(諫官)이었다. 이듬해 기밀 누설죄로, 온양으로 유배를 가지만 이듬해 동부대언으로 복귀한다. 이는 태종의 선택이라기보다는 성석린과 권근의 추천이 크게 작용했을 것이다. 이때부터 2년 동안 승정원 대언(-훗날의 승지)으로 활동하며 태종을 지근거리에서 보필했다.

그리고 맹사성은 이미 지신사 황희와 호흡을 맞추기 시작했다. 이어 예문관(藝文館) 제학(提學)으로 있을 때 세자를 시종해 명나라를 다녀온다. 훗날 이 사행(使行) 덕분에 맹사성은 세자의 도움을 받아 목숨을 건지게 된다.

너무 곧기만 했던 대사헌 맹사성

그는 오로지 관리의 바른길을 걷는 사람일 뿐 시세(時勢)에 곁눈질하는 사람이 아니었다. 그러다 보니 오히려 곧은 직무 수행으로 인해, 죽을 고비를 넘기게 된다.

1408년 사헌부 대사헌에 오른 그는 태종의 딸 경정공주(慶貞公主)와 혼인한 평양군(平壤君) 조대림(趙大臨)이 잠시 역모의 혐의를 받고 있을 때 왕에게 보고도 하지 않고 잡아다가 고문했다. 조대림은 태종이 가장 신뢰했던 재상(宰相) 조준(趙浚)의 아들이기도 했다. 사실 처음에는 태종도 조대림을 의심했다가 진행 과정을 면밀하게 지켜보면서 목인해라는 자의 농간에 조대림이 놀아간 것이라는 사실을 파악하고서는 상황을 즐기고 있던 터였다. 즉 태종으로서는 사위 조대림을 처벌할 생각은 없이 일단 일이 흘러가는 것을 지켜보던 중이었다.

그런 사정을 알 리 없는 맹사성은 대사헌으로서 원리 원칙대로 일을 처리했는데 그것이 화근이었다. 이 일로 태종의 큰 노여움을 사서 옥에 갇혀 모진 고문을 당했고 실제로 처형될 뻔했으나 영의정 성석린의 도움으로 간신히 죽음을 면할 수 있었다.

이 일은 흔히 '목인해 무고 사건'으로 불린다. 당시 지신사 황희는 이 사건의 흐름을 정확히 짚어 오히려 태종으로부터 큰 인정을 받는 계기가 되기도 했다.

그 사건 속으로 들어가 보자. 『태종실록』 8년 12월 11일이다. 맹사성 등에 대한 옥사(獄辭)가 올라오자, 태종은 이렇게 명했다.

> 맹사성·서선·박안신·이안유와 맹귀미(孟歸美)를 모두 극형에 처하라.

맹귀미는 맹사성 아들로 이때 사헌부 감찰이었다. 부자가 모두 사형을 당할 위기에 처한 것이다. 이틀 전 감옥 안에서 박안신이 죽음을 직감하고서 맹사성에게 서로 한마디라도 하고 죽자고 말했다. 먼저 맹사성은 이렇게 적었다.

"충신이 그 직책으로 인해, 죽는 것은 임금의 은혜를 저버리지 않는 것이요 조종(祖宗)을 저버리지 않는 것이다."

박안신은 이렇게 썼다.

"내 직책을 수행하지 못해 달갑게 죽음에 나아가지만, 임금이 간신

(諫臣)을 죽였다는 오명을 얻게 될까 염려된다."

이숙번·성석린 등이 나서서 맹사성을 구원하다

다시 12월 11일이다.

태종이 이들에게 지운 죄명은 모약왕실(謀弱王室), 즉 왕실 약화를 도모했다는 것이었다. 누구도 쉽게 나서서 태종을 말리기가 어려운 상황이었다. 그러나 이날 여러 대신이 보여준 장면은 실은 맹사성이 어떤 사람이었는지를 한눈에 보여주기에 충분하다.

태종은 평상심을 잃고 있었다. 오죽했으면 『실록』은 "나라 사람들이 모두 서로 돌아보며 얼굴빛을 잃었다"라고 당시 분위기를 기록했겠는가?

이때 태종의 총애가 깊은 안성군 이숙번이 나서서 맹사성을 적극 변호했다. 언관의 직분에 충실했을 뿐인데 역적으로 모는 것은 너무하다는 것이었다. 이 말을 듣고 태종은 화를 내며 "누구의 지도를 받고 이런 말을 하느냐?"라고 오히려 이숙번에게 따져 물었다. 그러나 태종의 성격을 잘 아는 이숙번도 여기서는 물러서지 않았다.

"신은 젊어서부터 전하를 따랐으니, 전하께서 신의 마음을 아실 것입니다. 신은 지도를 받은 일도 없고, 두려워하는 것도 없습니다."

이에 감동을 받았는지 태종은 이숙번이 이 일을 맡아서 처리하라고 지시한다. 그러자 이숙번은 태종이 평상시에 즐겨 쓰던 말, 즉 '모진 매 밑에 무엇을 구하여 얻지 못하랴?'를 인용하며 맹사성도 모진 고문을 당한 끝에 '모약왕실'이라는 초사(招辭-조서)에 승복했을 뿐인데 그것만으로 극형을 처하는 것은 온당치 못하다고 말했다.

이번에는 불똥이 지신사 황희에게 튀었다. 왜 많은 재상은 이렇게 말하는데 지신사 자리에 있는 사람이 임금을 생각해 직언을 하지 못하느냐는 것이었다. 이숙번도 순금사 사직 김이공을 불러 "남 판서(-남재)와 박 참지(-박은)는 모두 도리를 아는 재상인데, 어째서 다시 아뢰지 않고 모두 임금의 뜻에만 아첨해 옥사(獄事)를 이렇게 처리하는가? 그대도 명색이 선비인데 어째서 이같이 하느냐?"라고 면박을 주었다. 그러면서 이숙번은 "주상께서 만일 이 사람들을 반드시 사형하려고 하신다면, 나는 머리를 깎고 도망하겠다"라고 말했다.

뒤이어 병중에 있던 권근, 영의정 하륜, 좌정승 성석린, 삼군 영사 조영무 등 문무 최고 관리들이 대궐 뜰에서 태종에게 맹사성을 사형시켜서는 안 된다고 간곡한 말을 올렸다.

이 자리에 우의정 이무는 빠졌다. 이무는 맹귀미의 장인이었기 때문이다.

이날 모인 사람들 중에서 "맹사성은 모반한 것도 아니며, 무고한 것도 아닙니다. 다만 공사(公事)를 처리하면서 실수했을 뿐인데 극형을 당하면 어찌 사람의 정리(情理)에 맞겠습니까?"라고 한 하륜의 말꼬리를 잡아서 화를 벌컥 내며 태종은 이렇게 말한다.

"경은 지금 나더러 잘못이라고 하는 것인가? 공사(公事)를 처리함에 있어 어찌 실수할 수 있는가?"

태종의 말이라면 대부분 복종하던 하륜도 한나라 선제가 명재상 양운을 죽이려 할 때 신하들이 제대로 간해 사형을 저지하지 못한 중국 고사를 길게 인용한 다음 "신은 동방에 그런 임금은 없을 것이라고 늘 생각했는데 오늘 이런 일이 생길 줄은 몰랐습니다"라고 정면으로 맞섰다.

태종은 정확히 반걸음 물러섰다.

"내가 사람 죽이기를 좋아하지 않는 것은 경들이 아는 바이다. 그런데 아무리 반복하여 생각해봐도 사성의 죄는 죽여야 마땅하다. 그러나 경들이 이렇게까지 간언하니, 내가 우선 생각해보겠다."

그리고 그 자리에 모인 신하들이 서둘러 사형 집행 결정을 철회해 줄 것을 청하자 마침내 받아들인다. 그러면서 말 끝머리에 아주 의미심장한 말을 덧붙인다.

"사안이 극히 중대하고 내 뜻이 이미 결정되었으니, 가볍게 바꿀 수 없다. 그러나 임금이 혼자서만 국가를 다스릴 수 없고, 경들도 어찌 나를 불의에 빠뜨리고자 하겠는가? 경들의 말을 따르겠다. 대신 경들도 왕실이 약해지지 않도록 도모하라."

이렇게 해서 맹사성 등은 목숨은 건진 채 유배를 떠나야 했다. 태종 9년 1월 1일 신년하례를 마치고 세자와 대언들과 식사를 하던 중에 세자 이제가 가만히 아뢰었다.

"맹사성(孟思誠)이 신을 따라 중국에 입조(入朝)해 간난(艱難)한 일들을 겪었으므로, 신이 그 성품이 졸직(拙直)한 것을 알았습니다. 성상의 뜻을 거슬러서 죄를 받을 때 구해주고 싶은 마음이 간절했지만, 천위(天威)를 범할까 두려워서 감히 말을 꺼내지 못했습니다."

태종은 가납(嘉納)했다. 직(直)은 태종이 좋아하던 말이다. 졸직(拙直)이란 다소 서툴기는 해도 그 마음속은 곧다는 뜻이다.

아들 맹귀미도 이때 풀려났지만, 이듬해 장인 이무(李茂)가 민씨 형제들과 연루되어 사형당할 때 다시 고초를 겪고는 그 후유증으로 세상을 떠난다. 맹사성의 아픔이었다.

『실록』을 통해 맹사성의 관력(官歷)을 추적해보면 이 일 말고는 특별한 허물을 발견하기가 어렵다. 그저 중앙의 요직과 지방의 관찰사를 오가며 치적(治積)을 쌓아간 것이 전부라고 해도 과언이 아니다. 그 비결은 외유내강(外柔內剛)이다. 자신에게는 엄격했고 남에게는 너그러운 그의 천품이 흔히 환해풍파(宦海風波)라고 부르는 벼슬살이의 고단함을 순항으로 이끌었다고 할 수 있다.

예(禮)는 허조, 악(樂)은 맹사성

조대림 사건이 있고 정확히 2년 후인 태종 10년 8월 10일 맹사성은 직첩(職牒)을 돌려받는다. 일단 다시 벼슬에 나설 수 있는 길이 열린 것이다. 얼마 후에 맹사성은 예악을 관장하는 관습도감 제조(慣習都監提調)를 맡은 것으로 보인다. 태종 11년 윤 12월 7일 맹사성이 외직인 충주 목사에 제수되자 예조에서 아뢰었다.

"관습도감 제조 맹사성은 음률에 정통해 거의 선왕(先王)의 음악을 회복할 수 있는데, 근일에 판충주(判忠州)를 제수했습니다. 신 등이 생각건대 한 고을의 정무(政務)는 사람마다 능한 이가 많지마는 선왕의 음악은 사람마다 능히 할 수 있는 것이 아닙니다. 청컨대 맹사성을 도성에 머물게 해서 정악(正樂)을 가르치소서."

이에 얼마 후 그는 공안부윤(恭安府尹)이라는 내직을 맡았다. 그다지 중요한 자리는 아니다. 태종은 맹사성에 대해 마음을 다 풀지 않았던 것이다.

1412년 5월 3일 맹사성을 풍해도 도관찰사(豐海道都觀察使)에 임명했는데 이번에는 영의정 하륜이 맹사성을 서울에 머물게 하여 악공(樂工)을 가르치도록 아뢰었다.

"본국의 악보(樂譜)가 다 폐결(廢缺)되어 오직 맹사성만이 악보에 밝아서 오음(五音)을 잘 어울리게 합니다. 지금 감사의 임명을 받아 장차 풍해도로 가게 되었습니다. 바라건대 머물러서 악공을 가르치게 하소서."

이처럼 태종과 세종 대에 예(禮)를 정비하는 일을 허조(許稠)가 맡았다면 맹사성은 악(樂)을 정비하는 일을 책임졌다.

태종 16년 6월 24일 맹사성은 이조 참판이 되고 3개월 후에 마침내 예조 판서가 되어 판서의 반열에 올랐다. 그는 이후 호조 판서, 공조 판서를 거쳐 세종 1년에는 인사를 책임지는 이조 판서가 됐다. 이때는 상왕 태종이 인사를 하던 때이므로 마침내 태종이 맹사성의 진가를 인정하는 순간이었다고 할 수 있다.

태종의 미래 구상, 맹사성과 조말생

마침내 황희보다 1년 뒤늦은 1427년에 우의정이 되어 정승 반열에 오르게 된다. 이로써 좌의정 황희, 우의정 맹사성이라는 세종 치세의 쌍두마차가 탄생했다. 태조 때의 조준·김사형, 태종 때의 하륜·조영무에 이은 황희·맹사성 콤비의 탄생이었다.

이후 『세종실록』에 가장 자주 등장하는 표현 가운데 하나가 "황희와 맹사성을 불러 의견을 물었다"였다. 정사(政事) 하나하나를 두 정승과 토의해가며 결정했다는 것을 이 표현만큼 압축해서 보여주는 것도 없을 것이다.

먼저 맹사성은 상왕 태종이 살아 있던 때에 이조 판서를 거쳐 한성부 판사, 예문관 대제학을 지낸 다음 다시 이조 판서에 제수된다. 처음에는 두 달여밖에 하지 않았지만, 두 번째 이조 판서는 2년 이상 하게 된다.

태종의 구상에 이때는 황희는 남원에 유배 중이어서 이조 판서 맹사성, 병조 판서 조말생(趙末生, 1370~1447년)이 있었다. 이 두 사람을 세종에게 재상감으로 물려주려 했던 것이다. 그러나 이 구상은 결국 황희가 막판에 복귀하고 조말생은 끝내 세종에게 배척당함으로써 황희·맹사성 구도로 가게 된다.

세종 3년 12월 7일 맹사성은 이조 판서에서 의정부 찬성사로 옮긴다. 우의정으로 가는 길목에 있는 자리이다.

조말생은 왜 세종 때 정승에 이르지 못했는가

조말생은 태종 때 어떤 사람이었을까? 먼저 세종 29년(1447년) 4월 27일 졸기를 통해 알아보자.

어려서부터 총명하고 슬기로우며 학문을 힘써서 신사년(辛巳年-1401년, 태종 1년)에는 장원급제로 뽑혀 요물고 부사(料物庫副使)에 제수되었고 감찰(監察)·정언(正言)·헌납(獻納)을 거쳐 이조 정랑으로 영전했다가 정해년(丁亥年-1407년) 중시(重試)에 (변계량에 이어) 둘째로 뽑혀 전농부정(典農副正)에 제수되었다. 이윽고 사헌장령에 제수되어

직예문관(直藝文館)을 담당했고 신묘년(辛卯年-1411년)에는 판선공감사(判繕工監事-선공감 판사)가 되었다가 곧 승정원 동부대언에 잠시 제배되었으며 여러 번 승진해 지신사가 되고 무술년(戊戌年-1418년)에는 이조 참판에 제수되어 품계를 뛰어 정덕대부(靖德大夫)로 가자(加資-품계 승진)하니 말생(末生)이 사양하여 말했다.

"신이 오래 출납(出納-임금의 말과 신하의 말을 전달함)하는 지위에 있으면서 조금도 계옥(啓沃-의견을 내어 임금에게 도움이 되는 것)한 것이 없사온데 등급을 뛰어 제수하시오니 성은(聖恩)이 너무 지중해서 진실로 마음에 부끄럽습니다."

태종이 말했다.

"경을 대신 자리에 두고자 하나 아직 천천히 하려 하니 사양하지 말라."

다음 달에 형조 판서로 승진시켰다가 곧 병조 판서로 옮겨서 군정(軍政)에 관한 시종(侍從)을 맡게 하여 태종이 총애하는 대우가 더욱 융숭했다.

이것만 봐서는 '정승 조말생'은 시간문제였다. 상왕 태종이 신왕 세종에게 조말생을 정승감으로 꼽았으리라는 것은 의심할 여지도 없다. 그러나 끝내 조말생은 정승에 오르지 못했다. 줄기 중에서 세종 때를 살펴보자.

병오년(丙午年-1426년) 장죄(贓罪-장물죄)에 연좌되어 외직(外職-지방관직)으로 좌천되었다가 무신년(戊申年-1428년)에 불러들여 임자년에 동지중추원사(同知中樞院事)가 되고 이듬해 봄에 함길도 도관찰사가 되었다가 겨울에 병으로 사면했는데 갑인년(甲寅年-1434년) 9월에 중추원사에 제수되고 을묘년(乙卯年-1435년)에 판중추원사(判中樞院事-중추원 판사)가 되고, 예문관 대제학으로 옮겼다가, 무오년(戊午年-1438년)에 도로 중추원 판사가 되었으며 기미년(己未年-1439년)에 궤장을 받고 임술년(壬戌年-1442년) 숭록대부(崇祿大夫-종1품)에 승진하고 갑자년(甲子年-1444년)에 보국(輔國-정1품)으로 가자를 받고 병인년(丙寅年-1446년)에 중추원 영사가 되었는데 이해(1447년)에 세상을 떠나니, 나이가 78세다.

세종 즉위년부터 병오년까지 8년 동안 조말생은 줄곧 병조 판서로 있었다. 그런데도 그는 의정부가 아닌 원로원에 해당하는 중추원에서 품계만 영의정에 준하는 영중추에까지 올랐다. 중앙 정치에서 더는 아무런 역할을 할 수 없었다.

줄기는 그가 끝내 정승에 오르지 못한 까닭을 뇌물죄 때문이라고 적고 있다.

말생은 기개와 풍도가 넓고 컸으며[氣度恢洪] 일을 처리함에 너그럽고 두터워[處事寬厚] 태종이 소중한 그릇으로 여겼으나 옥에 티(-뇌물죄)가 신상에 오점이 되어 끝끝내 국무대신이 되지 못했다.

국무대신, 즉 정승이 되지 못한 점이 조말생에게 천추의 한이었음을 줄기가 인정하고 입증해준다. 사람됨에 있어 "넓고[恢] 크며[洪] 일 처리가 너그럽고[寬] 두터웠다[厚]"면 타고난 정승감 아닌가?

사실 태종 때도 뇌물 수수는 흔했다. 하륜이 그랬고 박은이 그랬다. 그렇다면 왜 세종은 결국 조말생을 정승 자리에 올리지 않았을까? 그 해답은 세종 8년(1426년) 3월 7일 자에 담겨 있다.

세종의 말이다.

옛날에 오랫동안 정권을 잡고 있으면 안 된다는 말을 한 사람이 있었는데, 이제 생각하니 이해가 간다. 대체로 모든 관원을 임명함에 있어서, 임금이 그 사람을 알지 못하기 때문에 정무를 맡은 대신에게 이를 맡기는 것이요, 대신이 사람을 쓰는 것은 반드시 과거부터 알던 사람을 쓰게 되는 것이다. 그러므로 정무를 오래 잡으면 아무리 마음을 정직하게 가지는 사람일지라도, 남들이 반드시 그가 사사로운 정실을 행사한다고 의심하는 것은 자연스러운 이치이다. 지신사로부터 병조 판서까지 10여 년간이나 오랫동안 정무를 잡은 사람으로는 조말생처럼 오래된 사람이 없더니 과연 오늘과 같은 사건이 발생하고 말았다.

세종은 조말생의 뇌물 수수를 단순 뇌물죄가 아니라 사사로이 자기 권력을 행사한 문제로 인식했다. 정승은 임금을 돕는 자일 뿐 임금을 대신할 수 없는 존재다. 조말생은 세종의 역린(逆鱗)을 건드렸던 것이다.

이 질문, 즉 "왜 세종은 조말생을 정승으로 삼지 않았을까?"라는 의문은 "왜 태조는 정도전을 정승으로 삼지 않았을까?"만큼이나 흥미로운 문제 제기다. 게다가 태종에서 세종으로의 권력 이양기에 줄곧 병조 판서를 맡아 병권을 쥐었던 인물이 바로 조말생이다. 사실 조말생은 아버지의 신하였다. 그럼에도 세종은 『논어』에 나오는 다음 구절을 명심했기에 8년 내내 조말생을 병조 판서에 그대로 두었다. 「학이(學而)」편에 나오는 공자의 말이다.

"아버지가 돌아가신 경우에는 3년이 지나도록 아버지의 뜻을 조금도 잊지 않고 따른다면 그것은 효라고 이를 만하다."

우선 세종은 태종이 세상을 떠나고 4년이 지나도록 아버지의 뜻을 따랐다. 태종이 조말생에게 맡긴 병조 판서 자리를 그 후에도 4년 동안 그대로 맡겼다.

조말생으로서는 오히려 자신을 내치지 않은 세종에게 고마워해야 할 일이다. 단지 그는 본인의 처신에서의 잘못, 즉 권세를 즐긴 잘못으로 인해 끝내 정승까지 올라갈 수 없었을 뿐이다. 그 반대쪽에 맹사성이 있었던 것이다.

정승 맹사성

맹사성이 우의정으로 있을 때 눈길을 끄는 두 가지 일화가 있다. 세종은 세종 12년(1430년) 4월 26일 황희와 맹사성에게 『태종실록(太宗實錄)』 편찬의 감수 역할을 맡겼다. 그리고 편찬이 완료되자 세종이 한번 보려고 했다.

그러자 평소 직언을 잘하지 않던 맹사성이 "왕이 실록을 보고 고치면 반드시 후세에 이를 본받게 되어 사관(史官)이 두려워서 그 직무를 수행할 수 없을 것"이라 하고 반대하니 세종도 이에 따랐다. 즉 성군(聖君)이라는 세종도 실록을 보고 싶어 했고 그것을 저지한 장본인이 맹사성이었던 것이다.

조선 초의 관리이자 문필가인 성현(成俔)의 책 『용재총화(慵齋叢話)』에는 그의 넉넉함을 보여주는 일화가 실려 있다.

고향인 충청도 온양을 방문하고 돌아오던 그가 비를 만나 경기도 용인의 어떤 숙소에 머물게 되었다. 방에 들어가니 경상도에서 올라온 부호(富豪)가 패거리를 잔뜩 거느린 채 좌중을 압도하고 있었고 우의정 맹사성은 방구석에 가만히 앉아 있었다. 그 부호는 맹사성을 불러 함께 장기를 두자고 했다. 이에 응한 맹사성과 한창 장기를 두던 중에 흥미로운 제안을 했다. 서로 공(公)자와 당(堂)자를 끝에 붙여가며 문답을 하자는 것이다.

이에 맹사성이 먼저 물었다.

"무엇 하러 서울에 가는공(公)?"

"녹사(錄事) 벼슬을 얻기 위해 올라간당(堂)?"

"내가 그대를 위해 그 자리를 얻어줄공(公)?"

"우습구나. 당치도 않당(堂)."

이들의 공당(公堂) 문답은 여기서 끝났다. 한양으로 돌아온 맹사성이 의정부에 앉았는데 그 사람이 녹사 시험을 보러 들어왔다가 맹사성을 보고 깜짝 놀랐다.

"어떠한공(公)?"

그 사람은 물러가 엎드리며 말했다.

"죽을죄를 지었습니당(堂)!"

같은 자리에 있던 사람들은 모두 이상하게 여겨 물으니, 맹사성이 전후 사정을 이야기해주었다. 함께했던 재상들이 모두 크게 웃었다. 그 사람은 실제로 맹사성의 추천으로 녹사가 되고 훗날 지방의 유능한 관리가 됐다고 한다.

여기서 짚어야 할 맹사성의 면모는 여유로움과 사람을 알아보는 눈이다. 그 여유로움이 환난을 피할 수 있는 지혜를 주었고 그 눈이 그를 이조 판서와 정승 자리에까지 올렸기 때문이다. 그 후 황희는 영의정으로 자리를 비키고 그가 마침내 1432년 좌의정에 올랐다. 1435년 나이가 많아서 벼슬을 사양하고 물러났다.

맹사성은 고려 말부터 태조·정종·태종·세종까지 마치 하나의 임금 밑에서 일을 한 듯이 관품이 높아졌다. 태종 때 고초를 겪은 것을 제외한다면 이렇다 할 정치 바람을 타지도 않았고 그렇다고 윗사람에게 아첨을 일삼는 사람도 아니었다.

그 비결은 무엇일까? 아마도 『논어』 「태백(泰伯)」편에서 공자가 말한 이 한마디가 아닐까?

"그 자리에 있지 않을 때는 그에 해당하는 정사를 도모하지 않는다."

아랫자리에 있을 때는 윗자리를 넘보지 않고 윗자리에 나아가서는 아랫사람들의 일을 건드리지 않는다는 뜻이다. 그가 79세로 세상을 떠났을 때 『실록』은 그의 치적보다는 행실을 높이 평가해 이렇게 말했다.

벼슬하는 선비로서 비록 계제가 얕은 자라도 만나보고자 하면, 반드시 관대(冠帶)를 갖추고 대문 밖에 나와 맞아들여 상좌에 앉히고, 물러갈 때도 역시 몸을 꾸부리고 손을 모으고서 가는 것을 보되, 손님이 말에 올라앉은 후에라야 돌아서 문으로 들어갔다. 창녕 부원군(昌寧府院君) 성석린이 맹사성에게 선배가 되는데, 그 집이 맹사성 집 아래에 있으므로 늘 가고 올 때마다 반드시 말에서 내려 지나가기를 성석린이 세상을 마칠 때까지 했다.

맹사성은 술가나 법가보다는 청절가형

유소의 『인물지』 재상 유형에 따르면, 맹사성은 일을 하는 술가(術家)나 법가(法家)보다는 청절가(淸節家)라고 할 수 있다. 태평성대에 꼭 필요한 유형이니 세종 때 재상을 지낸 것은 본인이나 나라로서 모두 큰 행운이라 하겠다.

필자는 이미 『이한우의 주역』(21세기북스)에서 맹사성을 절괘(節卦, ䷻) 육사(六四), 즉 밑에서 네 번째 음효로 풀어낸 바 있다. 이 효에 대해 공자는 "자연스럽게 절제해 형통한 것은 위의 도리[上道]를 받들기 때문이다"라고 풀었다.

육사는 부드러운 자질로 부드러운 자리에 있으니 바르고 육삼과는 친하지 않지만 구오와 가깝다. 또 초구와도 호응 관계이니 여러 가지로 좋다.

정이천(程伊川)의 풀이다.

"육사는 굳세면서 중정을 이룬 구오의 도리를 고분고분 따르며 받드니 이것이 중정함으로써 절제하는 것이다. 음의 자질로 음의 위치에 있어 바른 도리에 편안하니 절제함이 있는 모습이고 아래로 초구에 호응한다. 육사는 감괘의 몸체에 있으니, 물에 해당한다. 물이 위로 넘치는 것은 절제가 없는 것이고 아래로 흘러내리는 것은 절제가 있는 것이다. 육사와 같은 사람의 마땅한 의리는 억지로 절제하는 것이 아니라 절제함에 편안하니 형통함에 이를 수 있다. 절제는 우러나서 편안하게 하는 것이 가장 좋다. 억지로 절제하면서 스스로를 지키려고 애를 써서 안정을 이루지 못하면 오래도록 지속할[常] 수가 없으니 어찌 형통할 수 있겠는가?"

즉, 위에 있는 구오(-임금)를 받드는 마음이 억지스러움이 없고 우러나서 하는 편안함이기에 형통할 수 있다는 것이다.

이는 『논어』「이인(里仁)」편에 나오는 안인(安仁)과 이인(利仁)의 차이를 통해 좀 더 분명하게 알 수 있다.

"어질지 못한 사람은 (도리를 통해 자신을) 다잡는 데 오랫동안 처해 있을 수 없고, 좋은 것을 즐기는 데도 오랫동안 처해 있을 수 없다. 어진 자는 어짊을 편안하게 여기고[安仁] 사리를 아는 자는 어짊을 이롭게 여긴다[利仁]."

여기에는 오래도록 지속함의 문제도 고스란히 녹아들어 있다. 조선 재상 중에 절괘의 육사에 가까웠던 인물로는 맹사성을 빼놓을 수 없다. 『실록』줄기는 맨 마지막에 그의 단점을 지적하고 있다.

> 타고난 성품이 어질고 부드러워서[仁柔] 무릇 조정의 큰일이나 거관처사(居官處事)에 과감하게 결단하는 데 단점이 있었다.

술가나 법가는 아니었다는 말이다.

제5장

세 임금을 재상으로서 모신
신숙주

술을 즐긴 아버지 신장과 처조부 윤회

신숙주(申叔舟)는 1417년(태종 17년) 전라도 나주에서 태어났다.

공조 참판을 지낸 아버지 신장(申檣, 1382~1433년)은 신숙주가 17세 이던 세종 15년(1433년) 세상을 떠났는데 공조 참판을 지낸 덕에 『실록』에 졸기가 실려 있다.

사람됨이 온후(溫厚)하고 공순하여 남에게 거슬리지 아니했다. 사장(詞章)에 능하고 초서(草書)와 예서(隸書)를 잘 썼다. 성품이 술을 좋아하므로, 임금이 그 재주를 아껴서 술을 삼가도록 친히 명했으나, 능히 스스로 금하지 못했다. 죽음에 미쳐 허조가 듣고 탄식하기를 "이런 선량한 사람을 오직 술이 해쳤다"라고 했다. 치부(致賻)하기를 명했다. 아들 다섯이 있는데, 신맹주(申孟舟)·신중주(申仲舟)·신숙주(申叔舟)·신송주(申松舟)·신말주(申末舟)였다.

신장은 세종의 총애를 받아 집현전 초대 부제학을 지냈고 당시 집현전 학사 정인지, 윤회(尹淮, 1380~1436년) 등과 가까웠다. 윤회는 일찍이 태종으로부터 "경은 학문이 고금을 통달했으므로 세상에 드문 재주이고, 용렬한 무리의 비교가 아니니, 경은 힘쓰라"라는 당부를 받기도 했다. 그러나 그의 줄기에는 신장과 마찬가지로 "천성이 술을 즐기니 두 임금께서 여러 번 꾸짖어 금하게 했으나, 오히려 능히 그치지 못했다"라는 대목이 나온다. 두 사람은 술친구였다. 윤회에게는 윤경연(尹景淵)과 윤경원(尹景源)이라는 두 아들이 있었는데 윤경연이 신숙주 장인이다.

어려서 신숙주가 윤회에게 공부를 배운 것은 자연스러운 일이었다. 당시 모습을 줄기는 "어려서부터 기량(氣量)이 보통 아이들과 달라서 글을 읽을 때 한 번만 보면 문득 기억했다"라고 적고 있다.

게다가 신숙주는 넓은 아량의 소유자였다. 1439년(세종 21년) 과거에 급제하고 처음 맡은 보직이 전농 직장(典農直長)이었는데 이조(吏曹)의 담당 관리가 깜빡하고 그에게 첩(牒)을 주지 않았다. 첩이란 일종의 공무원증과 같은 것이다.

사헌부에서 그 관리를 탄핵해 파직시켰는데 신숙주는 스스로 이조에 나아가 "그 관리는 첩을 전했지만 내가 스스로 나아가지 않았다"라고 말했다. 이로 인해 그 관리는 복직됐지만 신숙주는 파면당했다.

불과 2년 후인 세종 23년(1441년) 신숙주는 집현전 부수찬(集賢殿副修撰)에 제수됐다. 그의 가장 큰 행운은 세종이라는 성군을 모시고 일을 하게 된 것이다.

당시 그는 주로 예조에서 활약했다.『실록』이 전하는 당시 그의 활약상이다.

> 신숙주는 천자(天資)가 고매(高邁)하고 관후(寬厚)하면서 활달(豁達)했으며 경사(經史)에 두루 통달하고 의논(議論)에 항상 대체(大體)를 지녀서 까다롭거나 자질구레하지 않았다. 대의(大義)를 결단함에 있어 강하(江河)를 터놓은 것과 같이 막힘이 없어서 조야(朝野)가 의지하고 중히 여겼다.
> 오랫동안 예조(禮曹)를 관장하여 사대교린(事大交隣)을 자신의 소임으로 삼아 사명(詞命)이 그의 손에서 많이 나왔다. 정음(正音)을 알고 한어(漢語)에 능통하여『홍무정운(洪武正韻)』을 번역했으며, 한음(漢音)을 배우는 자들이 많이 이에 힘입었다.
> 친히 일본에 건너가서 무릇 그 산천(山川)·관제(官制)·풍속(風俗)·족계(族系)에 대하여 두루 알지 못하는 것이 없어서『해동제국기(海東諸國紀)』를 지어 올렸다.
> 세종이『오례의(五禮儀)』를 찬술했으나 아직 반포하지 못했는데 임금이 신숙주에게 명해 간정(刊定)하여 이를 인행(印行)하게 했다. 문장(文章)을 만드는 것은 모두 가슴속에서 우러나왔고, 각삭(刻削)을 일삼지 않았다.

그는 무엇보다 일을 할 줄 아는 신하였다.

세종 25년(1443년) 신숙주는 일본으로 가는 통신사 서장관(書狀官)이 됐다. 정사는 변효문(卞孝文, 1396~?)이었다. 이때의 일화는 그가 문약(文弱)한 선비라기보다는 강건(剛健)함을 갖춘 대인배였음을 한눈에 보여주기에 충분하다.

사신의 일을 마치고 귀국할 때 태풍을 만나 모두 공포에 떨었으나 그는 홀로 태연자약해 이렇게 말했다.

"장부(丈夫)가 사방(四方)을 원유(遠遊)함에 이제 내가 이미 일본국(日本國)을 보았고, 또 이 바람으로 인해 금릉(金陵)에 경박(經泊)해 예악문물(禮樂文物)의 성(盛)함을 얻어보는 것도 또한 유쾌한 것이 아니겠느냐?"

금릉이란 명나라 초의 수도였던 남경(南京)을 가리킨다. 아마도 예전에 표류한 배들이 중국 남쪽 해안으로 표류해 간 일들이 있었기에 이런 말을 한 것으로 보인다. 맹자(孟子)가 말한 호연지기(浩然之氣)란 이런 것이다.

이때의 일을 기반으로 저술한 『해동제국기(海東諸國記)』는 일본의 정치 세력들의 강약, 병력의 다소, 영역의 원근, 풍속의 이동(異同), 사선(私船) 내왕의 절차 등을 모두 기록함으로써 그 후 조선의 대(對) 일본 정책의 근간이 됐다. 특히 이 책에서 신숙주는 일본과의 우호가 궁극적으로는 조선에도 도움이 됨을 강조한 바 있다.

귀국길에 동승 했던 여자가 있었는데 선원과 승선한 사람들이 모두 "아이 밴 여자는 배가 가는 데에 꺼리는 바인데 오늘의 폭풍(暴風)은 이 여자의 탓"이라고 하면서 바다에 던지고자 했으나 신숙주 홀로 "남을 죽이고 자기 삶을 구하는 것은 차마 할 바가 아니다"라고 했는데 얼마 뒤에 바람이 잦아들어 일행이 모두 무사했다.

세종 때 그는 사헌부(司憲府)의 장령(掌令)과 집의(執義), 집현전의 직제학(直提學) 등을 두루 역임했다.

신숙주와 훈민정음

세종 25년 세종이 훈민정음을 창제했다. 이듬해 2월 16일 집현전 교리(集賢殿校理) 최항(崔恒), 부교리 박팽년(朴彭年), 부수찬(副修撰) 신숙주(申叔舟)·이선로(李善老)·이개(李塏), 돈녕부 주부(敦寧府注簿) 강희안(姜希顔) 등에게 명해 의사청(議事廳)에 나아가 언문(諺文)으로『운회(韻會)』를 번역하게 하고, 동궁(東宮)과 진양대군(晉陽大君) 이유(李瑈), 안평대군(安平大君) 이용(李瑢)으로 하여금 그 일을 관장해 모두 상(上-임금)의 판단에 품의 하도록 했으므로 상(賞)을 거듭 내려주고 공억(供億)하는 것을 넉넉하고 후하게 했다.

『운회』란 원나라 초기 황공소(黃公紹)가 편집한 운서(韻書)『고금운회(古今韻會)』를 그의 제자 웅충(熊忠)이 간략하게 하고 주석을 더해 1297년에 펴낸『고금운회거요(古今韻會擧要)』를 말한다.

여기에 참여했던 구성원들은 거의 그대로 우리나라 최초의 운서『동국정운(東國正韻)』을 편찬하는 데도 참여해 세종 30년에 간행하는 데 서문을 신숙주가 썼다.

수양대군과 인연

문종은 신숙주를 사헌부 장령에 제수한다. 일반적으로 학재(學才)가 강한 집현전 학자들에게는 정사를 맡기지 않는 것이 관례였으니 파격이었다. 학자 신숙주가 점차 정치 쪽으로 이동하게 된 계기였다.

그러나 그의 인생에 새로운 계기가 찾아온 것은 1452년(문종 2년, 단종 즉위년) 9월 14일. 세조(世祖-당시 수양대군)가 사은사(謝恩使)가 돼 중국에 갈 때 서장관으로 따라갔다. 이미 이때 세조는 신숙주를 자기 사람으로 만들기 위해 의도적으로 그에게 접근해 함께 갈 것을 청한 것이었다. 이로써 그는 세조와 정치 노선을 함께하게 된다. 그보다 한 달여 전 두 사람 이야기가 『실록』에 실려 있다. 8월 10일 자다.

> 정수충(鄭守忠, 1401~1469년)이 세조의 집에 가니, 세조가 그와 더불어 서서 이야기를 하는데, 마침 집현전 직제학 신숙주(申叔舟)가 문 앞으로 지나갔다. 세조가 불렀다.
> "신 수찬(申修撰)!"
> 신숙주가 곧 말에서 내려 뵈었다. 세조가 웃으면서 말했다.
> "어찌 과문불입(過門不入) 하는가?"
> 이끌고 들어가서 함께 술을 마시면서 농담으로 말했다.
> "옛 친구를 어찌 찾아와 보지 않는가? 이야기하고 싶은 지 오래였다. 사람이 비록 죽지 않을지라도 사직에는 죽을 일이다."
> 신숙주가 대답했다.
> "장부가 편안히 아녀자(兒女子)의 수중(手中)에서 죽는다면 그것은 재가부지(在家不知)라고 할 만하겠습니다."
> 세조가 즉시 말했다.
> "그렇다면 중국에 가자."

과문불입(過門不入)이란 『맹자』에 나오는 말로 우(禹)가 나랏일에 힘쓰느라 자기 집 앞을 세 번이나 지나가면서도 들어가지 않았다는 말로 집안일도 잊은 채 공무에 힘쓴다는 뜻이다. 이에 신숙주도 재가

부지(在家不知)라는 말로 화답했다. 집 안에 머물며 세상 물정 모르는 사람은 아니라는 뜻이다.

이처럼 신숙주는 애당초 명분을 앞세우는 도학자보다는 실천을 지향하는 장부 의식이 강한 사람이었다. 이듬해(1453년-단종 1년) 명나라에서 돌아온 신숙주는 그해 2월 지병조사(知兵曹事)를 거쳐 곧바로 승정원 동부승지가 되고 6월 우부승지로 옮기는데 같은 해 10월 10일 계유정난(癸酉靖難)이 일어난다. 세상이 바뀐 것이다. 이때 신숙주 나이 37세였다. 수양대군과는 동갑이었다.

한명회와 신숙주

김종서와 황보인을 척살한 정난(靖難)이 있고 닷새 후에 공신 책봉을 하는데 정인지·이사철·권람·한명회 등이 1등이고 신숙주는 2등에 올랐다. 성삼문은 3등에 이름을 올렸다.

계유정난 이후 신숙주는 말 그대로 초고속 승진이 무엇인지를 보여준다. 계유정난 이듬해(1454년) 2월 6일 신숙주는 도승지(都承旨)에 임명된다. 수양대군의 신임이 그만큼 컸다는 뜻이다. 이때 1등 공신 한명회는 동부승지를 맡는다. 세조는 한명회를 "나의 장자방(張子房-한나라 유방의 책사 장량)", 신숙주를 "나의 위징(魏徵-중국 당나라 초기 공신)"이라 불렀다.

1455년 세조가 즉위하자 공신으로 책봉됐고 예문관 대제학(大提學)에 올랐으며 병조 판서(兵曹判書), 성균관 대사성(成均館大司成)을 지낸 다음 세조 4년(1458년)에 우의정, 이듬해 좌의정(左議政)에 올랐다.

그가 지난 자리는 한명회가 물려받았다.

신숙주와 한명회 두 사람은 대장부라는 면에서 의기투합이 되었던 것으로 보인다. 이때부터 예종·성종 대에 이르기까지 한명회와 신숙주는 한결같이 같은 길을 걸었다. 아마도 신숙주가 조금이라도 한명회를 앞서려 했다면 두 사람의 동지 관계는 깨졌을 것이다.

『세조실록』 3년(1457년) 3월 15일 경복궁 사정전에서 연회를 벌였는데 세조가 우찬성 신숙주에게 명해 술을 올리게 하니 양녕대군 이제(李禔)가 말했다.

"신숙주는 서생이지만 뛰어나고 재능이 많습니다."

이에 세조는 이렇게 말한다.

"단순한 서생이 아니라 지장(智將)이니 신숙주는 곧 나의 위징이다."

이를 통해서도 우리는 '장부' 신숙주라는 면모를 재확인할 수 있다.

변방을 안정시키다

신숙주는 군사에도 조예가 있어 당시 북쪽 오랑캐가 여러 번 변경을 침범하자 세조는 정토(征討) 하려 했다. 그러나 조정에서는 의견이 갈려 갈피를 못 잡았는데 이때 신숙주가 홀로 계책을 세워 치기를 청했다. 이에 신숙주가 몸소 강원도 함길도 도체찰사가 돼서 나아가 토벌에 성공했다.

세조 6년(1460년) 9월 27일 자 『실록』이다. 세조와 신숙주의 돈독했던 군신 관계를 엿볼 수 있는 대목이다.

함길도 도체찰사(咸吉道都體察使) 신숙주(申叔舟)가 전문(箋文)을 올려서 잔치와 표리(表裏)를 내려준 것에 사례(謝禮)했다.

'삼가 성상(聖上)의 계책(計策)을 받들고 천위(天威)를 멀리까지 폈으나, 돌이켜보면 아무런 기념할 만한 공(功)도 없는데 도리어 전(前)에 없던 은총(恩寵)을 입으니, 은혜가 바라던 생각 밖에서 나왔으므로 감격스럽고 부끄러운 마음이 아울러 일어납니다. 가만히 생각건대 적로(賊虜)들이 흉악(兇惡)한 무리를 불러 모아 변방의 여러 고을을 도둑질하면서 인정(仁政)을 저버리고 덕(德)을 배반(背反)하는 등 악(惡)을 쌓고 완악(頑惡)함을 길렀습니다. 신이 양재(良才)가 없는 몸으로서 곤외(閫外-변방)의 직임을 감히 받아, 이에 제장(諸將)과 더불어 편사(偏師)를 나누어 독려하고 번개같이 많은 무리를 공격하여 개나 쥐 같은 저들의 소혈(巢穴)을 모조리 소탕(掃蕩)하고 수많은 부락(部落)을 불태워서, 이미 사막(沙漠)과 같이 텅 빈 것을 보게 되었습니다. 이것은 오로지 우리 주상 전하(主上殿下)께서 천운(天運)에 응하여 저들을 무휼(撫恤)하고 시기에 임(臨)하여 무력(武力)을 사용하여 계책에 유감이 없으셨던 것이니, 한 번 노하자 국경(國境)이 안정되었습니다. 신 등은 다만 분주(奔走)하게 근로(勤勞)했을 뿐이요, 오로지 그 계책을 받들기에 겨를이 없었는데, 어찌 남다른 포장(褒獎)이 하찮은 노고(勞苦)를 빠뜨리지 않으리라고 뜻했겠습니까? 어찰(御札)이 밝게 빛나고 거룩한 유서(諭書)가 못내 정(情)을 아쉬워하면서 진귀한 내탕(內帑)의 물건을 나눠주시니 아직도 어로(御爐-궁중 향로)의 연기를 띠었고, 취하여 성상(聖上)의 주신 표주박을 드니 황홀해 궁중의 뜰 아래에 있는 듯합니다. 이와 같은 영광(榮光)은 전고(前古)에 드물었던 바이니, 신은 제장(諸將)과 더불어 감히 상호(桑弧-웅대한 뜻을 세움)의 뜻을 두지 않겠으며, 일에 임(臨)하여 충성을 다할 것을 다짐합니다. 몸이 싸움터에서 말가죽에 싸여 죽더라도 목숨이 다할 때까지 은혜를 갚을 것을 맹세합니다.'

어찰(御札)로 회유(回諭)했다.

'경이 큰 공(功)이 있어 은총(恩寵)이 남다르니, 진실로 더욱 충성(忠誠)을 다하는 것이 마땅하지만, 글의 뜻이 정성스럽고 간절하여 내가 감격의 눈물이 옷깃을 적시는 것을 깨닫지 못하겠다. 이 때문에 답서(答書)하여 나의 지극한 정(情)을 말하는 것이다.'

병조선(兵漕船) 제작을 건의하다

신숙주는 실무에도 밝았다. 좌의정 신숙주는 세조 7년(1461년) 10월 2일 조선(漕船)과 병선(兵船)을 겸한 병조선 제작을 건의한다.

신(臣)이 경기·충청도 여러 포(浦)의 병선(兵船)을 보니, 임의(任意)대로 만들어 체제(體制)가 각기 달라서 모두 쓸 수가 없었습니다. 선군(船軍)은 여러 곳의 요역(徭役)에 흩어져서 나아가 배를 지키는 자는 한두 사람에 지나지 않았습니다. 이는 다름이 아니라 조선(漕船)에만 뜻을 두고, 병선(兵船)은 소홀히 했기 때문에 그 폐단이 여기에 이른 것입니다. 신의 생각으로는, 조선(漕船)과 병선(兵船)을 둘로 하는 것은 불가합니다. 배 하나로 두 가지를 겸용(兼用)하는 것은 제작하는 기교(技巧)에 있으니, 청컨대, 전선색(典船色-배를 만드는 병조 소속 관청)으로 하여금 조선(漕船)을 고쳐 만들게 하되, 판자(板子)로 막아서 설치할 수도 있고 철거할 수도 있게 하여, 조선으로 사용할 때는 이를 설치하고, 전선(戰船)으로 사용할 때는 철거하도록 하소서. 이와 같은 체양(體樣)을 여러 포(浦)에 나누어 보내어 이를 모방하여 만들게 하면 일거양득(一擧兩得)이 될 것입니다.

세조는 즉각 그리하라고 명했다.

또 신숙주는 충남 태안에 운하를 팔 것을 건의했다. 그곳은 태안반도 바다가 물결이 거칠어 종종 조운선이 침몰하곤 했기 때문에, 고려 때부터 조선 초까지 늘 운하 건설의 필요성이 제기되었던 곳이다. 그러나 세조 10년(1464년) 3월 신숙주가 직접 가서 살펴본 결과, 물길이 바르지 않고 흙이 물러 운하를 파기에 불가하다는 결론을 내린다.

세조 12년(1466년) 1월 15일 영의정에 오른 신숙주는 4월 18일 자신이 고위직에 너무 오래 있었다는 이유로 영의정을 사직했다. 후임은 구치관(具致寬)이 맡았고 좌의정에는 황희 아들 황수신(黃守身), 우의정에는 박원형(朴元亨)이 임명되었다.

신숙주 생애 최대 위기, 이시애의 난

세조 13년(1467년) 5월, 전 회령 절제사 이시애가 반란을 일으켜 함길도 절도사 강효문(康孝文)을 암살하고 길주를 장악했다. 이시애는 곧장 조정에 다음과 같은 글을 올렸다.

"강효문이 중앙의 한명회, 신숙주와 연결해 반란을 일으키려 해서 죽였다."

한 달도 되지 않아 함길도 일대가 이시애에 가담해 6진을 비롯한 함경도 정예병 수만 명이 그의 휘하에 들어갔다.

당시 함길도 관찰사는 신숙주 아들 신면(申㴐)이었다. 세조는 한명회·신숙주 두 사람을 의심하지는 않았지만, 민심을 다스리는 차원에서 그냥 둘 수가 없었다.

이시애 글이 올라온 지 나흘 후인 5월 19일 세조는 두 사람과 그 아들들을 가둘 것을 명한다.

"근자에 신숙주와 한명회 등이 백관(百官)의 장(長)으로 있으면서 뭇사람의 입에 구실감이 되었으니, 비록 반역(反逆)한 것은 아닐지라도, 반종(伴從-수종하는 사람)을 신칙(申飭)하지 못하고 임금을 배반했다는 악명(惡名)을 받아서, 원근의 의혹을 일으킨 것은 진실로 모두 스스로 취한 것이다. 나도 또한 어리석고 나약하여 위엄이 없는데, 백성의 말을 따르지 않고 방편(方便)을 생각하지 않음은 옳지 못하니, 우선 이들을 가둬두는 것이 옳겠다."

곧 겸사복(兼司僕)·내금위(內禁衛)·선전관(宣傳官) 등에게 명해 군사를 거느리고 가서 신숙주와 그 아들 신찬(申澯)·신정(申瀞)·신준(申浚)·신부(申溥) 등을 잡아다가 의금부에 가두게 하고, 한명회는 단종(丹腫-종기)이 발병해 집에 있으므로 영천군(鈴川君) 이찬(李穳)으로 하여금 보병(步兵) 30명을 거느리고 가서 지키게 하고, 그 아들 한보(韓堡)와 사위 윤반(尹磻)을 가두게 했다. 세조의 본심은 6월 5일 자 『실록』에 나온다.

한명회(韓明澮)와 신숙주(申叔舟)는 죄과(罪過)가 없지 않으니, 무례(無禮)하게 마음대로 한 것이 그 죄이다.

한편 조정에서는 구성군 이준(李浚)을 총대장으로 삼아 진압군을 지휘하게 했다. 이준은 세종의 4남 임영대군(臨瀛大君) 이구의 아들로 이때 27세였는데 세조가 매우 아꼈다.

다행히 보름쯤 지난 6월 6일 세조는 한명회·신숙주 두 사람을 풀어줄 것을 명하며 이렇게 말한다.

"위엄을 동하여 형세를 견고하게 하고, 어려움을 제압하는 방편(方便)도 또 스스로 취했으며, 공을 믿고 오로지 함부로 한 것이 있으나, 실지는 나로 말미암은 것이다."

이시애의 난은 8월 4일 이시애 군대가 대패하면서 끝났다. 8월 9일 이시애는 자기 부하들에게 생포되어 이준 총대장 앞으로 끌려갔다. 이때 이준은 한명회와 신숙주와 관련해서도 묻자, 이시애는 이렇게 대답했다.

"조정의 우두머리 재상을 다 죽인다면 일을 쉽게 이룰 수 있을 것이라 생각했습니다."

사실무근이었던 것이다. 이듬해 세조가 훙(薨)했다.

공신을 불신하는 예종

세조가 죽고 예종(睿宗)이 즉위(卽位)했다. 세조의 유명(遺命)으로써 원상(院相)을 설치해 신숙주도 참여했다. 원상이란 일종의 원로원 정치로 임금이 아직 어릴 때 대비의 수렴청정과 더불어 임금을 보좌하는 정치 기구다. 신숙주 생애에서 예종의 시대는 어쩌면 가장 힘든 시기였는지 모른다. 예종은 아버지 세조와 정치를 함께했던 한명회·신숙주 등 훈구 그룹에 대한 시각이 지극히 부정적이었다. 게다가 예종은 마치 연산군의 전조(前兆)를 보여주는 듯했다. 물론 세조도 실토했듯이 한명회·신숙주 두 사람의 권력이 너무 커져 있기도 했다.

1469년 예종 1년의 기록이다.

임금이 법을 세운 것은 반드시 행하려고 하는 것이므로 죄를 범한 사람은 용서할 수 없다. 그러나 근래에 형벌을 받는 사람이 자못 많아서 바깥의 어리석은 백성은 다만 사람을 형벌하는 것만 듣고 나를 가지고 새로 임금이 되어 함부로 형벌한다고 하는 자가 반드시 있을 것이니, 내가 깊이 근심한다. 어리석은 백성에게 내 뜻을 자세히 알리도록 하라.

이런 단호함이 훈구파를 직접 향한다면 한명회를 비롯한 원로 대신들로서는 여간 고통스럽지 않을 수 없었다. 실제로 예종은 선전관(宣傳官)이라 해서 암행 감찰요원을 종친과 공신들의 집에 비밀리에 파견해 고령군 신숙주, 우의정 김질, 구성군 이준, 박중선, 성임 등의 집에 심부름하러 왔던 부하나 하인들을 체포했다.

그러나 당장 죄를 내리기에는 막강한 거물들이 한꺼번에 걸려들었다. 그래서 예종은 일단 편법으로 "분경(奔競-벼슬을 얻기 위한 엽관 운동)을 금하지 못한 것은 사헌부에 책임이 있다"라며 사헌부 지평 최경지를 의금부에 가뒀다. 최경지로서는 억울한 일이었다. 그러면서 대간에게 "요즈음 대소조관(大小朝官)이 경계해도 믿지 아니하고 죄를 주어도 징계되지 아니하니 나는 매우 잘못이라고 생각한다"라고 말한다. 한마디로 군기를 잡겠다는 것이다.

이런 분위기를 감안한 탓인지 그해 12월 23일 한명회는 조정에서 물러날 것을 청한다. 얼마 전 역적으로 몰린 남이가 그 과정에서 자신을 물고 들어간 것도 한 이유였지만 훈구파에 대한 예종의 곱지 못한 시선도 작용했을 것이 분명하다. 남이는 친국을 받던 중 갑자기 한명회도 자신과 함께 모의한 적이 있다고 이야기했다. 한명회로서는 여러모로 불안감을 느끼지 않을 수 없었다. 그래서 자신이 물러나기로 결심한 것이다. 산전수전을 다 겪은 한명회다운 처세술이다. 그렇다고 예종 입장에서 한명회를 내칠 수는 없었다. 여전히 권력은 훈구파들에게 있었다. 예종은 한명회의 청을 "윤허하지 아니했다."

이런 불안감은 신숙주도 마찬가지였을 것이다.

예종의 급서, 성종을 왕위에 올리다

예종은 왕위에 오른 지 1년 2개월 만에 급서한다. 예종이 사망한 1469년 11월 28일의 기록을 정밀하게 해독해보자.

이날 예종께서 병세가 위독하니 고령군 신숙주, 상당군 한명회, 능성군 구치관, 영성군 최항, 영의정 홍윤성, 창녕군 조석문, 좌의정 윤자운, 우의정 김국광이 사정전(思政殿) 문밖에 모였다. 진시(辰時)에 예종이 훙서(薨逝)하니 대비가 내관 안중경에게 명하여 나가서 신숙주와 도승지 권감을 불러 들어오게 했다.

여기서 인물들 순서를 눈여겨볼 필요가 있다. 신숙주와 한명회가 뒤바뀌어 있는 것을 제외한다면 그대로 권력 순이다. 진시라면 대략 오전 8시 전후해서다. 예종이 경복궁 자미당(-지금은 그 터에 자경당이 들어서 있다)에서 숨을 거둔 시각이다. 결국 밤사이에 병세가 갑자기 위독해졌다는 말이 된다.

신숙주 등이 들어오자 정희대비가 물었다.

"누가 상례를 주관할 만한가?"

신숙주 등은 신하들이 의논할 바가 아니라며 대비에게 미루었고 대비는 곧바로 의경세자의 둘째 아들 자을산군(-잘산군)을 지명했다. 예종 아들은 아직 포대기 속에 있고 의경세자 맏아들 월산군은 "본래 질병이 있다"라며 불가 방침을 밝혔다. 그러나 진짜 이유는 잘산군이 한명회 사위였기 때문이다.

이렇게 결정하고서 신숙주가 사람을 보내어 잘산군을 맞이하려고 했다. 그런데 『실록』은 이렇게 기록하고 있다.

미처 아뢰기 전에 잘산군이 이미 부름을 받고서 대궐 안에 들어왔다.

이게 무슨 말인가? 방금 정희대비와 잘산군을 다음 왕으로 결정하고서 그것을 통보하려 하는데 통보도 하기 전에 이미 잘산군이 누군가의 부름을 받고서 대궐 안으로 들어온 것이다. 그렇다면 사관이 실수해서 앞뒤가 맞지 않는 이야기를 적어 넣은 것일까? 아니면 신숙주조차 모르는 시나리오가 있었음을 사관은 이렇게 해서라도 후세에 알리고 싶었던 것일까?

권력 투쟁에 관한 한 철저하게 한명회 편에 섰던 신숙주였음을 감안한다면 미리 알았을 가능성도 있고 정말로 정희왕후의 말을 듣고서야 알았을 수도 있다. 어쨌거나 신숙주의 의지와는 전혀 상관없이 이미 시나리오는 잡혀 있었다. 사실상의 주연은 한명회였고 어쩌면 정희대비를 포함한 신숙주 등은 조연이었는지도 모른다.

『실록』 줄기에 이런 표현이 있다.

예종조(睿宗朝)에는 형정(刑政)이 공정함을 잃었는데 광구(匡救)한 바가 없었으니, 이것이 그의 단점이다.

한마디로 예종의 횡포가 극에 달했는데 원상을 맡은 사람으로서 그것을 바로잡으려 힘쓰지 않았다는 비판이다. 그러나 원상이라고 해서 임금의 폭정을 어떻게 막을 수 있겠는가?

오히려 신숙주에 대한 비판은 다른 지점에서 제기해야 한다. 신숙주는 한명회와 정치 노선을 함께했다. 예종이 죽고 성종이 즉위하자 신숙주는 늘 한명회의 반걸음 뒤에 있었다. 정치적 선택과 관련된 그에 대한 비판이 제기되는 것은 바로 이 지점이다. 훗날 한명회에 대한 비판의 절반은 그를 향했다. 하지만 당시 『실록』의 사관들도 업적이 큰 신숙주에 대한 직접적인 비판은 부담스러웠는지 아들의 이야기를 이렇게 전하는 것으로 신숙주에 대한 비판을 대신한 듯하다.

죽은 지 얼마 되지 아니하여 (넷째 아들) 신정(申瀞)도 주살을 당했으니, 슬프도다!

성종 때 신숙주는 영의정에 다시 오르기는 하지만 활동은 크게 줄어든다. 신숙주가 빛난 시대는 세종과 세조 때라 하겠다. 다만 성종 초에 신숙주는 『해동제국기』를 지어 올린다. 그리고 성종 6년(1475년) 세상을 떠났다.

우리 지식인 사회에는 지금도 옛날 임금에게 한결같은 충성을 바친 인물을 칭찬은커녕 비난하는 습성이 있다. 그것은 실은 도학(道學)이라는 이름으로도 불리는 성리학의 오랜 폐습이 무의식중에 이어진 때문으로 볼 수 있다. 명분과 도덕만 앞세워 역사를 자기 마음대로 재단하려는 오만한 태도 또한 뿌리가 같다. 신숙주의 본모습을 보려면 이런 도학의 안경부터 벗어야 한다.

제6장

올곧음 하나로 정승에 오른
구치관

불우했던 초급 관리 시절

구치관(具致寬)은 흔히 구 정승, 신 정승의 야사 정도로만 알려져 있다. 애초에 구치관이 우의정에 제수됐을 때 당시 영의정 신숙주와 다소 불편한 관계에 있었다고 한다.

워낙 술을 좋아했던 세조는 이에 두 사람을 불러 술자리를 베풀었다. 그리고 흥미로운 제안을 했다. 자신의 물음에 바르게 답하지 못하면 벌주를 먹어야 한다는 것이었다. 그러고는 세조가 "신 정승" 하고 부르자 신숙주가 "예"라고 대답했다. 그러자 세조는 "신(新) 정승을 불렀는데 왜 신(申) 정승이 대답하느냐"라며 벌주를 먹였다. 이번엔 "구 정승" 하고 불렀다. 구치관이 "예"라고 대답하자 "구(舊) 정승을 불렀는데 왜 구(具) 정승이 대답하느냐"라며 벌주를 먹였다. 다시 "신 정승"을 부르자 아무도 대답을 못 하니 "임금이 부르는데 신하가 감히 대답을 하지 않는다"라며 둘 다 벌주를 마셔야 했다. 이렇게 술잔이 오가다 보니 두 정승의 어색한 관계도 풀어질 수밖에 없었다.

이 일화가 사실이라면 세조 9년(1463년) 8월 29일 이후의 일이다. 이날 구치관은 우의정, 한명회는 좌의정에 오른 날이기 때문이다. 즉 당대 최고의 실력자 한명회가 좌의정, 구치관이 우의정이었고 실권은 없지만 영의정에 신숙주이던 시절의 일화다.

그러면 과연 구치관은 어떤 배경이나 연유로 이 자리에 오를 수 있었던 것일까? 사실 세조는 정란(靖亂)을 통해 정권을 잡았기 때문에 적어도 정승이 되려면 큰 공로가 있지 않고서는 거의 불가능했다. 그런데 특이하게도 구치관은 오직 본인의 실력과 강직함 하나로만 이 자리에 올랐다고 해도 과언이 아니다.

1406년에 태어난 구치관은 남들보다 조금 늦은 28세인 1434년(세종 16년) 문과에 급제해 관리의 길에 들어섰다. 그러나 세종의 치세에 집현전 학사의 반열에 들지 못하고 평범한 관리로 지낸 것을 보면 크게 현달했다고는 할 수 없다.

구치관이라는 이름이 실록에 처음 등장하는 것은 『세종실록』 21년 7월 16일 자다.

이때 구치관은 황해도 관찰사 허조(許稠)를 보좌하는 도사(都事)에 임명되어 세종에게 하직 인사를 하고 임지로 떠났다. 세종 시대에 구치관은 그저 한직을 맴돌았다. 다만 그가 무관(武官) 인사를 담당하는 병조 쪽에 몸을 담았다는 사실은 눈여겨볼 만하다. 이는 문종 때도 그대로 이어진다.

즉위년인 1450년 11월 24일 문종은 여진족이 국경을 넘어와 약탈

했다는 소식을 듣자, 병조 정랑 구치관을 급파할 것을 명했다. 또 12월 14일에는 당시 최고 실력자 김종서가 구치관을 평하는 대목이 실려 있다.

"이제 병조 정랑(兵曹正郎) 구치관(具致寬)을 신의 종사관(從事官)으로 삼았는데, 병조는 일이 번잡하니 오랫동안 비워둘 수가 없습니다. 또 구치관은 재능이 가히 쓸 만하고 나이가 장차 50이 되니, 병조에 체임(遞任-유임)시켜 우대하여 탁용(擢用)을 더하는 것이 어떠하겠습니까?"

이에 다른 여러 신하도 같은 말로 구치관을 천거했다고 한다. 그러나 문종 때도 구치관은 요직에 나아가지는 못하고 주로 김종서나 황보인의 종사관 정도를 지냈을 뿐이다.

그 이유를 곁에서 지켜본 서거정(徐居正)은 이렇게 풀이했다.

"공은 지조가 굳고 확실했으며 식견이 고매하여, 당시 일을 논의하는 가운데 자신의 의견을 발표할 때는 대범하고 엄격하며 언행이 바르고 곧았다. 그러나 공은 성품이 정직하여 진취(進取)에 염치 있는 행동을 취했으므로 아무도 공을 추켜세워 추천하거나 높이 등용되도록 이끌어주려고 하는 사람이 없어서 낮은 벼슬에 배회한 지가 10여 년이었는데 공은 높이 보고 큰 걸음으로 걸었을 뿐이다."

이는 『세조실록』에 실린 졸기에 나온 기록과도 일치한다.

몸가짐을 청백하고 검소하게 했으며, 악을 미워하기를 원수같이 했다. 전후(前後)하여 인재 선발의 임무를 맡았으나 자기 집에 개인적으로 찾아오는 사람이 없었고, 뽑아 쓰기를 모두 공평하게 했다. 혹 간청하는 자가 있으면 관례상 응당 옮길 사람이라도 끝내 옮겨주지 아니했다. 생업(生業)을 돌보지 아니하여 죽던 날에는 집에 남은 재산이 없었다.

한마디로 곧음[直]으로 일관했다고 할 수 있다.

그는 세조가 정권을 잡는 계기가 된 계유정난(癸酉靖難)에도 참여하지 않았다. 그러나 단종 1년(1453년) 5월에 일어난 계유정난은 구치관의 삶을 조금씩 다른 방향으로 나아가게 했다. 그해 10월 안평대군 당여들을 대거 숙청하는데 이때 구치관은 사복소윤(司僕少尹)으로 있다가 의금부도사가 되어 안평대군 당여인 경성도호부사 이경유를 베었다.

세조와 구치관을 맺어준 이징옥의 난

이징옥(李澄玉, ?~1453년)은 뛰어난 무장으로 관직 생활의 반 이상을 경원 첨절제사, 경원 절제사, 영북진 절제사, 판경흥 도호부사, 함길도 도절제사 등 함경도에서 보내며 4군과 6진을 개척하는 데 공을 남겼다. 이 과정에서 김종서를 오래 섬겼다.

1453년 5월 수양대군이 계유정난을 일으켜 김종서와 황보인 등을 죽이고, 이어 이징옥을 김종서의 일당으로 몰아 파면하고 후임으로 박호문(朴好問)을 보냈다. 이징옥은 중앙에서 일어난 정변 소식을 듣고 분개해 박호문을 죽인 다음 병력을 이끌고 북쪽으로 나가 종성에서 스스로 '대금황제(大金皇帝)'라 칭했다. 그리고 도읍을 오국성(五國城-지금의 회령)에 정하고 격문을 돌려 여진족에게 후원을 요청했다.

이징옥은 일찍이 여진족을 정벌하는 과정에서 얻은 여진족 사회에서의 명성을 의식하고, 일이 여의치 못할 때는 두만강을 건너 여진족을 배경으로 저항하려 했던 것이다.

이에 단종은 수양대군을 중외 병마도통사로 임명했다. 수양은 두 차례 도통사를 사양했으나 단종은 윤허하지 않고 대호군(大護軍) 구치관을 도통관 종사관으로 삼았다. 이렇게 해서 수양대군과 구치관은 관계를 맺게 된다.

구치관은 이듬해 2월 6일 동부승지에 임명된다. 처음으로 중앙 요직을 맡는 순간이었다. 이때 신숙주는 도승지, 박팽년은 좌승지가 되었다. 물론 수양대군이 행한 인사였다고 봐야 한다.

세조가 아직 즉위하기 전 영의정으로서 국정(國政)을 맡고 있을 때 구치관과 함께 일을 해보고서는 이렇게 말했다.

"경을 늦게 안 것이 한스럽다."

그 후 승지가 되어 지근거리에서 세조를 보필했다. 구치관의 일 처리는 한마디로 빈틈이 없고 주도면밀했다. 승진이 빨라지기 시작했다. 1455년(세조 1년) 세조가 즉위하자 책훈(策勳)되어 좌익공신(佐翼功臣) 3등이 됐다. 실은 아무런 공로가 없었지만, 정란 이후 즉위하는 과정에서 보여준 업무 능력에 대한 보상이었다. 이에 능성군(綾城君)에 봉해졌고 다른 공신들보다 훨씬 빠른 출세의 길을 걷게 된다.

문무겸전(文武兼全)한 직신(直臣)

세조가 즉위한 후 구치관은 승지로서 여러 업무를 맡으며 좌승지에 이르렀다. 이제 남은 것은 도승지뿐이었다. 이때 북방에서 문제가 생길 때마다 세조는 핵심 신하들과 대책을 토의했는데 그때마다 구치관은 반드시 포함되었다. 세조의 신임이 그만큼 깊었다는 뜻이다.

세조 2년 7월 구치관은 승지에서 이조 참판으로 자리를 옮긴다. 그리고 10월에는 병조 참판으로 옮긴다. 두 자리 모두 각각 문관과 무관의 인사를 책임지는 자리이다. 이 무렵 구치관에 대한 세조의 신임을 단적으로 보여주는 기록은 세조 3년(1457년) 6월 17일 자 기사이다.

> 사정전(思政殿)에 나아가 상참(常參-조회)을 받고 정사를 보았다. 영의정 정인지(鄭麟趾), 참판 구치관(具致寬), 도승지 한명회(韓明澮)에게 머물도록 명하여 정사(政事)를 토의했다.

구치관은 세조 3년에서 4년 사이에 세자 책봉을 청하는 주문사(奏聞使)가 되어 한명회와 함께 명나라에 다녀온다.

세조는 평안도(平安道)를 북문(北門)의 자물쇠로 여겨 이곳을 중하게 여겼다. 그런데 절도사(節度使)는 무신(武臣) 가운데에서 등용해 임명하는 것이 상례(常例)였다. 하지만 그렇게 할 경우 그곳 백성을 어루만져 잘 다스리는 데는 문제점이 있었다. 그 때문에 문무(文武)를 겸비한 중신(重臣)으로 이 지역을 진정시킬 수 있는 사람을 임명키로 생각하고서 구치관을 보냈다. 세조 4년 윤 2월 19일이다. 이때 세조가 한 말은 구치관에 대한 그의 신임이 어느 정도였는지를 단적으로 보여준다.

"경이 부임한 뒤에는 나는 더 이상 서쪽을 돌아보지 않을 것이다."

세조의 뜻대로 일을 잘 마치고 돌아오자 보상은 컸다. 세조 5년 7월 3일 이조 판서에 임명된 것이다. 이때 사대부들은 서로 경하하여 말하기를 "바른 사람이 전형해서 선발하는 임무를 맡았으니, 공도(公道)가 시행될 것이다"라고 했다. 인사권을 쥔 당시 이조 판서 구치관의 모습을 서거정은 이렇게 전한다.

"비록 작은 벼슬, 낮은 직책일지라도 일찍이 한 번도 혼자 천거하는 일이 없었고, 또 친한 친구라고 하여 개인적으로 은혜를 베푸는 일도 없었다. 한편 간청(干請-청탁)하는 사람이 있으면 이를 미워하여, 간청의 대상자는 꼭 자리를 옮겨서 서용하지 않았다. 일찍이 위에 건의해 용관(冗官-쓸데없이 자리만 지키는 사람)을 도태시킨 사람만도 백수십 명이나 되었다. 또 고관이나 귀인(貴人)으로 자제(子弟)를 위해 좋은 벼슬을 요구하는 경우가 있으면 모두 먼저 이들을 도태시켰다."

세조 7년 1월 19일 세조는 함길도(-함경도) 지방이 위험하다는 소식이 들어오자, 구치관을 불러 함길도 도체찰사를 맡겨 현지로 파견한다.

함길도 도체찰사(咸吉道都體察使) 구치관(具致寬)이 하직하니 인견(引見)하고 구치관에게 명하여 술을 올리게 했다. 임금이 구치관에게 일러 말했다.

"경(卿)이 평안도(平安道)를 관할(管轄)하면서 그 수염이 점점 희어졌는데, 이제 함길도(咸吉道)로 가게 되었으니, 마음이 매우 편치 않다. 그러나 변방의 일이 지극히 중하여 그렇게 하지 않을 수 없다."

충순당(忠順堂)에 나아가 신숙주(申叔舟)와 모든 재추(宰樞-재상)를 불러서 구치관을 전송하도록 했다. 물품을 후하게 하사했으며, 형조 판서 박원형(朴元亨)과 환관(宦官) 안로(安璐)에게 명해 보제원(普濟院)까지 가서 전별하게 했다.

구치관에게 세조가 하교했다.

"경(卿)이 함길도(咸吉道) 군무(軍務)를 맡아 살피도록 명하니, 경의 지휘에 따르지 않는 자는 군법(軍法)대로 일을 처리함이 가할 것이다."

함길도 순찰사(巡察使) 강효문(康孝文)에게 유시했다.

"이제 구치관을 도체찰사로 삼고, 경을 부관(副官)으로 삼으니, 경은 마땅히 모두 그를 본받도록 하라."

함길도 도관찰사 정식(鄭軾)과 도절제사 강순(康純)에게 유시했다.

"이제 구치관에게 명하여 도내의 군무(軍務)를 살피도록 했으니, 경 등 이하 모든 장수는 구치관의 지휘를 듣도록 하라."

이틀 후 구치관에게 보낸 비밀 어찰을 보면 세조가 구치관을 얼마나 극진히 아꼈는지를 한눈에 알 수 있다.

"경(卿)을 보내지 않았을 때는 근심스러운 마음을 놓지 못하겠더니, 이미 경을 보낸 뒤에는 즐거운 마음이 뭉게뭉게 생기는 것은 무슨 까닭인가? 이는 경이 승부(勝負)에 대한 까닭을 알기 때문이다. 비록 그러하나 도리어 우려되는 바가 있으니, 나는 비록 이겼어도 교만하고 저들은 비록 졌더라도 근심하기 때문에 그 형세가 어려운 것이 첫 번째 까닭이고, 한번 이기면 한번 지는 것이 병가(兵家)의 상사(常事)이므로 그 형세가 어려운 것이 두 번째 까닭이고, 경은 비록 까닭을 알지만 휘하(麾下)의 장사(將士)는 그 까닭을 모르니 어찌 능히 교만함을 다 없애겠는가? 그 형세가 어려운 것이 세 번째 까닭이다. 경이 다시 이 세 가지 까닭을 살핀다면 하늘같이 큰 공을 구하지 않아도 스스로 이룩하게 될 것이다.

이에는 대개 세 가지가 있으니 그 첫째는 족한 것을 알고 너무 공을 탐하는 일을 하지 않는 것이 그것이고, 둘째는 적을 가볍게 대하지 않는 것이 그것이며, 셋째는 때를 보아 움직여서 경솔히 거병(擧兵)하지 말고 너무 신중히 거병하지도 말며, 반드시 공벌(攻伐)하려 하지 말고 반드시 공벌하지 않으려고도 말 것이며 깊기는 못[淵]과 같고 움직이기는 우레[雷]와 같이 하며, 간사함도 없고 우직함도 없이 권도(權道)로 지혜를 돕는 것이 그것이다. 경이 나의 고유(告諭)하는 바를 살핀다면 글자 한 자도 헛된 것이 없을 것이니, 경은 말하지 않더라도 믿을 것으로 안다."

글의 후반부는 『주역』에 능했던 세조의 말솜씨를 살필 기회이기도 하다. 야인들과 전투가 한창이던 세조 7년 6월 3일 세조는 구치관을 의정부 우찬성에 임명한다. 이제 정승을 향한 길에 들어선 것이다. 6월 21일 구치관이 돌아와 복명했다.

『주역』으로 읽는 구치관의 관리 생활

필자는 이미 『이한우의 주역』이라는 책에서 태괘(兌卦, ☱) 밑에서 네 번째 자리에 있는 양효에 대한 풀이를 통해 구치관을 읽어낸 바 있다.

먼저 구사에 대해 주공(周公)은 이렇게 말을 달았다.

"구사(九四)는 헤아리면서 기뻐해 편안치 못한 것이니 절조를 지켜[介] 미워하면 기쁨이 있다."

이를 공자는 다음과 같이 짧게 풀이했다.

"(구사(九四)는) 구사의 기쁨은 좋은 일이 있기 때문이다."

우선 태괘 구사의 처지를 보자. 양강의 자질로 음유의 자리(4)에 있으니 바르지 못하고 육삼과는 음양이 달라 친하고 구오와는 같은 양효라 친하지 않다. 초구와도 같은 양효라 호응 관계가 아니다. 여러 가지로 불안정하고 불안하다. 정이천(程伊川)의 풀이다.

"구사는 위로 중정의 다움을 지닌 구오를 받들고 아래로 유약하고 사악한 육삼과 가까이 있으니, 양강의 자질이 있다고는 하지만 처한 자리가 바르지 않다. 육삼은 음유한 자질의 사람이니 양효가 기뻐하는 자이므로 단호하게 결단할 수가 없어 헤아리느라고[商=商量] 마음이 편안치 못하다. 이는 따라야 할 사람을 비교하고 계산하지만 결단하지 못해 정할 수가 없는 것이다.

2개의 사이[兩間]를 개(介)라고 하니 나눠진 경계다. 사람이 절도를 지키는 것을 개(介)라고 한다. 단호하게 바른 도리를 지켜 사악한 자를 미워하면서 멀리하면 기쁜 일이 있다.

구오를 따르는 것은 바른 것이다. 육삼을 기쁘게 해주는 것은 바르지 못한 것이다. 구사는 군주와 가까운 자리이니 강직하고 단호하게 바른 도리를 지켜 사악한 자를 미워하고 멀리하면 군주의 신임을 얻어서 도리를 시행해 복과 경사가 사람들에게 미칠 것이니 기쁜 일이 있는 것이다. 구사와 같은 자는 얻고 잃음[得失]이 정해져 있지 않으니, 자신이 따르는 것에 달려 있을 뿐이다."

한마디 한마디가 지금까지 구치관이 보여준 행적 그대로임을 알 수 있다.

구치관에게 찾아온 위기

조선 시대에는 판서를 마치고 난 사람 중에서 정승감으로 꼽히게 되면 참찬과 찬성을 맡게 된다. 이미 참찬을 뛰어넘어 우찬성에 이른 구치관은 좌찬성을 거치고 나면 마침내 정승에 오른다.

세조 8년 1월 구치관은 좌찬성에 제수된다. 당시 주요 국정을 토의할 때면 구치관은 반드시 참석했다.

세조 8년 9월 27일 세조는 강원도 철원 쪽으로 강무(講武-사냥)를 가려고 전라도·경상도·황해도 군사를 징집했는데 규모는 기병 7,800여 명, 보병 2,400여 명이었고 서울에서는 기병 2,400여 명, 보병 3,600여 명이었다. 이때 구치관은 지응사(支應使)가 되어 모든 병사를 지휘하는 일을 떠맡았다. 지응이란 필요한 인원과 물자들을 조달한다는 말이다.

그런데 어가(御駕)가 철원 남산(南山) 밑 사장(射場)에 이르자 마침 비가 내렸으므로 주장(主將) 구치관이 급히 파진(罷陣)했다. 저녁에는 영평현(永平縣) 굴동(堀洞)에서 머물렀다. 병조(兵曹)에서 구치관이 마음대로 파진한 죄를 들어 추국(推鞫)하기를 청하니 윤허했다. 잠시 후 승정원에서 아뢰었다.

"구치관의 죄는 가볍지 아니하니, 청컨대 의금부에 내려서 국문하게 하소서."

그러나 세조는 만류하며 "내가 마땅히 면대(面對)하여 타이르겠다"라고 말한다. 다음 날 영의정 신숙주까지 나서 구치관을 국문할 것을 청하자, 세조는 이렇게 말한다.

"'대궐 밖의 일은 장군이 제어한다'라고 이르는 것은 임금과 장수가 각기 따로 있을 때를 말하는 것이다. 지금은 내가 여기에 있는데도 구치관이 아뢰지 아니하고 파진(罷陣)한 것은 죄가 없을 수 없다. 그러나 그 뜻은 군사를 불쌍히 여기는 데 지나지 않은 것이다."

군신 간에 틈[隙]이 없었기에 가능한 조치였다.

마침내 정승에 오르다

세조 9년(1463년) 8월 29일 권람이 좌의정에서 물러나고 후임에 한명회가 제수됐고 한명회 후임 우의정에는 구치관이 제수됐다. 정란공신이 아니었음에도 불구하고 구치관이 권람, 한명회 같은 1등 공신과 어깨를 나란히 할 수 있었던 비결은 그의 치밀한 일 처리와 더불어 기밀을 잘 지킨 데 따른 것이다. 이 점에서는 공신이 아니면서 정승에 오른 황희에 비견될 수 있다.

다시 『주역』「계사전(繫辭傳)」이다.

"집 안의 뜰[戶庭]을 나가지 않으면 허물이 없다[无咎]."
공자가 말하기를 "어지러움[亂]이 생겨나는 것은 언어(言語)가 사다리[階]가 된다. 임금이 주도면밀하지 못하면[不密] (좋은) 신하를 잃게 되고[失臣] 신하가 주도면밀하지 못하면 몸을 잃게 된다[失身]. (특히) 기밀을 요하는 일[機事]을 하면서 주도면밀하지 못하면 해로움이 이뤄지니 이 때문에 군자는 신중하면서도 주도면밀하여[慎密] 함부로 말을 입 밖에 내지 않는다[不出]"라고 했다.

구치관은 주도면밀해 세조의 신망을 한 몸에 받았고 세조는 주도면밀해 좋은 신하 구치관을 잃지 않을 수 있었다.

세조 10년(1464년) 1월 22일 세조는 우의정 구치관에게 명해 이렇게 말했다.

"『동국통감(東國通鑑)』을 수찬(修撰)할 때 반드시 착오(錯誤)가 많았을 것이므로 이제 내종친(內宗親)과 승지(承旨) 등으로 하여금 좌우(左右)로 나눠 틀린 것을 찾도록 했으니, 경(卿)이 이를 살펴보도록 하라."

인사 문제와 관련되어 구치관에 대한 세조의 신임이 어느 정도였는지를 보여주는 일화이다. 세조 10년 2월 4일 자 기사이다.

이조(吏曹)에 전지(傳旨)했다.
"윤씨(尹氏)의 족친(族親)으로서 아직 서용되지 못한 자를 이제 모두 녹용(錄用) 하도록 하라."
이에 도승지(都承旨) 노사신(盧思愼)을 불러서 말했다.
"내가 중궁(中宮)의 족친으로서 서용되지 못한 자를 다 쓰고자 했더니, 중궁(中宮)이 내게 이르기를 '관작(官爵)은 마땅히 뛰어난 사람을 선택하여 제수(除授)하여야 하는 것인데, 윤씨가(尹氏家) 자제(子弟)는 하나가 아닌데 어찌 현부(賢否)를 가리지 않고서 다 쓰겠습니까? 또 이씨(李氏)·심씨(沈氏)의 족친으로서 아직 서용되지 못한 자도 오히려 많은데, 홀로 윤씨(尹氏)의 족친만 쓰겠습니까? 마음에 실로 미안(未安)합니다'라고 했다. 이 말은 매우 옳은 것이므로 나는 기꺼이 받아들인다. 너는 구치관 등과 더불어 이씨(李氏)·심씨(沈氏)·윤씨(尹氏)의 족친 중에 가히 쓸 만한 자를 널리 의논하여서 아뢰어라."

세조 10년 2월 23일 구치관은 드디어 최고의 실권을 가진 좌의정에 오른다. 참고로 이때 그의 후임으로 우의정에 오른 이는 황희의 아들 황수신이다.

세조, "능성군은 나의 만리장성"

구치관은 2년 2개월 동안 좌의정에 있다가 세조 12년 4월 18일 영의정에 오른다. 그리고 10월 19일 영의정에서 물러나 능성군(綾城君)으로서 원로 자리로 물러났다. 그러나 북방의 변고가 있을 때면 세조는 늘 능성군 구치관을 찾았다.

졸기의 한 대목이다.

병술년(1466년-세조 12년)에 성만(盛滿)으로 사임하고, 도로 부원군에 봉해졌다. 우리나라에서 중국 황제의 명에 의하여 건주위(建州衛) 야인 이만주(李滿住)를 토벌하여 패배시켰는데, 그 잔당이 변경을 엿보므로, 국가에서 근심하여 구치관을 진서 대장군(鎭西大將軍)으로 삼아서 보냈다. 세조가 좌우에게 말하기를 "능성은 나의 만리장성"이라고 했다.

세조 13년 5월 전 회령 절제사 이시애가 반란을 일으키고 신숙주와 한명회를 끌어들였다. 5월 19일 세조는 이렇게 말한다.

"근자에 신숙주와 한명회 등이 백관(百官)의 장(長)으로 있으면서 뭇사람의 입에 구실감이 되었으니, 비록 반역(反逆)한 것은 아닐지라도, 반종(伴從-시종하는 사람들)을 신칙(申飭)하지 못하고 임금을 배반했다는 악명(惡名)을 받아서, 원근의 의혹을 일으킨 것은 진실로 모두 스스로 취한 것이다. 나도 또한 어리석고 나약하여 위엄이 없는데, 백성의 말을 따르지 않고 방편(方便)을 생각하지 않음은 옳지 못하니, 우선 이들을 가둬두는 것이 옳겠다."

그런데 『실록』은 말미에서 "이날 구치관이 밀계해 신숙주와 한명회 등을 가두도록 청한 까닭에 임금의 이 같은 명이 있었다"라고 말한다. 총애가 두 사람을 능가하고 있었다. 한편 세조는 실상을 살핀 다음에 신숙주·한명회 두 사람의 죄는 "무례하게 자기 마음대로 한 죄"라고 한정한다. 그러나 두 사람은 곧 정치에 복귀하게 된다.

예종 때 진서대장군을 맡아 잠시 평안도를 다스리는 일을 맡았던 구치관은 성종 1년(1470년) 9월 13일 세상을 떠났다.

그는 젊어서는 불우(不遇), 즉 자신을 알아주는 사람을 만나지 못했으나 중년에 이르러 세조의 알아줌[知遇]을 만나 이렇다 할 공로도 없이 오직 곧은 성품과 탁월한 일 처리 능력으로 영의정에까지 오른 것이다. 그로 인해 능성(綾城) 구씨는 조선이 끝날 때까지 명문가의 하나로도 자리 잡게 된다.

그런데 그의 졸기는 맨 마지막에 이런 말을 남기고 있다.

그러나 좋아하고 미워하는 것이 편벽되어 사람들이 자못 비난했으며 심지어는 거짓으로 행동하여 이름을 낚는다고 비방하는 자도 있었다.

비방의 사실 여부를 떠나 흔히 곧은 자들이 쉽게 받게 되는 비난이기도 하다. 공자도 말하지 않았던가.

"임금을 섬김에 있어 예를 다했는데 사람들은 나를 보고 아첨한다고 하더라!"

구치관은 유소의 『인물지』 분류에 따르면 청절가(淸節家)와 법가(法家)를 겸한 재상이었다고 할 것이다.

제7장

포의에서 단숨에 정승에 오른 책략가
한명회

조선 초 명문가 출신

도학(道學)에 물든 그 후의 조선 성리학은 한명회(韓明澮, 1415~ 1487년)를 매도했지만, 사실 한명회는 조선 역사에서 최대 거물 중 한 사람이다. 유소의 『인물지』 분류에 따르면 한명회는 청절가(淸節家)도 아니고 법가(法家)도 아닌, 전형적인 술가(術家)이다.

유소는 청절가 아류를 장부가(臧否家)라고 했는데 그저 남의 옳고 그름만 따지는 자들이다. 조선 시대 도학 혹은 주자학에 젖은 이들은 청절가에도 이르지 못한 삼류 장부가들이 대부분이었다. 그러다 보니 자연스럽게 술가 한명회의 삶은 제대로 조명받지 못했다.

1415년(태종 15년) 세상에 나온 한명회의 할아버지는 1392년 7월 조선 왕조가 건국되자 예문관 학사로서 주문사(奏聞使)를 자청해 명나라에 가서 '조선(朝鮮)'이라는 국호를 승인받아 이듬해 2월에 돌아온 한상질(韓尙質, ?~1400년)이다.

그의 동생 한상경(韓尙敬, 1360~1423년)은 개국공신이다. 고려 말 밀직사 우부대언으로 있다가 이성계 추대 모의에 참여하고 옥새를 받들어 이성계에게 바쳐 개국공신 3등에 올랐다. 태종의 지우(知遇)를 받았던 한상경을 통해 당시 한씨 집안 가풍을 미루어 헤아려볼 수 있다.

『논어』로 맺어진 태종과 한상경

『세종실록』 5년(1423년) 3월 7일 자 한상경 졸기를 보자.

태종이 왕위에 오르자, 경기좌도 도관찰사 한상경에 일러 말했다.
"내가 큰 왕업을 계승했으나 세상을 다스리는 법을 알지 못해 마음속으로 실상 어렵게 여긴다."
상경이 말했다.
"옛사람의 말에 임금이 임금 노릇 하기를 어렵게 여긴다는 말이 있는데 지금 전하께서는 그 어려움을 능히 아시니 실로 우리 동방의 복이옵니다. 그러나 이는 아는 것이 어려운 것이 아니라 실행하는 것이 어렵습니다."
태종은 이 말을 옳게 여겨 받아들이고 의정부 참지사에 임명했다.

의정부 참지사에 임명했다는 말은 장차 그를 정승으로 삼기 위한 예비 과정에 편입시켰다는 말이다. 실제로 한상경은 태종으로부터 큰 총애를 받아 훗날 정승에 오른다. 여기서 주목해야 할 것은 두 사람 대화의 소재가 된 『논어』의 관련 대목이다.

(노나라) 정공(定公)이 물었다.
"한마디 말로 나라를 흥하게 할 수 있다고 하는데 그런 말이 있는가?"
공자가 대답해 말했다.
"말(의 효험)이 이와 같기를 바랄 수는 없지만 사람들이 하는 말 중에 '임금 노릇이 어렵고 신하 노릇도 쉽지 않다'라는 것이 있으니, 만일 임금 노릇의 어려움을 안다면 한마디 말로 나라를 흥하게 하기를 바랄 수 있지 않겠습니까?"
(정공이) 말했다.
"한마디 말로 나라를 잃는다고 하는데 그런 말이 있는가?"
공자가 대답해 말했다.
"말(의 효험)이 이와 같기를 바랄 수는 없지만 사람들이 하는 말 중에 '나는 임금이 된 것에 즐거운 것이 없고 오직 내가 말을 하면 아무도 나를 어기지 않는 것이 즐겁다'라는 것이 있으니, 만약에 임금 말이 좋아서 아무도 그것을 어기지 않는다면 실로 좋지 않겠습니까? (하지만) 임금 말이 좋지 않은 데도 아무도 그것을 어기지 않는다면 한마디 말로 나라를 잃게 되는 것을 바랄 수 있지 않겠습니까?"

한상경은 이 대화를 녹여서 한 걸음 더 나아가 실행을 강조했고 『논어』에 정통했던 태종은 이를 통해 그가 재상감임을 알아보았던 것이다.

호조 판서 시절 한상경은 삼공신 연회에 참석해 태종에게 술잔을 올린 일이 있었다.

그때 장면이다.

태종이 일러 말했다.

"내가 왕위에 오른 처음에 경이 나에게 '임금은 임금 노릇 하기가 어려운 줄을 알아야 하며, 아는 것이 어려움이 아니라, 실행하는 것이 어렵다'라고 했는데 내가 지금도 잊지 않았다."

한상경이 대답했다.

"임금께서 이미 신의 말을 잊지 않으셨다고 하니, 다시 한 말씀을 아뢰기를 청합니다."

태종이 "무슨 말인가"라고 하자 대답했다.

"시작은 없지 않으나 좋은 끝마침이 있기는 적습니다[靡不有初 鮮克有終]."

또 칭찬했다.

이는 신시이경종(愼始而敬終)을 말한 것이다. 시작을 신중히 하고 그 마침을 삼가야 한다는 말이다.

한명회의 집안 자체는 조선 혹은 조선 왕실과 깊은 인연을 맺고 있었다. 아버지 한기(韓起)는 이렇다 할 행적이 없었고 일찍 죽어 한명회는 어려서 고아가 됐다. 의지할 데가 없자 작은할아버지인 한상덕(韓尙德, ?~1434년)을 찾아가 몸을 맡겼다. 한상덕은 태종 때는 대언, 세종 때는 호조 참판에 올랐으나 크게 현달하지는 못했다. 다만 매우 진중한 성품이었음을 『실록』을 통해 확인할 수 있다. 태종 11년 6월 14일 한 연회에서 태종은 한상덕에게 이렇게 말한다.

"네가 일찍이 대간(臺諫)이 되어 바른말[直言]을 숨기지 않고 했으므로, 내 매우 가상하게 여기어 두고두고 잊지 못하는 터이다."

한상덕은 어린 한명회의 남다른 언행을 주의 깊게 살펴 이렇게 말했다.

"이 아이는 그릇이 예사롭지 않으니 반드시 우리 가문을 일으키게 될 것이다."

호연지기를 품었던 청년 한명회

『실록』의 줄기는 일반적으로 매우 건조하다. 그런데 성종 18년 11월 14일 한명회 줄기는 파격적으로 시작한다.

어머니 이씨(李氏)가 임신한 지 일곱 달 만에 한명회를 낳았는데, 배 위에 검은 점이 있어, 그 모양이 태성(台星)과 두성(斗星) 같았다. 일찍이 아버이를 여의고, 가난하여 스스로 떨쳐 일어나지 못했으며, 글을 읽어 자못 얻은 바가 있었으나, 여러 번 과거(科擧)에 합격하지 못했다. 이에 권람(權擥, 1416~1465년)과 더불어 망형우(忘形友)를 맺고, 아름다운 산이나 수려(秀麗)한 물이 있다는 말을 들으면 문득 함께 가서 구경하고, 간혹 한 해를 마치도록 돌아올 줄 몰랐다. 경태(景泰) 임신년(1452년-문종 2년) 경덕궁직(敬德宮直)에 보직(補職)되어, 일찍이 영통사(靈通寺)에 놀러 갔었는데, 한 노승(老僧)이 사람을 물리치고 말하기를 "그대의 두상(頭上)에 광염(光焰)이 있으니, 이는 귀징(貴徵)이다"라고 했다.

망형우(忘形友)란 서로의 용모나 지위 등을 문제 삼지 않고 마음으로 사귀어 교제하는 벗이라는 뜻이다. 권람은 권근(權近) 손자로 한명회와 마찬가지로 어려서부터 독서를 좋아해 학문이 넓었으며, 뜻이 크고 기책(奇策)이 많았다. 책 상자를 말에 싣고 명산 고적을 찾아다니면서 한명회와 함께 책을 읽고 글을 지으면서 회포를 나누었다. 한명회와 서로 약속하기를 "남자로 태어나 변방에서 무공을 세우지 못할 바에는 책 1만 권을 읽어 불후의 이름을 남기자"고 했다. 한명회와의 교우는 관포(管鮑-관중과 포숙아)와 같았다. 한명회가 관중이라면 권람은 포숙아였던 셈이다.

권람은 35세까지 과거에 급제하지 못하고 있다가, 1450년(문종 즉위년)에 향시와 회시(會試)에서 모두 장원으로 급제했고, 전시(殿試)에서 4등이 되었다. 그러나 장원인 김의정(金義精)의 출신이 한미하다는 이유로 장원이 되었다. 그해 사헌부 감찰이 되었고, 이듬해 집현전 교리로서 수양대군과 함께 『진설(陣設)』을 편찬하는 데 동참했다. 이를 계기로 수양대군과 가까워졌다. 그리고 권람은 한명회를 수양대군과 연결하게 된다.

한명회는 어려서부터 글 읽기를 좋아해 과거 공부를 했으나 나이가 장성하도록 여러 차례 낙방(落榜)했다. 그러나 이를 태연하게 받아들이고 개의하지 않았다. 간혹 위로하는 사람이 있으면 이렇게 말했다.

"궁달(窮達)은 명(命)이 있는 것인데 사군자(士君子)가 어찌 썩은 유자[腐儒]나 속된 선비[俗士]가 하듯이 낙방에 실망하고 비통해하겠는가?"

어린 나이에 벌써 공자가 말한, 50세에 이르러야 한다는 지천명(知天命)의 의미를 품고 있었다. 결국 훗날 수양대군을 도와 계유정난을 통해 한명회는 권력을 장악한다.

한명회·권람·수양대군

한명회 줄기는 계유정난 과정을 이렇게 압축해 전달한다.

이때 문종(文宗)이 승하하고 노산(魯山-단종)이 나이 어리어 정권(政權)이 대신(大臣)에게 있었는데, 한명회가 권람에게 일러 말했다.
"지금 임금이 어리고 나라가 위태로운데, 간사한 무리가 권세를 함부로 부리고, 또 안평대군(安平大君) 이용(李瑢)이 마음속으로 다른 뜻을 품고 대신(大臣)들과 친밀하게 교결(交結)하며, 여러 소인을 불러 모으니, 화기(禍機)가 매우 급박(急迫)하오. 듣자니 수양대군(首陽大君)이 활달(豁達)하기가 한 고조(漢高祖)와 같고 영무(英武)하기가 당 태종(唐太宗)과 같다 하니, 진실로 난세를 평정할 재목이오. 그대가 문필[筆硯]에 종사하는 즈음에 모신 지가 오래인데, 어찌 은밀한 말로 그 뜻을 떠보지 아니했소."
권람이 한명회가 한 이 말을 아뢰니 세조(世祖)가 한명회를 불러 함께 이야기했는데, 한 번 만나보고 의기가 상통하여 마치 옛날부터 사귄 친구와 같았다. 마침내 무사(武士) 홍달손(洪達孫) 등 30여 인을 천거하고, 계유년(1453년) 겨울 10월 초 10일에 세조가 거의(擧義)하여, 김종서(金宗瑞) 등을 주살(誅殺)하고, 한명회를 추천하여 군기 녹사(軍器錄事)로 삼고, 수충위사협책정난공신(輸忠衛社協策靖難功臣)의 호(號)를 내려주고, 곧 사복시 소윤(司僕寺少尹)으로 올렸다.

한명회, 단종 복위를 좌절시키다

일일구천(一日九遷), 하루에 아홉 번 승진한다는 말로 다름 아닌 한명회를 두고 한 말이라 할 수 있다. 정난공신 1등에 책봉된 한명회는 계유정난을 일으킨 이듬해 동부승지, 1455년 세조가 즉위하자 좌부승지에 승진되었다.

그해 가을 좌익공신(佐翼功臣) 1등에 오르며 우승지가 되었다. 1456년(세조 2년) 성삼문 등 사육신의 단종 복위 운동을 좌절시키고, 그들의 주살(誅殺)에 적극적으로 협조함으로써 좌승지를 거쳐 도승지에 승진했다.

『실록』이 전하는 그날 현장이다.

병자년(1456년) 여름에 성삼문(成三問) 등이 노산(魯山)을 복립(復立)할 것을 꾀하고, 은밀히 장사(將士)들과 교결(交結)하여, 창덕궁(昌德宮)에서 중국 사신[華使]을 연회(宴會)하는 날에 거사(擧事)하기로 약속했는데, 이날에 이르러 한명회가 아뢰기를 "창덕궁은 좁고 무더우니, 세자(世子)가 입시(入侍)하는 것은 불편(不便)하고, 운검(雲劍-의장용 큰 칼)의 제장(諸將)도 시위(侍衛)하는 것은 마땅치 않습니다"라고 하니,

임금이 모두 옳게 여겼다. 장차 연회가 시작되려 하자, 성삼문의 아비 성승(成勝)이 운검(雲劍)으로서 장차 들어가려 하자, 한명회가 꾸짖어 저지하기를 "이미 제장(諸將)으로 하여금 입시(入侍)하지 말게 했소"라고 하니, 성승이 마침내 나갔다.

성삼문 등이 일이 이뤄지지 못할 것을 알고, 말하기를 "세자(世子)가 오지 아니하고, 제장(諸將)이 입시(入侍)하지 않으니, 어찌해야 하겠는가?"라고 했다. 그 무리 가운데에 한명회를 해치려는 자가 있자, 성삼문이 말하기를 "대사(大事)를 이루지 못했는데, 비록 한명회를 제거한다 한들 무슨 이익이 되겠는가?"라고 했다. 이튿날 일이 발각되어, 모두 복주(伏誅)되었다.

이를 풀어보자.

아주 흥미롭게도 좌익공신 3등에 사육신으로 유명한 성삼문이 포함돼 있었다. 외견상 책봉 이유는 수양이 왕위에 오를 때 승지로서 옥새를 올린 장본인이었기 때문이다. 그러나 집현전 학사들을 포용하려는 수양의 전략적 구상이 더 크게 작용했다고 봐야 한다.

사실 충절(忠節)이라는 면에서 성삼문의 기개는 높이 평가할 수 있지만 『실록』에 따를 경우, 단종이 복위하는 데 결정적인 실기(失機)를 한 장본인이 바로 성삼문이고 반대로 그것을 정확히 포착한 인물이 바로 한명회다.

권력을 찬탈한 이후에도 한명회는 여전히 우승지에 머물고 있었다. 그러나 세조는 중궁과 함께 수시로 한명회에게 술을 하사하며 "한명회는 다른 공신에 비할 바가 아니다"라며 각별한 총애를 표시하곤 했다. 이런 한명회가 또 한 번 결정적인 공을 세우게 된다.

집권 2년째인 1456년(세조 2년) 6월 1일 유응부(兪應孚, ?~1456년)와 성승(成勝, ?~1456년)이 주동이 된 단종 복위 세력이 마침내 행동에 들어갔다. 창덕궁에서 열리는 명나라 사신 환영연을 거사의 무대로 삼기로 한 것이다.

별운검(別雲劍), 원래 운검이란 국왕의 좌우에 무장하고 시립하는 2품 이상의 무관을 말한다. 따라서 별운검이란 특별 행사 때 국왕을 좌우에서 경호하는 무장이었다.

이날 행사에는 성삼문의 아버지이자 조선 초 대표적인 무장 성달생(成達生)의 아들인 성승(成勝)과 세종과 문종의 총애를 받았던 무과 출신 중추원 동지사 유응부가 별운검을 맡도록 돼 있었다. 두 사람은 이 자리에서 세조와 세자를 제거하는 것을 신호탄으로 해서 한명회를 비롯한 공신들을 처단하기로 했다.

반왕(反王) 세력의 움직임에 촉각을 곤두세우고 있던 한명회는 모반의 기미를 알아차렸다. 원래 정보전의 일인자 한명회 아니던가. 일단 한명회는 세조를 은밀하게 찾아가 "행사장인 창덕궁 광연전(廣延殿)은 좁고 날씨가 무더우니 세자 저하는 오시지 말게 하고 운검도 들이지 않았으면 좋겠다"라고 말했고 세조도 순순히 따랐다. 그리고 칼을 찬 성승이 연회장에 들어가려 하자 한명회는 어명이라며 "운검을 들이지 않기로 했다"라고 말했다.

갈림길이었다.

여기서 무장인 성승과 유응부는 칼을 뽑았으니, 거사를 계속 진행하자고 말했다. 성승은 한명회부터 죽이자고 했다. 그러나 정작 아들 성삼문이 "세자가 오지 않았으니, 한명회를 죽인들 무슨 소용이 있냐"라며 거사를 늦출 것을 제안했다. 유응부는 "이런 일은 번개같이 해치우는 것이 상책"이라며 강행 의사를 밝혔으나 결국 성삼문과 박팽년(朴彭年, 1417~1456년)의 연기론이 먹혀들었다.

역사의 흐름은 바뀌지 않았다. 바로 다음 날 거사 모의에 참여했던 김질(金礩, 1422~1478년)이 장인 정창손(鄭昌孫, 1402~1487년)에게 의논했고 정창손이 그길로 김질을 이끌고 세조에게 데려갔다. 이로써 단종 복위의 꿈은 수포로 돌아갔고 사육신과 생육신의 이야기가 만들어진다.

1년 뒤인 1457년 6월 21일 단종은 노산군으로 강등되어 영월에 유배되었다. 그 소식을 들은 금성대군은 마침내 9월 거사를 결심했다. 그러나 관노의 밀고로 발각되어 사사되었고 더불어 혜빈 양씨도 한남군, 영풍군과 함께 유배지에서 사사되었다.

그리고 10월 21일 후원 세력을 잃은 단종도 목을 매 자살한다. 아니 자살했다고 전해진다.

세조의 총애, 한명회의 출세

한명회는 1457년 이조 판서에 올라 상당군(上黨君)에 봉해졌으며, 이어 병조 판서가 되었다. 1459년 황해·평안·함길·강원 등 4도의 체찰사(體察使)를 지내고, 1461년 상당 부원군에 진봉되었다. 이듬해 우의정, 1463년 좌의정에 올랐다. 계유년이 1453년이니 일개 포의(布衣)였던 한명회는 정확히 10년 만에 최고 정승의 자리에 오른 것이다.

물론 시련도 있었다. 1466년 이시애가 함경도에서 반란을 일으키자, 신숙주와 함께 반역을 꾀했다는 혐의로 체포되어 신문을 당했으나 혐의가 없어 곧 석방됐다.

한명회를 넘지 못한 성종

한명회는 세조가 죽고 예종이 즉위했다가 1년여 만에 세상을 떠나고 성종이 즉위하게 되는 과정에서도 결정적인 역할을 했다. 한명회는 예종의 장인이자 성종의 장인이기도 했다.

성종에게 학문을 진흥시킬 방안을 제시했고, 서적이 부족한 성균관의 장서를 확충하기 위해 경사(經史) 관계의 서적을 많이 인출해 비치하게 했다. 1484년 70세로 궤장(几杖)이 하사되었다.

세조가 즉위한 이래 성종조까지 고관 요직을 두루 역임하고 군국대사에 참여했다.

특히 세조는 앞서 보았듯이 그를 총애해 "나의 장량(張良)"이라고까지 했다. 네 차례에 걸쳐 1등 공신으로 책봉되면서 많은 토지와 노비를 상으로 받아 권세와 부를 누렸다.

한강 남쪽에 정자를 짓고 그 이름을 '압구(狎鷗)'라 했다. 다산 정약용이 압구정에 올라 지은 시다.

승상이라 공명은 청사에 빛나는데[丞相勳名國史靑]
풍류 즐겨 압구정 그 이름이 자자하네[風流尙說狎鷗亭]
삼한의 주옥 비단 자리에 전부 쌓였고[三韓玉帛全堆席]
팔부의 가수 악기 뜰에 모두 있었다오[八部歌鍾盡在庭]
가련할사 뜬세상은 흐르는 물 똑같은데[浮世可憐同逝水]

고깃배는 어인 일로 빈 물가에 떠 있나[漁舟何意汎空汀]
지는 꽃 향그런 나무 찾을 만한 곳은 없고[落花芳樹無尋處]
석양빛만 낡은 난간 쓸쓸하게 비추누나[唯有殘暉照古欄]

한명회를 이야기하면서 압구정 사건을 빼놓을 수는 없다. 성종 12년(1481년) 6월 24일 상당 부원군 한명회가 성종을 찾아와 "중국 사신이 신의 압구정을 구경하려 하는데 이 정자는 매우 좁으니 말리는 것이 좋겠습니다"라고 말한다.

그래서 성종도 우승지 노공필을 시켜 중국 사신에게 "압구정은 좁아서 놀기에 적합지 않다"라고 전했으나 중국 사신은 굳이 "좁더라도 가보겠습니다"라고 말했다. 사실 한명회가 느닷없이 "매우 좁다"라며 말려달라고 한 데는 나름의 수 계산이 있었다. 그 수는 바로 다음 날 드러난다.

6월 25일 한명회가 다시 와서 이렇게 말했다.

"내일 중국 사신이 압구정에서 놀고자 하니 신의 정자는 본래 좁으므로 지금 더운 때를 당하여 잔치를 차리기 어려우니 해당 부서를 시켜 정자 곁의 평평한 곳에 큰 장막을 치게 하소서."

바로 전날 한명회의 이야기는 결국 중국 사신을 모시지 않겠다는 게 아니라 압구정이 좁다는 이야기였다. 성종으로서는 받아들일 수 없었다.

"경(卿)이 이미 중국 사신에게 정자가 좁다고 말했는데, 이제 다시 무엇을 이야기하고자 함인가? 그렇게 좁다고 여긴다면 제천정(濟川亭)에 잔치를 차려야 할 것이다."

그러자 한명회는 한술 더 떠 성종의 지시는 무시한 채 압구정의 처마를 잇대어 정자를 넓힐 수는 없겠느냐고 묻는다. 한명회는 중국 사신의 위세에 기대어 성종에게 간접적인 협박을 하고 있는 것이다. 성종은 "내일 제천정에 사신들을 위한 오찬을 차리고 압구정에는 장막을 치지 말도록 하라"고 명했다. 그런데 한명회의 대답이 걸작이다.

"신은 정자가 좁고 더위가 심해서 아뢴 것입니다. 그러나 신의 아내가 본래 오래된 질병이 있는데 이제 더 심해졌으므로 내일 그 병세를 보아서 심하면 제천정일지라도 신은 가지 못할 듯합니다."

한명회가 물러간 즉시 승정원 승지들이 들고일어났다. 아내가 아프면 중국 사신이 구경하려고 해도 사양했어야 할 텐데 중국 사신이 아프다는데도 유람을 청해놓고 이제 와서 성종이 압구정 연회를 허락하지 않으니, 아내의 병을 핑계 대며 '제천정일지라도 가지 못하겠다'라고 한 것은 임금에게 대든 것이라는 것이다. 전형적인 범상(犯上)이다. 아랫사람으로서 윗사람에게 해서는 안 될 것을 한 것이다.

그러나 결국 성종은 한명회를 법대로 처리하지 못했다. 한명회는 이미 성종의 그 같은 유약함을 꿰뚫어 보고 있었다. 다시 한번 한명회의 인간과 사리(事理)에 대한 통찰이 빛나는 사건이다.

한명회는 성리학의 교조에 얽매이지 않았고 거의 혼자 힘으로 왕조 시대 신하가 누릴 수 있는 정점에 이른 독특한 존재다. 정승이 되는 길은 참으로 여러 가지가 있다.

술가 한명회

한명회는 전형적인 술가(術家)이다. 따라서 성종 시대가 안정되자 술가로서의 면모를 발휘할 기회는 적었다. 어찌 보면 권간(權奸)의 길을 걸을 수도 있었다.

그러나 한명회는 선을 넘지 않았다. 졸기에는 매우 흥미로운 사실 하나가 담겨 있다.

하루는 소대(召對-왕명으로 입시하여 정사에 관한 의견을 올리는 일)에서 흥학(興學-학교를 융성시키는 일)의 중요함을 진술하고, 이어서 아뢰기를 "성균관(成均館)에 서적이 없으니, 마땅히 경사(經史)를 많이 인쇄하고, 각(閣)을 세워 간직하게 하소서"라고 하여, 임금이 그대로 따랐는데, 한명회가 사재(私財)를 내어 그 비용을 돕게 했으므로 사림(士林)에서 이를 훌륭하게 여겼다.

한명회는 70세가 되던 갑진년(1484년) 스스로 관직에서 물러날 것을 청했다. 유종지미(有終之美)를 아는 사람이었다.

"처음에는 부지런하다가도 뒤에 가서는 나태해지는 것이 인지상정(人之常情)이니 바라건대 그 끝을 삼가길 처음같이 하소서."

평범해 보이면서도 깊은 통찰을 담은 이 멋진 말은 1487년(성종 18년) 11월 14일 73세를 일기로 세상을 떠난 풍운아 한명회가 자신이 임금으로 만들어 올렸고 한때 사위이기도 했던 성종(成宗)에게 남긴 유언이다. 한상경이 즉위 초 태종에게 했던 말과 통한다.

졸기에 달린 사평(史評)은 지금 보아도 한 글자 빼거나 더할 것이 없다.

한명회는 젊어서 유학(儒學)을 업(業)으로 삼았으나 학문을 이루지 못하고, 충순위(忠順衛)에 속하여서, 뜻을 얻지 못하고 불우(不遇)하게 지내다가, 권람(權擥)과 더불어 문경교(刎頸交)를 맺고, 권람을 통하여 세조(世祖)가 잠저(潛邸)에 있을 때 알아줌을 만나[知遇], 대책(大策)을 찬성(贊成)하여, 그 공(功)이 제일(第一)을 차지했으며, 10년 사이에 벼슬이 정승에 이르렀고, 마음속에 항상 국무(國務)를 잊지 아니하고, 품은 바가 있으면 반드시 아뢰어, 건설(建設)한 것 또한 많았다. 그러므로 권세(權勢)가 매우 성대하여 추부(趨附)하는 자가 많았고, 빈객(賓客)이 문(門)에 가득했으나 응접(應接)하기를 게을리하지 아니하여, 일시(一時)의 재상들이 그 문(門)에서 많이 나왔으며, 조관(朝官)으로서 말채찍을 잡는 자까지 있기에 이르렀다.

성격이 번잡(煩雜)한 것을 좋아하고 과대(夸大)하기를 기뻐하며, 재물(財物)을 탐하고 색(色)을 즐겨서, 전민(田民)과 보화(寶貨) 등의 뇌물이 잇달았고, 집을 널리 점유하고 희첩(姬妾)을 많이 두어, 그 호부(豪富)함이 일시(一時)에 떨쳤다.

사신(使臣)으로 여러 번 명나라 서울에 갔었는데, 늙은 환자(宦者) 정동(鄭同)에게 아부하여, 많이 가지고 간 뇌물로써 사사로이 황제에게 바쳤으나, 부사(副使)가 감히 말리지 못했다.

만년(晩年)에 권세(權勢)가 이미 떠나자, 빈객(賓客)이 이르지 않으니, 초연(愀然)히 적막한 탄식을 하곤 했다. 비록 간관(諫官)이 여러 번 논박(論駁)하는 바가 있었으나, 소박하고 솔직하여 다른 뜻이 없어 그 훈명(勳名)을 보전(保全)할 수 있었다.

아들은 한보(韓堡, 1447~1522년)이고, 딸은 장순왕후(章順王后-예종비)와 공혜왕후(恭惠王后-성종비)이다.

한보는 기골이 장대하고 활쏘기와 말달리기에 능했다. 13세 때 음보(蔭補)로 벼슬길에 나아갔고 여러 차례 승진해 1466년 첨지중추부사(僉知中樞府事)가 되고 1469년(예종 1년) 낭성군(琅城君)에 봉해졌다. 1471년(성종 2년) 좌리공신(佐理功臣) 4등에 책록되어 동지중추부사가 되고, 이듬해 한성부 우윤, 1475년 공조 참의 겸 도총부 도총관이 되었다가 양모(養母) 조씨(曺氏)에게 불효했다고 해서 사헌부의 탄핵을 받고 파직되었다. 1476년에 복직되었고, 1492년에 천추사(千秋使)가 되어 명나라에 다녀왔다. 1515년 치사(致仕)해 봉조하(奉朝賀)가 되었다. 공신 아들이면서도 스스로 처신을 삼갔을 뿐만 아니라 자손에게도 몸을 삼갈 것을 경계했다.

제8장

조선 1호 장원급제 출신 정승
정인지

태종이 뽑아 올린 정인지

정인지(鄭麟趾)는 경상도 하동 사람으로 석성현감 정흥인(鄭興仁) 아들이다. 조선이 세워진 후인 1396년에 태어났다. 태종 14년(1414년) 18세에 문과에 장원급제했다. 이해 3월 11일 자 춘추관 영사 하륜, 지사 정탁, 예조 판서 설미수 등이 의논해 급제자들 답안지 중 가장 뛰어난 3인을 태종에게 올렸다.

태종이 다시 한번 "시권(試券-답안지) 3개 중에는 잘되고 못된 것을 가릴 수 없는가?"라고 묻자, 신하들은 "2개는 비슷하고 하나는 조금 처집니다"고 답했다.

태종은 "그렇다면 내가 집는 것이 장원이다"라며 시권 2개를 내밀게 한 다음 하나를 골라 집었다.

정인지 시권이었다.

세종 즉위년인 1418년 8월 27일 상왕 태종은 직접 세종에게 "대임을 맡길 만한 인물이니 중용하라"며 정인지를 병조 좌랑에 임명한다. 반면 세종 1년(1419년) 1월 19일 병조 좌랑 정인지는 명나라로부터 세종의 즉위를 승인하는 외교 문서 고명(誥命)을 맞는 의식을 행할 때 황색 의장(儀仗)을 빼놓았다가 예조 좌랑 김영, 병조 정랑 김장 등과 함께 의금부에 투옥됐다.

주 책임자로 밝혀진 정인지는 열흘 후 장 40대를 맞고 병조 좌랑에 복귀한다.

세종 3년 3월 28일에 정5품 병조 정랑 정인지는 또다시 투옥된다. 상왕 태종의 지시였다. 병사들의 비상조치에 대비한 출동 훈련을 지시했는데 정인지가 이를 태만히 처리했다가 처벌을 받은 것이다.

이후에도 정인지는 사소한 잘못으로 자주 견책을 당하곤 했다. 이는 정인지에게 관리로서의 재주, 즉 이재(吏才)가 약했음을 보여주는 대목이다.

그런데 학문적 재능, 즉 학재(學才)가 뛰어난 정인지는 집현전이 자리를 잡아가면서 자신의 존재를 드러내기 시작한다.

세종 9년 3월 20일 정인지는 이미 관직에 나온 신하들을 대상으로 하는 중시(重試)에서 문과 장원급제자의 문재(文才)를 다시 한번 보여줌으로써 정4품 직전(直殿)을 뛰어넘어 종3품 직제학에 오른다. 그리고 9월 7일 세자(=훗날의 문종)의 교육을 맡는 좌필선으로 임명된다.

세종 10년 12월 20일에는 집현전 전담 관리 중에서는 최고위직인 정3품 부제학에 오른다. 당상관이 된 것이다. 그의 승진 배경에는 이처럼 고비마다 학재가 큰 역할을 했다.

세종이 기른 두 신하, 정인지 대 김종서

김종서(金宗瑞)는 1383년(고려 우왕 9년) 충청도 공주에서 태어났다. 정인지는 그보다 6년 후인 1396년 경상도 하동에서 났다. 나이로는 13세 차이다. 김종서는 얼마 후 한양으로 올라와 서대문 밖에서 살았고 태종 5년 문과에 급제했다. 23세 때였다. 정인지는 권근의 동생인 권우에게서 배우고 태종 14년 문과에 장원으로 급제했다. 18세 때였다. 김종서의 기록은 뒷날 참화를 당하는 바람에 별로 없다.

두 사람 다 집안 배경은 그저 그런 편이었다. 문과에 급제한 후에도 하위직을 맴돌던 김종서는 10년 후인 태종 15년 상서원 직장으로 임명을 받았다. 상서원(尙瑞院)이란 국왕의 옥새와 인장 등을 관리하는 기관으로 도승지 지휘하에 종5품 판관 1명, 종7품 직장(直長) 1명, 정8품 부직장 2명 등으로 구성돼 있었다. 김종서가 처음으로 정7품직에 오른 것이다.

반면 장원급제한 정인지는 곧바로 예빈시 주부로 발령을 받았다. 예빈시란 조정을 방문하는 빈객의 접대를 전담하는 기관이며 주부는 종6품이었다. '장원'의 파워는 그만큼 컸다. 김종서가 상서원 직장에 임명되던 무렵 정인지는 승문원(承文院) 부교리였다. 정6품이었으니 김종서보다 한 등급 높았다. 그러나 지신사 유사눌이 요동에 보낼 자문(咨文-외교 문서)을 검토하던 중에 승문원 지사 윤회와 부교리 정인지가 날인을 잘못한 것을 찾아내 두 사람 모두 의금부에 하옥되었다.

김종서는 종6품인 죽산 현감을 거쳐 세종 즉위년인 1418년 병조좌랑에 오른다. 정6품이다. 김종서와 정인지는 같은 해에 같은 직위를 역임한 것이다. 순서는 간발의 차로 김종서가 먼저였다. 보통 인연이 아니다. 바로 이때의 일과 관련해 성현의 『용재총화』는 김종서 일화를 다음과 같이 전한다.

최흥효 제학이 이조 낭청으로 입시하여 사람들의 고신을 쓰는데 붓을 꼼지락대며 오래도록 이뤄내지 못하자 김종서가 병조 낭청(-좌랑)으로 옆에 있다가 한 붓으로 수십 장을 휘둘러 써내고 쓰기를 마친 다음 옥쇄를 찍는데 글씨와 옥쇄 자국이 모두 단정했다. 태종이 좌우를 돌아보면 말하기를 "이는 참으로 쓸 만한 인재구나"라고 하니 김종서는 이로 말미암아 피어나기 시작했다.

세종 즉위년(1418년) 11월 29일 사헌부 감찰(-정6품)로 옮긴 김종서에게 세종은 특명을 내린다. 강원도 관찰사 이종선은 흉년으로 백성이 고통을 겪고 있으니, 세금을 감면해달라 했고 경차관(敬差官-임시 파견 요원) 김습은 풍년이라고 보고했다. 세종은 엇갈리는 두 사람의 보고를 확인하기 위해 강직한 인물을 찾던 중 김종서에게 일종의 암행어사 임무를 맡긴 것이다. 김종서의 보고는 흉년에 기민까지 발생했으니, 조세를 감면해야 한다는 것이었고 이에 세종은 변계량의 반대를 물리치고 감면 조치를 취했다. 동시에 김습을 국문해 거짓 보고의 진상을 밝혀내도록 사헌부에 엄명을 내린다.

강원도에서 김종서의 직무 수행에 크게 만족한 세종은 세종 1년 3월 전국적으로 기근이 발생해 백성이 유리걸식하고 있다는 보고에 따라 각도에 행대(行臺-임시)감찰을 파견할 때 다시 김종서를 충청도 행대감찰로 명했다. 굶주린 백성이 12만 249명이고 이들을 구휼하려고 지급한 쌀은 1만 1,311석, 장(醬)은 949석이라는 보고가 올라왔다.

직접 현장을 확인하지 않고서는 올릴 수 없는 보고였다. 늘 지방 수령들의 전횡을 우려했던 세종은 세종 2년 윤 1월 김종서를 정5품직인 광주(廣州) 판관으로 승진시켜 지방 행정 일을 맡긴다. 여기서 김종서는 세종 5년 5월까지 3년 4개월 동안 근무한다.

반면 정인지의 시련은 계속된다. 앞서 본 대로 세종 3년 3월 28일 정5품 병조 정랑을 맡고 있던 정인지는 또다시 투옥된다. 상왕 태종의 지시였다. 병사들의 비상조치에 대비한 출동 훈련을 지시했는데 정인지가 이를 태만히 하다가 처벌을 받은 것이다. 이미 김종서는 강직한 면으로 세종의 인정을 받아가고 있는 반면 정인지는 행정이나 일 처리에서 허점을 보이고 본인도 최선을 다하려 하지 않았음을 알 수 있다.

김종서가 외직인 광주 판관을 마치고 내직으로 돌아오기 두 달 전인 세종 5년 3월 23일 정인지는 집현전 학사를 거쳐 응교(-종4품)에 올라 있었다. 행정에는 미숙했으나 학술에는 일찍부터 재능을 보인 정인지였다. 세종은 정인지의 행정 능력은 버리고 학술 재능을 취했다.

김종서는 같은 해 5월 27일 내직으로 복귀해 모두 정5품으로 핵심 요직인 사간원 우헌납, 사헌부 지평, 이조 정랑을 거치게 한 다음 세종 9년(1427년) 1월 18일 오늘날의 국무총리실 행정조정실장이나 비서실장에 해당하는 의정부 사인(舍人)으로 승진한다. 정4품직이다. 그해 2월 황해도에서 문제가 발생하자 세종은 김종서를 경차관으로 임명해 실정을 파악해서 보고토록 명했다.

이처럼 자신의 뜻을 받들어 현장의 일을 처리해야 할 일이 있을 때면 세종은 늘 김종서를 찾았다. 강직했고 발로 현장을 뛰어 확인하는 인물됨 때문이다.『논어』「태백(泰伯)」편에 나오는 말이다.

"사방 100리를 맡길 만하면 군자로다."

바로 김종서를 두고 하는 말이다.

이 무렵 정인지도 다른 방면에서 세종의 총애를 얻어가고 있었다. 집현전이 자리를 잡아가면서 세종은 종종 극비를 요하는 심부름을 비서실장인 지신사 대신 신뢰하는 집현전 관원에게 시키기를 좋아했는데 『실록』을 보면 세종 7년부터 정인지가 주로 그 임무를 맡았다. 세종의 본격적인 신임은 이때부터 시작된 것으로 보인다. 세종 7년이면 세종이 양녕이나 불교 문제를 끌어들인 신하들의 무차별 공세를 극복하고 본격적인 정국 주도권을 장악한 해다.

이런 점에서 아버지 태종의 신하가 아니고 사실상 세종 자신이 키워낸 신하로 정인지는 김종서와 함께 제1세대 대표주자였던 셈이다. 김종서가 사인으로 발탁되던 세종 9년 3월 20일 정인지는 이미 관직에 나온 신하들을 대상으로 하는 중시(重試)에서 문과 장원급제자의 문재(文才)를 다시 한번 보여줌으로써 정4품 직전(直殿)을 뛰어넘어 종3품 직제학에 오른다. 그리고 9월 7일 정인지는 세자(-훗날의 문종)의 교육을 맡는 좌필선으로 임명된다. 정인지가 김종서보다 한 걸음 나아간 것이다. 그러나 김종서도 황해도 사건을 처리한 공으로 3개월여 후인 7월 4일 종3품인 사헌부 집의로 진급한다.

세종 10년 사헌부 집의 시절 계속 불법을 자행하던 양녕대군에 대한 김종서의 탄핵은 집요했다. 상소를 열다섯 차례나 올려 양녕대군의 대군 작위를 회수하고 도성 출입을 금지해야 한다고 주장했다가 일시적으로 세종의 노여움을 사 전농시 윤으로 좌천당하기까지 했다. 전농시(典農寺)란 국가의 제사용품을 관리하던 기관이다.

그러나 세종은 세종 11년 9월 30일 정3품인 우부대언(-훗날의 우부승지)으로 김종서를 불러들인다. 여기서 김종서는 훗날 함께 세상을 떠나게 되는 좌부대언 황보인(皇甫仁)과 깊은 인연을 맺게 된다. 김종서를 정3품 당상관에 올렸을 뿐만 아니라 오늘날의 대통령실 수석비서관에 해당하는 자리를 맡긴 것이다.

다음 해 7월 좌부대언으로, 12월에는 우대언으로 승진한다. 이때 황보인도 승정원 최고위직인 지신사에 오른다. 이때 김종서 나이 47세, 정인지 나이 34세였다.

한편 정인지는 김종서보다 10개월쯤 빠른 세종 10년 12월 20일 집현전 전담 관리 중에서는 최고위직인 정3품 부제학에 오른다. 당상관이 된 것이다. 비슷한 시기에 김종서는 대언으로, 정인지는 부제학으로 지근거리에서 세종을 보좌하고 있었다.

학재(學才)에 능했으나 이재(吏才)가 약했던 정인지

그러나 정인지는 관리로서 재능에 여전히 문제가 있었다. 세종 17년 6월 29일 충청도 관찰사가 되어 지방 행정을 맡은 적이 있었다. 그해 12월 17일 영의정 황희는 "충청도 감사와 수령들이 농정에 실패하고 현장 조사를 제대로 하지 않아 과거에 비옥했던 땅들을 황폐하게 했으니 징계하지 않을 수 없다"라고 말한다. 이에 세종은 "정인지는 내직에 있을 때도 문학만 전담했고 정사에 경험이 없어서 그렇게 되었다. 그러나 인지도 백성을 사랑하는 마음이 많다고 하니 죄를 묻지 말라"고 답한다.

다음 해 7월 21일에도 정인지가 나름대로 흉년 구제책을 올리자, 황희는 현실성이 없음을 조목조목 지적하며 정인지의 구제책을 기각

시켜버렸다. 사실 이렇게 되면 정승은 말할 것도 없고 판서에 오르는 데도 큰 약점이 될 수밖에 없다. 그러나 충청도 관찰사에서 예문관 제학과 집현전 제학을 거쳐 마침내 1440년(세종 22년) 5월 형조 판서에 오른다. 판서 중에서 요직인 이조나 병조 판서는 아니었다.

김종서가 승정원에서 차근차근 진급하고 있던 세종 12년(1430년) 11월 15일 정인지는 우군 동지총제로 임명을 받았다. 요즘 식으로 하자면 군사령관 정도의 직위다. 그러나 전형적인 문사(文士)였던 그가 군사 분야의 일을 맡았던 것 같지는 않고 주로 세종을 도와 음악, 도량형, 천문, 역법 심지어 아악(雅樂) 등을 정리하는 작업에 힘을 쏟았다. 세종 14년 3월 18일에는 예문관 제학 겸 춘추관 동지사를 지낸다. 역사 편찬과 관련된 첫 번째 직위를 맡은 것이다.

세종 15년 12월 김종서는 함길도(-함경도) 관찰사로 제수받았다. 김종서는 22개월 전인 세종 14년 2월 25일 세종이 좌대언인 자신을 불러 활과 화살을 하사하면서 "항상 차고 있다가 짐승을 보거든 쏴라"라고 했던 말뜻을 마침내 깨달았다. 또 그해 6월에는 "경은 최윤덕을 아는가?"라고 물어본 적이 있었다.

세종의 북방 개척 구상은 이미 오래전에 시작되었고 세종 14년 들어 문신 김종서와 무신 최윤덕을 투 톱으로 해서 자신의 구상을 실현하기로 가닥을 잡아가고 있었던 것이다. 최윤덕은 세종 15년 1월 이미 평안도 절제사로 임명을 받았다.

예문관 제학 겸 춘추관 동지사 시절 정인지는 여러 차례에 걸쳐 연로한 아버지를 모셔야 한다면 지방 수령직을 내려줄 것을 요청했다. 세종 17년 마침내 정인지는 충청도 관찰사로 내려갔다. 김종서가 북방을 개척하는 데 혼을 쏟고 있을 때다. 이듬해인 세종 18년(1436년) 부친이 사망하자 정인지는 사직했다. 다음 해 세종의 배려로 예문관 제학으로 복직하고 2년 후인 세종 21년(1439년) 집현전 제학을 거쳐 형조 참판을 맡는다. 마침내 1440년(세종 22년) 5월 형조 판서에 오른다.

그동안 김종서는 자신의 일생에서 가장 힘들면서도 보람 있는 기간을 보내고 있었다. 6년 이상을 지금의 함경북도(-6진) 개척에 쏟아부었다. 1440년 12월 3일 정인지에 이어 형조 판서에 오른다. 병조 좌랑에 이어 두 번째로 같은 해에 같은 직위를 맡는 우연이 겹친 것이다.

김종서는 1441년(세종 23년) 11월 14일 예조 판서로 자리를 옮겨 장장 5년 동안 재임하면서 국가의 중대 길흉사를 무리 없이 처리해 세종의 더없는 총애를 받았다. 그러면서도 북방 문제에 관한 조언도 수시로 했다. 세종 28년(1446년) 1월 24일 김종서는 의정부 우찬성(-종1품) 겸 예조 판서로 승진한다. 예조 판서 때 북방의 일을 겸하도록 한 것처럼 우찬성이 되어서도 예조 일을 맡길 만큼 김종서의 예조 판서 5년에 대한 세종의 평가는 후했다.

김종서가 우찬성이 되었을 때 정인지는 같은 의정부의 우찬참(-종2품)이었다. 마침내 김종서가 정인지를 제치고 반발 앞섰다. 그런데 또 우연이 겹친다. 김종서가 물러난 예조 판서 자리가 정갑손에게 갔다가 3개월 만에 사직하는 바람에 4월 25일 정인지가 예조 판서가 된 것이다. 김종서와 정인지, 두 사람의 지독한 인연이다.

세종이 기대한 모습, '역사가' 정인지

세종이 정인지에게 역사가의 길을 걷게 한 것은 아주 오래전부터

다. 이 점에서 김종서와는 구별된다. 세종 5년(1423년) 3월 23일 세종은 집현전 응교인 정인지 등을 불러 사마광의 『자치통감(資治通鑑)』 중에서 범조우(范祖禹)가 쓴 '당감(唐鑑)' 부분을 필사하도록 지시한다. 필사(筆寫)는 당시 최고의 학습법이기도 했다.

세종은 같은 해 6월 24일 『고려사』가 중국의 『통감강목』에 비해 너무 소략하다고 지적하면서 그 이유 중 하나가 사관(史官)의 부족을 꼽았다. 그러면서 집현전 관원들로 하여금 사관의 업무도 병행케 하도록 지시한다.

집현전 관원이 항상 궐내에서 있으니, 또한 사관의 업무를 맡을 수 있으리라.

그러면서 세종은 (집현전 관원 중에서) 신장·김상직·어변갑·정인지·유상지를 지정해 모두 춘추를 겸직시켰다.

정인지에게 춘추 업무를 보게 한 것이 역사 서술의 실무를 익히도록 한 것이었다면 세종 7년 11월 29일 기사는 정인지가 역사 이론가로서 자질을 갖추도록 하는 계기를 보여준다.

"대제학 변계량에게 명해 사학(史學)을 읽을 만한 자를 뽑아 올리라고 했다. 변계량이 집현전의 정인지와 설순, 인동현감 김빈을 천거했다. 임금이 즉시 빈에게 집현전 수찬을 제수하여, 3인으로 하여금 모든 사서를 나누어 읽게 하고, 임금의 고문에 대비하게 했다."

세종 12년경 세종은 경연에서 『자치통감 속편』을 강독하고 있었는데 가장 빈번하게 세종의 물음에 답하는 신하는 정인지였다. 그것은 적어도 역사 분야에 관한 한 이때가 되면 세종과 더불어 이야기를 나눌 수 있는 수준에 이르렀다는 뜻이다. 그중 한 장면으로 들어가 보자. 세종 12년 윤 12월 23일 자 기사다.

경연에 나아가서 『자치통감 속편』을 강하다가 요나라 임금인 분와 사열(奔訛沙烈) 대목에 이르러 임금이 말하기를 "이적(夷狄)은 마음이 본시 순후(純厚)하므로, 그들이 대우하는 것도 이렇게 후하다. 지금 왜인이 매우 강악(强惡)하지만, 윗사람을 섬김에 있어서 절조를 위하여 죽는 사람이 상당히 많이 있다" 하니, 정인지가 대답하기를 "그들의 마음이 단순하기 때문입니다" 했다.

임금이 말하기를 "중국 사람은 행동거지도 똑똑하고 말도 재치 있다. 그러나 그 마음 씀씀이가 좋지 못하고 풍속이 박하여, 한 사람도 임금을 사랑하는 자가 없다. 내관(內官) 같은 것들은 책망할 가치조차 없다. 그러나 김만(金滿)이 요동에 가서 태종 황제께서 돌아가셨다는 말을 듣고도 술을 마시고 고기를 먹으며 일어나서 춤을 추고 조금도 애통해하는 심정이 없어 보였고, 그는 '황제의 명령이 아직 이르지 않았다'라고 하니, 그가 이렇게 못되었다. 어쩌면 중국 사람이 이 모양일까. 아마도 북경에는 사람이 많아서 그런 것이 아닌가" 하니, 정인지가 아뢰기를, "우리나라만 가지고 보더라도 시골 백성은 순박하고 도시[州內] 사람은 똑똑합니다" 했다.

세종 14년(1432년) 3월 정인지는 예문관 제학 겸 '춘추관 동지사'에 오른다. 그에 앞서 정인지는 대제학 정초를 도와 『칠정산내편(七政算內篇)』을 지어 역법(曆法)을 개정한 바 있다.

그리고 12월 10일 세종은 대제학 정초와 제학 정인지 등을 불러 자신이 명했던 태조와 태종의 공덕을 기리는 악장을 보고받는다. 내용은 '아름다울사 빛나는 태조시여, 천명에 응하시고 인심에 순하시와 문득 대동(大東)을 두셨도다. [중략] 아름다울사 밝으신 태종이시여, 차례를 이어 공(功)을 더하셨도다. 덕은 공경으로 밝히셨고, 다스림은 어짊으로 높이셨도다'라는 식이다. 여기서 『용비어천가(龍飛御天歌)』의 싹을 보게 된다. 이 악장과 훗날의 『용비어천가』 모두에 정인지는 깊이 관여했다.

문종 때 날개를 단 김종서의 비극

1450년 2월 17일 세종이 훙(薨)했다. 5일 후 문종이 즉위했다. 다음 해인 문종 1년 자신의 라이벌 김종서는 그해 10월 우의정에 제수된다. 같은 날 김종서의 콤비인 황보인은 영의정에 오른다. 반면 정인지는 좌찬성으로 김종서의 바로 아래 직급이었다. 그러나 문종은 김종서와 정인지를 투 톱으로 생각했고 심지어 수양대군도 품어 안았다. 문종 1년 6월 19일 기록이다.

문종은 자신이 직접 지은 진법서(陣法書)를 내놓으며 수양대군과 정인지·김종서 등에게 교정을 명한다. 진법서 교정을 이 세 사람에게 맡겼다는 것은 그만큼 이들에 대한 총애가 깊었다는 뜻이다.

문종이 즉위 2년 만인 1452년 5월 14일 훙(薨)하고 4일 후 단종이 왕위에 올랐다. 이때부터 김종서와 정인지는 전혀 다른 길을 가게 된다. 단종 즉위년(1452년)에 정인지는 병조 판서에 오르지만, 당대 실력자 영의정 황보인과 좌의정 김종서의 배척을 받아 한직인 중추부 판사로 밀려나게 된다. 1년 후인 1453년 10월 8일 수양대군이 정난(靖難)을 일으켜 황보인과 김종서 등을 죽이고 정권을 잡는다. 계유정난(癸酉靖難)이다.

아마도 계유정난이 없었다면 정인지는 그 후 한직을 맴돌다가 관직을 마쳤을 것이 분명했다. 계유정난은 모든 것을 바꿔놓았다. 자신을 억압하던 김종서는 죽어 대역죄인이 됐고 정난공신에 오른 정인지는 하동 부원군에 봉해지면서 좌의정이 됐다. 사실 정인지는 계유정난에 관여하지 않았고 신망이 있는 중신(重臣)으로 반대하지 않은 공로였다고 할 것이다. 2등 공신에 책록된 것도 그 때문일 것이다.

3년 후인 1456년 9월 세조는 흔히 사육신 사건으로 알려진 상왕(-단종) 복위 기도 사건이 실패로 끝난 후 다음과 같은 충격적인 명을 내린다. 사건 관련 주모자들의 부인이나 딸들을 정난공신들에게 나눠 주도록 한 것이다. 그중에 김종서의 아들 김승규의 아내 내은비, 딸 내은금, 첩의 딸 한금은 '영의정' 정인지에게 귀속되었다.

좌의정이라고는 하나 실권은 한명회를 중심으로 한 정난공신들이 쥐고 있었다.

정인지는 1458년(세조 4년) 공신연(功臣宴)을 베풀 때 세조의 불서 간행을 반대한 일로 세조의 노여움을 사서 논죄되면서 고신(告身)이 몰수되었으나 곧 고신을 환급받고 하동 부원군에 제수됐다. 이런 점에서 정인지는 유학자로서의 기개를 잃지 않았다고 할 수 있다. 1459년에는 취중에 직간한 일이 국왕에게 무례를 범했다고 논죄되면서 다시 고신을 몰수당하고 외방에 종편(從便)됐다. 그러나 그해에 다시 소환되어 고신을 환급받고, 이듬해 하동 부원군에 복직됐다. 조금은 위태로운 처신이었다.

정인지는 성종 9년에 83세의 나이로 천수를 누리고 세상을 떠났다. 『실록』 줄기에 그의 행적과 관련해서는 주로 세종 때의 일만 기록돼 있고 세조·예종·성종 때의 일은 거의 없다는 점이 흥미롭다. 아부를 몰라 심지어 취중이긴 하지만 임금 세조에게 "너[爾]"라고 했다가 봉변을 당할 뻔하기도 했던 성품의 소유자였으니 세상과 비켜 지낸 것으로 보인다.

대신 그가 관심을 보인 쪽은 재산 모으기였다. 『논어』에 나오는 공자 말 그대로이다.

군자에게는 세 가지 경계함이 있다. 어려서는 혈기가 안정되지 않으니 경계함이 색(色)에 있고 장성해서는 혈기가 바야흐로 한창이니 경계함이 다툼에 있고 늙어서는 혈기가 이미 쇠했으니 경계함이 (이득을) 얻으려 함에 있다.

정인지는 다툼에 있어 임금도 꺼리지 않았고 나이가 들어서는 이득을 얻는 데만 힘썼다.

먼저 『실록』은 그의 장점을 이렇게 말한다.

정인지는 타고난 자질이 호걸스럽고 특출나며 마음이 활달하고 학문이 해박하여 통하지 않는 바가 없었다.

그는 이런 자질로 천문과 역법에 달통했고 역사를 익혀 『치평요람(治平要覽)』, 『역대병요(歷代兵要)』, 『고려사』를 주도적으로 이끌었고 『세종실록』 편찬을 책임졌다. 그의 학재가 빛나는 대목이다.

줄기에 있는 그에 관한 평가는 그래서 따뜻하지만은 않다.

정인지는 성품이 검소하여 자신의 생활도 매우 박하게 했다. 그러나 재산 늘리기를 좋아하여 만석(萬石)이 여럿 되었다. 그래도 전원(田園)을 널리 차지했으며 심지어는 이웃에 사는 사람들의 것까지 많이 점유했으므로 당시의 의논이 이를 그르다고 했다. 그의 아들 정숭조는 아비의 그늘을 바탕으로 벼슬이 재상(宰相)에 이르렀으며, 재물을 늘림도 그의 아비보다 더했다.

정인지에게는 정현조(鄭顯祖, 1440~1504년), 정숭조(鄭崇祖, 1442~1503년), 정경조(鄭敬祖, 1455~1498년), 정상조(鄭尙祖) 네 아들이 있었다. 그중 정현조는 세조의 딸인 의숙공주(懿淑公主)에게 장가들었고 예종을 사실상 독살하고 성종을 세운 좌리공신(佐理功臣)에 참여해 하성군(河城君)에 봉(封)해졌다. 『경국대전』을 편찬하는 데 참여했으나 말년에 첩을 많이 두고 불교에 심취해 대간으로부터 자주 탄핵을 받기도 했다.

정숭조도 좌리공신에 참여해 하남군(河南君)에 봉해졌다. 성종 때 형조 참판, 한성부 판윤, 호조 판서를 지냈으나 수뢰 혐의로 파직되었다. 경사(經史)에 밝았다고 한다.

정경조는 성종 16년(1458년) 문과에 급제해 사헌부 대사헌을 거쳐 1497년 평안도 관찰사로 부임했다가 이듬해 사망했다.

막내 정상조의 아들 정세호(鄭世虎, 1486~1563년)의 딸은 중종 서자인 덕흥군과 혼인했는데 그 사이에서 난 셋째 아들이 훗날 왕위에 오르게 되는 선조(宣祖)다. 사족이지만 왕위에 오르기 전 선조의 군호도 정현조와 같은 하성군(河城君)이었다. 하성은 하동을 달리 부르는 명칭이다.

제9장

말년에 임금을 잘못 만난 학자형 정승

노사신

조선 초 명문가 '교하 노씨'에서 태어나다

노사신(盧思愼)은 고려 때부터 명문가로 유명했던 교하 노씨 출신이다. 할아버지 노한(盧閈, 1376~1443년)은 태종의 아래 동서로 태종 때 (1408년) 한성부윤을 지내기도 했다. 그러나 이듬해 처남 민무구·민무질 형제가 처형될 때 이에 연좌되어 파직당하고 양주 별장에서 14년 동안 은거했다. 상왕 태종은 세상을 떠나기 직전인 세종 4년(1422년)에 노한을 불러 뜻을 전한다.

"경은 본래 의심나는 일로 인해 죄를 얻었으니 내가 지금 용서하겠다. 서울이든 지방이든 편한 대로 거주하라."

그 후 세종은 세종 7년에 직첩을 돌려주었다. 벼슬에 나아가는 길이 열린 것이다. 2년 후에 노한은 파직당할 때의 직책인 한성부윤으로 복직했다. 그 후에 노한은 순조롭게 승진해 우의정에까지 이르게 된다. 노한의 졸기 일부이다.

한(閈)의 아내 민씨(閔氏)는 원경왕후(元敬王后) 동생이다. 기축년에 민씨가 패(敗)하게 되자 한(閈)의 관직을 삭탈(削奪)하고 밖으로 쫓아내어 양주(楊州) 전장(田莊)에 살고 있었는데, 임인년에 태종이 세종에게 일러 말했다.

"한(閈)이 비록 민씨와 연루(連累)되었으나, 실상은 죄가 없다."

이에 서울로 소환(召還)하게 명했으니, 뒤에 드디어 조정에 돌아오게 되었다. 정미년에 세종이 다시 한성부윤을 제수하고, 조금 있다가 형조 판서에 승직되었고, 여러 번 옮겨서 의정부 참찬·판한성부사(判漢城府事)가 되었으며, 임자년에 의정부 찬성(議政府贊成)으로 승직되었다. 그때 중국에서 환관(宦官)을 보내 매와 개를 구함이 거의 해마다로, 그들의 주구(誅求)가 한이 없었는데, 한(閈)이 빈객(賓客)을 잘 대접함으로 인해 매번 접반(接伴)이 되었다. 마침 한(閈)의 어머니가 병이 있어서, 한(閈)이 접반을 사면하니, 상이 말했다.

"사신(使臣)을 맞아 대접하는 데에 한(閈)이 아니면 안 된다."

드디어 명했다.

"낮에는 사신을 접대하고 밤에는 돌아가 시탕(侍湯)하라."

갑인년에 찬성(贊成)으로 사헌부 대사헌(司憲府大司憲)을 겸했고, 을묘년에 의정부 우의정(議政府右議政)이 되었다. 아내 민씨(閔氏)가 궁내에 들어가 사은(謝恩)하니 상이 말했다.

"이것은 나의 은혜가 아니요, 태종(太宗)의 유교(遺敎)이다."

정사년 가을에 어떤 일로 파면되어 한가하게 있은 지 7년, 이에 이르러 졸(卒)하니 나이가 68세였다.

아버지 노물재(盧物載, ?~1446년)는 심온 사위로 부인은 소헌왕후 심씨(沈氏)의 동생이다. 딱히 재능은 없었는지 『실록』은 "척리(戚里)인 이유로 관위가 2품에까지 이르렀다"라고 적고 있다.

노사신은 1427년(세종 9년)에 태어났으니, 그의 인생은 거칠 것이 없었다. 그러나 노사신은 배우기를 좋아했고 사치나 거드름을 멀리했다.

어려서 홍응(洪應, 1428~1492년)과 더불어 홍응의 외숙인 참찬(參贊) 윤형(尹炯, 1388~1453년)에게 배웠는데 사람을 볼 줄 알았던 윤형은 처음 노사신을 보자마자 홍응에게 이렇게 말했다.

"노가(盧家)의 아이는 참으로 원대(遠大)한 그릇이다. 마침내는 명성과 지위가 아마도 너와 비등할 것이다."

실제로 홍응도 훗날 정승에 올랐다. 1453년(단종 원년) 문과에 급제한 것을 보면 다행히도 당시의 격변에서는 조금 떨어져 있었다.

세조의 지우(知遇)를 얻다

사촌이기도 했던 세조는 노사신을 중용하려고 1462년(세조 8년) 세자 좌문학으로 있던 그를 1년에 5자급(資級-품계)이나 뛰어넘어 승정원 동부승지로 임명했다. 특히 같은 해 4월 11일 노사신은 우부승지로 옮기는데 이때 도승지가 홍응이었다.

1463년 세조는 노사신을 도승지에 임명했다. 세조는 그의 학식과 부지런함을 높이 평가했다. 같은 해 8월 28일 세조는 신하들과 정사를 토의한 다음에 몇몇 신하에 대한 인물평을 한다. 특히 우부승지 최선복(崔善復, ?~?)을 가리키며 이렇게 말한다.

"신하를 아는데 임금만 한 이가 없으니, 경(卿) 등의 재주를 내가 이미 알고 있다. 경(卿)도 또한 재주가 있어서 정말 보통 사람이 아니지만 노사신을 따라가려면 아직 멀었다. 노사신은 재주가 탁월(卓越)하고 그 지기(志氣)가 남보다 빼어난데, 내가 척속(戚屬)이라는 사정(私情)을 두어서가 아니라 곧 공론(公論)이 그러한 것이니 경(卿)도 또한 그리 알라."

홍귀달(洪貴達, 1438~1504년)이 지은 그의 비명 중 한 대목이다.

자문(諮問)하기 위해 늘 내전(內殿)으로 불러들였고 경(經)과 사(史)를 강론함에 있어 공이 분변하여 대답하는 것이 소리의 울림과 같았다. 임금이 늘 밤중에도 권태를 모르고 책을 봄으로 인해 금중(禁中)에서 유숙하는 날이 많았고, 때론 휴가(休暇)로 나갔다가도 곧 부름을 받고 들어와 하루도 집 안에서 쉬는 일이 없었다.

도승지를 맡고 있던 노사신에게 세조는 홍문관 직제학을 겸하게 하고서 자신이 주석한 『역학계몽(易學啓蒙)』 주석서 『요해(要解)』의 증보 작업을 맡긴다. 누구보다 『주역』에 관한 조예가 깊었던 세조가 이 작업을 노사신에게 맡겼다는 것은 그의 학문을 전적으로 신뢰했다는 뜻이다. 그 밖에도 각종 불경 작업을 맡기기도 했다.

1465년에는 호조 판서가 되어 최항과 함께 『경국대전(經國大典)』 편찬을 총괄했다. 그중에서도 호전(戶典)의 집필은 그가 도맡았다. 노사신은 아주 드물게 학재(學才)와 이재(吏才)를 겸비한 인물이었다. 같은 해에 호조 판서로서 충청도 가관찰사(假觀察使)를 겸해 지방 행정의 부정을 낱낱이 조사했고 이듬해 실시한 발영(拔英)·등준(登俊) 양시에 응시해 각각 1등과 2등으로 합격하는 영예를 얻었다. 관리를 대상으로 한 과거에서 선두를 달렸다는 말이다.

학재·이재·문재로 성종을 보필하다

그의 관리로서의 능력은 특히 예종을 거쳐 성종 때에 큰 빛을 발하게 된다. 성종(成宗)이 즉위하자 의정부 좌찬성(左贊成)으로서 이조 판서를 겸했다. 이는 사람을 보는 데 눈 밝지 않고서는 맡을 수 없는 자리다.

1482년(성종 13년) 평안도에 기근(饑饉)이 들었고 다음 해 경기에 또 기근이 들었는데 노사신은 두 곳 모두 진휼사(賑恤使)가 되어 양도의 백성이 그에 힘입어 생업을 유지할 수 있었다. 황해도는 지역은 넓으나 인구가 적어 조정에서 백성을 이주시켜 채우려 했는데 이때도 그가 체찰사(體察使)가 되어 선발에 타당성을 잃지 않으니 이주한 자들로부터 원망이 없었다.

그는 학재에 문재(文才)까지 더해졌다. 1476년 12월에는 서거정(徐居正)·이파(李坡)와 함께 『삼국사절요(三國史節要)』를 찬진하고, 1481년에는 서거정과 함께 『동국통감(東國通鑑)』 수찬에도 참여했다. 그리고 강희맹(姜希孟)·서거정·성임(成任)·양성지(梁誠之)와 함께 『동국여지승람(東國輿地勝覽)』 편찬을 총괄했으며, 이를 위해 1476년부터 동국문사시문(東國文士詩文)을 수집했다. 한편 1482년에는 이극돈(李克墩)과 함께 『통감강목(通鑑綱目)』을 신증(新增)하고, 이듬해에는 『연주시격(聯珠詩格)』과 『황산곡시집(黃山谷詩集)』을 서거정·어세겸(魚世謙) 등과 같이 한글로 번역하는 등의 학문적 업적을 남겼다. 홍귀달이 지은 비명 중 한 대목이다.

> 공은 독서하길 좋아하여 평소에 손에서 책을 떼지 않았는데, 무릇 경서(經書)·사서(史書)·백가서(百家書)와 석전(釋典-불가서)·도질(道帙-도가서)에 이르기까지 모두 널리 통했고, 성리학(性理學)의 연원(淵源)에 있어서는 그 심오한 뜻에 밝아 당시 넓고 정미(精微)한 이로는 대체로 일인(一人)이었다. 성종(成宗)이 『성리대전(性理大全)』을 보려는데, 강관(講官)이 구두(句讀)를 제대로 떼지 못하는 경우가 있자, 공에게 명하여 구결(口訣)을 붙이게 했고, 『율려신서(律呂新書)』·『황극경세(皇極經世)』와 같은 책과 사람이 풀이하기 어려운 책 등을 명하여 모두 나아가 질정(質正)하게 하거나 혹 번역하여 그 뜻을 나타내게 하니, 사람들은 세남비서(世南秘書-우세남)에 견주었다. 비록 문사(文詞)를 좋아하진 않았으나 굳이 지을 일이 있을 경우 그 수단은 문장가(文章家)가 미칠 수 있는 일이 아니었다. 나라에 큰 논의가 있을 때 공은 고사(古事)를 인용하고 금세(今世)를 증거로 하여 붓을 날려 그 편의(便宜)를 주석(注釋)하여서 모두 시행할 만한 것이었으니, 일시의 논자(論者)들 중에 그보다 나은 이가 없었다.

말 그대로 르네상스적인 지식인이자 청렴한 관리였다. 아마도 그가 세종 시대에 중견 관리로 살았다면 얼마나 더 많은 업적을 쌓았을지

모를 정도다.

성종 말기인 성종 18년 9월 28일에 노사신은 우의정에 오른다. 이때 좌의정이 홍응이었다. 성종 23년(1492년) 5월 19일 노사신은 드디어 좌의정에 오른다. 우의정은 허종(許琮)이었다.

탁고지신 노사신

연산군이 즉위했을 때 18세였다. 아직 홀로서기에는 애매한 나이였다. 성종은 당연히 죽음을 앞두고서 세자를 좌의정 노사신에 부탁했을 것이다. 이를 탁고지신(托孤之臣), 즉 고아나 마찬가지인 어린 임금을 부탁받은 신하라고 한다. 우리 역사에는 태조 이성계의 비 강씨가 정도전과 남은에게 세자 방석을 부탁했고, 문종이 김종서에게 단종을 부탁했으며, 선조가 유영경에게 영창대군을 부탁했다.

이제 노사신은 좌의정으로서 정치의 전면에 나선다. 무결점(無缺點) 노사신의 인생에 오점이 생겨나는 기간이기도 하다.

연산군 1년 성종 장례 때 대비들의 청을 받들어 연산군이 불교식 재(齋)를 설치한 것을 두고 공격의 화살이 노사신을 향했다. 1월 2일 성균관 생원들이 글을 올렸다. 그중 일부이다.

신들이 또 듣기로는 '임금의 허물을 조장(助長)하는 것은 그 죄가 작고, 임금의 허물을 자진하여 유발하는 것은 그 죄가 크다'고 했습니다. 지금 노사신(盧思愼)이 정승 자리에 있어 선왕의 탁고(托孤)의 명을 받았으니, 전하의 정시(正始)하는 처음을 당하여 이야말로 마땅히 시청(視聽)을 넓혀 임금을 인도하되 도리에 맞게 할 시기인데도, 총애를 굳힐 꾀만 힘써, 안으로는 궁중의 뜻을 맞추고 밖으로는 충성스러운 간언(諫言)의 길을 막고서, 흥망에 관계되지 않는 일로 여깁니다. 사신이 불교의 화가 흥망에 관계되는 것을 모르지 않으면서도 전하를 의롭지 않은 데 빠지게 했으므로, 이것은 임금의 허물이 싹트기 전에 먼저 인도한 것이니, 임금의 허물을 유발한 것이 아니고 무엇입니까? 사신이 불경을 해독하여 거의 세조(世祖)를 그르칠 뻔했는데, 지금 또 그 술책으로 전하를 농락하려 합니다. 신 등은 엎드려 바라건대, 특히 재(齋)를 베풀라는 명을 거두시고 노사신이 탁고의 명을 저버린 죄를 빈전(殯殿) 앞에 고하고 중형에 처하시어, 일국의 이목을 쾌히 씻어주소서.

이런 식의 공격은 노사신이 연산의 조정에 있는 내내 받아야 했던 것이다. 연산군 1년 3월 20일 노사신은 영의정이 되고 좌의정에는 신승선(愼承善, 1436~1502년), 우의정에는 정괄(鄭佸, 1435~1495년)을 제배했다. 신승선은 세종 4남 임영대군(臨瀛大君)의 사위로 아들 신수근(愼守勤), 신수겸(愼守謙), 신수영(愼守英)을 두었는데 딸은 연산군과 혼인했다. 정괄은 정창손 아들이다.

간관과 연산군 사이에 낀 노사신

당시 연산군은 아버지의 정치 방식을 뜯어고치려 했다. 무엇보다 홍문관을 비롯한 언관들의 권한을 제어하려 했다. 이에 대간(臺諫)은 결사적으로 맞섰다. 노사신은 유감스럽게도 그 사이에 끼게 됐다. 조금만 임금 편을 들면 젊은 사대부들로부터 권력에 아첨한다는 맹렬한 비난이 쏟아졌다. 연산군 1년 7월 11일 홍문관에서 올린 소(疏)의 일부이다.

> 진(秦)나라 임금 이세(二世)에 독단할 것을 권하여 권세가 신하에게 있지 않게 한 것은 이사(李斯)가 나라를 망친 말이요, 대간(臺諫)에게 장마(仗馬)로서 위협하여 감히 말을 못 하게 한 것은 이임보(李林甫)가 당(唐)나라를 어지럽힌 술책인데, 이제 노사신이 이사·이임보를 합친 한 사람이 되었으니, 신들은 성명하신 전하께서 처음으로 즉위하셨는데, 이와 같은 큰 간신이 수상(首相)의 자리에 있게 되었다는 것은 너무도 뜻밖이어서 참으로 한심스러운 일입니다.

역사를 끌어들인 인신공격이 시작된 것이다. 그러면서 연산군과 면대할 것을 청하니 19세 연산군이 대간과 홍문관을 향해 말한다.

"만약 반란을 꾀하는 대역(大逆) 사건이 있다면 면대를 청함 직하지만, 대신(大臣)이 언어(言語)의 조그마한 실수가 있었다 해서 면대까지 청한다는 것은 불가하며, 만약 이로 인해 국문한다면 권력이 대각(臺閣)으로 돌아가고, 대신은 수족을 놀리지 못할 것이니, 나는 이것이 바로 나라를 그르칠 조짐이라 여긴다."

놀라울 정도로 정확한 지적이다. 그러나 이미 세조 때를 지나 성종 때 들어서면서 신권 이론으로서의 주자학은 무서운 속도로 신하들 사이에 퍼지고 있었다. 성종은 이들이 원하는 바를 들어주면서 심지어 홍문관이라고 하는 또 하나의 신권 강화 기관을 만들기까지 했다. 반면에 연산군이 주자학의 위험성을 어느 정도까지 감지했는지는 알 수 없지만 자신은 세조를 모델로 삼아 강한 왕권을 추구했다. 그러나 수적으로 너무 열세였다.

그럴수록 홍문관과 대간의 노사신을 향한 공격은 더욱 강화되었다. 아예 노사신을 나라를 망칠 신하라고 부르면서 당장 내칠 것을 요구하고 급기야 국문할 것을 청했다.

이때 노사신과 더불어 홍문관과 대간의 표적이 된 인물은 윤탕로(尹湯老)이다. 사실 노사신은 윤탕로를 두둔하다가 이런 공격을 당하고 있었다. 윤탕로는 성종 계비 정현왕후 오빠로 행실에 문제가 많았다. 이 문제 또한 연산군은 정확히 파악하고 있었다. 7월 18일 대간 등이 글을 올리자 이렇게 말한다.

"때로는 특은(特恩)을 쓸 수도 있다. 윤탕로의 마음을 살펴보면 정말 더럽거니와, 형적이 뚜렷하지 않고 또 국가에 관계되는 것도 아니며, 이미 사면(赦免)을 거쳤으므로 나는 듣지 않은 것이다. 대간이 사무를 폐하고 여러 달을 논쟁하며 고집만 부리므로 사신(思愼)은 이것을 큰 과오로 여기어 이와 같이 말한 것인데, 이것이 어찌 나라 망칠 말이며, 또 어찌 나에게 아첨한 것이겠느냐. 탕로의 일은 경들이 말을 하기 때문에 이미 파직을 시켰는데, 이제 만약 다시 국문한다면 사면을 내린 의의가 어디 있겠느냐."

같은 날, 홍문관에서는 비수와도 같은 글을 올린다. 아버지 성종을 끌어들인 것이다. 신하들 천하였던 성종 시대 말이다.

신들이 성종(成宗)의 어서(御書)를 보니, 이르기를 '대간의 소임을 내가 어찌 가벼이 여기겠느냐. 임금의 이목이 되어 조정의 기강을 바로잡고, 임금의 과실을 논하고 재상의 시비를 공박하므로, 이른바 말이 임금에 미치면 천자도 얼굴빛을 고치고, 일이 조정에 관계되면 재상이 대죄(待罪)한다는 것이다. 모름지기 그 예기(銳氣)를 기르고 그 중권(重權)을 부여해주어야 간사한 싹이 끊어지고 정치가 맑아진 다'라고 하셨습니다.

신들은 우리 성종께서 26년 동안 태평을 누리신 근본이 다 여기에 있다고 생각하오며, 이는 사신이 직접 면전에서 받든 하교이니, 성종의 이 하교를 가지고 전하를 돕고 인도해서 억만년 끝없는 복의 터전을 마련해야 할 것인데, 지금 사신의 간사하고 교활한 말이 낱낱이 성종의 하교와 서로 반대되어 대간이 강력히 논쟁을 벌일 경우에는 사신이 그 폐단을 고칠 방법이 없다 하고, 대간이 옥에 갇히게 되어서는 사신이 기뻐서 치하하기에 겨를이 없다 했으니, 임금의 이목을 가리고 조정의 기강을 무너뜨리며, 대간의 예기를 꺾어 임금의 과실을 논하고, 재상의 시비를 공박할 수 없게 하며, 간사한 술책은 날로 싹이 트고 정치는 날로 문란하여져서 억만년 끝없는 화근이 되게 하니, 그렇다면 사신은 실로 성종의 죄인이옵니다. 전하께서 성종의 자리를 이어받으시고서 성종의 죄인을 두둔하신다면 되겠습니까? 하늘에 계신 성종의 영혼이 달갑게 여기어 '나는 후계자가 있으니 옛 업을 버리지 않을 것이다'라고 하시겠습니까? 바라건대, 전하께서는 더욱더 성념(省念)하시어 쾌히 결단하시고 머물러 두지 마소서.

이처럼 성종은 연산군 친모를 죽였을 뿐만 아니라 임금을 업신여기는[無君] 신하들을 대거 길러서 연산군에게 넘겨준 것이다.

결국 두 달여 만인 9월에 노사신은 정승에서 물러난다. 명예직으로 부원군을 받았다. 일단 정치 한복판에서 물러서자 노사신을 향한 공격은 점점 잦아들었다.

무오사화와 노사신

연산군 4년 7월 1일 윤필상(尹弼商, 1427~1504년), 노사신, 우의정 한치형(韓致亨, 1434~1502년), 무령군 유자광이 차비문(差備門)에 나아가 비사(秘事)를 아뢸 것을 청한다. 그날 의금부 도사 등을 경상도로 급파했는데 외부 사람들은 알지 못했다고 한다. 경상도 청도에 내려가 있던 김일손(金馹孫)을 압송해 오기 위함이었다. 이른바 무오사화(戊午史禍)가 터진 것이다.

윤필상은 노사신과 마찬가지로 세조의 지극한 총애를 받아 도승지를 지냈으며 이재(吏才)가 뛰어나 예종·성종·연산군 모두로부터 사랑을 받았고 성종 때 영의정에 올랐다. 연산군 2년(1496년) 궤장(几杖)을 하사받았다. 이때 원로로서 무오사화에 관여했다.

그러나 1504년 갑자사화 때 연산군 생모 윤비 폐위를 막지 않았다고 추죄되어 사사(賜死)의 명을 받자 스스로 목을 매어 죽었다. 예종과 성종 때는 군공(軍功)도 세웠으나 조정 대신으로 임금의 뜻에만 영합했다는 비판을 받았다.

한치형은 무관 음보로 벼슬에 나아와 세조 때 승지를 지냈고 성종 때 호조·병조 판서를 지낸 뒤에 연산군 때 우의정·좌의정을 지내고 1500년 영의정에 오른다.

그러나 한치형은 윤필상과 마찬가지로 연산군 생모 윤비 폐위를 막지 않았다고 추죄되어 한명회 등과 함께 부관참시(剖棺斬屍-무덤을 파고 관을 꺼내 시체를 베거나 목을 잘라 거리에 내거는 일) 되었다.

연산군은 즉위 초에 『성종실록』 편찬을 명했다. 이때 『성종실록』 편찬의 책임자로 실록청 당상관에 임명된 이극돈(李克墩)은 미리 사초를 열람할 기회가 있었는데, 사초에 훈구파 대신들의 각종 부정과 비리에 대해 상세히 적혀 있는 것을 발견했다. 그중에 사림파의 김일손이 작성한 사초에는 이극돈 자신에 관련된 비리 역시 들어 있었다.

이극돈은 김일손에게 내용을 삭제해달라고 부탁했으나 사관이 쓴 사초를 함부로 폐기할 수 없다는 이유로 거부당했다. 그러자 이극돈은 실록 편찬에 기초가 되는 사초(史草)는 실록 편집이 끝나면 파기해 비밀에 부쳐야 하는 것이 원칙임에도 불구하고 사초를 유출해 훈구파였던 유자광(柳子光)과 의논했다. 이에 유자광이 윤필상·노사신·한치형과 논의해 이 비사를 연산군에게 고한 것이다.

그 후 7월 한 달 동안 조정에는 피바람이 불었다. 『한국민족문화대백과사전』이 정리한 사건의 전말이다.

대의명분(大義名分)을 존중하는 김종직과 신진사류들은 단종을 폐위, 살해하고 즉위한 세조의 불의를 탐탁하게 여기지 않았다. 또한 정인지(鄭麟趾) 등 세조의 공신들을 멸시하는 한편, 대간(臺諫)의 직책을 이용해 세조의 잘못을 지적하고 세조의 공신을 제거하고자 계속 상소해 그들을 자극했다.

앞서 김종직은 유자광이 남이(南怡)를 무고(誣告)로 죽인 자라 하여 멸시했다. 그리고 함양군수로 부임해서는 그의 시가 현판된 것을 철거해 소각한 일이 있어 유자광은 김종직에 대해 원한을 품고 있었다.

또 김종직의 문하생 김일손도 춘추관의 사관으로서 이극돈의 비행을 직필해 서로 틈이 벌어져 있었다. 이극돈과 유자광은 서로 손을 잡고 보복을 꾀하려 했으나 성종 때는 김종직이 신임을 받고 있어 일을 꾸미지 못했다.

그러나 성종이 죽은 뒤 연산군이 즉위해 1498년 『성종실록』 편찬을 위한 실록청(實錄廳)이 개설되고, 이극돈이 당상관으로 임명되었다. 이극돈은 이때 김일손이 기초한 사초 속에 실려 있는 김종직의 「조의제문(弔義帝文)」을 세조가 단종으로부터 왕위를 빼앗은 일을 비방한 글이라 문제 삼고자 그 사실을 유자광에게 알렸다.

유자광은 세조의 신임을 받았던 노사신·윤필상(尹弼商) 등과 모의해 김종직이 세조를 비방한 것은 대역부도(大逆不道)한 행위라고 연산군에게 보고했다.

연산군은 원래 사림파의 간언(諫言)과 권학(勸學)에 증오를 느끼고 학자와 문인들을 경원(敬遠)했을 뿐 아니라 자기의 방종과 사치 행각에 추종하는 자를 좋아했다.

연산군은 유자광의 상소를 기회로 김일손 등을 7월 12일부터 26일까지 신문한 끝에 이 사건은 모두 김종직이 교사한 것이라 결론지었다.

우선 이미 죽은 김종직을 대역죄로 부관참시(剖棺斬屍)하고, 김일손·권오복(權五福)·권경유(權景裕)·이목(李穆)·허반(許磐) 등은 간악한 파당을 이뤄 세조를 무록(誣錄)했다는 죄명으로 능지처참 등의 형벌을 가했다. 같은 죄에 걸린 강겸(姜謙)은 곤장 100대에 가산을 몰수하고 변경의 관노로 삼았다.

표연말(表沿沫)·홍한(洪瀚)·정여창·강경서(姜景敍)·이수공(李守

恭)·정희량(鄭希良)·정승조(鄭承祖) 등은 불고지죄(不告之罪)로 곤장 100대에 3,000리 밖으로 귀양을 갔다.

이종준(李宗準)·최보(崔溥)·이원(李黿)·이주(李胄)·김굉필·박한주(朴漢柱)·임희재(任熙載)·강백진(康伯珍)·이계맹(李繼孟)·강혼(姜渾) 등은 모두 김종직의 문도(門徒)로서 붕당을 이뤄 국정을 비방하고 「조의제문」의 삽입을 방조한 죄목으로 모두 곤장을 때려 귀양을 보내어 봉수(烽燧)와 노간(爐干-관청의 횃불을 관리하는 일)의 역을 지게 했다.

한편, 어세겸·이극돈·유순(柳洵)·윤효손(尹孝孫)·김전(金銓) 등은 수사관(修史官)으로서 문제의 사초를 보고도 고하지 않은 죄로 파면되었다. 홍귀달·조익정(趙益貞)·허침(許琛)·안침(安琛) 등도 같은 죄로 좌천되었다.

이 옥사로 많은 신진사류가 희생되고 주모자인 이극돈까지도 파면되었으나, 유자광만은 위세가 당당해 그 뜻을 거역하는 자가 없었다. 특히 신진사류는 많은 수가 직접 희생되었을 뿐만 아니라 사기도 크게 위축되었다.

그러나 세조의 총애를 받은 노사신으로써 윤필상과 유자광이 주도하는 사림파 제거에 미온적으로나마 참여하지 않을 수 없었지만 동시에 그는 억울한 피해를 줄이려고 온 힘을 다했다.

아직 사건의 여진이 끝나지 않은 1498년(연산군 4년) 9월 6일 노사신은 세상을 떠났다. 졸기를 보면 그의 흠결을 억지로 찾아내려 한 흔적을 쉽게 찾을 수 있다.

성종조에 정승이 되었으나 건명(建明-건의) 한 바는 없었고 금상(-연산군)이 즉위한 처음에 수상(首相)이 되었는데 왕이 대간(臺諫)에게 노여움을 가져 잡아다가 국문하려 하니, 사신이 아뢰기를 "신은 희하(喜賀)하여 마지않는다"라고 했고, 태학생(太學生)이 부처에 대해서 간(諫)하자 귀양 보내려고 하니, 사신이 또한 찬성했으므로 사림(士林)들이 이를 갈았다. 그러나 그 성품이 남을 기해(忮害)하는 일은 없었다.

사옥(史獄)이 일어나자, 윤필상(尹弼商)·유자광(柳子光)·성준(成俊) 등이 본시 청의(淸議) 하는 선비를 미워하여, 일망타진(一網打盡)하려고 붕당(朋黨)이라 지목하니, 사신은 홀로 강력히 구원하면서 '동한(東漢)에서 명사(名士)들을 금고(禁錮) 하다가 나라조차 따라서 망했으니, 청의(淸議)가 아래에 있지 못하게 해서는 아니 된다'라고 했다. 그래서 선비들이 힘입어 온전히 삶을 얻은 자가 많았다.

반정 공신들이 편찬한 실록이 이 정도 기록했다는 것은 오히려 극찬이라 하겠다. 그럼에도 연산군 대에 생을 마감하는 바람에 삶의 후반부가 옥에 티로 남게 된 것은 안타까운 대목이다. 재상은 어떤 임금을 만나느냐에 모든 것이 달렸음을 보여주는 대표적인 사례라 할 것이다.

제10장

폭군을 만나 뜻을 펴지 못하다, 오고당상
어세겸

조선 초 신흥 명문가 출신

어세겸(魚世謙, 1430~1500년) 집안은 할아버지 어변갑(魚變甲, 1381~1435년) 때부터 현달하기 시작한다. 어변갑은 태종 8년 문과에서 장원급제했고 세종 때 집현전이 생겨나자, 응교와 지제교 등을 거쳐 1424년 직제학에 이르렀다. 이때 그는 정인지와 나란히 벼슬살이를 했다. 그런데 어변갑은 직제학을 끝으로 스스로 관직에서 물러났다. 늙은 어머니를 봉양하기 위함이라고 했다. 그 후 세종은 그의 효심을 아름답게 여겨 세종 14년(1432년) 사간원 지사로 삼기 위해 그를 불렀으나 끝내 사퇴하고 취임하지 않았다.

어세겸의 아버지 어효첨(魚孝瞻, 1405~1475년)은 아버지 어변갑의 학문과 곧은 성품을 그대로 이어받았다. 어려서부터 학문을 좋아했던 어효첨은 세종 11년(1429년) 문과에 급제해 얼마 후부터 아버지와 마찬가지로 집현전에서 경력을 쌓았다. 세종과 문종 등이 그의 학문을 극찬했고 세조 때 이조·호조·형조·공조 참판과 대사헌을 역임했다. 당시 세조는 술자리를 열고 어효첨에 대해 이렇게 평했다. 모두 『실록』에 기록된 일화이다.

"이 사람은 내가 경중(敬重) 하는 바이며 일찍이 세종에게 천거된 자이다."

또 정2품 자헌대부로 승급시키면서 이렇게 말했다.

"경은 정직한 사람이다. 대신 중에 경의 아들 어세겸을 천거하는 자가 있으니 내가 집안 뜰의 가르침[家庭之訓]이 있음을 안다."

과정지훈

세조가 말한 가정지훈은 아버지로부터 좋은 가르침을 받았다는 뜻인데 『논어』「계씨」편에 나오는 다음과 같은 일화에서 비롯된 것이다.

진항(陳亢)이 (공자 아들) 백어(伯魚)에게 물었다.
"그대는 정말로 특별한 것을 들은 적이 있는가?"
(백어가) 대답했다.
"(그런 특별한 것) 들은 적이 없다. 일찍이 홀로 서 계실 때 이(鯉-백어)가 종종걸음으로 뜰을 지나가는데[過庭] '시를 배웠느냐?'라고 물으시기에 '아직 배우지 못했습니다'라고 했더니 '시를 배우지 않으면

(제대로) 말을 할 수 없다'라고 하시므로 내가 물러 나와 시를 배웠다. 다른 날에 또 홀로 서 계실 때 종종걸음으로 뜰을 지나가는데 '예를 배웠느냐?'라고 물으시기에 '아직 배우지 못했습니다'라고 하니 '예를 배우지 않으면 설 수 없다'라고 하셨다. 나는 물러 나와 예를 배웠다. 이 두 가지를 들었을 뿐이다."

이에 진항이 물러나 기뻐하며 말했다.

"하나를 물어 세 가지를 얻었으니, 시를 (배워야 한다는 것을) 듣고 예를 (배워야 한다는 것을) 듣고 또 군자가 그 아들을 공정하게 대하는 것[遠=公]을 들었구나!"

어머니로부터 받는 교훈을 맹모삼천(孟母三遷)이라고 했다면 아버지로부터 받는 교훈을 과정지훈(過庭之訓)이라고 했다. 세조가 말한 '가정지훈'은 바로 뜰을 지날 때 받는 아버지로부터의 가르침인 '과정지훈'과 같다. 물론 어효첨도 어변갑으로부터 과정지훈을 받았음은 물론이다.

어효첨은 세조 때 이조 판서를 지냈으나 그 후 주로 중추원 지사·판사·영사를 지내며 현실 정치에서는 한 걸음 물러나 있었다. 태종 때 좌의정 박은(朴訔)이 장인이며 아들은 어세겸과 어세공(魚世恭, 1432~1486년)을 두었다. 어효첨에 이르러 명문가로 자리 잡았다.

순탄한 벼슬 생활

세조 2년(1456년) 동생 어세공과 나란히 문과에 급제한 어세겸은 순조롭게 관직 생활을 시작했다.

그가 승문원 정자로 있던 세조 4년 5월 22일 세조는 어세겸 등을 직접 불러 이렇게 말한다.

"국가에서 지금 너희들을 선임한 것은 한훈(漢訓)·이문(吏文)을 정통하게 하려 함이니 너희들은 각각 그 업에 최선을 다하라."

즉 중국어와 더불어 관리용 문자 이문에 일가견이 있었다. 이듬해인 세조 5년 천추사(千秋使) 이극배(李克培)의 수행관원인 이문학관(吏文學官)이 되어 명나라를 다녀온다.

학술과 문장에도 능했던 어세겸은 동생 어세공과 함께 세조의 명을 받아 세조가 편찬한 『주역구결(周易口訣)』과 권근의 구결을 비교 토의하는 모임에도 참여했다.

이 과정에서 문명(文名)을 얻게 된 어세겸은 예문관 대교(待敎), 봉상시 직장(直長), 성균관 주부(主簿), 예문관 봉교(奉敎) 등을 거치는데 모두 임금이 직무상 필요로 하는 글을 짓는 요직이었다. 이어 이조 정랑을 거쳐 세조 13년(1467년) 8월 어세겸은 우부승지에 제수되고, 우승지에 이른다. 권부 핵심에 이른 것이다. 이 과정에서 당대 실력자 김국광(金國光)이나 한계희(韓繼禧) 등의 천거를 받기도 했다.

이런 어세겸에게도 살짝 위기가 찾아온다. 세조 14년 5월 1일 세조가 서현정(序賢亭)에 나아가 조정 신료와 종친들을 불러 활쏘기를 한 다음 술자리를 베풀었다. 이 자리에 참석한 공조 판서 남이(南怡)가 술에 취해 실언을 했다.

"상께서는 구성군(龜城君) 이준(李浚, 1441~1479년)을 지나치게 사랑하시니 신은 남몰래 그것이 잘못이라고 여깁니다."

이준은 세종 4남 임영대군 아들이다. 세조의 조카이다. 이시애의 난을 토평한 공로로 20대 때 영의정에 오를 정도로 세조의 총애를 받았다. 이미 이때 남이의 난이 예고된 셈이다.

화가 난 세조는 그 자리에서 남이를 옥에 가두었다. 그리고 여러 신하에게 "남이 말이 옳으냐 그르냐?"를 따져 물었는데 모두 남이가 잘못했다고 하는데 어세겸은 분명하게 대답하지를 않았다. 이에 세조는 다음과 같이 말한다.

"내가 어세겸을 쓸 만한 사람이라고 여겼는데 승지가 된 이후부터는 그 옳음을 보지 못했다."

그러나 그 후로도 어세겸은 기밀 업무를 계속 수행했다. 세조가 크게 문제 삼지 않았던 것이다.

동생 어세공보다 늦게 공신에 봉해지다

예종 1년(1469년)에 남이 역모 사건이 일어났고, 어세겸은 이를 다스리는 데 참여한 공로로 익대공신(翊戴功臣) 3등에 책록되고 함종군(咸從君)에 봉해졌다.

그런데 형 어세겸이 정3품 승지에 있을 때 동생 어세공은 이미 세조 말 정2품 병조 판서에 오른다. 세조 13년(1467년) 이시애의 난이 일어나자, 함길도 관찰사에 중용되어 난을 평정한 공으로 적개공신(敵愾功臣) 2등에 책록됐기 때문이다.

그 후 아성군(牙城君) 어세공은 성종 때 공조·병조·형조·호조 판서를 두루 지내고 재상에 이르는 계단이라 할 수 있는 의정부 우참찬에 이르렀는데 형보다 먼저 55세로 세상을 떠나는 바람에 재상에 이르지는 못했다. 『실록』이 전하는 그의 줄기이다.

어세공은 영민(英敏)하여 복잡한 일을 잘 처리했고, 무격(巫覡-미신)·부도(浮屠-불교)·지리(地理-풍수)의 구기(拘忌)에 대해서는 일체 거론하지 않았으며, 늘 어버이를 기쁘게 하는 것을 일삼았으므로 남들이 그 효성에 감탄했다. 다만 심정원(沈貞源)이 버린 아내에게 재산이 매우 많았는데, 이를 후처(後妻)로 삼았으므로 남들이 비루하게 여겨 비웃었다.

심정원은 세종 장인 심온의 손자이자 소헌왕후 동생 심결(沈決, 1419~1470년)의 아들이다. 『실록』에 따르면 세조 9년(1463년) 정인지 아들 공조 정랑 정숭조(鄭崇祖)와 심결 아들 세자 참군 심정원이 까닭 없이 아내를 버렸다 하여 조정으로부터 견책을 받은 일이 있었다.

성종 초 대명 외교관으로 활약하다

성종 초 어세겸은 함종군 자격으로 명나라 사신을 접대하는 일을 주로 맡았다. 성종 1년(1470년) 5월 26일 어세겸은 홍제원에서 명나라 사신단을 송별하고 돌아와 이렇게 아뢴다.

"중국 부사가 말하기를 '전하의 춘추가 열넷이라고 하는데 말과 행동이 실수가 없고 또 총명형철(聰明瑩澈) 하니 참으로 조선의 성군입니다'라고 했습니다."

성종 2년(1471년) 10월 23일 어세겸은 예조 참판에 제수된다. 성종 3년에 성종은 인정전에 나아가 선비들에게 시험 문제를 내는데 이때 독권관(讀券官)이 좌의정 최항, 좌찬성 노사신, 예조 참판 어세겸이었다.

성종 9년(1478년) 어세겸은 부총관에 제수된다. 그러나 동생 어세공이 병조 판서였기에 형제가 함께 병권을 쥐어서는 안 된다며 부총관 제수는 취소된다. 상피법(相避法)에 따른 것이다. 다시 함종군 자격에 머물렀다.

그러나 어세겸은 동료들로부터도 좋은 평판을 얻었던 것으로 보인다. 성종 10년(1479년) 2월 10일 도승지 홍귀달이 성종에게 아뢰었다.

"이극돈과 어세겸은 큰일을 맡길 만한데 지금 한산한 곳에 두었으니 신은 뛰어난 이를 등용하는 것이 지극하지 못하다고 여깁니다."

이에 성종은 "내가 마땅히 쓸 것이다"라고 답했다.

홍귀달은 당대 명신이었다. 실제로 3개월 후인 5월 11일 어세겸은 사헌부 대사헌에 제수된다. 그러나 다음 날 어세겸은 성종을 찾아가 아뢰었다.

"신의 아우 어세공이 지금 병조 판서로 있습니다. 사헌부와 병조는 서로 분경(奔競)을 살피고 또 인사의 잘못을 탄핵하는 자리이니 신의 직책을 갈아주소서."

이에 어세겸은 대사헌에서 물러났다. 같은 날 한성부 좌윤으로 자리를 옮겼다. 공자가 말한 신어언(愼於言) 민어사(敏於事)를 그대로 실천하는 인물이었다. 같은 해 8월 1일 어세겸은 핵심 요직인 이조 참판에 제수된다. 그러면서도 그는 국가 현안이 있으면 북경으로 가서 문제를 잘 해결하고 돌아왔다. 이 무렵 태평을 누리는 임금과 신하의 훈훈한 장면 하나가 『실록』에 실려 있다.

『논어』 증점고슬도에 대한 시를 짓다

성종 11년 10월 14일 성종은 병풍 열두 폭을 내어 문신 중에서 시에 능한 12명을 뽑아 각각 칠언율시를 한 편씩 지어 올리게 했다. 마침 어세겸은 『논어』에 나오는 증점고슬도(曾點鼓瑟圖)에 대한 시를 짓게 되었다.

증점이 비파를 타는 장면은 「선진(先進)」편에 나온다.

자로(子路), 증석(曾晳), 염유(冉有), 공서화(公西華)가 공자를 모시고 앉아 있었다.

공자가 말했다.

"내가 너희들보다 나이가 조금 많다고 하여 나에게 말하는 것을 어려워 말라. 평소에 너희들은 말하기를 '나를 알아주지 않는다'라고 하는데 혹시 사람들이 너희들을 알아준다면 어찌하겠느냐?"

자로가 경솔하게 나서 대답했다.

"전차 1,000대를 보유한 제후의 나라가 대국 사이에 끼어 군사적 침략이 가해지고 그로 인하여 기근이 들게 되거든 제가 그 나라를 다스릴 경우, 3년이 지나면 백성을 용맹하게 하고 또 의리를 향해 나아가는 법을 알게 할 수 있습니다."

"구(求)야, 너라면 어떻게 하겠느냐?"

염유가 대답했다.

"사방 넓이 60~70리 혹은 50~60쯤 되는 작은 나라를 제가 다스릴 경우, 3년이 지나면 백성을 풍족하게 할 수 있으나 그 예악에 있어서는 군자를 기다리겠습니다."

"적(赤)아, 너라면 어떻게 하겠느냐?"

공서화가 대답했다.

"제가 잘할 수 있다고 하는 것이 아니라 배우기를 원합니다. 종묘의 일이나 제후들이 회동할 때 현단복(玄端服)과 장보관(章甫冠)을 갖추어 집례를 돕는 자가 되기를 원합니다."

"점(點)아, 너라면 어떻게 하겠느냐?"

비파 타는 소리가 희미하게 가늘어지더니 쨍그랑 소리를 내고는 비파를 놓고 일어나서 대답했다.

"세 사람이 늘어놓은 것과는 다릅니다."

공자가 말했다.

"무슨 상관이 있겠느냐? 실로 각자 그 뜻을 말하는 것이다."

증점이 말했다.

"늦봄에 봄옷을 지으면 청년 대여섯 명과 동자 예닐곱 명과 함께 기수(沂水)에서 목욕하고 무우(舞雩)에서 바람 쐬고서 노래하며 돌아오겠습니다."

공자는 "아!" 하고 감탄하며 "나는 증점을 허여한다"라고 말했다.

나머지 세 사람이 밖으로 나가자 증점은 맨 뒤에 남아 공자에게 물었다.

"저 세 사람이 한 말이 어떻습니까?"

공자가 말했다.

"실로 각자 자기 뜻을 말했을 뿐이다."

증점이 물었다.

"그런데 왜 선생님께서는 자로를 비웃으셨습니까?"

공자가 말했다.

"나라를 다스리는 것은 예로써 해야 하는데, 그 말이 겸손하지 않기에 웃었다."

증점이 말했다.

"저 염유가 말한 것은 나라를 다스리는 일이 아닙니까?"

공자가 말했다.

"사방 60~70리나 50~60리이면서 나라 다스리는 것이 아닌 것을 어디에서 보겠느냐?"

증점이 말했다.

"저 공서적이 말한 것은 나라를 다스리는 것이 아닙니까?"

공자가 말했다.

"종묘의 일과 다른 나라 사신과 회동하는 일이 제후의 일이 아니고 무엇이겠느냐? 공서화가 소(小)가 된다면 누가 능히 대(大)가 되겠느냐?"

이에 대해 어세겸은 다음과 같은 시를 지었다.

제자(弟子)들이 공자님을 조용히 모셨는데,
행단(杏壇)의 봄빛이 꽃가지에 사무쳤네.
태산(太山)이 멀리 서 있으니 우러를 만하구나.
기수(沂水)에 바람이 이니 노래하여 돌아오네.
비파 줄 위의 천지조화가 손을 따라 움직이니,
개중(個中)에 그 마음을 누구라 알랴?
자연과 함께하는 이치를 찾고자 하려거든,
반드시 크게 한바탕 퉁기고 비파를 놓던 때를 기억하시오.

성종의 지우(知遇)를 받아 탄탄대로를 걷다

어세겸은 성종 11년 명나라에 사신으로 다녀온 이후 전라도 관찰사, 공조 판서, 형조 판서, 한성 판윤, 호조 판서, 병조 판서를 두루 거쳤다. 명나라에 사신으로 갈 때의 일화 하나가 지금도 전한다.

공이 요동(遼東)에 도착하자 (명나라 관리인) 태감(太監)·총병관(摠兵官)·도어사(都御史) 등이 공을 위해 연회석을 마련했는데 공이 읍(揖)만 하고 무릎을 꿇지 않자, 어사가 "왜 무릎을 꿇고 술을 마시지 않습니까?"라고 하자 공이 대답하기를, "나는 우리 전하(殿下)의 명(命)으로 경사(京師)에 내조(來朝)하는 중인데 대인(大人)들이 특별히 이 자리를 베풀어서 나를 예(禮)로써 위로했을 뿐이거늘 내 어찌 무릎을 꿇고서 술을 마셔야 한다는 말이오?"라고 했다.

이때는 명나라 사신의 파워가 하도 커서 한명회조차 명나라 사신에 기대어 자신의 권력을 키워갔다는 점에서 어세겸의 이 같은 대응은 분명 남다른 것이었고 그것이 전해지자, 조정에서도 칭송이 잇따랐다.

성종 13년(1482년) 8월 13일 어세겸은 다시 대사헌에 제수되었다. 같은 날 동생 어세공은 형조 판서에 제수되었다. 이에 어세겸은 다시 형제가 나란히 형조와 대사헌을 맡을 수 없다며 사직할 것을 청했다. 그러나 이번에는 성종의 대답이 달랐다.

"부득이 갈아야 한다면 형조 판서를 마땅히 갈아야 할 것이다. 경은 그대로 직무를 수행하라."

대사헌을 마치고 한직에 머물며 대명 외교 업무를 담당하던 어세겸은 성종 14년(1483년) 8월 27일 형조 판서에 오른다. 같은 날 김종직(金宗直, 1431~1492년)은 홍문관 부제학에 제수되었다. 형조 판서였지만 성종은 명나라나 북방 여진 대책 등을 논할 때는 반드시 어세겸을 참여시켜 의견을 물었다.

성종 16년(1485년) 윤 4월 27일 어세겸은 경기 관찰사로 자리를 옮긴다. 이듬해에는 한성부 판윤으로 옮긴다. 성종 18년(1487년) 6월 호조 판서가 되었다가 9월에 병조 판서에 제수된다. 말과 행실에 잘못이 없어 어세겸은 유배형을 받은 일이 없었다.

성종 21년(1490년) 4월 4일 어세겸은 종1품 한성부 판윤이 되었다. 종1품이란 이미 재상을 향해가는 길목이었다. 같은 해 11월 어세겸은 의정부 우찬성이 되고 얼마 후 좌찬성으로 옮긴다.

문형 어세겸

문형(文衡)이란 국가 문서를 짓는 최고 책임자를 말한다. 조선에서는 역대로 권근(權近)·윤회(尹淮)·변계량(卞季良)·최항(崔恒)이 맡아왔고 그 뒤를 어세겸이 잇고 있었다. 흔히 홍문관 대제학이 이 일을 맡았는데 이 무렵 문형은 어세겸이 맡고 있었다.

그런데 성종 23년 어세겸이 모친상을 당해 문형 자리가 비었다. 그해 3월 19일 이 자리를 어떻게 채울 것인지를 두고서 조정에서 토론이 벌어졌다.

새로운 사람을 천거하자는 견해도 있었으나 대부분은 어세겸이 삼년상을 마칠 때까지는 임시변통으로 하다가 다시 어세겸에게 문형을 맡기는 것이 좋겠다는 입장이었다. 굳이 교체한다면 우의정 노사신이 가능할 것이라는 견해도 있었다. 그만큼 어세겸의 문장은 논란의 여지가 없었다는 말이다.

그러나 성종은 결국 홍귀달을 승진시켜 문형을 담당하게 하라고 명한다. 이에 대해서는 사신의 평이 실려 있다.

> 대제학(大提學)은 문형(文衡)을 담당하는 자이다. 노공필(盧公弼)은 문사(文詞)에 부족(不足)했으나 직위가 상당하다고 하여 제수하니, 사람들이 모두 마음에 만족하게 여기지 않았었다.
> 이때에 와서 체임(遞任)시키고 홍귀달을 제수했는데, 홍귀달은 젊어서부터 저술(著述)에 마음을 두어 시문(詩文)이 뛰어났으므로 사람들이 모두 잘되었다고 했다.
> 그러나 탐욕스럽고 청렴하지 못했으니, 재주는 넉넉하나 덕(德)이 모자라는 자이다.

성종 25년(1494년) 상을 마친 어세겸은 홍문관 대제학을 겸직하게 되며 문형에 복귀한다.

그는 1483년 서거정(徐居正)·노사신과 함께 『연주시격(聯珠詩格)』과 『황산곡시집(黃山谷詩集)』을 한글로 번역했고, 1490년 임원준(任元濬) 등과 함께 「쌍화점(雙花店)」, 「이상곡(履霜曲)」 등의 악사(樂詞)를 개찬(改撰)하기도 했다.

그러나 얼마 후 성종이 훙(薨)하면서 어세겸에게도 시련이 닥치기 시작한다.

연산군 시대를 만난 불우(不遇)

연산 1년(1495년) 10월 14일 조정에서는 새로운 정승 후보를 두고서 연산군과 기존 정승들이 토의를 벌이고 있었다. 윤필상 등은 모두 어세겸 이름을 적어냈는데 연산군은 홍귀달 이름을 적은 쪽지를 내보였다.

그러나 이틀 후 연산군은 어세겸을 우의정에 제수하는 발표를 했다. 이듬해인 연산 2년 2월 4일 어세겸은 좌의정, 정문형(鄭文炯, 1427~1501년)은 우의정에 제수된다. 정문형은 정도전의 증손자이다.

좌의정 어세겸은 전임 노사신의 길을 따라 걸을 뿐이었다. 연산과 대간(臺諫) 사이에 끼어 아무것도 할 수가 없었다. 수시로 사직 의사를 밝혔고 그때마다 연산은 반려했다.

어세겸은 좌의정으로 있으면서도 임금에 대한 직언을 꺼리지 않았다. 연산군 2년 봄에 좌의정이 된 그는 가을에 경연(經筵)에서 이렇게 말하고 있다.

"한당(漢唐) 시대는 환관(宦官)들이 권력을 제멋대로 했는데 인주(人主-임금)는 이를 깨닫지 못하여 끝내 난망(亂亡)에 이르렀던 것입니다. 대저 불은 염염(焰焰-불꽃이 막 이는 모양)할 때 끄기 쉽고 물은 연연(涓涓-시냇물이 졸졸 흐르는 모양)할 때 막기 쉽습니다."

연산군의 미래상을 예감한 탓이었을까? 또 이듬해 경연에서는 후한의 명제(明帝)에 관한 대목을 진강 하다가 이렇게 말했다.

"임금은 성의정심(誠意正心)으로 학문을 닦은 연후에야 능히 이단에 현혹되지 않을 것입니다. 명제의 학문은 장구(章句)일 뿐이며 대도(大道)를 듣지 못했기 때문에 불교에 현혹되어 만세(萬世) 화근의 근본을 만든 임금이 되고 말았습니다.

우리 성종(成宗)께서는 불교를 엄히 배척(排斥)하여 도승(度僧)을 폐지하도록 명했습니다. 그런데 지금 선릉(宣陵-성종의 능) 곁에 절을 짓는 것은 비록 대비의 명이라 할지라도 전하께서 대의(大義)를 들어 못 하도록 청함이 마땅합니다. 내수사(內需司)의 비축은 모두 나라 물건이 아닌 것이 없는데, 이를 사찰(寺刹)의 창건에 쓰고 나라에서 빼낸 것이 아니라고 말하면 어찌 옳겠습니까?"

이런 어세겸이었지만 결국 사초(史草) 사건으로 대간의 공격을 받아 좌의정에서 물러났다. 실은 연산군이 직언을 꺼리지 않는 어세겸을 물리친 측면도 있었다.

그러는 사이에 무오사화(戊午史禍)가 발발했다. 여기에 실록 총재관 어세겸도 말려들었다.

즉 이극돈이 사료를 살피다가 김일손이 자신을 비방하는 내용을 역사에 담으려 하는 것을 발견했다. 또 세조의 일을 비방하는 내용도 담겨 있었다. 「조의제문(弔義帝文)」이 바로 그것이었다. 이에 이극돈은 어세겸을 찾아가 말했다.

"일손이 선왕을 무훼(誣毀)했는데, 신하가 이러한 일을 보고 상께 주달하지 않으면 되겠는가? 나는 그 사초를 봉하여 아뢰어서 상의 처분을 듣는 것이 우리에게 후환이 없을 것으로 생각된다."

그런데 어세겸은 깜짝 놀라서 아무런 대답도 하지 못했다. 이에 이극돈은 유자광을 찾아갔고 그리하여 무오사화가 발생하게 되었다. 이로 인해 어세겸은 좌의정에서 물러났다. 그리고 2년 후에 세상을 떠났다.

『실록』 졸기는 그의 평소 성품을 이렇게 요약하고 있다.

천품이 확실(確實)하고 기개와 도량이 크고 넓어 첩(妾)을 두지 않았고 용모를 가식하지 않았으며, 청탁을 하는 일이 없고 소소한 은혜를 베풀지도 않았다. 천성이 또한 청렴하고 검소하여 거처하는 집이 흙을 쌓아 층계를 만들고 벽은 흙만 바를 뿐 붉은 칠은 하지 않았다. 경사(經史) 읽기를 즐기고 술 마시기를 좋아해 손님이 오면 바로 면접하여 종일토록 마시었다.

문장을 만들어도 말이 되기만 힘쓰고 연마(研磨)는 일삼지 않았으나 자기 일가(一家)를 이루었으며, 평생 사벽(邪僻) 하고 허탄(虛誕)한 말에 미혹(迷惑)되지 아니하여 음양 풍수설(陰陽風水說) 같은 것에도 확연(確然)하여 그 마음을 움직이지 않았다. 젊을 때부터 나아가 벼슬하는 일에는 욕심이 없어 요행으로 이득 보거나 벼슬하는 것과 같은 말은 입 밖에 내지를 않았고, 비록 활쏘기와 말 타는 재주가 있었지만, 자기 자랑을 하지 않았으며, 일찍이 편지 한 장 하여 자제(子弟)들을 위해 은택(恩澤) 구하는 일을 하지 않았다. 졸(卒)하게 되자 집 안에 남은 곡식이 없었는데, 세상 평판이 추앙하고 존중하여 재상(宰相)감이라고 했었다.

명문가 출신임에도 불구하고 할아버지 어변갑이 집현전 직제학을 지낸 것에서 알 수 있듯이 정통 유학을 공부하고 인격적 수련 또한 겸비한 인물이다. 어쩌면 조선 왕조가 길러내려 했던 전형적인 관리였는지 모른다.

더불어 그의 독특한 업무 스타일과 관련해 흥미로운 일화가 또 하나 있다. 한성 판윤으로 있을 때는 출퇴근 시간에 개의하지 않아 '오고 당상(午鼓堂上-정오를 알리는 북을 칠 무렵에야 등청하는 당상관이라는 뜻)'이라 불렸다. 그러나 재판을 능률적으로 하여 결송(決訟-소송의 결정)이 지체되지 않았다 한다.

갑자사화 때 부관참시를 당하다

연산군 10년 연산은 어머니 윤씨와 관련된 인물들에 대한 끔찍한 보복을 단행했다.

『실록』을 샅샅이 뒤져 정창손·어세겸·심회 등을 부관참시했다. 부관참시보다 더한 형벌은 쇄골표풍(碎骨飄風-형벌의 일종으로 사형에 처한 후 뼈를 빻아 바람에 날리는 것)이었다.

연산은 '갑자육간(甲子六奸)'을 지목했는데 좌의정 이극균, 예조 판서 이세좌, 영의정을 지낸 윤필상, 성준, 한치형과 더불어 어세겸도 여기에 포함되었다.

또 연산군은 어세겸 증손까지 나눠 귀양을 보내도록 명했다. 광기의 임금을 만나 일평생 지켰던 지조와 도리는 산산조각이 나고 말았다. 동생 어세공은 형보다 일찍 세상을 떠나는 바람에 연산의 폭정을 피할 수 있었다.

이 일로 어세겸 집안은 족멸에 이르렀지만, 어씨 가세는 어세공으로 이어진다. 먼 훗날 경종 계비 선의왕후 어씨(魚氏)가 바로 어세공 후손이다. 선의왕후 묘지문에 그 세계가 잘 정리되어 있다.

후(后)의 성은 어씨(魚氏)로 세계(世系)는 함종(咸從)이다. 원조(遠祖)는 화인(化仁)인데 여조(麗朝)에 비로소 드러났으며, 국초(國初)에는 직제학(直提學) 어변갑(魚變甲)이 염퇴(恬退)한 절개가 있었고, 판중추(判中樞) 어효첨(魚孝瞻)과 호조 판서 양숙공(襄肅公) 어세공(魚世恭)에 전해 와서는 이들 부자(父子)가 훈덕(勳德)으로써 3세(三世)에 현양(顯揚)되었으며, 좌참찬(左參贊) 어계선(魚季瑄)은 또 명종(明宗)·선조(宣祖) 때 현달(顯達)했다. 고조(高祖) 어한명(魚漢明)은 수운판관(水運判官)으로 증(贈) 좌찬성(左贊成)이고, 증조(曾祖) 어진익(魚震翼)은 강원도 관찰사(江原道觀察使)로서 증(贈) 좌찬성(左贊成)이며, 조부(祖父) 어사형(魚史衡)은 한성우윤(漢城右尹)으로서 증(贈) 영의정(領議政)인데, 이분이 영돈녕부사(領敦寧府事) 함원 부원군(咸原府院君) 어유귀(魚有龜)를 낳았다.

어유귀는 해미 현감(海美縣監) 이하번(李夏蕃)의 따님에게 장가갔는데, 중종 대왕(中宗大王)의 6세손(六世孫)으로서 완릉 부부인(完陵府夫人)에 추봉(追封)되었다.

후께서는 어려서부터 단중(端重)하여 함부로 유희(遊戲)하지 않았으며, 행동거지가 저절로 법도에 맞았다. 말수가 적고 기쁨과 성냄을 얼굴에 나타내지 않으며 늘 해어진 옷을 입고 남의 화식(華飾)을 보아도 부러워하는 기색이 없었으며, 성품이 효순(孝順)했다.

이처럼 좌의정에 오른 어세겸은 오히려 그 후손이 쇠미한 반면, 일찍 죽어 연산을 피한 어세공 후손은 크게 현달했음을 볼 때 명(命)이란 얼마나 무서운 것인가. 그래서 공자는 지천명(知天命)을 넘어 외천명(畏天命)하라고 했는지 모른다.

어세겸은 노사신과 더불어 명 재상감으로 지목되었으나 연산군을 만나는 바람에 패가망신하고 말았다.

제11장

용군(庸君) 중종 밑에서 나온 명재상
정광필

아버지 정난종

정광필(鄭光弼, 1462~1538년)은 동래 정씨로 의정부 참찬(議政府參贊)을 지낸 정난종(鄭蘭宗, 1433~1489년)의 둘째 아들이다. 위로 정광보(鄭光輔)가 있고 밑으로 정광좌(鄭光佐), 정광형(鄭光衡)이 있다.

아버지 정난종은 세조 때 문과에 급제해 세조에게 큰 총애를 받아 승지를 지냈고 이시애의 난을 평정하는 데 황해도 관찰사로 공을 세웠다. 성종 때 이조 판서를 거쳐 의정부 참찬에 올랐다. 정난종은 훈구 임에도 성리학에 조예가 있었다고 한다. 이 점은 정광필에게도 영향을 미쳤다.

1462년(세조 8년)에 태어난 정광필은 유복한 가정에서 자라 어려서부터 배움에 힘써 경전(經傳)과 자사(子史)를 독송(讀誦)해 은미한 말과 심오한 뜻을 묵묵히 이해하고 환하게 연구해 널리 통하지 않음이 없었다고 한다. 특히 그의 신도비에 따르면 "『좌씨춘추(左氏春秋-춘추좌씨전)』와 『주자강목(朱子綱目-자치통감강목)』을 좋아해 손에서 잠시라도 놓는 일이 없었으니, 속유(俗儒)가 다른 사람의 글귀를 표절하여 필요할 때 써먹거나 과거 시험에 응시하기 위하여 공부하는 것과는 같지 않았다"라고 한다.

연산군 시절, 간언하다가 유배를 가다

정광필은 1492년(성종 23년)에 진사시를 거쳐 문과에 급제해 벼슬길에 들어섰다. 그러나 초급 관리 시절이 끝나기도 전에 성종이 세상을 떠나 연산군 시대를 맞이했다. 속 깊고 학식이 뛰어나 전도유망한 인재 정광필은 과연 연산군 시대를 어떻게 살아냈을까?

간관(諫官)을 중심으로 여러 관직을 두루 거친 정광필은 1503년(연산군 9년)에 등급을 뛰어넘어 홍문관 직제학(弘文館直提學)에 제수됐으며 이조 참의(吏曹參議)로 옮겼다. 이때부터 이미 폭군의 기미를 보이기 시작한 연산군(燕山君)은 자신에 대해 간언(諫言)하는 자를 원수처럼 미워했다.

그럼에도 정광필은 일찍이 소(疏)를 올려 연산군이 사냥에 탐닉하는 것을 간언했다가 이듬해 아산현(牙山縣)으로 귀양 갔다.

"이때 법령(法令)이 준엄하여 귀양 처벌을 당한 자는 자유롭게 지내지 못했는데 공은 빗자루를 들고 관문(官門)을 지키면서도 짜증 내거나 싫어하는 기색이 없었다."

중종반정 이후 초고속 승진하다

1506년 중종반정(中宗反正)이 일어나 정광필도 유배에서 풀려나 날개를 달았다. 훈구와 사림 모두에게 신망이 컸던 그는 중종 초기 진급에 진급을 거듭했다.

1507년(중종 2년) 특별히 이조 참판에 제수됐고, 1508년(중종 3년) 병조(兵曹)로 전직됐으며, 사헌부 대사헌을 거쳐 등급을 뛰어넘어 한성부 판윤에 제수되고 얼마 있다가 예조 판서로 옮겼다. 이조에서 예조까지 항상 경연 춘추관을 겸직했다. 역사에 조예가 깊어서다. 그에 앞서 정광필은『성종실록』편찬에도 참여한 바 있었다.

그는 관리로서 이재(吏才)도 갖추고 있었다. 그의 신도비 중 일부이다.

1510년(중종 5년)에 의정부 좌참찬에 제수되었다. 이해 여름에 삼포(三浦)의 왜인들이 반란을 일으켜 남쪽 지방이 소란했는데, 전라도 지역과 서로 접한 곳이라 중신(重臣)을 얻어서 제압해야만 했다. 이에 정광필을 명하여 도순찰사(都巡察使)로 삼아 위무(慰撫)하게 하자, 정광필은 바닷가 지역을 순찰하며 돌아다녔는데, 대체로 성진(城鎭)의 멀고 가까움과 방수(防戍)가 탄탄한지 허술한지며, 사졸(士卒)의 강하고 약함과 군기(軍器)의 날카롭고 무딘 상태를 직접 발로 뛰면서 눈으로 조사하지 않음이 없었는바, 그 계획이 모두 그때그때 상황에 합당했으므로 남쪽 지방이 안정되었다.

돌아와서 병조 판서가 되었는데, 전선(銓選-인사 행정)이 공평하고 성실했으며 군정(軍政)이 이내 다스려졌다.

그의 이런 빠른 승진은 무엇보다 반정 1등 공신 중 한 사람인 성희안(成希顔, 1461~1513년)의 지원에 힘입은 바 크다. 성희안은 일찍부터 정광필이 정승감임을 알아보고서 계속 초탁(超擢-빠른 승진)해 마침내 정광필은 1513년 우의정을 거쳐 좌의정에 오른다.

중종 8년(1513년) 4월 11일 우의정 자리가 비어 이를 고를 때 후보자로 김응기·정광필·신용개 세 사람이 올랐는데 성희안은 정광필을 지목해 이렇게 말했다.

"이 세 사람 중에 김응기(金應箕)는 그 한 몸의 재행(才行)과 학문에 흠이 없지만 정광필은 젊어서부터 침착하고 기쁨과 노여움을 드러내지 않아[喜怒不形] 신망이 높으니, 정광필을 먼저 써야 하겠습니다."

너무 빠른 승진[超擢=驟陞]으로 인해 간관들의 비판도 있었지만, 당시 이 인사에 대한 사신(史臣)의 평은 정광필이 어떤 인물인지를 알아보는 데, 큰 도움을 준다.

앞서 의정(議政-의정부)에 결원이 생겨 상이 성희안(成希顔)과 송일(宋軼)에게 누가 합당한가를 묻자, 성희안이 김응기(金應箕)·정광필(鄭光弼)·신용개(申用漑) 세 사람 이름을 써서 아뢰었는데, 상이 다시 누가 제일 좋으냐고 묻자, 성희안이 아뢰기를 "응기는 사람됨이 단아하고 후중하여 몸가짐이 성인과 다름이 없으나, 국가의 큰일은 광필이 아니면 해낼 수 없습니다.

응기는 이미 영중추(領中樞-중추원 영사)가 되었으니, 지위가 부족하지 않으며 용개는 재주가 있는 사람입니다. 그러나 어찌 열 사람의 용개로 광필 한 사람과 바꾸겠습니까! 오늘날 상께서 지성으로 복상(卜相-재상 선발)하시니 실지로 아뢰지 않을 수 없습니다"라고 했고 송일은 아뢰기를 "응기는 성종조(成宗朝)에 이미 현임(顯任)에 제수되어 물망이 그에게로 돌아간 지 하루 이틀이 아니니, 응기를 정승으로 삼아야 합니다"라고 했다.

두 사람의 의견이 서로 엇갈려 각각 자신의 의견으로 아뢰었는데, 응기는 사람됨이 온순하고 단아하며 신중하고 과묵하여 일거일동에 부정한 것을 보지 못했기 때문에, 벼슬하기 전부터 남들이 안자(顔子-공자 제자인 안회)로 지목했다.

그러므로 복상할 때 인망이 많이 돌아갔고 이 때문에 전조(銓曹)의 주의(注擬-인사안)에 역시 수위로 삼았었는데, 상께서 희안을 신임했으므로 마침내 광필을 정승으로 삼았다.

광필의 사람됨은 도량이 넓고 생각하는 바가 심원하여, 모든 일에 규각(圭角-모남)을 드러내지 않았고, 정승이 된 뒤에도 국정을 의논할 때는 중의를 모은 다음에 자신이 결단하므로 여러 사람이 모두 흡족히 여기어 참다운 재상이라 했으며, 사람들은 희안의 그 명철한 감식에 감복했다.

응기는 겨우 "예, 예!" 하며 순종할 뿐이므로 조정에서 실망했다.

뒤에 정광필이 좌의정이 되었을 때 김응기는 우의정으로 기용된다. 또 정광필이 영의정이 되었을 때 김용개는 좌의정에 오른다.

말수가 적은 정광필이었지만 국가의 중대 사안에 대해서는 자기 의견을 굽히지 않았다.

1515년 장경왕후(章敬王后)가 죽고 중종의 총애를 받던 후궁이 자기의 소생을 끼고 왕비 자리에 오르려 하자 홍문관 동료들을 이끌고 경전(經傳)을 인용, 극간하여 새로이 왕비를 맞아들이게 한 것은 한 예일 뿐이다. 이듬해 정치에서 한 걸음 물러서 영의정이 됐다.

향약에 대해 부정적 태도를 보이다

『중종실록』 13년(1518년) 9월 5일 자에 매우 흥미로운 기사 하나가 실려 있다. 경연에서 참찬관 조광조(趙光祖, 1482~1519년)가 향약 실시를 건의한다.

"신이 듣건대 온양군 사람이 향약을 잘 행한다고 합니다. 만약 향약을 잘 이행한다면 진실로 아름다운 일입니다."

향약이란 권선징악(勸善懲惡)을 취지로 한 향촌(鄕村)의 자치 규약이다. 본래 송(宋)나라 여대균(呂大鈞)이 주창한 여씨향약(呂氏鄕約)을 본뜬 것으로, 덕업(德業)으로 서로 권하는 것, 과실을 서로 경계하는 것, 예다운 풍속으로 서로 사귀는 것, 환난(患難)을 서로 구휼하는 것, 이 네 가지를 강령(綱領)으로 삼았다.

이는 오늘날 시민 운동과 흡사한 것인데 성리학자들이 지방을 통제하려는 수단이었다. 그래서 주자학을 받아들인 사림들이 조선 초부터 줄기차게 실시를 요구했지만, 역대 임금들은 백성을 이중으로 통치하는 것이 된다 하여 받아들이지 않았다.

이에 대해 정광필은 다음과 같이 반박했다.

"향약이 좋기는 좋지만 모인 무리가 착한 일을 하지 않으면 수령의 권세가 도리어 약해질 것이니 살펴서 경계해야 할 것입니다."

조선 초 태종을 비롯한 여러 임금이 반대했던 논리와 같았다. 그러나 이때부터 조광조의 폭주가 시작된다.

기묘사화 확대를 온몸으로 막다

무난해 보였던 중종 시절의 관리 생활 중에서 첫 번째 위기가 1519년에 찾아왔다. 기묘사화(己卯士禍)가 일어난 것이다.

1506년 9월 1일 연산군을 축출한 반정 핵심 세력은 곧바로 공신 책봉에 들어갔다. 정국(靖國)공신 책봉이 그것이다. 중종반정은 누가 뭐래도 박원종(朴元宗, 1467~1510년), 성희안, 유순정(柳順汀, 1459~1512년) 3인의 공이 절대적이었다.

그런데 정작 9월 7일 발표된 공신 명단 101명에 세 사람은 이름이 없었다. 대신 1등 공신에는 유자광, 신윤무, 박영문, 장정, 홍경주 5명의 이름만 올라 있었다. 그러나 영의정 유순 등이 나서 3인을 다시 포함해 공신은 104명으로 늘어났다. 그 후에도 이런저런 이유로 공신을 추가해 117명에 이르게 된다. 이것은 누가 봐도 명분이 약한 반정을 뒷받침할 정권 지지 세력을 확보하는 차원에서 이뤄진 조처였다.

그러나 '공신 3훈'의 위세가 등등할 때는 이에 대해 누구도 시비를 걸지 못했다. 다만 뜻이 있는 사람들 사이에서는 이들을 '위훈(僞勳)'이라고 부르며 비판했다. 가짜 공신들이라는 것이다.

조광조가 사마시에 합격해 성균관에서 공부하던 중종 5년(1510년) 무장 출신의 박원종은 불과 43세로 세상을 떠났다. 2년 후에는 유순정이 53세로, 다음 해에는 성희안이 52세로 차례차례 세상을 떠났다. 실세(實勢)가 떠난 자리에 권력 공백이 생겼고 그 자리를 '위훈' 공신들이 차지하고 있었다.

'사림의 청년 지도자' 조광조가 중종의 총애를 받으며 초고속 승진을 거듭했던 것도 이들 위훈 공신을 견제하려는 중종의 구상과 맞아 떨어져서라고 할 수 있다.

1519년 새해를 조광조는 종2품 대사헌으로서 맞았다. 국왕의 총애를 받는 대사헌이란 자리는 권한이 막강했다. 같은 해 4월, 1년 이상 끌어오던 현량과(賢良科)를 실시하게 되었다. 모두 120명이 천거되어 28명이 급제했다. 그중에는 이미 과거를 통해 관직에 진출했다가 다시 응시한 사람도 여럿 포함돼 있었다. 이들은 훗날 조광조의 눈치를 살폈다 하여 비판을 받게 된다. 이때 현량과에서 장원은 사헌부 장령을 지낸 바 있는 김식(金湜, 1482~1520년)이었다. 조광조와 김식은 38세로 동갑이었다. 김식이 조광조와 아주 가까운 데서 알 수 있듯이 28명 중 상당수가 '조광조 사람'이었다.

이로써 조정 내 사림의 위세는 하늘을 찌를 듯했다. 실제로 중종은 김식을 종3품인 성균관 사성으로 임명했다가 열흘 후 정3품인 홍문관 직제학으로 승진시켰다. 장령이 정4품인 것을 감안한다면 불과 보름 만에 두 계급 특진이었다. 그런데도 사림들은 중종을 압박해 김식을 성균관 대사성에 임명하려는 움직임을 보였다.

이 정도 되면 중종이 아니라 세종대왕이라도 기분이 상할 일이다. 아니나 다를까 거듭 김식의 성균관 대사성 임명을 청하는 이조 판서 신상의 요청에 대해 중종은 "부제학의 적임자를 기다린 후 대사성에 임명하면 어떻겠는가?"라고 나름의 중재안을 내놓았지만, 기세가 오른 사림은 요지부동이었다. 결국 중종은 김식을 대사성으로 임명한다. 그러나 이것은 중종의 심기를 건드리고 말았다. 중종이 원했던 것은 왕권 강화였지 또 다른 신권(臣權) 세상을 노리는 사림의 집권은 아니었기 때문이다.

신상(申鏛, 1480~1530년)은 세종 때 좌의정을 지낸 신개의 증손자이고 어머니는 세조 때의 훈구 공신이자 영의정을 지낸 권람의 딸이다. 1503년 문과에 급제해 홍문관·사간원·사헌부의 요직을 두루 거쳤고, 이어 도승지, 평안도 관찰사, 한성부 판윤 등을 거쳐 이때 이조 판서로 있었다. 그는 사림파는 아니지만 조광조·김식·김장·김구 등 사림파의 등용에 큰 힘이 되어주었다. 그러나 신상은 기본적으로 훈구와 사림을 중재하려는 입장이었다.

부인은 세종과 신빈 김씨 사이에서 난 계양군의 3남인 부림군의 딸이었다. 왕실과 인연이 깊었다. 그 덕에 아버지 신말평은 종친부의 벼슬을 지낼 수 있었다. 신상의 아들도 계양군의 동생인 밀성군의 손자 고성군의 딸과 혼인했다. 또 다른 아들은 바로 신립 장군의 아버지 신화국이었다.

마침내 10월 대사헌 조광조가 칼을 뽑았다. 대사간 이성동과 함께 위훈 삭제를 요구하고 나선 것이다. '반정 3훈'은 세상을 떠났지만, 정국공신 명단에 올랐던 가짜 공신들이 중앙 권력을 여전히 장악하고 있었다. 게다가 정국공신 1등에 올랐던 홍경주는 살아 있었다.

중종은 훈구와 사림의 상호 견제와 균형을 통해 왕권을 강화하려 했는지 모른다. 조광조는 이 점을 과소평가했다. 내친김에 훈구의 뿌리를 통째 뽑아버리려 했다. 훈구의 격렬한 반발에도 불구하고 마침내 조광조는 11월 주청을 일곱 차례 해 위훈 삭제를 관철했다. 2·3등 공신 일부와 4등 공신 전원이 훈작(勳爵)을 삭탈 당했다. 전체 4분의 3에 달하는 76인의 훈작이 날아갔다. 당위(當爲)에도 불구하고 그것은 반동(反動)을 부르기에 충분했다.

훈구의 전횡도 싫었지만 사림의 독선에도 중종은 넌덜머리를 내기 시작했다. 위훈 삭제를 한 지 불과 4일 만에 훈구파는 대대적인 반격에 나선다. 중종의 생각이 반(反)사림으로 돌고 있음을 간파한 두 사람이 있었다. 남곤(南袞, 1471~1527년)과 심정(沈貞, 1471~1531년)이 그들이다. 남곤은 묘하게도 김종직의 문인으로서 그 뿌리로 보자면 사림파였다. 심정은 정국공신 3등에 녹훈되었다가 위훈 삭제당해 훈작과 토지, 노비를 하루아침에 빼앗긴 장본인이었다.

두 사람은 중종의 후궁인 희빈 홍씨의 아버지이기도 한 정국공신 1등 홍경주(洪景舟, ?~1521년)를 찾아갔고 홍경주도 두 사람의 사림 제거론에 쉽게 동의했다.

홍경주는 딸 희빈 홍씨를, 심정은 자신과 가까운 경빈 박씨를 통해 중종의 마음을 흔들어놓기 시작했다. 백성이 모두 임금보다 조광조를 더 좋아한다는 식이었다.

심지어 희빈 홍씨는 아버지의 밀명에 따라 비원의 나뭇잎에 '주초위왕(走肖爲王)'이라고 꿀로 써놓은 다음 벌레가 갉아 먹은 것을 중종에게 가져다 바치기도 했다. 조씨(趙氏), 즉 조광조가 곧 왕이 된다는 뜻이었다. 물론 이것을 중종이 진심으로 믿었는지는 모르겠지만 계속되는 두 후궁의 참소에 불안감은 더해갔을 것이다.

결국 중종은 당파를 형성하려 했다는 이유를 들어 조광조 일파를 잡아들인다. 처음에는 국문도 하지 않고 죽이려 했으나 여의치 않자 일단 조광조·김정·김구·김식·윤자임 등을 옥에 가두었다. 그 후 조광조와 김정·김구·김식 등은 사형을 시키기로 했으나 중추부 영사 정광필이 눈물로 호소해 일단 능주로 유배되는 선에서 마무리되는 듯했다.

그러나 훈구파의 김전(金詮, 1458~1523년), 남곤, 이유청(李惟淸, 1459~1531년)이 각각 영의정·좌의정·우의정에 올라 유배 가 있던 조광조 일파에게 사약을 내리도록 중종을 설득했다. 결국 한 달 후인 12월 20일 조광조에게 사약이 내려왔다. 기묘사화의 시작이었다. 당시 기묘사화를 지켜보는 정광필의 입장은 중종 14년(1519년) 11월 6일 중종 앞에서 한 말 속에 그대로 들어 있다.

"저 사람들은 임금께서 다 뽑아 현요(顯要)의 반열에 두고 말을 다 들어주셨는데 하루아침에 죄를 주면 이는 함정에 빠트리는 것과 같습니다."

논란 끝에 성균관 대사성에 올랐던 김식은 선산에 유배되었다가 다음 해 사약이 내려온다는 소식을 듣고 거창으로 숨어 들어갔다가 목을 매 자살했다. 훗날 영의정에 오르게 되는 김육이 그의 증손자이다. 담양 부사 박상과 함께 폐비 신씨 복위 논쟁을 유발했다가 고초를 겪었고 조광조가 집권한 후 관직에 나와 형조 판서에까지 올랐던 37세의 김정은 제주도로 안치되었다가 1521년 사약을 받았다. 아산으로 귀양을 갔던 기준은 김정과 같은 무렵 사약을 받고 29세의 젊은 나이에 생을 마감했다. 그의 조카가 선조 때의 대표적인 성리학자인 기대승이고 아들은 기대항이었다. 사화(士禍)의 피바람으로 조선의 사림은 다시 깨어나기 힘든 깊은 잠에 빠져들어야 했다.

당시 정광필이 어떻게 대처했는지는 그의 신도비가 잘 압축해서 기록하고 있다.

> 기묘년(己卯年-1519년, 중종 14년) 신하 두셋이 거짓으로 벌레 먹은 나뭇잎과 참서(讖書)를 만들고는 액정(掖庭-후궁 경빈 박씨)을 통해 몰래 아뢰어 천총(天聰)을 의혹시켰다. 그러고는 밤에 신무문(神武門)을 열고 편전(便殿)에 입대(入對)하자, 천위(天威-임금의 위엄)가 진동하여 앙

화(殃禍)를 장차 예측할 수 없었는데 어떤 이가 말하기를 "조정의 대사(大事)를 수상(首相-영의정 정광필)이 알지 못하게 해서는 안 됩니다"라고 하자 마침내 공을 불렀는데, 공이 상(上) 앞에 이르러 만 번 죽기를 무릅쓰고 구원하여 화해시키려 하자 상이 진노하여 일어나버렸다. 이에 공이 상의 옷자락을 붙잡고 따라가면서 눈물이 말을 따라 흐르자, 상 또한 느껴 깨닫고서 마침내 부월(斧鉞-사형의 형벌)을 너그러이 했으니 이는 공의 힘이었다.

정광필은 국량(局量)이 크고 바른 재상이었다.

권간 김안로와의 충돌

두 번째 위기는 당대의 권간(權奸) 김안로(金安老, 1481~1537년)와의 충돌에서 찾아왔다. 처음에 김안로가 아직 현달하지 않았을 때 정광필이 그를 '간사한 사람[憸人]'으로 지목한 바 있었다. 그가 임금과 인척이 되자 내전(內殿) 세력에 의지해 호곶(壺串)의 목장을 차지해 전답(田畓)을 만들려고 했다. 정광필이 태복시 제조(太僕寺提調)로 재임하면서 법을 끌어대어 허락하지 않자 또 임금의 명령이라고 일컬으면서 반드시 그곳을 얻으려고 했다.

그러나 정광필이 굳게 거부하고 따르지 않자, 김안로가 앙심을 품었다. 김안로가 폄척(貶斥)되어 지방에 있을 적에 그를 방환(放還)하려는 자가 있었는데 정광필이 또 자주 그 일을 중지시켰다. 이윽고 김안로가 권력을 쥐게 되자 사사로운 원한을 복수하고자 꾀해 조정에 화근(禍根)을 빚어냈는데 정광필이 재상인 이행(李荇)에게 말하기를 "김안로는 결코 착한 사람이 될 수 없다"라고 하니 이로 말미암아 원한을 쌓아 온갖 방법으로 공을 함정에 빠뜨렸다. 결국 정광필은 영의정에서 물러나 중추부 영사가 됐다. 실권이 완전히 사라진 것이다. 그리고 김안로의 계략에 의해 1537년 유배를 떠나야 했다.

다행히 6개월 만에 김안로 세력이 패망하는 바람에 한양으로 돌아와 다시 중추부 영사를 맡았는데 그가 한양으로 돌아올 때의 모습과 더불어 그가 세상을 떠난 사실을 신도비는 이렇게 묘사하고 있다.

서울로 들어오던 날에 도성 사람들이 발돋움하여 구경하느라 저잣거리가 텅 비었으니, 마치 사마광(司馬光)이 낙양(洛陽)에서 궁궐로 나아오던 때에 조야(朝野)가 목을 빼고서 그가 재상으로 복직하는 것을 바라보던 것과 같았다. 그러나 갑자기 질병에 걸려 일어나지 못했으니 무술년(戊戌年-1538년, 중종 33년) 12월 갑신일(甲申日)로 춘추는 77세였다.

정광필은 바르고 곧았으며 이재(吏才)와 인품을 겸비해 굽은 자를 물리치고 곧은 자를 치켜올리려 했다. 나라의 중대한 일을 당해서는 자신의 안위를 돌보지 않았다.

신도비는 그의 생애를 이렇게 요약했다.

기국과 도량이 넓고 크며 공명정대한 데다가 학문으로 보충하여, 뜻하지 않은 좌절이나 굴욕에도 일찍이 조금도 흔들리지 않았다. 임금에게 충성하고 나라를 걱정하는 마음이 늙어갈수록 더욱 깊었으므로 조야(朝野)는 시구(蓍龜, 점칠 때 쓰는 시초(蓍草)와 거북)처럼 의지했고 사림(士林)은 태산북두(泰山北斗)처럼 우러렀다. 몸이 국가의 안위(安危)와 경중(輕重)을 논하는 자리에 있은 지 거의 30년이었으니, 아! 공과 같은 분은 진정 이른바 사직(社稷)을 지탱하는 신하라고 하겠다.

정광필은 후배를 보는 눈도 밝았다. 명종 19년 윤 2월 24일 상진(尙震)의 졸기 일부이다.

사람됨이 너그럽고 도량이 있었으며 침착하고 중후하여 남과 경쟁하지 않았다. 보는 사람들이 정승감으로 기대했다. 어렸을 적에 멋대로 행동하면서 공부하지 않았으므로 일찍이 같은 재사(齋舍)의 생도에게 욕을 당했었다. 이에 드디어 분발하여 독서하면서 과거 공부를 하여 날로 더욱 진보되어 오래지 않아 사마시(司馬試)에 합격했다. 기묘년에 선비들이 몸가짐을 조심하는 것으로 일을 삼았는데 상진은 그것을 미워했다.
이때 반궁(泮宮)에 유학하면서 짐짓 관(冠)을 쓰지 않고 다리도 뻗고 앉아서 조롱하고 업신여기었다. 과거에 급제하여 정광필(鄭光弼)을 찾아뵙고 나가니, 광필이 남에게 말하기를 "조정에 게으른 정승이 나왔다"라고 했다.

상진은 실제로 1551년 좌의정에 올랐다. 또 영의정으로 있을 때 좌의정 이준경(李浚慶)과 함께 사림을 등용하는 데 힘썼다.
이준경을 지원하고 이끌어준 인물도 정광필이다.

적선지가(積善之家) 필유여경(必有餘慶)

공자는 『주역』 곤괘(坤卦) 맨 아래 음효를 풀면서 이렇게 말했다.

좋은 일을 쌓은 집안[積善之家]에는 반드시 그로 인한 경사[餘慶]가 있고 좋지 못한 일을 많이 한 집안에는 반드시 그로 인한 재앙[餘殃]이 있다. 신하가 그 임금을 시해하고 자식이 아버지를 시해하는 것은 하루아침 하룻저녁에 일어나는 변고가 아니라 그렇게 된 원인이 점점 쌓이는 데도[漸] 그것을 분별하기를 빨리 분별하지 않았기 때문이다.
『역(易)』에 이르기를 '(초륙(初六)은) 서리를 밟으면 단단한 얼음이 이르게 된다[履霜堅氷至]'라고 했으니 이는 대개 이치가 그러함[順=順理]을 말한 것이다.

정광필의 형제 이름을 보면 다 신하의 본분과 관련이 있다. 보(輔), 필(弼), 좌(佐)가 그렇다.

정광필에게도 아들이 넷 있었는데 겸(謙)이 돌림자로 노겸(勞謙), 휘겸(撝謙), 익겸(益謙), 복겸(福謙)이다. 노겸과 휘겸은 각각 『주역』 겸괘(謙卦) 밑에서 세 번째 양효와 네 번째 음효에 대한 풀이에 나오는 말이다. 노겸은 신하가 공로를 세워도 내세우지 말고 겸손해야 한다는 말이다. 공자 말이다.

"공로가 있으면서도 겸손하니[勞謙] 군자가 잘 마침이 있어[有終] 길하다."

공자가 말하기를 "수고로움이 있어도 자랑하지 않고 공로가 있어도 자기 덕이라고 내세우지 않는 것은 (그 다움이) 두터움이 지극한 것이니 이는 자신이 공로를 세우고서도 다른 사람에게 몸을 낮추는 것[下人]을 말하는 것이다. 다움[德]으로 말하자면 성대하고 예 갖춤[禮]으로 말하자면 공손한 것[恭]이니 겸손함[謙]이란 공손함을 지극히 함으로써 그 지위를 보존하는 것이다"라고 했다.

고스란히 신하의 도리[臣道]이다. 휘겸은 두루두루 겸손하다는 말이다. 정광필의 생애가 아들 이름에 담겨 있다.

정광필의 아들 중 강화 부사를 지낸 정복겸의 장남 정유길(鄭惟吉)이 조부를 이어 선조 때 정승에 오른다. 정유길은 정광필이 세상을 떠나던 바로 그해에 문과에 장원급제했는데 이때 중종이 특별히 정광필에게 잔치를 내려주었다.

정유길의 아들 정창연(鄭昌衍)도 광해군 때 좌의정에 이르렀으나 폐모론에 반대해 벼슬을 내버리고 두문불출했다. 그 후 인조반정이 일어나 다시 좌의정에 이르렀다.

정창연의 아들 정광성(鄭廣成)은 돈녕부 지사를 지냈고 그 아들 정태화(鄭太和), 정치화(鄭致和)가 효종과 현종 때 돌아가면서 정승 자리를 차지해 세상 사람들이 모두 부러워했다.

정태화는 특히 당색이 서인-노론 계통이면서도 붕당을 맺지 못하도록 늘 자손들을 단속했다. 정태화의 아들 정재숭(鄭載嵩)도 우의정을 지냈다.

이렇게 해서 정광필 아래에서만 재상이 10명 넘게 나왔으니, 정광필의 여경(餘慶)은 참으로 깊고도 멀었다고 할 것이다.

제12장

난세를 넘긴 명재상
이준경

조선 초 최고 명문가 출신

이준경(李浚慶, 1499~1572년)은 조선 초 때 크게 번성했던 최고 명문가 광주 이씨 후손이었다. 조선 중기 문신 성현(成俔, 1439~1504년)은 저서 『용재총화』 제2권에서 이렇게 말한다.

지금 문벌(門閥)이 번성하기로는 광주 이씨(廣州李氏)가 으뜸이고, 그 다음으로는 우리 성씨(成氏)만 한 집안도 없다. 광주 이씨는 둔촌(遁村) 이후로 점점 커졌으니, 둔촌의 아들 지직(之直)은 참의(參議)였고, 참의는 아들이 셋인데 장손(長孫)은 사인(舍人)이었고, 인손(仁孫)은 우의정(右議政)이었고, 예손(禮孫)은 관찰사(觀察使)였으며, 사인의 아들인 극규(克圭)는 지금 판결사(判決事)로 있다. 우의정에게도 다섯 아들이 있었는데, 극배(克培)는 영의정(領議政) 광릉 부원군(廣陵府院君), 극감(克堪)은 형조 판서(刑曹判書) 광성군(廣城君), 극증(克增)은 광천군(廣川君), 극돈(克墩)은 이조 판서(吏曹判書) 광원군, 극균(克均)은 지중추(知中樞)였으니, 모두 일품(一品)에 올랐는데, 이 네 아들은 공이 있어 군(君)으로 봉한 것이다. 광성군은 비록 일찍 죽었으나 그 아들 세좌(世佐)는 지금 광양군(廣陽君)이며, 문자(文字)·문손(文孫)도 높은 반열에 서서 서로 잇따라 끊이지 않았다.

둔촌은 지금의 서울특별시 강동구 둔촌동 일대로 이집(李集)의 호이다. 이지직의 호는 탄천(炭川)이다. 세조부터 성종 대에 이르기까지 조정 회의에 광주 이씨 집안 '극'자 돌림만 8명이 참석해 '팔극조정(八克朝廷)'이라는 말까지 나올 정도였다.

그중 이준경 증조할아버지 이극감은 형조 판서를 지냈고 할아버지 이세좌도 중추부 판사를 역임했다. 아버지 이수정은 홍문관 부수찬을 지냈다. 아마도 연산군 시대를 만나지 않았더라면 광주 이씨의 흥성은 계속 이어졌을지 모른다.

멸문지화를 가져온 갑자사화

이세좌(李世佐)는 형조 판서를 지낸 이극감 아들로 성종 8년(1477년) 문과에 장원급제하고 초고속 승진을 계속했다. 연산군 때도 이조 판서와 예조 판서 등을 지냈다.

그러나 연산군 9년(1503년) 인정전에서 열린 양로연에서 어의(御衣)

에 술을 엎질러 유배를 가야 했다. 진짜 이유는 따로 있었다. 이듬해 갑자사화가 일어나자, 연산군은 생모 윤씨가 폐위당할 때 이세좌가 극간하지 않았고, 이어 형방 승지로서 윤씨에게 사약을 전달했다 하여 자살의 명을 받고 목매어 자결했다.

여기서 그치지 않았다. 이세좌에게는 수원(守元)·수형(守亨)·수의(守義)·수정(守貞) 네 아들이 있었는데 연산군 10년(1504년) 5월 13일 같은 날 아버지 죄에 연좌되어 모두 군기시(軍器寺) 앞에서 참형을 당했다. 당시『실록』평이다.

수형·수의·수정은 모두 과거에 급제하여 세상에 이름이 있었는데 하루아침에 죄 아닌 일로 함께 참형을 당하니 통탄해하지 않는 사람이 없었다.

이들 형제 이름에는 원형이정(元亨利貞)이라는『주역』원리가 고스란히 담겨 있다. 그럼에도 때를 잘못 만나 모두 비명횡사한 것이다.

종이 된 어머니 신씨

사 형제 중 막내 이수정(李守貞, 1477~1504년)이 이준경 아버지이다. 갑자사화가 일어났을 때 형 이윤경(李潤慶)은 7세, 이준경은 6세로 한 살 터울이었다. 아버지는 참형을 당했고 어머니 신씨(申氏)는 종이 되었다. 한성부 내자시 노비가 된 신씨는 다시 장녹수 집 노비로 쫓겨났다.

신씨는 일찍부터 두 아들에게 직접 『소학』을 가르쳤다. 특히 외할아버지 신승연(申承演)은 늘 신씨에게 "이 아이들은 세상에 이름을 떨칠 훌륭한 인물이 될 것이니 조심해서 보호하라"고 당부하곤 했다.

윤경과 준경은 이때부터 충청도 괴산에서 '유배살이'를 했다. 그때 일화 하나가 『동고유고(東皐遺稿)』 연보에 실려 있다. 동고(東皐)는 이준경의 호이다.

준경이 7세 때 일이다. 하루는 집주인의 실화로 준경 형제의 낡은 솜옷이 모두 불에 타버렸다. 이웃 사람들이 찾아와 위로의 말을 했고, 유모도 준경 손을 잡고 울었다.

"이제 낡은 솜옷마저 불에 타 없어졌으니 도련님, 추워서 어떻게 밤을 지새우겠습니까?"

준경은 아무 일도 없었던 것처럼 태연하게 말했다.

"이 옷은 이와 벼룩이 득시글거려 항상 괴로웠는데 불에 다 타버렸으니 이제 밤잠을 편안히 잘 수 있을 겁니다. 너무 걱정하지 마세요."

그 말하는 모습이 태연해 듣는 이들이 기이하게 여기지 않는 사람이 없었다.

중종반정으로 유배에서 풀려나다

한편 이준경은 8세 때인 1506년 중종반정이 일어남과 동시에 유배에서 풀려 서울로 돌아왔다. 종 생활을 하던 어머니와도 다시 만나게 되었다. 어머니 신씨는 '과부가 키운 자식'이라는 삿대질을 받지 않도록 하려고 윤경·준경 형제를 대단히 엄하게 가르쳤으며 바깥출입도 금지했다. 또 학문을 익혔던 어머니 신씨는 형제들에게 직접 『효경』과 『대학』을 가르쳤다. 윤경·준경 형제에게는 사촌 형인 이연경이 있었다. 이연경도 같은 시기에 유배를 갔다가 이때 풀려났다.

이연경(李延慶, 1484~1548년)은 조광조를 비롯한 당시의 신진 사림들과 가깝게 지냈다. 1519년 현량과에 급제해 사헌부와 홍문관의 요직을 두루 거쳤으나 같은 해 기묘사화가 일어나자, 탄핵을 받았다. 그러나 중종이 이연경은 연산군 때 화를 입은 집안의 자손이라 해서 특별히 그의 이름을 삭제하는 바람에 무사할 수 있었다.

이후 이연경은 공주에 은거하면서 성리학과 양명학 등을 두루 공부했고 그의 학문적 명망을 듣고 찾아온 노수신과 강유선을 사위로 삼기도 했다. 이준경이 훗날 성리학을 기본으로 하면서도 다른 학문 성향에 대해 개방적 태도를 보일 수 있었던 것은 이연경으로부터 받은 영향이 컸다. 윤경·준경 형제가 본격적인 학문에 눈을 뜰 수 있었던 것은 이연경에게 배웠기 때문이다.

관리 이준경과 이황

기묘사화가 일어났을 때 이준경은 22세였다. 이미 사화를 겪은 바 있는 집안인 데다가 학문적 방황을 하고 있었으므로 이준경은 문과 급제를 서두르지 않았다. 그 대신 이준경은 각 분야의 많은 사람과 교유하며 20대를 보냈다. 조식(曺植, 1501~1572년)과도 이때 깊은 교감을 했다. 조식에게는 『심경(心經)』을 선물하기도 했다.

훗날 이준경은 술학(術學)에도 깊은 조예를 보이게 되는데 그 또한 이 시기의 공부에 힘입은 바 컸다. 이연경으로부터 양명학의 세계에 대해서도 배웠을 것이다.

이에 반해 이황(李滉, 1501~1570년)은 일찍부터 성리학으로 학문적 방향을 잡았다. 20세 무렵 하루는 집에 있는데 누가 와서 "이 서방!" 하고 불러서 자신을 찾는 줄 알고 나가보니 늙은 종을 부르는 소리였다. 이에 이황은 '내가 이뤄놓은 게 없다 보니 이런 욕을 당하는구나!'라고 생각하고 과거에 뜻을 두었다. 그러나 여러 차례 낙방하는 등 제대로 뜻을 이루지 못했다.

이준경은 33세 때인 중종 26년(1531년) 마침내 문과에 급제해 관리의 길에 들어선다. 이때 이황은 진사시에만 합격해놓고 고향 주변에 있는 산사를 돌며 독서에 열중하고 있었다. 마침내 33세인 중종 29년(1534년) 문과에 2등으로 합격했다. 두 사람 모두 문과 급제는 그리 빠른 편은 아니었다.

이준경과 이황이 관리의 길에 첫발을 디딘 이 무렵은 권간 김안로의 세상이었다. 남곤의 탄핵을 받아 유배를 갔다가 1527년 조정으로 복귀한 김안로는 특히 이황이 문과에 급제한 그 무렵 이조 판서로 있으면서 전횡을 부리고 있었다. 이황이 처음으로 맡은 보직은 예문관 검열 겸 춘추관 기사관이었다. 사관(史官)이었다.

그러나 김안로는 이황이 급제한 후에 자신에게 인사를 오지 않았다는 이유로 그 자리에서 내쫓았다. 한직인 승문원으로 발령을 받았다. 그 정도가 아니라 그를 추천했던 예문관 관원들까지 모두 파직해버렸다. 지금도 그렇지만 당시 '문안 인사'는 패거리 형성에 대단히 중요한 작용을 하고 있었는데 이황이 그 점을 간과했던 것이다.

그런데 이황이 관리의 길을 시작할 무렵 이준경은 조정에 없었다.

1531년 문과에 급제한 후 이듬해 홍문관 정자를 거쳐 1533년 부수찬으로 승진한 이준경은 동료인 구수담(具壽聃, 1500~1549년)과 함께 안처겸(安處謙, 1486~1521년)을 비롯한 신사무옥(辛巳誣獄) 연루자들의 신원(伸寃)을 요구하다가 파직을 당했다.

신사무옥이란 기묘사화 때 조광조를 지지하다가 실각한 정승 안당(安瑭, 1461~1521년) 아들 안처겸이 이정숙(李正淑)·권전(權磌) 등과 함께 기묘사화로 득세한 남곤·심정 등이 사림(士林)을 해치고 왕의 총명을 흐리게 한다고 하여 이들을 제거하기로 모의한 사전을 말한다.

이때 그 자리에 함께 있던 안당 집안 사람 송사련(宋祀連, 1496~1575년)은 처형뻘이 되는 정상(鄭鏛)과 이러한 사실을 고변할 것을 모의한 후, 안처겸의 모상(母喪) 때 조객록(弔客錄)을 증거로 삼아 고변했다. 이로써 사건은 벌어져 안처겸·안당·안처근(安處謹)·권전·이충건(李忠楗)·조광좌(趙光佐)·이약수(李若水)·김필(金珌) 등 10여 명이 관련되어 처형되었고, 송사련은 그 공으로 당상관이 되어 이후 30여 년간 득세했다. 송사련 아들이 바로 송익필(宋翼弼, 1534~1599년)이다.

이후 중종 32년 김안로를 비롯한 '3간(奸)'이 제거될 때까지 5년 동안 이준경은 세상을 떠돌며 책을 읽고 사람을 만나면서 시간을 보내야 했다.

이황의 좌천과 이준경의 파직은 실은 연결되어 있었다. 김안로가 이황을 좌천시키면서 들었던 공식적인 이유는 그의 장인 권질(權磌, 1483~1545년)이 바로 안처겸 사건과 연루되어 경상도 예안에 유배 중이라는 것이었다. 그리고 권질의 동생 권전은 신사무옥 때 고문을 당해 죽었다. 이황은 인척 관계로 좌천을 당했고 이준경은 그 사건의 억울함을 호소하다가 김안로에게 당한 것이었다.

김안로의 조정에서 이황의 앞길은 순탄치 못했다. 1535년(중종 31년) 이황은 6품직인 선무랑에 임명되었다. 그러나 정작 이황은 어머니를 모시기 위해 고향 근처의 수령으로 나가고 싶어 했다. 조정의 권력 투쟁에도 염증이 났다. 그러나 김안로의 저지로 뜻을 이룰 수 없었다.

중종 32년 김안로 등이 실각하자마자 이준경은 호조 좌랑으로 복직한 뒤 홍문관으로 자리를 옮겨 그해 말에는 응교까지 올랐다. 응교(應敎)면 정4품직이었다. 이후 이준경은 중종 36년 직제학을 거쳐 부제학으로 특진한다.

한편 이준경이 응교로 있던 중종 34년 말 이황은 홍문관 수찬으로 자리를 옮겼다. 잠시이긴 하지만 그때 두 사람은 같은 기관에 근무하게 된다. 아마도 두 사람은 그전부터 친교를 맺었을 것이다. 또 이 무렵 두 사람은 홍문관과 사헌부 등을 함께 옮겨 다니며 돈독한 선후배 관계를 유지했다. 특히 중종 35년 12월에는 김안로에게 죄를 입어 귀양 간 사람들을 풀어주는 문제로 이준경과 함께 잠시나마 함께 파직되기도 했다. 그때는 두 사람 모두 사헌부에 있을 때였다.

이준경은 자존심이 유난히 강했다. 이 무렵 시를 지어 정사룡(鄭士龍, 1491~1570년)이라는 문인에게 보이며 "나의 시를 옛사람의 시에 비교할 수 있겠습니까?"라고 물었다. 이에 정사룡이 "비록 옛사람 것만은 못하나 친구를 위해 이별의 정을 나타내는 시문을 짓는 데는 넉넉하겠소"라고 했다고 한다. 이후 이준경은 다시는 시를 짓지 않았다.

이준경이 홍문관 직제학이던 중종 36년 4월 이황은 교리로 있었다. 직제학은 정3품 당하관, 교리는 정5품이었다. 이준경이 이황의 직장 상사였다. 이때 부제학이 바로 이언적(李彦迪, 1491~1553년)이었다.

당시 홍문관 관리들은 의기투합해서 중종에게 학문과 정치, 민생을 바로잡을 것을 청하는 유명한 상소를 올린다. '일강구목소(一綱九目疏)'가 그것이다. 일강, 즉 가장 중요한 원칙은 '치중화(致中和)'로 올바른 화합의 정치를 해야 한다는 것이다. 이를 위한 구체적인 실천 방침이 바로 구목이다.

첫째, 궁궐 내의 기강은 엄격하게 하지 않으면 안 되고[宮禁不可不嚴], 둘째, 조정의 기강을 바로잡지 않으면 안 되고[紀綱不可不正], 셋째, 인재를 잘 가려서 쓰지 않으면 안 되고[人才不可不辨], 넷째, 제사를 격식에 맞도록 제대로 거행하지 않으면 안 되고[祭祀不可不謹], 다섯째, 백성의 곤궁함을 구제해주지 않으면 안 되고[民隱不可不恤], 여섯째, 백성을 일깨우는 일을 밝게 하지 않으면 안 되고[敎化不可不明], 일곱째, 형벌을 신중하게 하지 않으면 안 되고[刑獄不可不愼], 여덟째, 사치는 금하지 않으면 안 되고[奢侈不可不禁], 아홉째 신하들이 간하는 의견을 받아들이지 않으면 안 된다[諫諍不可不納].

적어도 이준경이나 이황은 이런 지도자와 정치를 바랐다는 점에서는 확실한 공통점이 있었다.

명종 대 문정대비 수렴청정에 대한 이황과 이준경의 시각

중종이 죽고 인종이 뒤를 이었으나 병약했던 인종은 즉위 8개월 만인 1545년(을사년) 7월 1일 세상을 떠났다. 인종은 세자 때부터 사림들로부터 큰 기대를 모았던 임금이다. 인종의 죽음이 사림들에게 준 충격은 말할 수 없이 컸다. 이런 가운데 12세 명종이 뒤를 이었고 문정왕후가 왕대비가 되어 수렴청정에 나섰다.

　당시 홍문관 응교로 있던 이황은 다른 동료 직원들이 "문정왕후의 수렴청정은 부당하다"라고 말하자 "대비인 문정왕후 외에 누가 섭정을 할 수 있는가? 문정왕후가 수렴청정하는 것은 마땅하다"라고 반박했다. 형식 논리로 보자면 이황의 말은 조금도 틀림이 없었다. 특히 이황의 성품상 그가 문정왕후나 윤원형에게 아부하려고 이런 말을 했던 것은 아니다.

　옆에서 이를 듣고 있던 동료 두 사람이 이황을 불러 나무랐다. 그러나 이황은 "떳떳하다"라고 당당하게 자기 의견을 밝혔다. 이후 두 사람은 고신을 빼앗기고 결국 윤원형에 의해 죽음에 이르고 만다. 사실 이황과 윤원형은 사마시 동년(同年), 즉 사마시 동기 합격자였다. 그러나 이황은 평소에 윤원형을 제대로 대접한 적이 한 번도 없었다고 한다. 이황은 윤원형과의 인연을 떠나 사리(事理)를 말한 것일 뿐이었다.

　이미 이황의 마음은 관직에서 떠나 있었다. 홍문관 전한, 지제교 겸 경연 시강관, 춘추관 편수관 등을 맡고 있던 그는 여러 차례 사직서를 제출했고 경연에도 참석하지 않았다. 애당초 대윤이나 소윤과 멀리했던 그이기에 사화가 그에게 직접 닥쳐오지는 않았지만, 9월 들어 사태는 걷잡을 수 없이 돌아가고 있었다. 병도 심해지고 정치에 대한 환멸도 깊어만 갔다.

　사직서를 제출하면 위에서는 반려하는 일이 반복되는 가운데 한 해가 흘러갔다. 이듬해 어렵사리 휴가를 얻어 고향으로 돌아갔다가 기한을 넘겨 그해 5월 해직되었다. 이렇게 해서 이황은 을사사화의 피바람을 비켜갈 수 있었다. 이후 이황은 고향 마을에 암자를 짓고 본격적인 학문 수양과 제자 양성에 들어간다.

한편 이준경은 성균관 대사성으로 있을 때 중종이 승하하자 이를 명나라에 알리는 고부사(告訃使)의 부사로 차출되어 북경을 다녀온다. 한양으로 돌아와 형조 참판에 오른다.

이때 대윤의 힘이 여전히 막강하던 조정에서는 문정왕후와 윤원형을 견제하는 수단으로 윤원형의 형 윤원로를 죽여야 한다는 논의를 하고 있었다. 특히 조정 신하들은 먼저 윤원로를 제거한 후에 대비에게 보고하자고 의견을 모아가고 있었다. 그러나 당시 한성 우윤으로 이 자리에 참석했던 이준경은 단호하게 반대했다. "대비가 위에 계시는데 품의도 하지 않고 지친(至親)을 죽여서는 안 된다"라는 것이었다. 그 바람에 윤원로는 목숨을 구할 수 있었다.

이 또한 이황과 마찬가지로 형식 논리로 보자면 당연한 것이었다. 결과적으로 이 발언 하나가 이준경의 생사와 향후 진로를 가르게 된다. 곧바로 대윤을 제거하려는 을사사화가 일어났고 이준경은 화를 면할 수 있었다.

그러나 윤원형 세력의 핵심을 이루던 이기(李芑)와 임백령(林百齡) 등은 이준경이 조정에 있는 것을 꺼렸다. 그래서 그는 좌천되어 평안도 관찰사로 나가게 된다.

이준경, 마침내 정승에 오르다

명종 3년 평안도 관찰사에서 병조 판서로 특진되어 중앙 조정으로 돌아온 이준경은 다시 이기의 모함을 받아 충청도 보은으로 유배를 가기도 하지만 얼마 후 복귀해 형조·이조·병조·공조 등의 판서를 두루 거치고 1555년(명종 10년) 전라도 일대에서 을묘왜변이 일어나자, 전라도 도순찰사가 되어 성공적으로 변을 진압한다.

그 공으로 우찬성에 올라 병조 판서를 겸하면서 실권을 장악했고 이후 우의정·좌의정·영의정으로 승진했다. 윤원형의 견제가 만만치 않았지만, 점점 자라가는 명종의 총애가 컸고 워낙 능력이 출중한 데다 청렴했기 때문이다. 명종 20년 문정왕후가 죽자, 윤원형 세력의 제거를 주도하는 것도 좌의정 이준경의 몫이었다.

명종 시대 22년을 참여의 입장에서 보낸 이준경의 길에 대해 『실록』은 이렇게 평하고 있다.

> 권간(權奸)이 권세를 부리던 당시 준경은 지조를 지키고 아부하지 않아 자주 배격을 당했으나, 그들이 끝내 감히 가해하지 못한 것은 절조와 행검(行檢)에 하자가 없고 논의가 한편으로 치우치지 않았기 때문이다. 부정한 논의에 대하여 감히 그것을 바로잡지는 못한 것은 아쉬운 점이나, 그의 본심은 사림을 보호하는 데 있었기 때문에 청론(淸論-사람의 의논)이 믿고 의지하는 바가 있어 여망이 그에게로 돌아갔다. 윤원형이 무너진 뒤에 비로소 국사를 담당하고 금상(今上-명종)을 보좌하여 급한 상태를 안정 국면으로 돌아서게 했는데, 주상도 국사를 위임하고 의심하지 않았다. 준경은 성심과 공도로 문무 관원을 재목에 따라 써서 계책이 행해지고 공이 이뤄졌으며 인심을 진정시키고 국맥(國脈)을 배양했으니, 참으로 사직지신(社稷之臣)이라 할 만하다.

그렇다고 이준경이 사림에 대해 무조건 동조한 것은 아니었다. 그는 경륜가였다. 그래서 그는 "사화(士禍)가 자주 일어나 신진들의 논의가 과격하고 예리한 것을 보고는 항상 억제해 조정하려 했고, 또 혁신해 일거리를 만들려고 하지 않았으므로 사림이 흔히 그 점을 부족하게 여겼다." 그러나 사림들이 이 점을 지적할 때마다 이준경은 웃으면서 "차라리 남이 나를 저버리는 것이 낫지 내가 남을 저버리지는 않겠다"라는 말로 대답을 대신했다.

이준경은 비판자의 눈에는 '오만하다'라는 평을 받을 만큼 체구가 당당했고 행동 하나하나에 위엄이 가득했다.

"이준경은 정승으로 있으면서 체모를 잘 지켜 비록 선인(善人)을 좋아하고 선비를 위하긴 했으나, 자신을 낮춰 굽힌 적은 없었다."

한번은 어릴 때부터의 친구인 남명 조식이 임금의 부름을 받고 한양에 들어왔다. 이에 이준경은 옛 친구의 입장에서 서신은 보냈으나 끝내 조식을 찾아가 보지 않았다. 이에 서운함을 느낀 조식이 귀향하려 하면서 찾아와 이렇게 말했다.

"공은 어찌 정승 자리를 가지고 스스로 높이려 하는가?"

정승 되었다고 잘난 척하지 말라는 뜻이다.

이에 이준경은 "조정의 체모를 내가 감히 폄하할 수 없어서이다"라고 답했다. 선공후사(先公後私)의 정신은 이런 것이다. 그래서 중망(重望)을 얻을 수 있었고 그가 선택한 '하성군 이균(-훗날의 선조)'에 대해 더는 왈가왈부가 없었던 것이다.

여기서 한 가지 의문이 든다. 이런 강직한 인물이 어떻게 윤원형의 공세를 피할 수 있었을까?

그것은 앞서 본 바와 같이 을사년(1545년) 인종이 사망한 직후로 거슬러 올라간다. 이때 신하들은 문정왕후에게 알리지도 않고 윤원형의 형 윤원로를 제거하기로 했다. 당시 한성부 우윤이던 이준경은 "대비가 위에 계시는데 어찌 품의 하지도 않고 마음대로 그 동기를 주살할 수 있겠는가?"라고 반대해 논의를 중단시켰다.

이 일이 아니었으면 그도 을사사화의 희생자가 되었을 것이 분명하다. 그러나 이 일을 윤원형이 고맙게 생각해 평안감사로 좌천시키는 선에서 마무리했고 그 후 정승에까지 오를 수 있었다.

물론 그렇다고 해서 이준경이 윤원형에게 아부를 하거나 하지는 않았다. 『실록』은 "준경은 조정에서 꼿꼿하게 집정(執政)하며 끝내 굽히는 일이 없었다"라고 적고 있다. 윤원형으로서도 함부로 할 수 없는 대단한 카리스마의 소유자였던 것이다.

을축년의 하서

명종 18년(1563년) 10월 23일 순회세자가 세상을 떠났다. 조선조에서 세자 자리에 있으면서 조졸(早卒)한 경우는 성종의 아버지인 의경세자에 이어 두 번째로 터진 국가적 비극이었다. 세자를 국본(國本)이라 부를 정도로 중히 여겼으므로 순회세자의 죽음은 왕실뿐만 아니라 조선이라는 나라의 장래를 뒤흔들어놓을 수 있는 비극적인 중대 사안이었다. 이때 순회세자의 나이 13세였다.

게다가 명종에게는 아들이 순회세자 하나뿐이었고 명종 자신의 건강도 좋지 못했다. 행인지 불행인지 명종에 앞선 인종에게도 자손이 없었다. 거슬러 올라가 중종이 왕후를 3명 들이면서 낳은 아들이 인종과 명종이 전부였다. 첫 번째 왕비였던 단경왕후 신씨 사이에서는 자식이 없었다. 따라서 순회세자의 죽음은 조선 왕실의 후계 문제를 오리무중 상태로 몰아넣었다. 자칫하면 또 한 번 피를 부르는 국가적 비상사태가 올지도 몰랐다.

그러나 아직 명종 나이 30세였으므로 세자를 다시 생산하는 것은 충분히 가능했다. 암초는 그의 위약한 건강이었다. 그는 심열증(心熱症)을 앓고 있었다. 심열증의 전형적인 증상은 화를 잘 내고 행동이 산만한 것인데 『실록』에 보면 명종이 수시로 화를 내는 장면들이 나온다.

명종 20년 4월 6일 어머니 문정왕후 윤씨가 사망하자 그의 건강은 더욱 악화하기 시작했다. 열흘 후인 4월 16일 약방제조를 맡고 있던 좌의정 심통원에게 명종이 자신의 증세를 이야기한다.

"내가 약한 체질로 평소에 위는 열이 나고 아래는 냉한 증세가 있었다. 근년에 들어와서 심기(心氣)가 허약해져, 계해년(1563년) 가을에 놀라고 슬픈 일을 당한 이후로 작은 병이 자주 있어 간신히 보전하여 날을 보내고 있었더니 올봄에 기운이 조금 돌아오는 듯했는데 갑자기 망극한 변을 당했다. 바야흐로 애통한 중에 있으면서 비위(脾胃)가 편치 못하고 기운도 혹 피곤하기도 하며 가슴과 명치가 막힌 듯하여 음식이 잘 내려가지 않으므로 지금 환약을 먹고 있다."

5월 19일에도 갑작스러운 복통과 설사로 약방제조 심통원이 찾아와 맥을 짚었다. 명종의 병환은 이렇다 할 차도를 보이지 않는 가운데 8월부터는 사간원(-대사간 박순)과 사헌부(-대사헌 이탁)가 나서 명종의 외삼촌이자 20년간 문정왕후 윤씨와 함께 권력을 휘둘러온 영의정 윤원형에 대한 탄핵 상소가 본격화됐다. 다른 한편에서는 문정왕후 사후부터 중 보우(普雨)를 죽여야 한다는 상소가 연일 올라오고 있었다. 윤원형도 보우를 처벌하는 데 동조할 정도였다. 요즘 식으로 하자면 과거사 청산 문제였다. 그 후 홍문관과 성균관 유생들까지 나서 연일 윤원형과 보우에 대한 탄핵 상소가 올라왔다.

결국 8월 21일 신하들에게 밀린 명종은 귀양은 보내지 않되 윤원형을 영의정 자리에서 내쫓았다. 다음 날 윤원형을 이어 영의정에 오른 이준경은 첫날부터 윤원형을 귀양 보내야 한다고 주청을 올렸다. 마침내 8월 27일 윤원형은 지방으로 쫓겨나게 된다. 당시 식자들의 분위기에 관해 『실록』의 사관은 이렇게 적고 있다.

더욱 통탄스러운 것은 수십 년간을 전제(專制)했는데도 조정의 모든 사람이 입을 다물고 그 죄를 대놓고 지적한 사람이 한 사람도 없었으며, 흉악한 짓을 제멋대로 하게 하여 나라가 거의 망할 지경에 이르렀는데 권세를 제거한 뒤에야 비로소 논했으니 너무 늦었다. 이 또한 을사년 이후 사기가 꺾이고 인심이 휩쓸려서 화복(禍福)을 생각하고 두려워한 탓이다.

윤원형이 쫓겨난 뒤에 지방의 한 백성 중 한쪽 팔만 들고서 노래하고 춤추는 자가 있었는데 사람들이 그 까닭을 물으니 답하기를, "윤원형은 국가에 해를 끼친 놈인데 지금 쫓아내어 백성의 해를 제거했으니 그래서 기뻐서 춤추는 것이다"라고 했다. 그래서 한 팔만 들고 추는 이유를 물으니 답하기를 "지금 윤원형은 쫓겨났으나 또 한 윤원형이 남아 있으니, 만약 모두 제거된다면 양팔을 들고 춤을 출 것이다"라고 했으니, 바로 심통원을 가리킨 말이다.

아마도 그 사람은 얼마 지나지 않아서 양팔로 춤을 추었을 것이다. 중종 32년(1537년) 문과에서 장원급제한 후 윤원형에게 밀착해 좌의정에까지 오른 심통원(沈通源, 1499~?)은 결국 윤원형이 쫓겨나면서 사헌부·사간원·홍문관 등 3사의 탄핵을 받아 곧바로 사직했고 선조가 즉위한 1567년에는 김안로에게 아부한 죄로 관직마저 삭탈 당하게 되기 때문이다. 심통원은 명종비인 인순왕후 심씨의 할아버지인 심연원의 동생으로 말하자면 왕비의 작은할아버지였다.

9월 들어서도 하루가 멀다 하고 보우를 죽여야 한다는 상소가 올라왔고 윤원형의 첩 정난정(鄭蘭貞)이 독살한 그의 본처 김씨의 어머니가 고소하면서 윤원형은 점점 더 곤란한 지경으로 빠져들고 있었다.

이런 가운데 명종의 병은 점점 깊어져만 갔다. 9월 15일 대궐 분위기는 거의 임종을 앞둔 듯했다. 이날 밤 명종은 영의정 이준경, 좌의정 심통원, 영평 부원군 윤개를 불렀다. 사실상의 유언을 남기는 자리였다. 여기서 이준경 등은 아주 조심스럽게 비어 있는 세자 자리를 정해 줄 것을 간접적으로 요청했다. 명종은 안 좋은 기색을 하면서 처음에는 거부했다.

그러자 이준경 등은 다시 송나라의 인종, 고려의 성종과 목종 등도 뛰어난 인품이 아니면서도 종묘사직을 생각해 30세 무렵에 '단안'을 내린 적이 있음을 들어 누군가를 지목해줄 것을 은근히 청했다. 명종은 "내전에서 생각해 처리할 것"이라고만 답한다. 명종으로서는 자신이 반드시 다시 회복할 것을 확신하고 있었다. 『실록』의 사관은 "주상께서 하답 하기 어려워 이렇게 답한 것이었고 실은 후사를 정하겠다는 뜻이 없었다"라고 적고 있다.

명종의 병은 죽음의 고비를 넘기기는 했지만, 회복 가능성 또한 보이지 않고 있었다. 이틀 후 영평 부원군 윤개, 영의정 이준경, 좌의정 심통원, 우의정 이명, 좌찬성 홍섬, 좌참찬 송기수, 우참찬 조언수, 병조 판서 권철, 이조 판서 오겸, 공조 판서 채세영, 예조 판서 박영준, 형조 판서 박충원, 대사헌 이탁, 홍문관 부제학 김귀영, 대사간 박순 등이 언서(諺書-한글)로 중전에게 국본(國本)을 정해줄 것을 청했다. 완강하게 거부하던 중전, 즉 인순왕후 심씨는 언문 친필로 "국가의 일이 망극하니 덕흥군의 셋째 아들 하성군 이균(李鈞-훗날의 선조)을 입시시켜 시약(施藥)하게 하라"고 답한다. 소위 '을축년의 하서(下書)'다.

애매했다. 게다가 명종의 재가가 없었다. 신하들은 다시 중전을 압박했다. 자칫하면 자신들의 목숨이 달아날 수 있는 일이기도 했다. 어쩔 수 없이 중전이 명종을 뵙고 돌아와 답한다.

"방금 국본에 대한 일을 잠시 계품 했더니 성심(聖心)이 몹시 동요하셨다."

명종은 여전히 그럴 생각이 없었다. 다음 날에도 이준경을 비롯한 신하들이 중전을 찾아와 다시 재촉했지만, 중전은 아무런 답을 줄 수 없었다. 9월 19일 이준경을 비롯한 신하들은 중전에게 굳이 이균의 이름을 거명한 사실을 환기하며 그 마음이 변치 말 것을 당부한다. 뭔가 최고 권력을 둘러싼 정치가 은밀하게 진행되고 있었다.

17일 자 『실록』도 "부정 윤건이 중전과 수상(-이준경)의 처소를 일고여덟 차례나 왔다 갔다 했는데 사람들은 모두 이준경이 윤건을 통해 중전에게 은밀하게 아뢰는 것이 아닌가 하고 의심했으니, 윤건은 심강의 매부였기 때문이다"고 단서를 기록하고 있다. 심강은 중전의 아버지다.

마침내 10월 4일 질환이 회복되었다. 일주일 정도 몸을 추스른 명종은 10월 10일 윤개와 이준경, 심통원, 이명 등을 불러 국본의 문제에 관한 본인의 생각을 털어놓는다.

"당시 내 병세가 심해 인심이 불안해하자 대신들이 누차 내전에 계를 올려 결정을 보고자 했기 때문에 내전이 어쩔 수 없이 이름을 써서 내렸었다. 이제 내가 소생했고 국본의 탄생을 진실로 기다리고 바라야 하니 앞으로 다시는 다른 의논이 있어서는 안 된다."

대신들도 자신들이 황망 중에 올린 일이라며 간곡하게 용서를 빌었다. 이로써 '을축년의 하서'는 원인 무효, 없었던 일이 되고 말았다. 잠깐 이름이 언급되고 해프닝으로 끝난 하성군 이균의 그때 나이는 14세였다.

신하로서 다음 임금[嗣君]을 고르다

1567년(명종 22년) 6월 28일 새벽 2시경 경복궁 내 작은 침소인 양심당(養心堂)에서 명종이 훙했다. 이때 그의 나이 34세로 재위 22년째였다. 그러나 그는 어머니와 외삼촌의 위세에 눌려 한순간도 왕권을 제대로 행사하지 못한 불운의 군주였다. 묘호는 명종(明宗)이었지만 실은 암군(暗君)이었다.

사태는 명종이 위독한 상태를 보이던 6월 27일 심야부터 급박하게 돌아가기 시작했다. 밤 11시경 중전이 두 정승과 약방제조를 불렀다. 당시 우의정 권철(權轍, 1503~1578년)은 사신이 되어 명나라에 갔고 영의정은 이준경, 좌의정은 이명(李蓂, 1496~1572년)이었다. 이명은 이준경과 궤를 같이했고 호도 같은 동고(東皐)였다. 그러나 영의정과 좌의정 두 사람은 궐내에 없었고 약방제조 심통원만이 머물고 있었다.

이렇게 해서 양심당에는 심통원과 병조 판서 원혼, 도승지 이양원 등이 입시하고 있었다. 얼마 후 영의정 이준경을 비롯해 좌승지 박응남, 동부승지 박소립 등이 뒤따라 들어왔다. 그나마 이준경은 의정부에서 유숙하고 있어 임종을 지킬 수 있었다.

당시 상황의 미묘함에 대해 사관은 아주 상세하게 전하고 있다. 만일 이준경의 입시가 늦었으면 중전과 약방제조이자 작은할아버지인 심통원만이 유명(遺命)을 받게 되어 장차 무슨 일이 일어났을지 몰랐다는 것이었다.

"다행히 소인(小人-심통원)이 그사이에 미처 손을 쓰지 못하게 되었으니 불행 중 다행이다."

이준경이 들어왔을 때 명종은 아직 숨이 붙어 있었다. 그러나 말은 할 수 없는 지경이었다. 이 자리에서 이준경은 중전에게 하교를 청했고 중전은 다음과 같이 전교한다.

"지난 을축년에 하서 한 일이 있었는데 그 일은 경들 역시 알고 있다. 지금 그 일을 정하고자 한다."

명시적이지는 않지만, 덕흥군의 셋째 아들 이균을 후사로 삼겠다는 뜻을 넌지시 전한 것이다.

결국 영의정 이준경이 을축년의 하서를 근거로 중전의 승인을 받아 하성군 이균을 다음 국왕으로 결정했다. 그리고 명종은 아무 말도 남기지 않은 채 숨을 거두었다.

당시 긴박했던 상황을 『실록』은 이렇게 생생하게 전한다.

이준경은 평소 중망(重望)이 있어 나라 사람들이 그를 믿고 의지했다. 모두 하는 말이 "이때에 이 사람이 있으니, 나라가 반드시 그의 힘을 입을 것"이라고 했는데 왕위를 계승할 자가 정해지자마자 인심이 크게 안정되었던 것은 다 이준경이 사람들을 진정시킨 공이었다.

선조를 안정시키고 떠나다

우리가 이준경을 기억해야 하는 첫 번째 이유는 명종이 급서(急逝)하는 바람에 왕위에 공백이 생길 뻔했으나 영의정으로서 공평무사하게 새 임금을 뽑아 올린 점이다. 이런 경우 흔히 신하들은 자신들이 즉위 과정에서 세운 공로를 내세우려 하지만 이준경은 당연한 일 처리라 여겨 조금도 자신을 내세우지 않았다. 그렇게 해서 명종의 뒤를 이은 인물이 문제의 선조(宣祖)다.

이후 선조가 집권하는 데 결정적인 공을 세운 이준경은 원상(院相)이 되어 미숙한 선조가 국왕으로서 자리 잡는 데 결정적인 도움을 준다. 그는 선조 1년 기묘사화로 화를 입은 조광조의 관작(官爵)을 늦게나마 추증했고 노수신과 유희춘 등 을사사화의 피해자들을 유배에서 풀어주고 관작을 회복시켜주었다.

선조를 왕으로 추대한 것과 훈구 세력을 내몰고 그 자리에 사림 세력을 세운 것이 과연 조선 역사를 더 빛나게 했는지에 대해서는 분명 논란이 있겠지만 그것은 당시로서는 누구나 바라던 일이었고 이준경은 강한 의지와 노련함으로 그 문제를 해결했다.

이제 선조 정권을 안정시키는 임무는 전적으로 영의정 이준경의 손에 놓이게 되었다. 이준경은 가장 먼저 이황을 선조의 스승으로 삼아 학문을 전수하려 했다. 이황을 예문관 대제학에 제수했다. 그러나 이황은 처음에는 한사코 사양했다. 자신은 병약하고 현실 정치를 모른다는 이유였다. 계속되는 강청에 결국 이황은 한양으로 올라온다.

이때의 일화가 있다.

이황이 한양에 들어왔을 때 사대부들이 아침저녁으로 그의 문전을 찾아가니, 이황은 한결같이 모두 예로 접대했다. 최후에 이준경을 찾아가 인사하자 이준경이 말했다.

"도성에 들어오신 지 오래되었는데 어찌 이제야 찾아오십니까?"

이황이 사대부들을 응접하느라 그럴 틈이 없었다고 하자, 이준경이 언짢아하며 이렇게 말했다.

"지난 기묘년에도 선비의 풍조가 이러했으나 그 가운데도 염소 몸에 호랑이 껍질을 뒤집어쓴 자가 있었으므로 사화가 이로 인해 일어났습니다. 조정암(趙靜庵-조광조) 이외에 그 누구도 나는 인정하지 않습니다."

사림들의 패거리 짓기에 대한 경고의 말이었다. 그 의미를 이황이 모를 리 없었다.

선조 5년(1572년) 7월 영의정에서 물러나 있던 이준경도 눈을 감는다. 그리고 "이 늙은이 흙 속으로 돌아가며 전하께 네 건을 당부드립니다"로 시작하는 유명한 유언을 남긴다. 이를 유차(遺箚)라고 하는데 약식 유언 상소를 말한다. 거기에는 자신이 국왕으로 만든 선조에 대한 이준경의 솔직한 인식과 앞으로 예상되는 문제가 적나라하게 드러나 있다.

> 땅으로 들어가는 신 준경은 삼가 네 가지 조목으로 죽은 뒤에도 들어줄 것을 청합니다.
>
> 첫째, 제왕은 무엇보다도 학문하는 일이 가장 큽니다. 정자(程子)가

'함양 공부는 경(敬)으로 해야 하고 학문을 진취시키려면 치지(致知) 해야 한다'라고 했습니다. 전하의 학문은 치지의 공력 면에서는 보통 이상의 수준이라고 하겠지만 함양의 힘은 미치지 못하는 점이 많이 있습니다. 그래서 말하는 것이 매우 준엄하시고 아랫사람을 대할 때 포용하고 공순한 기상이 적으시니, 전하께서는 이 점에 더 노력하소서.

둘째, 아랫사람을 대할 때는 위의(威儀)가 있어야 합니다. 신은 듣건대, '천자는 목목(穆穆-단정하고 엄숙한 모습)하고 제후는 황황(皇皇-활달하고 생기가 넘치는 모습)하다'라고 했으니, 위의를 차리시는 일을 삼가지 않아서는 안 됩니다. 신하가 진언하는 경우에는 마땅히 너그러이 포용하여 예우해주셔야 합니다. 아무리 뜻에 거슬리는 말이 있더라도 때로 영기(英氣)를 드러내 주의를 환기하는 일은 있으실지언정, 사사건건 직설적으로 드러내면서 스스로 잘난 체하는 것을 아랫사람들에게 보여서는 안 됩니다. 계속 지금처럼 하신다면 백관이 맥이 풀려 수없이 터지는 잘못을 이루 다 바로잡지 못할 것입니다.

셋째, 군자와 소인을 분간하는 일입니다. 신은 듣건대 군자와 소인은 본디 정해진 명분이 있어 숨길 수 없다고 했습니다. 옛날 당 문종(唐文宗)이나 송 인종(宋仁宗)은 애당초 군자와 소인을 모르지는 않았으나 사당(私黨)에 이끌려 그들을 분간하여 쓰지 못했기 때문에, 마침내 시비에 어두워져 조정이 불안정한 결과를 초래했습니다. 참으로 군자라면 아무리 소인이 공격하는 일이 있더라도 뽑아 써 의심하지 마시고, 참으로 소인이라면 비록 사정(私情)이 있으시더라도 단호히 물리쳐 멀리해야 합니다. 이와 같이 한다면 어찌 하북조정(河北朝廷-당파싸움이 심했던 중국의 북송)과 같은 어려움이 있겠습니까.

넷째, 사사로운 붕당을 깨뜨려야 합니다. 신이 보건대, 오늘날 사람들은 간혹 잘못된 행실이나 법에 어긋난 일이 없는 사람이 있더라도 말 한마디가 자기 뜻에 맞지 않으면 배척해 용납하지 않으며, 행검을 유의하지 않고 독서를 힘쓰지 않더라도 고담대언(高談大言)으로 붕당을 맺는 자에 대해서는 고상한 풍치로 여겨 마침내 허위 풍조를 빚어내고 말았습니다. 군자는 모두 조정에서 집정(執政)하게 하여 의심하지 말고 소인은 방치해 자기들끼리 어울리게 해야 하니, 지금은 곧 전하께서 공정하게 듣고 두루 살펴 힘써 이 폐단을 없앨 때입니다. 그렇지 않으면 끝내는 반드시 국가의 구제하기 어려운 걱정거리가 될 것입니다.

하나하나가 다 인간 선조를 꿰뚫어 본 조언(助言)이었다. 어쩌면 이미 선조가 5년여의 집권 기간을 통해 보여주고 있는 병폐였는지 모른다. 다른 사람이 이런 글을 올렸더라면 죽음을 면치 못했을 것이다. 이에 대한 『실록』 사관의 평이다.

공은 임금을 아끼고 세상을 염려하여 죽는 날에도 이러한 유차를 남겼으니 참으로 옛날의 곧은 신하[直臣]와 같다. 당시에 심의겸(沈義謙) 당이 이 차자를 배척하여 건조무미한 말이라 하며 소를 올려 배척하기까지 했으니 참으로 군자의 말은 소인이 싫어하는 것이다.

제13장

세상을 비켜 사는 지혜로 난세의 명재상이 된
상진

한미한 집안에서 나 고아로 크다

상진(尙震, 1493~1564년)은 찰방 상보(尙甫)의 아들로 태어났다. 5세에 어머니를 여의고 8세에 아버지까지 여의어 큰 매부 성몽정(成夢井, 1471~1517년) 집에서 자랐다. 성몽정은 문과 장원 출신으로 중종 때 도승지와 대사헌을 지냈고 조광조와 가까웠으며 성품이 단아하고 맑았다고 한다.

『국조인물고』에 따르면 상진은 15세까지는 학문에 뜻을 두지 않았는데 동료들에게 조롱을 당한 뒤에 분발해 학문에 힘썼다.

상진은 이익이 『성호사설(星湖僿說)』에서 밝힌 대로 "벼슬길에 오른 사람이 하나도 없는 한미한 가문"에서 태어났다. 아버지 상보가 역참을 돌보던 종6품 찰방에 오른 것이 전부였다. 자기 집안의 한미함을 누구보다 잘 알고 있었던 상진은 글 읽기는 내팽개치고 말 타고 활 쏘는 데만 열중했다. 무인이 되려 했는지 모른다. 그러나 20세가 다 되어서야 주변 친구들이 자신을 업신여기는 것을 알고 공부를 시작해 다섯 달 만에 글 뜻에 익숙해지고 열 달 만에 문리(文理)가 통했다고 한다. 그래서 25세 무렵 문과에 급제해 관리의 길에 들어설 수 있었다.

그에 앞서 매부 성몽정이 한 번은 벼슬살이를 해보라고 하자 상진은 "글을 읽는 것은 큰 공업을 세우기 위해서일 뿐"이라고 답했다. 이에 성몽정도 그 뜻을 기특하게 여겼다. 이 무렵 그는 성수침(成守琛)·성수종(成守琮) 형제와 교유하며 학문을 닦았다고 한다. 성수침은 성혼(成渾) 아버지이다. 성혼은 이이, 송익필과 함께 서인을 이끄는 파주 삼현(三賢)을 자부했던 인물이다.

여기서 상씨(尙氏)의 유래를 짚어볼 필요가 있다.

고려를 세운 왕건(王建)과 조선을 세운 이성계(李成桂)는 두말할 것도 없이 우리 민족의 첫손 꼽히는 명장(名將)이다. 둘 다 무인이었다는 것 말고도 왕건과 이성계는 공통점이 많다.

두 사람 모두 불교 신앙이 독실했다. 왕건에게는 도선(道詵)이라는 큰 스님이 있었고 이성계에게는 무학(無學)이 있었다. 또 당시 전쟁에서는 천문과 지리, 인심이 3대 핵심 요건이었다. 그중에서 지리를 아는 데는 풍수만 한 것이 없었다. 당시 왕건이나 이성계에게 풍수는 다름 아닌 군사지리학이었던 것이다.

이런 두 사람의 또 다른 공통점은 적이라도 감싸 안는 포용력이다. 아들 이방원에 의해 처참한 말로를 맞긴 했지만, 이성계는 마지막 순간까지 고려를 지키려 했던 정몽주를 끌어안기 위해 부단히 노력했다. 그러나 포용력만 놓고 보자면 왕건이 이성계보다는 훨씬 윗길이었다.

군사적 우위를 확보하고서도 후백제나 신라가 투항해 올 때까지 무던히도 기다렸던 그이다. 결국 후백제는 내분으로 붕괴했고, 신라는 경순왕이 머리를 숙이고 들어왔다.

그런 왕건도 도저히 용서 못 할 사람들이 있었다. 후백제의 충청도 목천 사람들이었다. 조선 성종 때 양성지·노사신·강희맹·서거정 등이 편찬한 지리서 『동국여지승람』에 따르면, 목천 사람들이 끝까지 투항하지 않고 버티자 돈(豚)·상(象)·우(牛)·장(獐) 등과 같은 희귀성을 부여했다. 말 그대로 돼지, 코끼리, 소, 사슴이라는 동물 이름을 내린 것이다. 그만큼 왕건의 노여움이 컸다는 뜻이다. 물론 그 후에 豚은 頓(돈)으로, 象은 尙(상)으로, 牛는 于(우)로, 獐은 張(장)으로 바뀌게 된다. 이들 네 성은 모두 목천을 본관으로 한다. 그 밖에 목천을 본관으로 하는 마(馬)씨가 있다. 아동문학가로 유명한 마해송이 목천 마씨다. 그러나 마씨는 그전부터 있던 성이었다.

목천을 본관으로 하는 이 네 성은 멸문지화(滅門之禍)에 가까운 고초를 겪은 탓인지 고려 때는 말할 것도 없고 조선 시대에도 이렇다 할 인물을 찾기가 힘들다. 유일한 예외가 명종 때 영의정에까지 오르게 되는 상진(尙震)이다.

정광필, "게으른 정승이 나왔구나!"

그가 사마시에 급제해 성균관에서 공부할 때 기묘사화가 터지기 전이었다. 선비들이 유난히 티를 내며 몸가짐을 삼가는 척을 하자 상진은 못마땅하게 생각했다. 자유인 상진의 기질이 유감없이 발휘되는 순간이었다. 『실록』은 "상진은 성균관에서 공부할 때 일부러 관(冠)을 쓰지 않고 다리도 뻗고 앉아서 동료들을 조롱하고 업신여기었다"라고 적고 있다. 얼마 후 문과에 급제해 당대의 명재상 정광필을 찾아가 인사를 올리자, 정광필은 주변 사람들에게 "게으른 정승이 나왔구나"라고 칭찬을 했다고 한다.

기묘년에 벼슬길에 나서다

상진은 중종 14년(1519년) 문과에 급제해 승문원 부정자(副正字-종9품)가 되었는데 사재(史才)가 있다 해서 예문관 검열에 제수되어 경연(經筵)에 입시하게 되었다.

간혹 좌천을 당하기는 했지만, 상진의 벼슬살이는 무난한 편이었다. 중종 21년(1526년)에는 예조 정랑으로 성절사 서장관에 보임되어 북경에 다녀왔다. 인종이 세자로 있을 때 학문을 좋아하니 세자궁 관리인 필선(弼善)이 되어 세자를 보필했다. 이때부터 탄탄대로를 달려 사헌부·사간원·홍문관 요직을 두루 거쳐 중종 28년(1533년) 마침내 대사간이 된다. 이때 그의 나이 40세였다. 같은 해 10월 5일 홍문관 부제학으로서 올린 차자(箚子-약식 상소)는 당시 상진의 식견과 기개를 엿보기에 충분하다.

총명한 사람은 은미한 것을 통해 드러날 것을 알아차리고 사리를 아는 사람은 그림자만 보고서도 그 형체를 살펴 아는 것입니다. 드러날 것을 알기 때문에 은미한 것을 통해 미리 방지하고, 형체를 살펴 알기 때문에 그림자를 보고도 끊어버릴 수가 있는 것입니다.

그런데 요즘 천지가 상도(常道)를 잃어 재변이 한꺼번에 나타나, 계추(季秋-음력 9월)에 천둥이 쳐서 안정하지 못하니, 하늘의 경고가 어찌 원인이 없겠습니까? 조정에 변고가 많아서 국시가 정해지지 않았었는데, 지금 약간 안정이 되어 있지만 인심이 어긋나서 재앙을 다행스럽게 여기고 화를 즐겨 간계를 부릴 기회를 엿보는 자가 한둘이 아닙니다. 더욱이 공론이 확립되지 않아 사기(士氣)가 위축되어 함께 일하는 사람들도 의향이 다르므로 한자리에서도 말과 의견이 서로 모순되니, 재앙과 환란의 기틀이 점차 분명하게 드러나는 지경에 이르게 되었습니다. 권간(權奸)이 조정에서 작란한 뒤로, 물론에 용납되지 못한 자는 청현직에 주의(注擬-천거)하지 않았을 뿐만 아니라 제조(提調-위원회 위원) 같은 겸직도 제수하지 않은 것은 국가를 위한 큰 계책으로 반드시 깊은 생각이 있어서 그렇게 한 것입니다.

그런데 전조(銓曹-인사를 책임지는 이조와 병조)를 은혜 파는 자리로 여겨 천거와 의망이 잇따르고 있는데도 선비들의 공론은 연약한 태도만 숭상하면서 전혀 이상하게 여기지 않고 있습니다. 권간을 아첨으로 섬긴 실정이 뚜렷이 드러나 공론에 죄를 얻어 유배되고 파직된 자는 결단코 다시 조정의 반열에 끼워 이미 정해진 국시를 혼란케 해서는 안 됩니다.

그런데도 식견 있는 사람들이 사사로운 은혜를 팔려고 '아무개는 방면하지 않을 수 없다'느니 '아무개는 서용하지 않을 수 없다'느니 하고 있으니, 이런 의논이 한번 나오면 저 여우와 쥐 같은 무리가 갓을 털면서 세상에 나올 생각을 가지게 될 것입니다.

자신을 위한 꾀는 성공을 했다고 할 수 있겠지만 나랏일은 어떻게 되겠습니까? 하물며 은명(恩命)은 임금의 큰 권병(權柄-권력의 칼자루)이니 어찌 신하가 간여해서 할 수 있는 것이겠습니까?

여기서 상진이 신권(臣權)을 중시하는 주자학보다는 임금의 강명(剛明)을 더 중시하는 입장에 서 있음을 확인하게 된다.

상진은 현대적 맥락에서 재조명을 필요로 하는 인물이다. 어떤 하나의 틀에 담아낼 수 없는 그의 자유분방함 때문이다. 그러면서도 대립하는 의견을 능수능란하게 조화시켜가는 보기 드문 정치력을 보여주었다. 의리(義理) 일변도의 성리학적 잣대로 보자면 높은 점수를 받기 어려운 인물일 수도 있다.

마침내 판서가 되다

이 무렵 중종은 상진에 대한 총애가 깊었다. 중종 30년(1535년) 동부승지, 좌부승지로 지근거리에서 중종을 모셨고 중종 32년에 다시 대사간에 제수되었다. 이때 하급 관료 가운데 어떤 사람이 권간의 뜻에 영합하려고 정광필을 사지에 내몰려고 하자 상진은 분연히 소를 올려 정광필을 구제했다. 이에 당시 사론(士論)이 그를 아름답게 여겼다.

같은 해 겨울, 형조 참판에 올랐고 이듬해 경기도 관찰사를 거쳐 중종 34년에 마침내 형조 판서에 오른다. 그런데 이 무렵 그가 새로운 관직을 맡을 때마다 대간에서는 반대했는데 겉으로는 너무 빠르다는 것이었지만 속으로는 그의 출신을 부정적으로 본 때문이다.

중종 36년(1541년)에는 중종이 상진을 한성 판윤을 삼으려다가 대간의 반대로 시행되지 않기도 했다. 그러나 이듬해 중종은 다시 상진을 한성 판윤에 임명하고 병권을 책임지는 도총관을 겸직시켰다. 이후 여름에 공조 판서가 되고 얼마 되지 않아 특명으로 병조 판서가 되었다. 여기서 중종이 그를 얼마나 신임했는지를 볼 수 있다. 중종 39년(1544년) 2월 24일 의정부 우찬성에 제수하니 사간원이 또 반대했다. 마침내 정승을 향한 길에 들어선 것이다.

역시 이유는 자헌대부(-정2품)가 된 지 2년도 채 되지 않았다는 것이었다. 중종은 이번에는 상진을 그대로 우찬성에 제수했다. 그러나 3월이 되어서도 연일 상진의 일을 아뢰자, 3월 3일 중종은 결국 우찬성 제수를 취소하고 두 달 후에 상진을 형조 판서에 제수했다. 당시 중종은 "끝내 이 사람에게 큰 임무를 맡길 것이다"라고 했지만 자기 손으로 정승에 임명하지는 못했다.

인종의 단명과 명종 즉위

『국조인물고』에 따르면, 짧았던 인종 재위 기간 중 상진은 유인숙(柳仁淑, 1485~1545년)의 견제를 받았다고 한다. 이 무렵 유인숙은 공조 판서를 거쳐 상진이 제수될 뻔한 우찬성에 올랐다.

유인숙은 대체로 조광조와 같은 노선을 걸었던 사림 계열이다. 그래서 상진은 이때 경상도 관찰사가 되어 사실상 '유배' 생활을 해야 했다. 그러나 그 기간은 길지 않았다. 인종이 9개월 만에 승하했기 때문이다. 오히려 명종이 즉위하면서 유인숙은 을사사화에 연루되어 귀양을 가던 중에 사사(賜死)되었다.

　상진은 앞서 본 바와 같이 중종의 극진한 총애를 받아 여러 차례 특진했다. 그 바람에 견제도 많이 받았다. 무엇보다 상진은 이재(吏才)가 뛰어났다. 오늘날로 말하면 행정 능력이 특출났다는 말이다. 더불어 시국을 한 걸음 물러서서 보는 여유가 있었다. 훈구보다는 사림과 가까우면서도 기묘사화나 을사사화를 비켜갈 수 있었던 것은 그 때문이었는지 모른다.

　중종 때 공조·형조·병조 등의 판서를 두루 거친 상진에게도 명종 즉위와 함께 시작된 문정왕후와 윤원형 시대는 만만치 않았다. 상진은 그러나 현실 권력과 타협했다. 덕분에 명종 즉위와 함께 우참찬에 임명됐다. 참찬은 정2품, 찬성은 종1품이니 품계는 오르지 않았지만 역시 참찬이나 찬성은 판서를 마치고 정승 훈련을 받는 곳이라 의미가 있는 자리였다. 명종 1년(1546년) 1월 17일 그가 우참찬에 제수된 날 사신(史臣)은 상진에 대해 가차 없는 비판을 가한다.

　　상진은 천성이 탐욕스럽고 기절(氣節)이 없어 일을 잘 회피했으며, 벼슬을 얻기 전에는 얻을 것을 걱정하고 얻고 나서는 잃을까 봐 걱정하여 세상의 추세에 따라서 향배(向背)를 잘했다. 인종 즉위 초에 유인숙(柳仁淑)이 전장(銓長-이조 판서)으로 있으면서 상진을 내쫓아 경상 감사로 삼으니, 그는 항시 분노를 품고 인숙이 언급될 때면 반드시 노(奴)라고 꾸짖었는데, 이에 이르러서 이기(李芑) 등이 극력 추천해서 이 직에 제배된 것이다.

　전형적인 사림의 시각이다. 이런 비판에는 비부(鄙夫)에 관한 공자

언급까지 동원되었다. 『논어』 「양화(陽貨)」편에 나오는 말이다.

공자가 말했다.
"비루한 사람과 함께 임금을 섬기는 것이 가능할 수 있는가? (지위를) 얻기 전에는 그것을 얻어보려고 근심하고, 이미 얻고 나서는 그것을 잃을까 근심한다. 정말로 잃을 것을 걱정할 경우엔 (그것을 잃지 않기 위해) 못하는 짓이 없다."

『명종실록』은 선조 때 편찬되었다. 그렇다면 그 시절 세력을 이루었던 사림들이 주도했을 것이며 사림과 거리를 두려 했던 상진이었기에 이런 비판을 가한 것으로 볼 수 있다. 다소 지나치다 하겠다.

명종 때 정승이 되다

명종 1년(1546년) 9월 3일 상진은 자리를 옮겨 병조 판서에 제수되었다. 2년 후인 명종 3년(1548년) 7월 25일 상신은 우찬성에 제배된다. 이에 상진은 거듭 사직을 청했으나 명종은, 실은 대리청정하던 문정왕후는 "경은 여러 조정에 벼슬했어도 잘못이 있었다는 말을 듣지 못했다. 사직하지 말라"며 윤허하지 않았다. 이듬해에는 이조 판서에 제수되었다.

명종 대에 들어 늘 그를 후원한 인물은 이기이다. 명종 4년 9월 18일 드디어 우의정에 제수되었는데 이때도 영의정 이기의 추천 덕이었다.

이기(李芑, 1476~1552년)는 젊어서는 장인 김진(金震)이 저지른 뇌물죄에 연루되어 서경(署經-사헌부 승인)을 필요로 하는 요직에는 나아가지 못했다. 중종 말기에 신임을 받아 이언적의 추천으로 형조 판서와 병조 판서에 오르고 마침내 좌의정까지 지냈지만, 인종 때 대윤(大尹) 거두 윤임 등이 탄핵해 병조 판서로 강등했다. 이에 원한을 품고 있다가 명종이 즉위하고 문정왕후가 수렴청정을 하자 윤원형과 손을 잡고 일으킨 것이 을사사화이다.

이기는 명종 때 좌의정을 거쳐 영의정에 올랐고 상진의 든든한 후원자가 되어주었다.

상진이 우의정이 되던 날 역시 사신은 가차 없는 비판을 가한다.

"상진은 아첨이나 하고 비위나 맞추는 자로서 상부(相府-의정부)에 10여 년이나 있었으면서 건백(建白-건의)한 일이라곤 하나도 없었으므로 시론이 비루하게 여겼다."

이로써 한미하기 그지없는 그의 집안은 3대 추은(推恩)을 받아 아버지는 의정부 영의정, 할아버지는 의정부 좌찬성, 증조할아버지는 이조 판서를 증직(贈職) 받았다.

상진이 우의정으로 있으면서 곤경에 빠진 일이 있었다. 문정왕후가 비망기를 내려 선교양종(禪敎兩宗)의 복립을 명한 것이다. 이에 대해 좌의정 심연원(沈連源)과 우의정 상진은 여러 차례에 걸쳐 반대 의사를 밝혔으나 문정왕후는 윤허하지 않았다. 이 충돌은 해를 넘기며 계속되었다.

이런 가운데 명종 6년(1551년) 8월 23일 상진은 좌의정에 오른다. 여전히 선교양종을 세우는 문제가 조정에서는 논란이 되고 있었다. 『국조인물고』는 이 무렵 일화 한 가지를 전한다.

문정왕후가 수렴청정하며 청단(聽斷)할 때 선교양종의 제도를 다시 시행하려고 공에게 이야기하기를 "승려들이 계통이 없다. 양종을 설치하여 통섭되도록 하고 싶다"라고 하니, 공이 아뢰기를 "오래도록 폐지한 지금, 다시 시행한다는 것은 어찌 어렵지 않겠습니까?"라고 했다. 공의 생각은 은미하고 부드러운 말로 넌지시 고하여 임금의 뜻을 돌이키려고 기대했는데, 공의 생각을 모른 사람은 주상의 뜻에 영합했다고 의심했다. 공은 그 말을 듣고 "유석(儒釋-유교와 불교)의 시비는 흑백처럼 분명한 것인데 내가 어찌 군주에게 영합하기까지 할 사람인가? 대체로 평소에 행동한 것이 남에게 신임을 받지 못했기 때문에 이러한 의심을 하게 만들었다고 본다. 다만 스스로를 반성할 따름이다"라고 했다.

이처럼 상진에 대해서는 문정왕후와 윤원형에게 '아부했다'라는 비판이 종종 제기되기도 했다.

그러나 자신의 영달을 위해서가 아니라 백성을 위한 정치를 펼치려는 원려심모(遠慮深謀)임을 당대의 식자들은 다 알고 있었기에 직접적인 비판을 하지는 않았다. 오히려 "세종 때의 황희와 허조를 잇는 명상(名相)"이라는 찬사가 많았다.

참고로 이수광(李睟光)은 『지봉유설(芝峯類說)』에서 '상진의 인품과 도량'이라는 별도의 항목을 설정해 이렇게 말한다.

"정승 상진은 인품과 도량이 넓고 커서 일찍이 남의 장단점을 말하는 일이 없었다."

당시 육조 판서를 두루 지낸 오상(吳祥, 1512~1573년)은 이런 시를 지었다.

복희씨 시대의 음악과 풍속은 지금 쓸어낸 듯 없어져버렸고[義皇樂俗今如掃]

다만 봄바람 부는 술자리에만 남아 있구나[只在春風杯酒間]

이 시를 본 상진은 "어찌 말을 그렇게 야박하게 하는가"라며 첫 구의 마지막 두 자와 둘째 구의 앞부분 두 자를 고쳐 이렇게 읊었다.

복희씨 시대의 음악과 풍속이 지금도 남아 있어[義皇樂俗今猶在]

봄바람 부는 술자리에서 찾아볼 수 있네![看取春風杯酒間]

세상을 보는 시각은 말할 것도 없고 스케일이 달랐던 것이다. 이수광이 상진의 '도량'을 보여주기 위해 이 일화를 고른 것도 그 때문일 것이다. 한마디로 상진은 그릇이 큰 인물이었다.

현실 권력과의 타협에도 불구하고 그에게 '권간(權奸)'이라는 비난이 쏟아지지 않은 또 하나의 중요한 이유는 청렴(淸廉)이었다. 이와 관련된 일화들도 수없이 많다. 그중 하나다.

하루는 창고가 허물어지려 하자 종들이 수리하고자 했다. 상진은 그만두라면서 이렇게 말했다.

"너희들이 고쳐 세운들 그것을 무엇으로 채우려 하는고?"

창고는 무너져버렸다.

그랬기 때문인지 상진은 세상의 굴곡(屈曲)을 수용하는 자신의 처신을 조금도 부끄럽게 생각하지 않았다. 동갑내기 친구이자 중종 때 잘나갔던 사림 계열의 송순(宋純)이 윤원형 세력과 충돌하면서 고난의 세월을 보내고 있을 때였다.

"자네는 어찌 이리 침체되고 불우한가?"

이에 송순은 "내가 자네처럼 목을 움츠리고 바른말을 하지 않았으면 벌써 정승의 지위를 얻었을 것이네!"라고 반박했다. 이에 상진은 "자네가 바른말 하지 않는 나를 비난하지 않는 것은 참으로 옳다. 그러나 불평스러운 말을 많이 하여 이리저리 귀양 다니는 것이 무슨 맛이 있는가?"라며 웃었다.

상진은 죽음을 맞아 자식들에게 이렇게 당부했다.

"묘비는 세우지 말고 짤막한 갈(碣)을 세워 '공은 늦게 거문고를 배워 일찍이 「감군은(感君恩)」 한 곡조를 연주했다'라고만 쓰면 족하다."

그는 세상을 바로잡겠다며 오히려 더 큰 혼란을 불러오던 위선과 가식의 식자들을 조롱하며 살다가 간 인물인지 모른다.

명재상 정광필과 이준경을 이어주는 가교

실질적으로 이기의 도움을 크게 받기는 했지만, 정승 상진이 했던 큰 역할 중 하나가 명재상 정광필과 이준경의 가교가 되었다는 점이다.

명종 4년(1549년) 상진은 이조 판서, 이준경은 병조 판서로 함께 조정에 있었다. 특히 상진이 좌의정으로 있을 때 이준경을 이조 판서로 삼았고 또 이준경은 우찬성에 올랐다. 또 명종 13년(1558년) 5월 29일 상진이 영의정이 될 때 이준경은 우의정 바로 아래인 좌찬성에 제수된다. 물론 이준경이 윤원형과의 관계를 유연하게 끌어간 탓이기도 하지만 상진은 이준경의 보호막이 되어주었다.

명종 14년(1559년)에는 영의정 상진, 우의정 이준경으로 함께 의정부를 이끌고 간다. 이어 명종 15년(1560년)에는 영의정 상진, 좌의정 이준경으로 함께 조정을 이끈다.

숙종 20년(1694년) 6월 4일 좌의정 박세채(朴世采, 1631~1695년)가 차자를 올렸는데 명종(明宗) 말기를 언급하며 이렇게 평하고 있다.

명종(明宗)께서 춘추(春秋)가 차지 못하셨기에 당국(當國)한 제신(諸臣)에게 크게 오도(誤導)되어 여러 차례 큰 옥사(獄事)가 일어나고 선량한 선비들이 죽게 되었는데, 중년(中年) 이후에는 점차로 깨달으시어 상진(尙震)·이준경(李浚慶)을 임용(任用)하심으로써 양복(陽復)의 기틀을 이루셨고, 만년에는 또한 이황(李滉)에게 예우(禮遇)를 다하시매 선비들의 풍습이 크게 고쳐지고 선류(善類)들이 무리로 진출(進出)하게 되었습니다.

오늘날 역대 조정 가운데서 다스려진 적을 말하자면 반드시 명종과 선조(宣祖) 때를 말하니, 바라건대 전하께서 그전의 일에 구애되지 마시고 선왕(先王)들의 성헌(成憲)을 거울로 삼아 잘 계술(繼述) 해가는 아름다움을 이르게 하소서.

양복(陽復)이란 『주역』 복괘(復卦, ䷗)를 가리키는 말로 음이 득세하던 소인의 시대가 마침내 사라지려 할 때 아래에서 굳센 양, 즉 군자가 나아온 것을 말한다. 상진·이준경과 크게 멀지 않은 시대의 명재상으로 꼽히는 박세채의 평가라는 점에서 신뢰할 수 있다.

제14장

시대를 잘못 만난 현상(賢相)
유성룡

이황과 사제 관계를 맺다

유성룡(柳成龍)은 중종 37년(1542년) 관찰사를 지낸 유중영(柳仲郢) 아들로 경상도 의성에서 태어났다. 어려서부터 기운이 맑고 순수해 4세에 글을 읽을 줄 알았고 6세에『대학(大學)』을 배웠으며 8세에『맹자(孟子)』를 읽었다고 한다.

20세 무렵 한양 관악산 자락 낡은 암자에서 책을 읽었다고 한다. 또 21세에 아버지 심부름으로 경상도 도산(陶山)에서 학문을 가르치고 있던 이황을 찾아갔다. 이때 유성룡을 만나본 이황은 좌우 제자들에게 "이 사람은 하늘이 내었다"라며 극찬했다.

유성룡은 여러 달 동안 도산에 머물면서 이황으로부터 진덕수(眞德秀)의『심경(心經)』과 주희(朱熹)의『근사록(近思錄)』수업을 받으며 자연스럽게 이황을 평생 스승으로 섬겼다.

벼슬살이 초부터 예기(銳氣)를 드러내다

유성룡은 25세인 명종 21년(1566년) 문과에 급제해 일찍 벼슬길에 들어섰다. 승문원과 예문관을 거쳐 선조 2년(1569년) 공조 좌랑으로 있을 때 성절사(聖節使) 서장관으로 뽑혀 명나라 경사(京師-북경)에 사행(使行)을 갔다. 당시 유명한 일화 두 가지가 정경세(鄭經世)가 지은 유성룡 행장(行狀)에 적혀 있다.

첫째, 경사에서 대궐에 들어가는데 행렬 맨 앞에 불교 승려와 도교 도사[僧道]가 서고 그 뒤에 유생들을 세운 것을 보고 유성룡이 명나라 유생들에게 말했다.

"그대들은 장보(章甫-유생)의 관을 쓰고도 오히려 저들 뒤에 선단 말인가?"

유생들이 답했다.

"저들은 관직이 있기 때문이다."

이에 행렬을 담당하던 서반(序班)을 불러 따지듯 말했다.

"우리는 유자의 예복을 입고서 관직에 있으니 도석(道釋-도교와 불교) 뒤에 설 수 없다."

서반이 외교를 담당하던 홍려시(鴻臚寺)에 말하니 승려와 도사를 뒤에 세우게 했다. 이를 본 명나라 유생과 사람들은 모두 감동했다.

둘째, 유성룡은 명나라 유생들에게 물었다.

"중국에서는 누구를 도학(道學)의 으뜸으로 삼는가?"

한참을 서로 돌아보며 망설이던 유생들이 말했다.

"왕양명(王陽明)과 진백사(陳白沙)이다."

유성룡이 말했다.

"진백사는 도(道)를 정밀하게 보지 못했고 왕양명 학문은 오직 선학(禪學)에서 나온 것이다. 내가 보건대 한결같이 정(正)에서 나온 설문청(薛文淸)만 못하다."

사행에서 돌아온 유성룡이 이황에게 이런 내용을 편지로 보내니 이황은 "육선(陸禪-육상산과 불교)이 천하를 혼란에 빠트리려 하는 데 공이 능히 수백 유생을 상대해 그 혼미함을 지적했으니 쉬운 일이 아니다"라고 치하했다.

이를 통해 유성룡은 이미 양명학과 도학·불교 등에도 조예가 깊었음을 알 수 있다.

그러나 앞으로 보게 되겠지만 유성룡은 정(正)만 고집하는 막힌 학자가 아니었고 늘 상황에 맞게 일을 처리하는 중(中)의 경세가였다. 이 점은 일찍부터 드러났다.

유명한 일화 하나가 있다. 그가 홍문관 수찬으로 있을 때인 선조 2년(1569년) 한창 제왕학 수업에 열중이던 어린 선조가 신하들에게 물었다.

"나는 옛날의 군주 중에서 누구를 닮았는가?"

정이주(鄭以周)라는 신하가 "전하의 다스림은 요순과 같습니다"라고 답하자 이를 지켜보던 강직한 성품의 김성일(金誠一)이 말했다.

"전하는 요순(堯舜)도 될 수 있지만 걸주(桀紂)도 될 수 있습니다."

성군(聖君)도 될 수 있고 하나라의 마지막 임금 걸이나 은나라의 마지막 임금 주처럼 폭군도 될 수 있다는 말이었다. 명민하긴 했으나 포용력이 부족했던 선조는 낯빛이 바뀌었다. 이때 성룡이 나섰다.

"정이주가 요순과 같다고 한 것은 그런 임금을 만들겠다는 뜻이고 김성일이 그렇게 말한 것은 걸주와 같은 임금이 되지 않도록 하겠다는 뜻이니 둘 다 임금을 사랑하는 마음에서 나온 것이 아니겠습니까?"

정확히 사안에 적중하는 중(中)의 대처법이었다.

이준경을 옹호하다

선조 3년(1570년) 명나라에서 돌아온 후 홍문관 부수찬과 수찬에 임명되어 경연(經筵)에 참여해 신왕(新王) 선조의 공부를 곁에서 도왔다. 당시 이런 유성룡 모습을 정경세는 "매번 입시해 답변할 때마다 명백하고 적절하고 분석이 정미(精微)하니 당시 강관(講官) 가운데 제일이라는 명성이 있었다"라고 전했다. 그 무렵 『실록』을 읽어봐도 전혀 과장이 아님을 알 수 있다.

선조 5년(1572년) 7월 7일 영의정 이준경이 졸했다. 이준경은 선조에게 올린 유차(遺箚)에서 네 가지를 당부했는데 그중 하나가 붕당의 조짐을 경고한 것이다. 『실록』은 "이때 심의겸(沈義謙)이 외척으로 뭇 소인과 체결해 조정을 어지럽힐 조짐이 있었기 때문에 이를 지적한 것"이라고 풀이하고 있다. 뭇 소인 중에는 이이도 포함되어 있었.

이에 홍문관 응교 이이는 격정의 소(疏)를 올려 이준경을 비판했다. "참으로 정신(廷臣)들이 사당(私黨)을 결성한 사실을 알았다면 어찌 정승으로 있으면서 입고(入告)할 때 명백하게 진술해서 그 길을 끊어버리지 않고, 임종할 때 이르러서야 감히 말을 꺼낸단 말입니까. 또 어째서 누가 붕당을 맺었다고 분명히 말하지 않고 얼버무림으로써 전하로 하여금 모든 군신을 다 의심하게 한단 말입니까. 이는 다름이 아닙니다. 준경이 붕당으로 지목한 자들은 모두 한때의 청망(淸望)을 등에 업고서 공론을 주장하는 자들이니, 만약 이름을 분명히 말하면 사림에 죄를 얻어 결과적으로 자신이 소인이 될 뿐만 아니라 아무리 전하라도 그가 현인을 해치고 나라를 병들게 한 것을 의심하실 것이기 때문입니다. 정직하고 강직한 자가 과연 이와 같단 말입니까."

많은 신하가 이이를 뒤이어 모두 같은 취지의 소를 올렸고 심지어 대간(臺諫) 중에는 이준경을 추죄(追罪)하자는 의견을 내는 사람들도 있었다. 이때 수찬 유성룡이 나섰다.

"그 말은 옳지 않으나 잘못을 가려내면 그만이지 죄를 청하기까지 하는 것은 대신을 대우하는 체모에 손상이 될 듯하다."

이로 인해 이준경에 대해 사람들은 더는 말을 하지 않았다. 평소 신망을 쌓지 않고서는 불가능한 일이었다.

그러나 3년 후인 선조 8년 이준경의 예상대로 조정에는 당쟁이 본격화된다. 유성룡은 동인, 이이는 서인에 속했다.

10만 양병 문제로 다시 이이와 충돌하다

유성룡은 선조 6년(1573년) 다시 이조 좌랑이 되었으나 부친상을 당해 사직하고 복제를 마친 다음 선조 9년(1576년) 여름에 헌납으로 조정에 복귀했다. 유성룡은 대체로 홍문관과 대간을 오가며 관력을 쌓고 있었다.

선조 11년 사간(司諫), 홍문관 응교를 지내고 이듬해 동부승지에 오른다. 선조 14년(1581년)에는 부제학이 되고 이듬해 대사간이 되었다가 같은 해 말 도승지로 승진했다.

유성룡에게 처음 시련이 찾아온 것은 선조 16년이다. 이른바 '10만 양병'을 둘러싼 논란이다. 이때 병조 판서 이이는 서얼허통과 '10만 양병' 육성 방안을 보고한다. 원래 10만 양병은 선조가 호조 판서로 있던 이이에게 "지금 우리의 국방력이 전조(前朝-고려)만도 못하다"라며 군대를 강화할 방안을 올리라 했다.

이에 이이는 "재주 있는 노비들의 속량(贖良)과 서얼허통 등을 통해 노력하면 10년쯤 지나 전조의 절반 정도 될 수 있다"라고 말했다. 고려의 절반이란 고려 말 홍건적이 쳐들어왔을 때 이를 반격하기 위해 고려가 동원한 군사력이 20만이었다는 기록이 있었으므로 거기에 기반을 두고서 했던 말이다.

그러나 이는 유성룡에 의해 좌절된다. 유성룡은 "나라에 아무 일도 없는 평화로운 때 군사를 양성하는 것은 화란의 단서를 만드는 것"이라는 논리로 반박했다. 다시 한번 유성룡이 이이를 이겼다.

그러나 사실 선조는 이이와 유성룡을 모두 아끼고 있었다. 이이가 사망한 후이긴 하지만 선조 18년 5월 28일 선조는 이런 말을 하고 있다.

"내가 등용한 현인은 이이와 성혼이기 때문에 무릇 이 두 사람을 공격하는 자는 반드시 간사한 자라고 했다. 유성룡도 역시 군자이다. 대현(大賢)이라고 불러도 좋다. 그 사람됨을 보고 그와 더불어 이야기하다 보면 깨닫지 못하는 사이에 심복할 때가 많다."

어쩌면 선조는 유성룡에게서 중화(中和)의 정치인을 발견했는지 모른다.

　물론 이이와 유성룡이 충돌하는 배후에는 당쟁이 자리하고 있었다. 이이는 서인이었고 유성룡은 동인이었다.

　그에 앞서 선조 16년 4월 17일 종친인 경안부령 이요가 선조와 독대하고 조정의 안정을 잃게 하는 당쟁의 폐해에 대해 상세하게 이야기하고 특히 "유성룡·이발·김효원·김응남 등은 동변(東邊-동인)의 괴수들로서 저희 멋대로 하는 일들이 많으니, 재억(裁抑)을 가하기 바란다"라고 건의를 했다.

　이요는 조식에게서 양명학의 세계를 전해 듣고 오직 이쪽으로만 파고든 인물로서 남언경과 함께 선조 때 조선에 양명학을 확산시키는 데 크게 기여한 인물이다. 학식이 뛰어나 선조가 많이 의지했던 종친이었다. 실제로 얼마 후 선조는 이조전랑의 자대제를 폐지해버렸다. 자대제란 자기 후임을 본인이 추천하는 제도이다. 그러나 동인들은 "다 두려워하고 기가 죽었으며 유성룡 등도 불안해 자리에서 물러났다"라고 이건창은 적고 있다. 그들은 "경안부령 이요가 이이의 가르침을 받아 한 짓"이라고 생각했다.

　왕실 종친이 노골적으로 정치에 개입하는 것은 금지돼 있었다. 당장 사헌부와 사간원 등에서 이요가 근거 없는 말을 했으니, 파직시켜야 한다고 들고일어났다. 이에 선조는 이렇게 답했다.

　"요가 아뢴 내용도 자못 일리가 있는 말들이었다. 내가 비록 매우 과매(寡昧)하기는 하나 그렇다고 아주 어리석은 임금은 아니다. 이번 일은 요에게 하등의 죄를 내릴 이유가 없는 것이다. 지금 이 말이 어찌하여 내 귀에 들어왔겠는가."

　선조도 당쟁의 실상을 상당히 파악하고 있었음을 보여주는 언급이다.

선조 16년 6월 11일 병조 판서 이이의 사소한 실수가 조정에서 큰 문제가 된다. 격무에 시달리던 이이가 이날 대궐에 들어왔다가 현기증이 생겨 선조를 알현하지 않고 병조에만 잠깐 들렀다가 집에 돌아간 것이 반대파들에게 탄핵의 실마리를 제공했다. 임금을 업신여겼다는 이유였다. 사헌부와 사간원의 탄핵이 있었고 홍문관까지 나섰다.

위기감을 느낀 동인 쪽의 대사간 송응개(宋應漑), 직제학 허봉(許篈) 등이 삼사에 연계(聯啓)를 올려, 이이가 병권을 마음대로 하고 임금을 업신여기며 파당을 만들어 바른 사람을 배척하므로 왕안석(王安石)과 같은 간신이라고 했다.

그때 서인 쪽의 영의정 박순(朴淳)과 호군 성혼(成渾)이 언근(言根)을 밝혀 주동자 처벌을 주장하면서, 송응개와 허봉을 외직으로 내쫓으려 했다. 그러나 삼사에서는 언론으로 죄줄 수는 없다고 맞섰다.

이에 다시 승지 박근원(朴謹元)과 송응개가 이이는 이익을 탐해 지방관을 위협하고, 사류를 미워하며 해쳤다고 공격했다. 그러자 이번에는 태학생과 전라도·황해도 유생들이 각각 연명으로 소를 올려 이이가 모함을 당했다고 변호하는 등 큰 파란이 일어났다.

선조는 죄를 밝혀 시비를 정하자는 서인 정철(鄭澈)의 주장을 받아들였다. 그러고는 사감을 가지고 정직을 가장해 공론을 가탁, 대신을 몰아내고 편당을 지어 임금의 총명을 가렸다는 죄목의 친필 교문을 내려 박근원을 평안도 강계로, 송응개와 허봉을 각각 함경도 회령과 갑산으로 귀양 보냈다. 이를 역사에서는 계미삼찬(癸未三竄)이라 한다. 찬(竄)은 유배 가다라는 뜻이다. 이듬해인 선조 17년(1584년) 이이는 세상을 떠났다.

서인이 주도하는 정국 속에서 섬 같은 동인 유성룡

이이가 세상을 떠난 직후인 선조 17년 9월 경상 감사로 있던 유성룡이 부제학이 되었다가 마침내 예조 판서로 승진 임명되고, 동지경연사(同知經筵事) 홍문관제학(弘文館提學)을 겸하게 되었다. 이에 유성룡이 글을 올려 힘껏 사임하니 선조는 수찰(手札)로 뜻을 전했는데 그 내용은 이러했다.

"옛 임금 가운데는 신하에게 신하로 대하는 자도 있었고, 벗으로 대하는 자도 있었으며, 스승으로 대하는 자도 있었다. 이 뜻은 비록 후세에 전하진 않으나 경이 10년 동안 경악(經幄-경연)에 나오면서 한결같은 덕으로 아무런 흠이 없었으니, 의리로는 비록 임금과 신하라 하나 정의로는 붕우(朋友)와 같다. 그 학문을 논하면 장구(章句)에 얽매이는 고루한 선비가 아니오, 그 재능을 말하면 족히 큰일을 감당할 만하다. 나만큼 경을 아는 사람이 없다."

이는 선조의 본심이었다. 그러나 당시는 서인 정철이 일방적으로 정국을 주도하고 있었다. 유성룡은 살얼음판을 걷고 있었다. 그에게 관직이 계속 내려왔지만, 유성룡은 대부분 사직하고 자리에 나아가지 않았다. 지극히 현명한 처신이었다.

그럼에도 유성룡에 대한 서인의 공격은 집요했다. 선조 18년(1585년) 의주 목사(義州牧使) 서익(徐益)이 소를 올렸다.

"정여립(鄭汝立)이 이이에게 보낸 글에서 '3인은 유배시켰으나 거간(巨奸)은 아직도 있다'라고 했는데 거간이란 유성룡을 가리킨 것입니다."

이때도 선조는 어찰(御札)을 내려 유성룡을 옹호하며 말했다.

"유성룡은 군자이다. 당대의 대현(大賢)이라 해도 옳다. 그 사람됨을 보고 말하노라면 저도 모르게 심복(心服)된다. 어찌 학식과 기상이 이와 같은 사람이 거간이 될 리 있는가? 어떤 담대한 자가 감히 이런 말을 한단 말인가?"

그러나 유성룡은 소를 올려 물러나야만 하는 다섯 가지 사유를 아뢰면서 이렇게 말했다.

"거취(去就)의 의리는 의식(衣食)처럼 당장 해야 하는 데 있는 것이지 미적거릴 일이 아닙니다. 나아감은 이(利)를 탐해서가 아니며, 물러남은 은혜를 저버려서가 아닙니다. 백세(百世)가 앞에 있고 천세(千世)가 뒤에 있습니다. 스스로 꾀하여 부끄러움이 없으면 이것이 대단한 것입니다."

이리하여 유성룡은 3년 동안 고향 인근에 머물며 학문을 연마했다.

선조 22년(1589년)에는 병조 판서에 제수되었지만, 조헌(趙憲)의 소로 인해 사직했다. 이때는 정여립의 난이 일으킨 후폭풍으로 동인들이 일망타진당하던 시기였다.

유성룡도 큰 위기에 처했다. 같은 해 12월 14일 전라도 유생 등이 이산해(李山海)·정언신(鄭彦信)·정인홍(鄭仁弘) 등을 배척하는 소를 올렸는데 여기에는 유성룡을 비판하는 내용도 있었다.

"유성룡은 소위 사류(士類)로 일신(一身)에 큰 명망을 차지하고 시론(時論)을 주관하면서 남의 말을 교묘히 피합니다. 이전의 일은 추구(推究)할 필요가 없으나 요즘 국사가 날로 위태로워지는 것을 보고도 사당(邪黨)을 배치시킬 뿐, 충현을 끌어들여 지난번의 과오를 고치는 계책으로 삼겠다는 한마디의 말도 없으며, 도리어 우성전(禹性傳)이 이산해와 김응남(金應南) 등의 기세를 꺾으려 한다 하여 옛 친구를 배반하고 새 붕당에 구합(苟合)하며, 매번 역적을 위해 부회(傅會)와 찬양으로 온갖 정태(情態)를 써서 그를 끌어들여 우익을 삼으려고 천의(天意-임금의 뜻)를 탐지하고 병관(兵官)에 주의해 낙점까지 받았으나, 그때 마침 조헌(趙憲)의 소가 올라와 취임시키지 못하고 말았습니다. 그가 만약 병정(兵政)을 차지해 흉모(凶謀)를 재촉했다면 당당한 국가야 아무런 걱정이 없겠지만, 혈전(血戰)에 임한 군사들이야 어찌 조그마한 손해뿐이겠습니까. 유성룡은 진실로 역모에 가담한 사람은 아니지만, 지금 만약 반성해본다면 태양 아래서 어떻게 낯을 들고 살 수 있겠습니까."

서인 입장에서도 유성룡을 옭아맬 증거가 없었던 것이다. 그것은 평소 진중한 언행이 없었다면 불가능했을 일이다. 선조는 오히려 이틀 후에 특지(特旨)로 유성룡을 이조 판서에 임명한다. 유성룡은 사직했지만, 선조는 받아들이지 않았다.

유성룡, 기지로 서인이 주도하는 정국을 뒤집다

이런 총애에 힘입어 49세 때인 1590년 우의정에 올랐고 이듬해에는 이조 판서를 겸직했다. 그가 우의정으로 있을 때 영의정은 이산해, 좌의정은 정철이었다. 이산해는 동인이었고 실권은 서인인 정철이 쥐고 있었다. 이때 유명한 사건이 일어난다. 이른바 건저의(建儲議), 즉 세자를 세우자고 했다가 한순간에 정철을 비롯한 서인들이 몰락하게 되는 일을 말한다.

임진왜란이 일어나기 1년 전인 1591년(선조 24년) 2월 우의정 유성룡이 좌의정 정철을 찾아와 영의정 이산해와 더불어 삼정승이 임금을 찾아뵙고 세자 책봉 문제를 건의하자고 제안했다. 이산해와 유성룡은 동인(-이어 남인), 정철은 서인이었다.

당시 정비인 의인왕후 박씨가 자식을 못 낳아서 조정에서는 암암리에 '광해군 세자론'이 퍼져 있던 때였다. 정철은 유성룡의 제안이 있었고 이산해와 유성룡은 같은 당파이니 서로 의견을 나눴을 것으로 생각했다. 게다가 자신이 삼정승 중에서 가장 힘이 막강한 좌의정이니 임금을 만나는 경연에서 먼저 이야기를 꺼내는 것이 순리라고 판단했다.

경연에서 정철이 이 말을 꺼내는 순간 선조의 분노가 폭발했다.

"지금 내가 살아 있는데 경은 무엇을 하고자 하는가?"

문제는 그 순간 이산해와 유성룡은 아무런 말이 없었다는 사실이다. 이산해와 유성룡의 술수에 걸려든 것이다. 결국 정철은 파직당해 마천령 넘어 함경도로 유배를 가게 된다.

여기서 정철이 옳고 이산해가 틀렸다는 말을 하려는 것이 아니다. 물론 그 반대도 아니다. 당시는 정여립의 난 직후여서 서로 피 말리는 정쟁을 하던 중이었다. 문제는 이산해가 구사한 술수가 지극히 고전적인 수법이라는 사실이다.

진덕수의 『대학연의』에 따르면, 한나라 무제 때 급암(汲黯)은 공손홍(公孫弘)과 더불어 황제에게 아뢰기로 했다가 정작 황제 앞에 이르자 급암은 자신의 품은 바를 남김없이 다 말했는데 공손홍은 오히려 면전에서 아첨을 일삼았다.

이처럼 함께 아뢰기로 하다가 면전에서 표변하는 수법은 당나라 현종 때도 등장한다. 사마광의 『자치통감』에 나오는 사례다. 당나라 현종은 삭방절도사 우선객(牛仙客)이 비용도 절감하고 무기 개량도 잘했다 하여 봉읍에서 실제로 받는 조세인 실봉(實封)을 높여주려 했다. 이에 충직한 성품의 장구령(張九齡)이 재상 이임보(李林甫)에게 말했다.

"실봉을 상으로 주는 것은 명신(名臣)과 큰 공을 세운 사람들에게 베푸는 것인데 어찌 변방의 장수를 고위직에 올리면서 이리 급하게 의논할 수 있겠습니까? 공과 더불어 힘껏 간언을 올려봅시다."

아첨에 능한 이임보는 그러자며 허락했다. 그러나 정작 황제에게 나아가 뵈었을 때 장구령은 할 말을 다했지만, 이임보는 침묵을 지켰다. 오히려 이임보는 물러 나와서 장구령의 말을 우선객에게 흘렸다. 다음 날 우선객이 황제를 알현해 울면서 호소하자 황제는 다시 우선객에게 상을 내리기로 하고 조정의 논의에 부쳤다.

여기서도 장구령은 원칙을 어겨서는 안 된다며 한사코 반대했다. 그 순간 이임보가 "재능이 중요하지, 사람됨을 말합니까? 천자가 사람을 쓰겠다는데 어찌하여 안 된다는 것입니까?"라고 하자 황제는 이임보는 꽉 막혀 있지 않아 좋다고 여겼다.

정철이 당시 고위 관리들의 필독서였던 진덕수의 『대학연의』를 제대로 보았다면 거기에 여러 차례 등장하는 낡은 덫에 걸리지 않았을 것이다. 그가 충신이냐 간신이냐를 떠나 정철은 사람을 알아보는 데 어두웠고 제대로 된 독서가 없었으므로 버젓이 책에 나와 있는 사례를 피할 줄 몰랐다가 귀양까지 가는 고초를 겪었다는 점에서 크게 동정의 여지는 없어 보인다.

이 일로 서인은 몰락했다. 이 사례는 유성룡이 정치 술수에도 만만치 않은 능력을 갖췄음을 보여준다. 얼마 후 좌의정에 오르는 데 이때 역시 이조 판서를 겸했다. 그에 대한 선조의 총애가 얼마나 컸는지를 단적으로 보여주는 장면이다.

재상으로 임진왜란을 만나다

그러나 좌정승에 오른 유성룡을 기다리고 있던 것은 조선 건국 200년 만에 찾아온 최대의 위기, 임진왜란이다.

전쟁이 발발하자 오히려 유성룡의 활약은 눈부시다는 말만으로도 다 할 수 없을 만큼 국난을 극복하는 데 온 힘을 쏟았다. 물론 그것은 고난의 연속이기도 했다. 전란의 와중에도 당쟁은 멈추기는커녕 더욱 격화됐기 때문이다.

유성룡은 전쟁이 발발한 직후 병조 판서를 겸하고 도체찰사로 군무(軍務)를 총괄했다. 이어 영의정이 돼 왕을 호종(扈從-임금을 호위하는 일)했으나 평양에 이르러 나라를 그르쳤다는 반대파의 탄핵을 받고 면직됐다. 다시 의주에 이르러 평안도 도체찰사가 되고, 이듬해 명나라의 장수 이여송(李如松)과 함께 평양성을 수복, 그 뒤 충청·경상·전라 3도의 도체찰사가 되어 파주까지 진격했다. 이해에 다시 영의정에 올라 4도의 도체찰사를 겸해 군사를 총지휘했다.

그해 10월 선조를 호위하고 서울에 돌아와 훈련도감 설치를 요청했으며, 변응성(邊應星)을 경기좌방어사로 삼아 용진(龍津)에 주둔시켜 반적(叛賊)들의 내통을 차단할 것을 주장했다. 물론 이순신의 후원자 역할을 맡아 남해를 지켜낸 공 또한 빠트릴 수 없다.

북인, 유성룡을 진회로 몰아세우다

선조 31년(1598년) 12월 6일 북인 이이첨(李爾瞻)이 주도한 홍문관 관리들이 소를 올려 유성룡을 탄핵했다. 그 배후에는 정인홍이 있었다.

"전 풍원 부원군 유성룡은 성품이 강퍅하고 행실이 사악할뿐더러 권병을 잡았을 때는 그의 세력이 불길처럼 치솟아 두렵기만 했습니다. 제일 먼저 화의를 주창해 호택(胡澤) 심유경(沈惟敬)의 말에 부회하면서 감히 최황(崔滉)의 정직한 변론을 꺾어 입을 열지 못하게 했으니, 송(宋)나라 때 진회(秦檜)가 증개(曾開)를 매섭게 꾸짖은 일과 같습니다. 그러나 진회는 천하 사람들이 자기를 논의할까 두려워해 대간으로 하여금 가부(可否)를 의논하게 했는데 유성룡은 서신과 폐물(幣物)을 몰래 보내어 사람들로 하여금 알지 못하게 했으니, 그는 또한 진회의 죄인입니다.

옛날에 호전(胡銓)이 글을 올려 진회를 참수할 것을 청했는데, 노추(虜酋)에게 그 말이 전해지자, 군신이 놀라면서 송나라에도 사람이 있다고 감탄까지 했습니다. 지금 양사의 논의가 실제로 간사한 무리를 제거하고 화의를 주창한 자를 죄주자는 데서 나온 것이라면, 풍신수길(豊臣秀吉-도요토미 히데요시)의 군신들도 그 말을 듣고 놀랄지 어찌 알겠습니까. 삼가 바라건대, 속히 양사의 주청에 따르시어 신인(神人)의 분한을 조금이나마 풀어주소서."

유성룡은 전란 내내 명나라 군대를 지원하고 국방력을 강화하는 등의 힘을 쏟았으나 전쟁이 끝나가던 1598년 명나라 경략(經略) 정응태(丁應泰)가 조선이 일본과 연합해 명나라를 공격하려 한다고 본국에 무고한 사건이 일어났다. 이에 이 사건의 진상을 변명하러 가지 않는다는 북인들의 탄핵으로 관작을 삭탈 당했다. 정경세는 말한다.

"애초에 정인홍은 평소 공을 원수로 여겨 음해하려 했는데 대신으로서 공을 미워하는 자와 멀리에서 서로 결탁했다. 이에 이르러 정인홍의 문객 문홍도(文弘道)가 정언(正言)이 되자 어깨에 힘을 주며 맡고 나서 온갖 말로 헐뜯으며 당(唐)과 남송(南宋) 때의 간신인 노기(盧杞)와 진회에 견주기까지 했다."

조선에서는 그 후에도 주화(主和)를 주장하는 대신을 진회라고 몰아세웠다. 병자호란 때 최명길도 진회로 몰렸다.

영욕의 벼슬살이를 마치고 은거하며 『징비록』을 짓다

유성룡은 1600년에 복관되었으나 다시 벼슬을 하지 않고 은거했다. 그가 은거해 처음 한 일은 퇴계 이황의 연보(年譜)를 편찬하는 것이었다.

평생을 조선, 그것도 선조(宣祖)를 위해 봉사했으나 그에게 돌아온 것은 지독한 불명예였다. 그로서는 참으로 억울했을 것이다. 지금도 그가 남긴 책 『징비록(懲毖錄)』을 읽어보면 그 원통함이 행간에 남아 있는 듯하다. 명재상이었으나 결코 행복했던 벼슬살이는 아니었다.

선조 40년(1607년) 5월 13일 유성룡은 졸했다. 졸기를 대신해 사신평이 균형 잡혀 있어 싣는다.

유성룡은 경상도 안동(安東) 풍산현(豊山縣) 사람이다. 타고난 자질이 총명하고 기상이 단아했다. 어린 나이에 퇴계 선생의 문하에 종유(從遊)하여 예로써 자신을 단속하니 보는 사람들이 그릇으로 여겼다.

어린 나이에 과거에 급제하여 명예가 날로 드러났으나 아침저녁 여가에 또 학문에 힘써 종일토록 단정히 앉아서 조금도 기대거나 다리를 뻗는 일이 없었다. 사람을 응접(應接)하는 즈음에는 고요하고 단아하여 말이 적었고 붓을 잡고 글을 쓸 때는 일필휘지(一筆揮之)하여 뜻을 두지 않는 듯했으나 문장이 정숙(精熟)하여 맛이 있었다.

여러 책을 박람(博覽)하여 외지 않은 것이 없었는데 한 번 눈을 스치면 환히 알아 한 글자도 잊어버리는 일이 없었으며 의리(義理)를 논설하는 데는 뭇 서적에 밝아 수미(首尾)가 정밀하니 듣는 이들이 탄복했다.

사명(使命)을 받들고 경사(京師)에 갔을 때 중국의 선비들이 모여들었으나 힐난(詰難)하지 못하고서는 서애 선생(西厓先生)이라고 칭했다. 이로 말미암아 명예와 지위가 함께 드러나고 총애가 융숭했다.

재상의 자리에 올라서는 국가의 안위(安危)가 그에 의지했는데, 정인홍(鄭仁弘)과 의논이 맞지 않아서, 인홍이 매번 공손홍(公孫弘)이라 배척했고, 유성룡 역시 인홍의 속이 좁고 편벽됨을 미워하니, 사론(士論)이 두 갈래로 나뉘어져 서로 공격하는 것이 물과 불같았다.

유성룡은 조목(趙穆)·김성일(金誠一)과 함께 퇴계 문하에서 배웠다. 성일은 강의(剛毅), 독실하여 풍도가 엄숙하고 단정했으며 너무 곧아서 조정에 용납되지 못했으나 대절(大節)이 드높아 사람들의 이의(異義)가 없었는데 계사년(1593년) 나랏일에 진력하다가 군중(軍中)에서 죽었다.

조목은 종신토록 은거하면서 학문에 독실하고 자수(自修)했으나, 나라에 어려운 일이 많게 되자 강개(慷慨)해 마지않았는데 지난해 죽었다. 조목은 일찍이 성일을 낮게 생각하고 성룡을 못 하게 여겼는데,

만년에는 성룡이 하는 일에 매우 분개하여 절교(絶交)하는 편지를 쓰기까지 했다. 퇴계 문하에서는 이 세 사람을 영수(領袖)로 삼는다.

유성룡은 조정에 선 지 30여 년 동안 재상으로 있은 것이 10여 년이었는데, 상의 권우(眷遇)가 조금도 쇠하지 않아 귀를 기울여 그의 말을 들었다. 경악에서 선한 말을 올리고 임금의 잘못을 막을 적엔 겸손하고 뜻이 극진하니 이 때문에 상이 더욱 중히 여겨 일찍이 말하기를 '내가 유 모(柳某)의 학식과 기상을 보면 모르는 사이에 심복(心服)할 때가 많다'라고 했다.

그러나 규모(規模)가 조금 좁고 마음이 굳세지 못하여 이해가 눈앞에 닥치면 흔들림을 면치 못했다. 그러므로 임금의 신임을 얻은 것이 오래였었지만 직간했다는 말을 들을 수 없었고 정사를 비록 전단(專斷)했으나 나빠진 풍습을 구하지 못했다.

기축년(1589년)의 변에 권간(權奸)이 화를 요행으로 여겨 역옥(逆獄)으로 함정을 만들어 무고한 사람을 얽어서 자기와 다른 사람을 일망타진하여 산림(山林)의 착한 사람들이 잇따라 죽었는데도 일찍이 한마디 말을 하거나 한 사람도 구제하지 않고 상소하여 자신을 변명하면서 구차하게 몸과 지위를 보전하기까지 했다.

임진년과 정유년 사이에는 군신(君臣)이 들판에서 자고 백성이 고생했으며 두 능(陵)이 욕을 당하고 종사(宗社)가 불에 탔으니, 하늘까지 닿는 원수는 영원토록 반드시 갚아야 하는데도 계획이 굳세지 못하고 국시(國是)가 정해지지 않아서 화의(和議)를 극력 주장하며 통신(通信)하여 적에게 잘 보이기를 구하여서 원수를 잊고 부끄러움을 참게 한 죄가 천고(千古)에 한을 끼치게 했다.

이로 말미암아 의사(義士)들이 분개해 하고 언자(言者)들이 말을 했다. 부제학 김우옹(金宇顒)이 신구(伸救)하는 상소 가운데 '성룡은 역시 얻기 어려운 인물입니다마는 재보(宰輔)의 기국(器局)이 부족하고 대신(大臣)의 풍력(風力)이 없다'라고 했으니, 이것이 정확한 논의이다. 무술년(1598년) 겨울에 (명나라에) 변무(辨誣)하는 일을 어렵게 여겨 사피함으로써 파직되어 전리(田里)로 돌아갔다. 그 후에 직첩(職牒)을 돌려주었고 상이 그의 병이 위독하다는 말을 듣고는 의관을 보내 치료하게 했었는데 이때에 이르러 졸한 것이다.

『선조수정실록』졸기에는 그의 장점을 이렇게 기록했다.

임진란이 일어난 뒤 건의하여 처음으로 훈련도감을 설치했는데 척계광(戚繼光)의 『기효신서(紀效新書)』를 모방하여 포(砲)·사(射)·살(殺)의 삼수(三手)를 뽑아 군용을 갖추었고 외방의 산성(山城)을 수선(修繕)했으며 진관법(鎭管法)을 손질하여 비어책(備禦策)으로 삼았다. 그러나 유성룡이 자리에서 떠나자 모두 폐지되어 실행되지 않았는데 유독 훈련도감만은 존속되어 오늘에 이르도록 그 덕을 보고 있다.

그리고 그의 단점을 이렇게 말했다.

일찍이 임진년의 일을 추기(追記)하여 이름하기를 『징비록』이라 했는데 세상에 유행되었다.
그러나 식자들은 자기만 내세우고 남의 공은 덮어버렸다고 하여 이를 기롱(譏弄-실없는 말로 놀림)했다.

제15장

임금 셋을 바른 도리로 모신 명재상
이원익

왕실 종친이 다하다

"강정(剛正), 청고(淸苦)했다."

서인(西人)이 집필을 주도한 『인조실록』에서 남인(南人) 계통의 정승 이원익(李元翼)이 졸(卒)했을 때 그의 사람됨과 생활 모습을 표현한 문장이다. 굳세고 바른 성품에 지나칠 정도로 깨끗함을 지켰다는 말이다.

이원익은 태종의 아들 익녕군(益寧君) 이치의 4세손이며, 수천군(秀泉君) 이정은(李貞恩)의 증손으로, 할아버지는 청기수(靑杞守) 이표(李彪)이다. 아버지는 함천정(咸川正) 이억재(李億載)다. 여기서 조상 직함이 흥미로운데 군(君), 수(守), 정(正)은 모두 왕실 사람들에게 내리는 작호다. 그리고 정(正)을 끝으로 친진(親盡)이 된다. 친진이란 왕실과의 친척 관계가 끝난다는 뜻이다. 그럼으로써 마침내 일반 선비들과 마찬가지로 과거에 응시할 수 있게 된다.

1547년(명종 2년)에 태어난 이원익은 23세 때인 1569년(선조 2년) 별시 문과에 병과로 급제해 이듬해 승문원 권지 부정자로 벼슬살이를 시작했다. 사람과 번잡하게 어울리기를 좋아하지 않았고 공적인 일이 아니면 외출도 잘 하지 않는 성품이었다 한다. 유성룡이 일찍부터 이원익의 비범함을 알고 있었다고 한다. 두 사람은 훗날 같은 남인으로 활동하게 된다.

그러나 젊은 시절의 이원익은 호연지기를 품은 청년이었다. 그의 비명(碑銘)은 청년 이원익의 모습을 이렇게 전한다.

젊었을 때 기품이 자못 호방했다. 집이 낙산(駱山) 아래에 있었는데 번번이 거문고를 가지고 산에 올라 스스로 타고 노래했으며 옛사람의 악부(樂府)까지도 소리를 길게 끌며 소리 높여 읊으면 다 곡조에 맞았다. 때로는 삼각산(三角山)의 백운대(白雲臺)와 개성(開城)의 성거산(聖居山)과 영동(嶺東)의 풍악(楓岳-금강산)과 영변(寧邊)의 묘향산(妙香山) 등 기승(奇勝)이며 유명한 곳에는 모두 얽매임 없이 홀로 가서 즐겼다.

승문원에서 한어(漢語)를 익히다

승문원은 외교 문서 작성을 담당하던 관청으로 중국·왜·여진과 주고받을 문서를 담당하는 기관이다. 문과 급제자가 주로 배치되어 신진 관리로서의 기본을 익히는 곳이기도 했다. 이원익은 2년 정도 승문원 부정자, 정자(正字-정9품), 저작(著作-정8품)을 지내면서 중국어 과목에서 늘 우등을 차지했다.

이어 성균관으로 옮기는데 1573년(선조 6년)에 성절사 권덕여(權德輿, 1518~1591년)의 질정관으로 임명받아 북경을 다녀온다. 상당히 이른 시기에 명나라를 보고 온 것이다. 그 후 호조·예조·형조의 좌랑을 거쳐 1574년 가을 황해도 도사로 부임한다. 도사는 종5품직으로 관찰사를 보좌하는 외직이다. 이때 권덕여가 관찰사로 있었는데 얼마 후 병으로 사직하고 후임으로 이이가 왔다.

이원익은 무엇보다 이재(吏才)에 뛰어났다. 그는 군적(軍籍)을 체계적으로 정리해 높은 평가를 받았다. 이이는 그를 높이 평가했다. 『선조수정실록』 9년(1576년) 1월 2일 자에는 이원익이 사간원 정언(正言)에 임명되었음을 알리고 파격적으로 이 배경을 상세하게 전한다.

> 황해도사(黃海都事) 이원익(李元翼)을 정언으로 삼았다. 원익은 젊어서 과거에 올랐는데, 조용히 자신을 지켰으므로 사람들이 그를 알지 못했다. 성균관 직강으로 있다가 황해도사가 되었는데, 감사 이이가 그의 재주와 국량이 비범함을 살피고서 감영(監營)의 사무를 맡기었다. 이이가 조정으로 돌아와 원익의 재기(才器)와 조행(操行)이 쓸 만하다고 말하고, 드디어 홍문선(弘文選)에 기록했다. 이윽고 정언에 제수되니 대신들이 제목(除目)을 보고 기뻐하여 말하기를 '이 사람이 부지런하고 조심하며 재주가 있는데도 하급 관료로 침체해 있었는데 이제야 현직(顯職)에 통했으니, 조정에 공론이 있다 하겠다'라고 했다. 이때 군적을 처음 반포했는데 제도(諸道)의 일을 맡은 사람

들이 어떤 이는 소략하게 하고 어떤 이는 각박하게 하여 백성 원망이 많았다. 그런데 해서(海西-황해도)에서 만든 군적만이 최고로 일컬어지니 원익은 이 일로 이름이 드러났다.

그해 내직으로 돌아온 이원익은 사헌부 지평·헌납·장령, 홍문관 교리·응교 등 청요직을 거쳐 동부승지를 시작으로 선조를 지근거리에서 보필했다.

당쟁의 불똥이 튀다

선조 16년(1583년) 6월 11일 병조 판서 이이의 사소한 실수가 조정에서 큰 문제가 된다. 격무에 시달리던 이이가 이날 대궐에 들어왔다가 현기증이 생겨 선조를 알현하지 않고 병조에만 잠깐 들렀다가 집에 돌아간 것이 반대파들에게 탄핵의 실마리를 제공했다. 임금을 업신여겼다는 이유였다. 사헌부와 사간원의 탄핵이 있었고 홍문관까지 나섰다.

이에 대한 선조의 반박은 논리정연했다. 6월 20일 선조는 대신들에게 다음과 같은 글을 내렸다.

우선 사소한 일을 확대해서 문제 삼는 양사(兩司-사헌부와 사간원)와 옥당(玉堂-홍문관)을 비판하면서 정말 이이가 임금을 업신여긴 대죄를 지었다면 파직 정도의 처벌을 제시한 양사나 옥당도 잘못이라고 거꾸로 몰아세웠다. 그것은 결국 당파적 이유에서 이이를 내쫓으려는 시도 아니냐는 다그침이었다. 그리고 이렇게 말한다.

"경들이 만약 이이를 일러 나라를 그르친 소인이라고 한다면 마땅히 죄를 분명히 밝혀 그를 물리쳐야 할 것이다. 그렇게 하지 못하면 그를 공격하는 자가 소인이다. 임금이 소인을 등용하고서 나라가 잘 다스려지는 이치가 어디에 있는가. 오늘이야말로 숙특(淑慝)을 가려낼 수 있는 때가 아니겠는가. 경들로서는 확실히 가려내지 않고 어물어물해서는 안 된다. 조정이 각기 유파끼리 분당(分黨)되어 나랏일이 날로 글러가고 있는 데도 대신들이 그것을 밝혀내지 못한다면 나랏일이 장차 어떻게 되겠는가."

이날 당장 홍문관 관리 전원이 자신들이 붕당으로 몰렸다며 사직을 청했으나 선조는 이를 반려했다. 정승들도 이이에게 문제가 없지만 병조 판서 자리가 너무 중하니 일단 병조 판서를 교체할 것을 청했다. 선조도 결국 이들의 청을 받아들인다. 그런데 그때 정승들에게 병조 판서 교체를 지시하면서 했던 말이 인상적이다.

"이이가 고향으로 돌아가 흰 구름 위에 높이 누워 있으면 누가 그를 옭아맬 수 있겠는가?"

병조 판서 교체는 선조가 이이를 위해서 어쩔 수 없이 내렸던 조처였던 것이다.

그런데 여기서 보듯 당쟁에 대한 선조의 대응은 미온적이고 수세적이다. 대안(代案)이 없어서다. 고민은 깊어가고 있었다. 하지만 이이의 사퇴는 조정에 보다 심각한 당파싸움이 일어나게 된다는 것을 예고하고 있었고 선조도 그 의미를 정확하게 파악하고 있었다.

동인 계열 대사간 송응개를 정점으로 한 홍문관 전한(典翰) 허봉, 승지 박근원 등이 주도한 이이 탄핵은 일단 성공이었다. 늘 이이의 중재역에 대해 의심의 눈길을 보내던 동인 세력이 승리를 거두는 듯했다.

일전에 이이가 후견인 역할을 하던 백인걸의 상소문을 대필해준 적이 있는데 그것을 문제 삼아 이이를 공격했던 송응형은 송응개의 형이다. 형제가 모두 이이와 악연이었다.

허봉도 부친이 병중에 있는데도 기생들과 놀았다는 이유로 직제학에 추천됐다가 이이의 반대로 좌절된 적이 있어 이이에 대한 감정이 좋지 않은 터였다.

그런데 다음 날 대사간 송응개가 선조를 찾아와 성혼, 이이, 심지어 영의정 박순까지 몰아세우는 반론을 펼쳤다. 그들은 모두 심의겸을 비롯한 서인과 한통속이라는 것이었다.

이미 선조의 마음은 정해졌다. 송응개의 발언이 끝나자, 선조는 "네 말이 설사 전부 옳다고 하더라도 진작 이야기하지 않고 지금에야 말하는 것은 불충(不忠)이다. 대사간에서 물러나라"라고 면박을 주었다. 본인에게 면전에서 파직을 명하는 것은 극히 이례적인 일이다. 그만큼 선조는 동인들의 이이 탄핵에 분노하고 있었다.

이날 바로 송응개는 장흥 부사로, 허봉은 창원 부사로 좌천되었다. 도승지 박근원을 포함해 이들 세 사람이 유배 간 일을 역사에서는 계미삼찬(癸未三竄)이라 부른다. 당시 승지들을 모두 교체하는데 이원익도 동인인지라 함께 관직에서 물러났다.

4년 만에 평안도 안주 목사가 되어 복귀하다

『선조수정실록』 20년(1587년) 4월 1일 자에 이원익이 안주 목사에 임명되었는데 이때도 이례적으로 배경과 안주 목사로서 업적이 상세하게 기록되어 있다.

이원익을 안주 목사(安州牧使)로 삼았다.

이원익이 파산(罷散)하여 있다가 친상을 당하여 복을 마쳤으나 오히려 복관되지 못했다. 이때 안주는 관방(關防)의 중요한 진영인데 재해를 여러 차례 겪고 기근이 들어 조폐(凋弊)되었다는 것으로 명망이 중한 문신을 정밀히 골라 그 지방을 다독거려 수습하게 하되 구임(久任)시켜 공을 세우도록 책임 지우기를 청했다. 명관(名官)이 모두 꺼려 피하기를 도모했으므로 상이 이조에 명하여 반드시 적합한 사람을 얻도록 책임 지웠는데 판서 권극례(權克禮, 1531~1590년)가 이로 인하여 면관된 사람을 기용하고자 하여 이원익을 주의(注擬)하니 상이 허락하여 이 임명이 있게 된 것이다.

이원익이 단기(單騎)로 부임하여 먼저 조곡(糶穀) 1만 석을 감사(監司)에게 청해다가 종자를 주어 경작을 권했더니 가을이 되자 큰 풍년이 들어 조곡을 갚고도 창고가 가득 찼다. 드디어 군정(軍政)을 변통하고 잡역을 감면하여 몸소 변진(邊鎭)에 양세(粮稅)를 납입하게 하여 조등(刁蹬)의 폐단을 없앴다.

안주는 서로(西路)에서 누에치기를 힘쓰지 않았다. 이원익이 백성에게 뽕나무를 심어 누에치기를 권장하니 사람들이 이를 이공상(李公桑)이라 불렀다.

근면하고 민첩하고 청렴하고 일을 잘 처리했으므로 아전은 두려워하고 백성은 사모하여 치적이 크게 나타났다. 자주 포상을 받아 승질(陞秩)하여 환조(還朝)하기에 이르렀으니, 이원익의 명망은 여기에서 기초 되었다.

조등(刁蹬)이란 간사한 꾀를 써서 물가를 오르게 하는 일을 말한다.

서인 윤두수의 천거로 중앙에 돌아와 형조 참판에 오르다

안주 목사로 2년 반을 일한 뒤인 선조 22년(1589년) 9월 이원익은 서인의 중심인물 윤두수(尹斗壽, 1533~1601년) 추천으로 형조 참판에 임명된다.

이원익을 형조 참판으로 삼았다. 원익은 정사가 최(最)를 맞아 품계가 가선대부(嘉善大夫)에 올랐는데 임기가 차자 이 임명이 있었다. 윤두수(尹斗壽)가 그때 감사가 되어 모든 군사와 백성에 관한 사무가 있으면 그때마다 차임(差任)하여 그와 의논했는데 건혁(建革)한 바가 많았고 일이 완료되면 그의 공로를 계문(啓聞)했다. 원익도 두수가 도량이 있고 임사(任使-맡기고 부리기)를 잘한다 하여 그에게 쓰이기를 좋아했다. 그래서 관서 지방의 민정(民政)에 정리된 바가 자못 많았다.

두 사람 모두 당파를 넘어서는 도량이 있었기에 가능한 일이었다. 이어 3년 후 임진왜란이 터지기 전까지 이원익은 대사헌, 호조·예조·이조 판서를 지냈다.

임진왜란 중에 정승에 오르다

일차적으로 이원익의 관리로서 뛰어난 면모가 발휘된 때는 임진왜란 시기였다. 임진왜란이 발발하자 이조 판서로서 평안도 도순찰사의 직무를 띠고 먼저 평안도로 향했고 평양마저 위태롭자, 영변으로 옮겼다.

이는 장차 상이 서행(西幸-몽진)할 것을 대비하기 위함이었다. 원익은 일찍이 안주 목사를 지내, 은혜를 베푸는 정치를 했으므로 민심이 귀의했다.
그래서 그들을 먼저 보내 어루만져 달램으로써 순행(巡幸)에 대비하려는 것이었다.

이때 평양 수비군이 겨우 3,000여 명으로서 당시 총사령관 김명원(金命元)의 군 통솔이 잘 안 되고 군기가 문란함을 보고 먼저 당하에 내려가 김명원을 원수(元帥)의 예로 대해 군의 질서를 확립했다.
그러나 평양이 함락되자 정주로 가서 군졸을 모집하고, 관찰사 겸 순찰사가 되어 왜병을 토벌하는 데 전공을 세웠다.
1593년 정월 이여송(李如松)과 합세해 평양을 탈환한 공로로 숭정대부(崇政大夫)에 가자(加資)됐고 선조가 환도한 뒤에도 평양에 남아서 군병을 관리했다.
1595년(선조 28년) 우의정 겸 4도 체찰사로 임명됐으나 주로 영남체찰사영에서 일했다. 마침내 정승의 반열에 오르긴 했으나 모든 것이 어수선할 때였다.

『국조인물고』가 전하는 당시 이원익 활약상이다.

을미년(乙未年-1595년, 선조 28년)에 의정부 우의정에 제수되고 선무공신(宣武功臣)의 호를 받고 완평 부원군(完平府院君)에 봉해지고 조정에 돌아와 사도 도체찰사(四道都體察使)를 겸하고 영남(嶺南)에 독부(督府)를 개설했다.

이때 중국 군사가 변경(邊境)까지 가까이 갔는데, 공이 식량 공급을 잘 조정하여 군량이 모자라게 하지 않았다. 또 적을 제압하는 요령은 성을 지키는 것 말고는 딴 방책이 없다고 생각하여 곧 각처의 산성(山城)을 수선했다. 이때 군율(軍律)이 해이하여 문란해지고 제도(諸道)의 장수가 법을 어기는 일이 많으므로 다 잡아다가 매를 때렸는데, 사납고 무지한 자일지라도 그 엄명한 데에 복종하고 원망하는 뜻이 없었다.

무엇보다 이 기간에 이순신을 지켜주고 보호한 사람은 이원익이었다. 『선조실록』 29년(1596년) 10월 5일 한양으로 올라온 이원익에게 선조는 이순신에 관해 묻는다.

상이 말했다.
"통제사 이순신은 힘써 종사하고 있던가?"
이원익이 아뢰었다.
"그 사람은 미욱스럽지 않아 힘써 종사하고 있을뿐더러 한산도(閑山島)에는 군량이 많이 쌓였다고 합니다."
상이 말했다.

"당초에는 왜적들을 부지런히 사로잡았다던데, 그 후에 들으니 태만한 마음이 없지 않다 했다. 사람 됨됨이가 어떠하던가?"

이원익이 아뢰었다.

"소신의 소견으로는 많은 장수 가운데 가장 쟁쟁한 자라고 여겨집니다. 그리고 전쟁을 치르는 동안 처음과는 달리 태만했다는 일에 대해서는 신이 알지 못하는 바입니다."

상이 말했다.

"절제(節制)할 만한 재질이 있던가?"

이원익이 아뢰었다.

"소신의 생각으로는 경상도에 있는 많은 장수 가운데 순신이 제일 훌륭하다고 여겨집니다."

이순신 또한 이원익에게 깊은 감사의 뜻을 품고 있었다. 이 점은 『난중일기』 곳곳에서 확인할 수 있다. 이순신은 이원익을 상국(相國)이라고 존칭했다.

선조 31년(1598년) 이원익은 영남에서 조정으로 돌아왔다. 이때 명나라의 정응태가 경리(經理) 양호(楊鎬)를 중상모략한 사건이 발생해 조정에서 명나라에 보낼 진주변무사(陳奏辨誣使)를 인선하자 당시 영의정 유성룡에게 "내 비록 노쇠했으나 아직도 갈 수는 있다. 다만 학식이나 언변은 기대하지 말라"며 자원했다.

그는 이미 선조 때 좌의정과 영의정에 올라 당쟁이 극심하던 상황에서 정도(正道)를 고수하며 물러나기를 여러 차례 했다. 이를 통해 그는 극소수 당파를 제외한다면 범당파의 지지를 받는 거의 유일한 재상으로 자리 잡았다.

명나라 정응태와 맞서다

『국조인물고』에는 이때 명나라에 가던 도중 이원익이 명나라 간신 정응태(丁應泰)에게 당당하게 맞서는 장면이 생생하게 나온다.

이때에 공이 떠나서 압록강에 이르렀는데 뜻밖에 정응태 일행이 왕래하는 것을 만났다. 정응태가 공이 가면 반드시 경리(-양호)를 칭찬하여 아뢰리라는 것을 알고 크게 섭섭히 여겨 어두워진 뒤에 두세 장관(將官)을 보내어 요동(遼東) 경계까지 공을 쫓아가서 매우 급하게 돌아가기를 재촉했다.
공이 중국말을 알아듣고 또 말하기를 "우리들은 국왕의 명을 받들고 중국 조정에 들어가는데, 이제 중도에서 멈추게 하면 임금의 명을 막는 것이다. 너희들이 힘으로 일행을 묶어서 거꾸로 실어 갈 수는 있겠으나, 우리들이 국왕에게 변명할 말이 있을 터인데, 어찌 너희가 그럴 수 있겠는가?" 하니, 장관이 강제할 수 없음을 알고 드디어 돌아갔다.
정응태가 중국 조정에 사람을 보내어 곧바로 아뢰기를 "신이 조선에 가니 길가에 떨어진 작은 책 하나가 있었는데 다 조선이 왜를 섬기는 절목(節目)이었습니다. 이번 왜구(倭寇)는 수상(首相) 이원익과 그 국왕이 길을 빌려주어 인도한 것이니, 이원익을 하옥하고 엄히 캐어물으면 그 정상이 절로 나타날 것입니다"라고 했는데, 그 말이 갖가지로 기교(奇巧)했다.
공이 드디어 부사(副使) 허잠(許箴)과 서장관(書狀官) 조정립(趙正立)과 함께 날마다 육부(六部)와 과도관 도어사(科道官都御史)의 아문(衙門)

에 말하여 해명하고 또 통정사(通政司)에 정문(呈文-글을 올림)하고는 머리로 바닥을 두들겨 피를 흘리고 각로(閣老)가 나오는 것을 기다려 호소하니, 각로가 온화한 말로 이르기를 "내가 이미 알고 있으니, 위에 전달하여 아뢸 것이오"라고 했다.

광해군 시대와 이원익

당시 이원익이 갖고 있던 중망(重望)은 광해군이 즉위한 후 북인 세력이 정권을 잡았음에도 그가 불려 가서 다시 영의정이 된 것에서 알 수 있다. 북인은 원래 남인과 함께 동인이었으나 정여립 난을 기점으로 서인에 대한 태도가 온건한 쪽은 남인, 급진적 태도 쪽은 북인으로 갈렸다. 당색이 약하기는 했지만, 이원익은 일관되게 유성룡을 따라서 온건 남인이었다.

영의정으로서 그의 관심은 일차적으로 정쟁이 아니라 민생(民生)이었다. 전쟁 복구와 민생 안정책으로 국민의 부담을 덜어주기 위해 호조 참의 한백겸(韓百謙)이 건의한 대동법(大同法)을 경기도 지방에 한해 실시해 토지 1결(結)당 쌀 16두(斗)를 공세(貢稅)로 바치도록 했다. 백성의 고통을 덜어주기 위함이었다.

시간이 흘러 점점 광해군이 난폭해지자 신변의 위험을 무릅쓰고 대비에 대한 효도, 형제간의 우애, 여색에 대한 근신, 국가 재정의 절검 등을 극언으로 간쟁했다. 하루는 궐 중에서 광해군의 잘못을 곧바로 지적했는데 광해군이 진노해 옷을 털고 들어가 비빈(妃嬪)들에게 말하기를 "내가 모욕당한 것이 지극하다. 너희들은 삼가라. 그러지 않으면 그 손에 죽을 것이다"라고 했다.

그 후 이원익은 광해군 친형 임해군(臨海君)의 처형에 극력으로 반대하다가 실현되지 못하자 병을 이유로 고향으로 내려갔다.

이어서 다시 이이첨 등이 모후(母后)를 폐하려 하자 이원익이 광해군에게 소장을 올려 자전께 효성을 다할 것을 청하니, 광해군이 크게 노하여 말하기를 "내가 효성을 다하지 못한 일이 없는데 원익이 어찌 감히 근거 없는 말을 지어내어 군부(君父)의 죄안(罪案)을 만들 수 있단 말인가"라고 말하고서 마침내 홍천(洪川)으로 귀양 보냈다. 그런데『실록』에서는 이렇게 덧붙였다.

대체로 그의 명망을 중하게 여겨 심한 형벌을 가하지는 못했던 것이다.

즉 광해군은 죽이고 싶어 했지만, 그의 명망 때문에 그럴 수가 없었다는 말이다. 결국 1623년 봄 인조반정이 일어나 광해군은 권좌에서 내려왔다.

인조 시대와 이원익

『인조실록』 3월 16일 자는 거사가 성공한 직후의 한 모습을 이렇게 전하고 있다. 유명한 장면이다.

이원익을 영의정으로 삼았다. 원익은 충직하고 청백한 사람으로 선조(先朝)부터 정승으로 들어가 일국의 중망을 받았다. 혼조(昏朝-광해군) 시절 임해군의 옥사 때 맨 먼저 은혜를 온전히 하는 의리를 개진했고, 폐모론이 한창일 때에 또 상차하여 효를 극진히 하는 도리를 극력 개진했으므로 흉도들이 몹시 그를 미워하여 목숨을 보전하지 못할 뻔했다. 5년 동안 홍천(洪川)에 유배되었다가 전리에 방귀되었다.

이때 와서 다시 수규(首揆-영의정)에 제수되니 조야가 모두 서로 경하했다. 상이 승지를 보내 재촉해 불러왔는데, 그가 도성으로 들어오는 날 도성 백성은 모두 머리를 조아리며 맞이했다.

광해군 초에는 북인 정권이었음에도 영의정으로 부름을 받았던 것과 마찬가지로 인조 초에는 서인 정권이었음에도 다시 영의정으로 부름을 받은 것이다. 이로써 이원익은 선조·광해군·인조 세 조정에 걸쳐 정승을 지내는 특이한 이력을 갖게 됐다. 비명이 전하는 그의 처신에는 조금의 과장도 없다.

공은 금도(襟度)가 정명(精明)하고 표리(表裡)가 순일(純一)하며 평소에 사기(辭氣)가 온화하고 부드러운 낯빛으로 웃으며 말하는 것이 사랑스러웠으나, 일에 임하면 독립하여 산처럼 동요하지 않았다. 관직에 있어 일을 처리하면 순전히 『시경(詩經)』과 『서경(書經)』을 인용하고 고사(古事)를 참고하여 절로 이치에 맞았으므로 어떤 재신(宰臣)이 남에게 말하기를, "누가 금세에는 성인(聖人)이 없다 하던가? 완평은 참으로 성인이다"라고 했다.

이때는 일이 많았는데 묘당에 큰 논의가 있으면 반드시 공이 한마디 말하기를 기다려서 결정했으므로, 오성(鰲城-이항복)이 일찍이 말하기를 "나는 일마다 행수(行首)의 재처(裁處)를 따른다"라고 했고, 신흠(申欽) 공도 그렇게 말했으며 공도 오성을 언급하면서 반드시 말하기를 "위인(偉人)이다"라고 했고 일찍이 말하기를, "정치는 반드시 만물에 미쳐야 하고 지론(持論)은 되도록 두터워야 한다"라고 했다.

그가 글을 지으면 조리를 중요하게 여기고 꾸미는 것을 일삼지 않지만, 체재는 갖춰서 보기에는 간단하고 담박한 듯하나 의미가 심장했다고 한다. 그는 문장의 화려한 것을 자기 일로 삼은 적이 없으므로 지은 글을 짓는 대로 곧 버려서 집에 감춘 사고(私稿-문집)가 없었다. 이런 재상이 있었기에 혼란한 시기를 지나면서도 조선이 그나마 지탱할 수 있었는지 모른다.

1634년(인조 12년) 정월 29일에 서거하니 향년 88세였다.

"한마음으로는 여러 임금을 섬길 수 있지만 두 마음으로는 한 임금도 섬길 수 없다"라고 했으니 곧 이원익을 두고 한 말이다.

이준경이 중정(中正)을 갖춘 정승이었고 유성룡이 중(中)에 치우쳤다면 이원익은 정(正)을 한결같이 지킨 정승이라 하겠다.

제16장

난세의 든든한 버팀목이 되어준 명재상
이항복

호걸 청년, 권율 사위가 되다

우리에게는 죽마고우인 한음 이덕형(李德馨)과의 기지에 얽힌 많은 이야기로 더욱 잘 알려진 인물이지만 정작 그의 경륜이나 정치적 역정에 대해서는 그다지 관심의 대상이 되지 못하고 있다. 이 점은 대단히 안타까운 대목이다. 그의 정치 역정만 추려내서 봐도 숨 가쁠 만큼 이항복은 격동의 시대를 살아낸 인물이다.

1556년(명종 11년)에 태어난 이항복은 9세에 아버지를 여의고 어머니 슬하에서 자랐다. 8세에 시를 지었고 아버지가 돌아가셨을 때는 거상(居喪)을 예에 따랐다.

소년 시절에는 재물을 풀어 남 도와주기를 좋아했고 씩씩해 남의 제재를 받지 않았으며 골목길에서 서로 용맹을 뽐낼 때는 다른 소년

들이 감히 대항하지 못했다고 한다. 한때 무뢰배의 우두머리로서 헛되이 세월을 보냈으나 어머니의 따끔한 가르침이 계기가 돼 학업에 열중했다.

"미망인이 곧 땅속에 들어갈 판인데 너는 오히려 무뢰한 자제들과 놀고 있으니 나는 죽어도 눈을 감지 못하겠다."

이에 호방한 버릇을 버렸다. 그러나 이후 그의 행적을 보면 곳곳에서 호방함이 나타난다.

1571년(선조 4년) 어머니를 여의고 삼년상을 마친 뒤 성균관에 들어가 학문에 힘써 명성이 높았다. 특히 시가 호방해 많은 선비가 그를 만나보고 싶어 했다.

당시 재상 권철(權轍)은 그 소문을 듣고 손녀사위로 삼았는데 첫눈에 재상감임을 알아보았다고 한다. 권철은 훗날 조선의 대표적 명장으로 이름을 날리게 되는 권율(權慄, 1537~1599년)의 아버지이니 이항복은 권율 사위이다.

이이를 통해 서인의 길을 걷다

이항복은 정치 노선이 서인(西人)이다. 신흠(申欽, 1566~1628년)이 지은 이항복 비명(碑銘)에 이항복이 서인의 길을 걷게 된 연유가 실려 있다. 먼저 『선조수정실록』 15년(1582년) 6월 1일 기록부터 보자.

상이 경연에 나아가 대제학 이이에게 말했다.
"내가 강목(綱目)을 읽고 싶으니, 경은 재주 있는 신하를 미리 선발하여 그들에게 강독을 전담케 해 고문(顧問)에 대비하게 하라."
이이가 봉교(奉敎) 이항복, 정자 이덕형, 검열 오억령, 수찬 이정립, 봉교 이영을 선발에 응하게 했다.

해당 연도는 1년 차이가 나지만 신흠은 이렇게 기록하고 있다.

계미년(1583년)에 선묘(宣廟)가 장차 『주자강목』을 강독하려고 해 미리 재주 있는 신하를 가려 뽑았는데 다섯 사람 중에 공이 참여했으니 바로 율곡 이이가 공을 추천한 것이었다.
율곡은 도학(道學)과 문장이 한세상을 압도했는데 공을 한번 보고 당장에 뜻이 부합했다.

대개 당색은 가학(家學)이나 사승(師承)으로 인해 본인 의지와 무관하게 정해지던 당시 풍토와 달리 이항복은 뒤늦게 스스로 이이를 흠모해 서인의 길을 걷게 된 경우이다.

그래서인지 뒤에서 보듯이 정통 서인들이 걷는 길과는 다른, 매우 독자적인 서인의 노선을 고수하게 된다.

그런데 선조 17년(1584년) 이이가 49세로 세상을 떠나자, 정권은 동인 쪽으로 넘어갔다. 이 무렵 이항복은 예문관 봉교(奉敎)에서 사간원 정언을 거쳐 이조 좌랑과 지제교(知製敎)에 제수되었다. 특히 임금의 글을 짓는 지제교가 되었다는 것은, 그만큼 필력이 출중했다는 뜻이기도 하다. 물론 선조가 총애한 탓이기도 했다.

선조 18년(1585년) 9월 그가 정언에서 이조 좌랑으로 옮겼을 때 『실록』 사관은 이런 평을 남겼다.

항복은 재기(材器)가 남보다 뛰어나 상의 총애를 받았으므로 이발(李 潑) 등이 시기했으나 배척하지 못했다.

일 처리 능력이 주도면밀하다

이항복은 반대파인 동인(東人)의 수장 대사간 이발(李潑, 1544~ 1589년)을 공박하다가 비난을 받고 세 차례나 사직하려 했으나 오히려 선조의 특명으로 옥당(-홍문관)에 머문 적도 있었다. 1590년에 호조 참의가 됐고 얼마 후 조선을 뒤흔든 정여립 모반 사건을 처리한 공로로 평난공신(平難功臣) 3등에 녹훈됐다. 비명에는 당시 일 처리하는 이항복 모습이 눈앞에 보이는 듯한 묘사가 담겨 있다.

기축년(1589년) 겨울에 문사 낭청(問事郎廳)으로 정여립(鄭汝立)의 옥사(獄事)에 참국(參鞫)했는데, 선묘(宣廟)가 친림(親臨)하여 죄수를 논죄할 때 공은 응대(應對)하기를 빈틈이 없이 민첩하게 하고 이리저리 오가는 것이 절도에 맞았으며, 눈으로는 보고 귀로는 듣고 입으로는 묻고 손으로는 글씨 쓰기를 동시에 하는데, 상대방의 말은 하나도 빠뜨림이 없고 붓대는 잠시도 멈추지 않으면서 종횡무진으로 계속 움직이되 그 요점을 전부 파악했으므로, 백관들은 팔짱만 끼고 서리들은 곁에서 보기만 하며 놀라서 귀신이라고 했다.
선조는 누차 공이 재주가 있다고 칭찬하고 매사를 반드시 공에게 맡겼는데, 공은 죄수가 많이 연루되어 옥사가 빨리 끝나지 않음으로써 남이 화를 당하는 것을 바라는 자의 마음을 열어놓는 상황을 민망히 여긴 나머지 죄상이 의심스러울 때는 다시 조사하여 공평하게 판결하기를 힘썼으며, 옥사를 심의할 때 자주 곁에서 의견을 제시하는가 하면 문서 중에 혹시 마음에 석연치 않은 점이 있을 때는 반드시 일을 담당한 자에게 꼼꼼히 따져보는 등 붓대를 잡고 문서만 작성하지는 않았다.

이에 선조는 이항복을 점차 글 짓는 분야에서 정치를 보좌하는 쪽으로 키우기 시작한다.
비명이다.

경인년(1590년) 여름에 응교에서 의정부의 검상(檢詳)·사인(舍人)으로 천전(遷轉)되고, 가을에 평난공(平難功)을 책록(策錄)할 때 공은 문사(問事)의 공로로써 3등 공신에 책록되고 전한(典翰)으로 옮겼다. 언젠가 경연(經筵)에서 임금을 모시고 있을 때 선조가 공을 불러 앞으로 나오라 하고서는 공이 옥사를 국문할 때의 일을 이야기하고 뛰어난 재주라고 칭찬하기를 그치지 않았으며, 직질(職秩)을 올려 장려하고 직제학(直提學)으로 승진시켰다가 특지(特旨)로 통정대부(通政大夫)를 가자(加資)하여 승정원 동부승지(同副承旨)를 제수했는데 장차 공을 크게 등용할 계획이었다.

그러나 선조 24년(1591년) 정여립 사건을 주도적으로 처리했던 좌의정 정철이 건저의(建儲議) 문제로 갑자기 실각했다. 건저의 사건이란 동인파 거두 영의정 이산해(李山海, 1539~1609년)와 함께 광해군의 책봉을 건의하기로 했다가 이산해의 계략에 빠져 혼자 광해군의 책봉을 건의했다. 이에 신성군(信城君)을 책봉하려던 선조의 노여움을 사서 "대신으로서 주색에 빠졌으니, 나랏일을 그르칠 수밖에 없다"라는 논척(論斥)을 받고 파직됐다.

정철이 실각해 논죄를 당하자, 그와 가까웠던 사람들 대부분은 자신에게 화가 미칠 것을 두려워해 아무도 정철을 찾지 않았다. 그러나 이항복은 승지의 신분으로 날마다 찾아가 담화를 계속해 정철 사건의 처리를 태만히 했다는 공격을 받고 파직됐으나 곧 복직되고 도승지에 발탁됐다. 그만큼 선조의 신임이 컸다.

또 이때 대간의 공격이 심했으나 대사헌 이원익의 적극적인 비호로 어려움을 넘길 수 있었다. 당시 동인이던 이원익은 "이항복을 탄핵하려면 나부터 탄핵하라"며 이항복을 아꼈다.

이항복이 문재(文才)뿐만 아니라 이재(吏才)에도 능하다는 것을 알아본 인물이 또 있다. 재상 윤두수이다. 비명에 나오는 일화이다.

> 신묘년(1591년) 봄에 호조 참의(戶曹參議)에 제수되었는데 겨우 한 달 만에 본조(本曹)의 사무가 어지러운 것이 없고 창고에 저장한 물자가 새어나가는 것이 없자 상국(相國-재상) 윤두수가 판서로 있으면서 공을 크게 중시하여 말하기를 "문자에 종사하는 선비도 오히려 전곡(錢穀)을 다스리는 재간이 있단 말인가?"라고 했다.

임진왜란 때 활약상

이항복의 진가는 오히려 임진왜란 때 발휘되었다. 1592년 4월 임진왜란이 일어나자, 왕비를 개성까지 무사히 호위하고 또 왕자를 평양으로, 선조를 의주까지 호종했다. 몽진하던 도중 선조는 동파역(東坡驛)에 이르러 대신(大臣)과 윤두수를 불러 앞으로의 계책을 물을 때 이항복이 가장 먼저 말했다.

"우리나라의 병력으로는 이 적(賊)을 당해낼 수 없고 오직 관서 쪽으로 가서 명(明)나라에 호소하여 원병을 요청하는 길이 있을 뿐입니다."

그동안 이조 참판으로 오성군(鰲城君)에 봉해졌고, 이어 형조 판서로 오위도총부 도총관을 겸했다. 곧이어 대사헌 겸 홍문관 제학, 지경연사, 지춘추관사, 동지성균관사, 세자좌부빈객, 병조 판서 겸 주사대장(舟師大將), 이조 판서 겸 홍문관 대제학, 예문관 대제학, 지의금부사 등을 거쳐 의정부 우참찬에 승진됐다. 말 그대로 눈부신 승진이었다.

훗날 신흠(申欽)은 이항복의 비명에서 이렇게 적었다.

공은 무릇 병조 판서를 다섯 차례, 이조 판서를 한 차례 지냈는데, 마음 씀이 바르고 밝아 청탁이 들어오지 않았으며, 사람을 의망 하고 발탁할 때 오직 그 재능의 유무만 보며 오로지 공론을 따랐고, 감히 다른 길로 진출시키는 일이 없었기 때문에 관서에 질서가 있고 벼슬길이 맑았으니, 조정이 겨우 모양만 남았어도 사대부(士大夫)들이 그런대로 염치를 알았던 것은 공이 전석(銓席-인사권을 쥔 자리)에 있었기 때문이다.

물론 신흠도 같은 서인이긴 했어도 인사의 공정성과 관련된 이 대목은 훗날 이항복이 받게 되는 신망을 감안할 때 과장으로 보이지는 않는다.

전란이 한창이던 1598년 이항복은 마침내 우의정에 올랐다. 이때 명나라 사신 정응태가 동료 사신인 경략(經略) 양호를 무고한 사건이 발생하자, 우의정으로 진주변무사(陳奏辨誣使)가 되어 부사(副使) 이정구(李廷龜, 1564~1635년)와 함께 명나라에 가서 소임을 마치고 돌아와 토지와 재물 등 많은 상을 받았다.

2년 후인 1600년 영의정에 임명되고 다음 해 호종 1등 공신(扈從一等功臣)에 녹훈됐다. 1602년 북인(北人)의 정인홍(鄭仁弘, 1535~1623년), 문경호(文景虎, ?~1620년) 등이 정여립 사건 당시 최영경(崔永慶)을 모함, 살해하려 한 장본인이 성혼(成渾, 1535~1598년)이라고 발설하자 삼사에서 성혼을 공격했다. 성혼은 서인의 정신적 지주 중 한 사람이다.

이에 성혼을 비호하고 나섰다가 정철의 편당으로 몰려 영의정에서 자진사퇴했다. 이 점은 이항복의 독특한 면모이기도 하다. 정철 때도 그렇고 성혼 때도 그렇고 자신의 당파가 공격을 당할 때는 거침없이 최일선에 나섰다.

광해군 집권기

1608년 다시 좌의정 겸 도체찰사에 제수됐으나 이해 선조가 죽고 광해군이 즉위해 북인이 정권을 잡게 되었다. 북인에게 서인은 정적이었으니 이항복으로서는 정치적 시련기에 들어선 것이다.

광해군 초기에 이항복은 광해군의 친형인 임해군의 살해 음모에 반대하다가 정인홍 일당의 공격을 받고 사의를 표했으나 수리되지 않왔다. 그러나 이는 시작에 불과했다.

정권을 장악한 북인은 광해군을 설득하고 협박해 광해군 즉위년 2월 14일 광해군 친형 임해군(臨海君) 이진(李珒, 1572~1609년)을 반역 혐의로 전격 잡아들인다.

임해군은 임진왜란 당시 왕명에 의하여 순화군(順和君)과 함께 김귀영(金貴榮)·윤탁연(尹卓然) 등을 대동하고 근왕병을 모집하기 위해 함경도로 떠났다.

그해 9월 반적 국경인(鞠景仁) 등에 의해 포로가 되어 왜장 가등청정(加藤淸正-가토 기요마사)에게 넘겨져 고원(高原)에 수감 되었다가 이듬해 부산으로 이송되었다. 여러 차례 석방에 관한 협상을 한 끝에 석방되어 서울로 돌아올 수 있었다.

본래 성질이 포악한 데다가 포로가 되었던 정신적인 압박으로 인해 그 포악함은 더욱 심해져서 분을 발산시키기 위해 길거리를 헤매었고 민가에 들어가 재물을 약탈하고 상민을 구타하는 등 행패를 부렸다. 한편, 왜장 가등청정은 포로로 있을 때 친분을 기화로 여러 차례 그에게 서신을 보내서 내정을 탐사하려고 했다.

그 뒤 1603년 사옹원 도제조가 되었다. 1608년 선조가 죽자, 세자 봉작에 대한 서열 문제가 명나라에서 다시 거론되어 현장 실사를 위해 사신이 파견되기에 이르렀다. 광해군을 지지하는 일부 대신들의 주청에 의해 진도에 유배되었다가 다시 강화도 교동으로 이배되었고, 이듬해 죽임을 당했다.

1623년(인조 1년) 광해군이 쫓겨나고 인조가 등극하자 복작신원(復爵伸寃-관작을 회복해 억울하게 입은 죄를 풀어줌)되었다.

이때 이항복은 영의정이었고 아직 선조가 살아 있을 때인 선조

39년에 조정을 대표해 중국 사신에게 광해군이 세자임을 분명히 밝히는 다음과 같은 글을 써준 바 있었다.

『선조실록』 선조 39년(1606년) 4월 16일 자다.

소방(小邦)의 세자에 대해 천조에서 책봉하는 명이 아직까지 지연되고 있으니, 간절히 바라건대 태자(台慈)께서는 온 나라 사람의 심정을 곡진히 살피시어 귀국하시는 대로 천자께 주달함으로써 속히 은전을 내리게 해주셨으면 하는 일로 정소 합니다.

삼가 생각건대 적장자(嫡長子)를 후사로 세우는 것이 상경(常經)이긴 하지만, 공로를 우선하고 현인을 택하는 것 역시 예법의 권도(權道)인 것입니다. 과군(寡君-자기 임금을 신하가 칭하는 호칭)이 임진년 병화를 당하던 날 국세(國勢)는 창황하고 인심은 안정될 곳이 없게 되자, 신민들이 모두 세자를 세워 위태로운 상황을 진정시키는 것이 마땅하다고 했습니다. 그 당시 과군의 여러 아들 중에 오직 임해군(臨海君) 이진(李珒)과 지금의 세자가 가장 장성했는데, 과군께서는 세자가 총명하고 학문을 좋아하며 인효(仁孝)하고 공검(恭儉)하다는 것을 평소부터 아시고 주기(主器)를 맡겨야 하겠다고 일찍부터 마음을 정하셨으며, 사람들이 촉망하는바 또한 이와 다르지 않았습니다. 이에 존망이 달린 위급한 때를 당하여 신료에게 자문을 구하고 의논을 해서 후사로 세운 뒤, 위로 종묘사직의 신령들에게 고하고 아래로 온 나라의 백성에게 유시했으니, 명분이 이미 정해지고 책임의 소재가 귀결된 것입니다.

그 당시 일의 형세가 하도 창황하여 미처 전주(專奏)해서 품명(稟命)할 겨를이 없었지만, 그때도 요동(遼東)에 자보(咨報)하여 조정에 전주(轉奏)했습니다. 이어 세자로 하여금 종묘사직의 신위(神位)를 받들게 하고 약간의 신료를 수행시켜 험고한 지역에 의지해서 보전책을 도모케 했으니, 대개 이렇게까지 되었고 보면 백성을 감호(監護)하고 무마하는 책임을 이미 전적으로 세자에게 맡겼다 하겠습니다. 세자가 이에 온갖 어려움과 위태로움을 무릅쓰고 평안도에서 나와 황해도를 거쳐 동으로 강원도에 이르러 진격을 도모하고, 동남쪽으로 가서 호남과 기전(畿田)을 통하게 했습니다. 지나는 곳마다 성세(聲勢)를 떨쳐 격문(檄文)을 전하여 소모(召募)하며 대의(大義)로 유시하니, 달아나 숨었던 백성이 그 소문을 듣고 모여들었습니다.

이항복은 광해군을 지지하는 입장을 분명하게 했다. 또한 그는 임해군에 대해서도 죽여서는 안 된다는 입장이었다.

『광해군일기(光海君日記)』광해군 10년(1618년) 5월 13일 자 그의 졸기 일부이다.

무신년(1608년) 초정(初政-광해군 집권 초)에 민간에는 임해군(臨海君)이 변을 일으키고 조정이 먼저 움직여 이덕형 또한 처치될 것이라는 소문이 많았다. 그러나 이항복만이 진중하게 뇌동하지 않았다. 당시에 훈련도감 도제조였는데 혹자는 그에게 은밀히 군사 대비를 명령하라고 권했다.

이에 이항복이 말하기를 "임해군이 만약 반란을 일으킨다면 내가 평소처럼 처리하더라도 충분할 것이다"라고 했다. 그 후 일찍이 문하의 사람들에게 말하기를 "너희 젊은이들은 임해군이 신원(伸冤) 되는 때를 볼 것이다"라고 했는데 과연 그의 말처럼 되었다.

신흠은 이항복이 실력자 정인홍과 틀어지게 되는 결정적 사건을 이렇게 기록하고 있다.

신해년(辛亥年-1611년, 광해군 3년)에 정인홍이 봉소(封疏)하여 회재(晦齋-이언적)와 퇴계(退溪-이황) 두 선생을 극구 비난하며 문묘(文廟)에 향사시켜서는 안 된다고 하자, 성균관 유생들이 상소하여 그 잘못을 해명하고 정인홍을 유적(儒籍)에서 삭제했는데, 정인홍의 무리인 박여량(朴汝樑)이 그 사실을 들추어내 아뢰자, 광해군이 그 논의를 주도한 자를 조사해 밝혀내어 금고(禁錮)시키라 하므로, 공은 크게 놀라 "이는 망국(亡國)의 처사"라 말하고 밤을 지새우며 차자를 지어 아침 일찍 올렸다. 제생(諸生)은 그와 같은 임금의 명을 듣고서 권당(捲堂-동맹 휴학)하고 떠났으며, 공은 또 차자를 올려 부당함을 진달했다. 그 뒤 인대(引對)할 때 회재(晦齋)에 관한 일 네 조목을 기록하여 올렸는데, 정인홍은 이로 인해 크게 유감을 품어 해괴한 기틀이 점점 시작되었다.

정인홍과 경전을 대결하다

곧이어 북인 세력이 선조의 장인 김제남(金悌男) 일가의 멸문, 선조의 적자 영창대군(永昌大君)의 살해 등 흉계를 자행하자 그의 항쟁 또한 극렬해 원망의 표적이 되었다. 그리하여 1613년(광해군 5년) 인재 천거를 잘못했다는 구실로 이들의 공격을 받고 물러나 별장 동강정사(東岡精舍)를 새로 짓고 동강노인(東岡老人)으로 자칭하면서 지냈다. 이때 광해군은 정인홍 일파의 격렬한 파직 처벌의 요구를 누르고 좌의정에서 중추부로 자리만 옮기게 했다.

1617년 인목대비 김씨(仁穆大妃金氏)가 서궁(西宮-경운궁으로 지금의 덕수궁)에 유폐되고, 이어 폐위해 평민으로 만들자는 주장에 맞서 싸우다가 1618년에 관작이 삭탈 되고 함경도 북청으로 유배되어 같은 해 그곳에서 세상을 떠났다.

그에 앞서 1617년(광해군 9년) 11월에 폐모론이 거의 결정되려 할 즈음 병중에 있던 이항복은 주변 사람의 부축을 받들며 붓을 들어 다음과 같은 상소를 올렸다.

누가 전하를 위해 이러한 계획을 세웠습니까? 요순(堯舜)의 일이 아니면 임금께 진달 하지 않는 것은 옛사람의 명백한 훈계입니다. 우순(虞舜)은 불행하여 사나운 아버지와 미련한 어머니가 항상 순(舜)을 죽이기 위해 우물을 치게 하고서 입구를 막아버렸고, 창고의 지붕을 수리하라 하고서 밑에서 불을 지르는 등 위태롭기가 이를 데 없었는데도 하늘을 향해 통곡하며 부모의 사랑을 받지 못한 것을 한탄했을 뿐, 부모가 옳지 않은 점이 있다고 보지는 않았으니, 이는 진정 아비가 아무리 자애롭지 않더라도 자식으로서는 불효해서는 안 되기 때문입니다. 그러므로 『춘추(春秋)』의 의리에 자식이 어미를 원수로 여기는 의리가 없는 것입니다.

이제 바야흐로 효(孝)로써 국가를 다스려야 하는 때를 당하여 온 나라 안이 장차 차츰 교화될 가망이 있는데, 이러한 말이 어찌하여 임금의 귀에 들어갔단 말입니까? 지금의 도(道)는 순의 덕을 본받아 능히 효로써 화해시키고 차차로 다스려서 노여움을 돌려 인자함으로 변화시키는 것이 어리석은 신의 바람입니다.

이항복이 언급한 『춘추』의 의리를 단서로 우리는 정인홍과 이항복의 마음가짐과 학문적 깊이를 한눈에 알아볼 수 있다. 『광해군일기』 1613년(광해군 5년) 7월 9일 정인홍이 자신을 불러올리는 명을 사양하는 소(疏)를 올렸는데 그중에 이런 내용이 포함돼 있다.

삼가 보건대 전하께서 자모형제(子母兄弟)의 변을 당하신 것이 순(舜)임금과 정 장공(鄭莊公)이 당한 것보다 더 심한 점이 있으니, 전하의 심정이 어떠하시겠습니까.
지금 이 역적이 그 흉악한 꾀를 펼친 것은 실로 간악함을 묘사하는 괴수로서 서로 연결하여 나라 안에 일이 있기를 바란 것이 아침저녁의 일이 아닙니다. 수단과 방법을 가리지 않고 연결하여 인목대비의 세력을 의지하고 영창을 가담시켜 명분을 세웁니다.
아, 당요(唐堯-요임금)의 세상에도 사흉(四凶)의 죄는 오히려 귀양을 가고 주벌을 당함을 면하지 못했는데 지금이 어느 때이며 이것이 어떤 죄인데 도리어 이 사흉과 같은 죄를 아끼십니까.
『주역』 겸괘(謙卦) 육오(六五)에 '남을 침략하는 것이 이롭다[利用侵伐]라는 것은 복종하지 않는 자를 정벌하는 것이다'라고 했으니, 제왕(帝王)은 한결같이 겸공(謙恭)만을 덕으로 삼아서는 안 됩니다. 겸겸(謙謙)의 극치는 반드시 복종하지 않은 자를 정벌하는 경우가 있는 것입니다. 성인이 시의(時義)를 명시하여 이런 형상이 있으므로 이런 말을 한 것이지 어찌 후세 사람을 속이려고 했겠습니까. 이 점이 바로 전하께서 심사숙고해보셔야 할 부분입니다.

이를 제대로 이해하려면 먼저 정인홍이 어떤 사람인지부터 살펴봐야 한다.

정인홍은 조식(曺植)의 수제자로서 최영경(崔永慶)·오건(吳健)·김우옹(金宇顒)·곽재우(郭再祐) 등과 함께 경상남도의 남명학파(南冥學派)를 대표했다.

1573년(선조6년) 학행으로 천거돼 6품직에 오르고, 1575년 황간 현감에 나가 선정을 베풀었다. 이듬해 지평을 거쳐 1581년 장령에 승진했다. 당파가 동서로 양분되자 다른 남명학파와 함께 동인 편에 서서 서인 정철과 윤두수 등을 탄핵하려다가 도리어 해직당하고 낙향했다. 1589년 정여립 옥사를 계기로 동인이 남북으로 분립할 때 강경파인 북인에 가담해 영수(領首)가 됐다.

정인홍은 1592년 임진왜란이 일어나자 합천에서 성주에 침입한 왜군을 격퇴하고, 10월 영남 의병장의 호를 받아 많은 전공을 세웠다. 이듬해 의병 3,000명을 모아 성주·합천·고령·함안 등지를 방어했으며, 의병 활동을 통해 강력한 재지적(在地的) 기반을 구축했다.

1602년 대사헌에 승진, 동지중추부사와 공조 참판 등을 역임했다. 그리고 유성룡이 임진왜란 때 화의를 주장했다는 죄를 들어 탄핵해 파직하게 한 다음 홍여순(洪汝諄)과 남이공(南以恭) 등 북인과 함께 정권을 잡았다. 이어 유성룡과 함께 화의를 주장했던 성혼 등 서인을 탄핵했다.

북인이 선조 말년에 소북과 대북으로 분열되자, 이산해·이이첨 등과 대북을 영도했다. 선조의 계비 인목대비(仁穆大妃)에게서 영창대군이 출생하자 적통을 주장해 영창대군을 옹립하려는 소북에 대항해 광해군을 적극 지지했다.

1607년 선조가 광해군에 양위하고자 할 때 소북의 영수 유영경(柳永慶)이 이를 반대하자 탄핵했다가 이듬해 소북 이효원(李效元)의 탄핵으로 영변에 유배됐다. 이어 광해군이 즉위하자 유배 도중 풀려나와 대사헌에 기용돼 소북 일당을 추방하고 대북 정권을 수립했다.

대북 정권의 고문 내지 산림(山林) 위치에 있던 그는 유성룡계의 남인과 서인 세력을 추방하고 스승 조식의 추존 사업을 적극 추진하는 한편, 문묘 종사 문제를 둘러싸고 이언적과 이황을 비방하는 소를 올려 두 학자의 문묘 종사를 저지하려 하다가 8도 유생들로부터 탄핵을 받았다. 그리고 성균관 유생들에 의해 청금록(靑襟錄-유적(儒籍))에서 삭제되는 등 집권을 위한 싸움으로 정계에 큰 파문을 일으켰다.

1612년(광해군 4년) 우의정이 되고, 1613년 이이첨과 계축옥사를 일으켜 영창대군을 제거하고 서령 부원군(瑞寧府院君)에 봉해졌다. 같은 해 좌의정에 올라서 궤장을 하사받고 1618년 인목대비 유폐 사건에 가담해 영의정에 올랐다.

정인홍은 광해군 때 대북의 영수로서 1품(品) 관직을 지닌 채 고향 합천에 기거하면서 요집조권(遙執朝權-멀리서 조정의 권세를 좌지우지함)하는 위치에 있었다.

그러나 1623년 인조반정으로 참형되고 가산이 적몰(籍沒) 당했으며, 끝내 신원되지 못했다.

정인홍이 올린 이 상소는 바로 계축옥사와 직결된 글 중 하나다. 공자는 『논어(論語)』「태백(泰伯)」편에서 "곧기만 하고 사리를 알지 못하면 강퍅해진다"라고 했다. 정인홍이 딱 그런 사람이었다.

그는 소에서 순임금과 정나라 장공을 언급하고 있다. 먼저 순임금을 언급한 이유는 이렇다.

『맹자(孟子)』에서 만장(萬章)이 물었다.

"(전하는 바에 따르면) 아버지와 계모는 순(舜)으로 하여금 곳간을 손보도록 해놓고는 (순이 수리를 위해 곳간 지붕에 올라가자) 사다리를 치워버리고 아버지 고수(瞽瞍)가 곳간에 불을 질렀습니다. (이때 순은 미리 준비해 간 대삿갓을 이용해 안전하게 뛰어내려 목숨을 구했다.)

(또 그 부모는) 순에게 우물을 파라고 하고는 (순이 일을 마치고) 나오려 할 때 (이미 순이 몰래 파놓은 다른 구멍으로) 벗어난지 모르고 흙으로 우물을 메워버렸습니다. (아버지와 계모 사이에서 난 이복동생) 상(象)은 이렇게 말했습니다.

"형님을 우물에 생매장하는 꾀는 온전히 나의 공로이니, (그동안 순이 길렀던) 소와 양 그리고 곳간은 부모님께 드리고 (순이 사용하던) 방패와 창, 거문고와 활은 모두 내 것이며 두 형수(-요임금의 두 딸)는 내가 데리고 살 것이다."

(그러고 나서) 상은 (자신이 말한 것들을 가지러) 순이 거처하던 집으로 갔는데 그때 순은 평상에 앉아 거문고를 타고 있었습니다. (죽은 줄 알았던 형이 버젓하게 살아 있으니 당연히 깜짝 놀란) 상은 "마음도 답답하고 울적해서 형님 생각이 나길래"라며 둘러댔으나 자신도 모르게 부끄러워하는 모습이 역력했습니다.

(그런데 정작) 순은 "나는 이 신하와 백성을 (어떻게 하면 잘 다스릴 수 있는지를) 생각하고 있었다. 너는 나의 다스림에 기여하도록 해라"라고 말했습니다.

"저는 잘 모르겠습니다. 당시 순임금은 상이 자신을 죽이려 했다는 것을 알지 못했습니까?"

이에 맹자가 답했다.

"어찌 알지 못했겠는가? (다만 상은 이복(異腹)이라 할지라도 아버지가 같은 동생이기에) 상이 근심하면 자신도 근심하셨고 상이 기뻐하면 자신도 기뻐하셨던 것이다."
만장이 다시 물었다.
"그렇다면 순은 거짓으로 기뻐한 것입니까?"
맹자가 답했다.
"그렇지 않다. 저 상(象)이 형을 사랑하는 도리로 찾아왔기 때문에 순도 진실로 그런 줄 알고서 기뻐했던 것이지, 어찌 거짓으로 기뻐한 것이겠는가?"

이 내용은 당시 조선의 임금이든 신하이든 모두가 아는 내용이었다. 또 정나라 장공의 이야기는 『춘추좌씨전(春秋左氏傳)』에 나온다. 이항복이 『춘추』를 언급한 것은 바로 이 지점이다.

노나라 은공(隱公) 원년(元年-기원전 722년) 애초에 정(鄭)나라 무공(武公)이 신(申-작은 나라)에서 부인을 맞아들였는데 이름하여 무강(武姜)(譯註-강씨(姜氏)는 신나라의 대표 성이다.)이라 했다.
(두 사람은) 장공(莊公)과 공숙단(共叔段)을 낳았는데 장공을 낳을 때 역산(逆産-혹은 난산)을 하여 강씨가 많이 놀랐다. 그래서 이름을 오생(寤生)이라 짓고 마침내 그를 미워했다. (대신 아우인) 공숙단을 아껴 태자로 세우고 싶어서 자주 무공에게 청했지만, 무공은 허락하지 않았다. (훗날) 장공이 즉위하기에 이르러 (무강이 공숙단을 위해) 제(制)읍을 (봉해줄 것을) 청하자, 장공이 말했다.
"(그곳은) 지세가 험한 읍이어서 괵숙(虢叔)(註-주나라가 봉해준 동괵의 임금이다. 괵숙은 그곳의 험난한 지형만 믿고 방자하게 굴다가 정나라로부터 토벌을 당했다.)도 그곳에서 죽었습니다. 다른 읍을 청하신다면 명대로 하겠습니다."

그래서 경성(京城)을 청하니 공숙단을 거기서 살게 하고 경성대숙(京城大叔)이라고 불렀다.

(정나라 대부인) 제중(祭仲)이 말했다.

"도성이 (수도를 제외하고) 백치(白雉)를 넘게 되면 장차 나라에 큰 해악을 입힐 수 있습니다. 옛 임금의 제도에 대도(大都)는 수도의 3분의 1, 중도(中都)는 5분의 1, 소도(小都)는 9분의 1을 넘지 못하도록 돼 있습니다. 지금 경성은 법도에 맞지 않으니 바른 제도를 따랐다고 할 수 없습니다. 임금께서는 장차 감당하실 수 없을 것입니다."

이에 장공이 말했다.

"강씨가 저리도 바라니 어찌 해악을 피하겠는가?"

제중이 대답했다.

"강씨는 어떻게 해도 만족하지 않을 것입니다. 초기에 조치를 취해 더는 뻗어나지 못하게 하는 것만 못 합니다. 일단 뻗어나가면 도모하기가 어려워집니다. 뻗어나면 풀도 제거하기가 힘든데 하물며 임금의 총애하는 아우야 어떻겠습니까?"

장공이 말했다.

"불의한 짓을 많이 저지르다 보면 반드시 절로 패망할 것이니 그대는 우선 그것을 지켜보도록 하라."

얼마 후 대숙이 정나라 서쪽 변방과 북쪽 변방에 명하기를 (정나라뿐만 아니라) 자신도 섬기라고 하자 (정나라 대부인) 공자려(公子呂)가 말했다.

"한 나라에 두 임금은 감당할 수 없습니다. 임금께서는 장차 이를 어쩌시렵니까? 만일 (이 나라를) 태숙에게 주실 뜻이 있으시다면 신은 그를 섬기겠다고 말씀드릴 수는 있지만 만일 주실 뜻이 없으시다면 그를 제거해 백성이 다른 마음을 품을 수 없도록 하기를 청합니다."

이에 장공이 말했다.

"그럴 것 없다. 장차 (화가) 절로 미칠 것이다."

얼마 후 대숙이 또 양쪽에 다 속해 있던 땅을 거둬들여 자기 읍으로 만들고, 자신의 영토를 늠연(廩延-정나라 읍)까지 확장하자 자봉(子封-공자려)이 말했다.

"이제는 가능한 때입니다. (그냥 둘 경우) 그의 영토가 넓어져서 많은 백성까지 얻게 될 것입니다."

이에 장공이 말했다.

"임금에 대한 의리를 지키지 않고 형에 대한 친애하는 마음이 없으니, 영토가 아무리 넓어진다 한들 절로 붕괴할 것이다."

태숙이 성곽을 튼튼히 쌓아 백성을 모으고 갑옷과 무기를 손질하고 군사와 전차들을 갖춰 장차 정나라를 치려 했고 부인(夫人)이 (안에서) 성문을 열어주기로 돼 있었다. 장공은 그 소식을 듣고서 "이제 가능한 때가 됐다"라며 자봉에게 명을 내려 군사와 전차 200승을 거느리고 경성을 치게 했다. 경성 사람들은 대숙단을 배반했고 단은 달아나 언(鄢) 땅으로 들어갔다. 장공이 그 언 땅을 치니 (다시) 공(共) 땅으로 달아났다.

(공자가 편찬한) 『춘추』에 이르기를 '정백(鄭伯)이 언(鄢)에서 단(段)을 이겼다'라고 기록했으니 이는 단이 아우답지 못했기 때문에 아우라고 말하지 않았고 (형제가 싸운 것이) 두 나라 임금이 싸우듯 했기에

이를 그냥 '이겼다[克]'(註-정벌했다고 쓸 수 없었다는 뜻이다.)고 썼다. (장공이라 하지 않고 그냥) 정백(鄭伯)이라 칭한 것도 동생을 잘못 가르친 것을 나무란 것이다.

둘 다 어머니와 동생과 관련된 이야기라 정인홍은 이를 언급한 것으로 보인다. 그러나 순임금은 바른 도리로 대처했고 정나라 장공은 그릇된 도리로 대처했다. 그런데 정인홍은 이를 구분하지 않고 그저 광해군이 처한 어머니와 동생과의 관계로만 언급한 뒤에『주역』겸괘(謙卦) 육오(六五)에 '남을 침략하는 것이 이롭다는 것은 복종하지 않는 자를 정벌하는 것이다'라는 구절을 들어 오히려 어머니를 유폐하고 동생을 죽이라고 요구하고 있다.

"겸겸(謙謙)의 극치는 반드시 복종하지 않은 자를 정벌하는 경우가 있는 것입니다."

결국 인목대비를 서궁에 유폐하고 동생 영창대군을 죽이는 계축옥사(癸丑獄事)는 현실이 되고 말았다.

여기에 담긴 정확한 의미를 광해군이 경연에서 제대로 파악했다면 정인홍이 올린 소에 대해 "그대는 내가 순임금이 아니라 정나라 장공이 되라 하는구나!"라고 꾸짖고 특히『주역(周易)』을 끌어들여 "겸겸(謙謙)의 극치는 반드시 복종하지 않은 자를 정벌하는 경우가 있는 것입니다"라고 했을 때 "어찌 영창이 주공의 형제인 관숙이나 채숙만큼 악한 행위를 했다는 말인가?"라고 했어야 한다. 그것이 바로 굳세고 눈 밝은[剛明] 임금의 언행이다.

그러나 광해군은 정인홍의 위협에 굴복해 유약하고 어두운[柔暗] 임금의 길을 걸었다. 결국 인조반정으로 광해군은 쫓겨나 제주도로 유배를 가야 했고 정인홍은 비명횡사(非命橫死)했다. 정인홍의 『주역』 인용은 상황에도 맞지 않았고 일의 이치에도 맞지 않았다.

반면에 이항복의 해석은 상황에도 맞고 일의 이치에도 맞았다. 그럼에도 광해군은 이항복을 버리고 정인홍을 선택했다.

이항복이 죽은 지 정확히 5년 만에 그의 제자들인 최명길 등 서인 세력이 주도한 반정이 일어나 광해군은 권좌에서 쫓겼고 정인홍은 비명횡사했다.

제17장

탁월한 이재와 신중한 처신으로
38세에 정승에 오른
한음 이덕형

임진왜란 때 나라를 구한 이씨 3명 중 한 사람

"이씨(李氏) 성(姓)을 가진 정승(政丞) 세 분이 좌우에서 돕고 인도하여 오늘이 있게 되었다."

임진왜란이 끝났을 때 백성 사이에서 떠돌았다는 말이다. 정승 세 분이란 이원익, 이항복, 이덕형(李德馨, 1561~1613년)을 가리킨다.

이덕형은 조선 초 명문가 광주(廣州) 이씨(李氏)로 연산군 때 정승을 지낸 이극균(李克均)의 5세손이다. 아버지는 중추부 지사를 지낸 이민성(李民聖)이다. 1561년(명종 16년) 한양에서 태어났는데 나면서부터 자질이 뛰어났고 성품 또한 침착하고 굳세고 순후(醇厚)하면서도 조심성이 있었다고 한다. 한양의 북쪽에 살았다고 해서 호를 한음(漢陰)이라고 지었다고 한다.

20세(1580년)에 과거(科擧)에 급제해 괴원(槐院-승정원)을 거쳐 사원(史苑-예문관의 별칭)에 천거를 받았으나 당시 장인이던 이산해가 궁중 소장의 서적을 주관할 때라 덕형은 사사로운 친분을 이유로 사절했는데 선조(宣祖)가 『자치통감강목(資治通鑑綱目)』을 강(講) 하려고 하면서 고문(顧問)에 대비할 재신(才臣) 다섯 사람을 선발케 하고 어부(御符-임금 전용 도서관)의 책을 내어주자 마침내 참여했다.

1582년 명나라에서 온 조사(詔使) 왕경민(王敬民)이 만나보고 싶어 했으나 사적인 면대는 도리에 어긋남을 들어 사양했다. 이에 왕경민은 만나보지 못함을 아쉬워하며 이덕형의 인격을 칭찬하는 글귀를 보내왔다고 한다.

선조의 지극한 총애를 받은 이덕형은 초고속 승진을 거듭한다. 홍문관 정자를 거쳐 1583년에 사가독서(賜暇讀書-문풍 진작을 위해 유능한 젊은 관료들에게 독서에 전념하도록 휴가를 주던 제도)를 했고 그 뒤에 부수찬·정언·부교리를 거쳐 이조 좌랑이 됐다. 1588년 이조 정랑으로서 일본 사신 현소(玄蘇-게이테츠 겐소), 평의지(平義智-소 요시토시) 등을 접대해 그들의 존경을 받았다. 조경(趙絅)이 지은 비명이다.

> 두 왜사(倭使)는 공의 의표(儀表)를 바라보고는 자신들도 모르게 공경하는 마음을 일으켰으며, 서울로 들어와서는 향연(享燕)을 베푼 자리에서 현소 등이 보빙(報聘)을 몹시 간청하므로 공은 얼굴에 엄정한 빛을 띠고 말하기를 "이웃 나라와의 수교(修交)에는 신의(信義)를 버리고는 할 수가 없다. 지난날 네 나라의 봉강신(封疆臣)이 우리나라의 망로(亡虜) 사화동(沙火同)을 부추겨 끼고서 변방을 침범하여 우리의 백성을 사로잡아 갔는데도 너의 나라에서는 금할 줄을 모

르니, 신의라는 게 어디서 있는가?"라고 했다. 말이 채 끝나기 전에 현소와 평의지는 졸왜(卒倭)를 우리나라로 보내어 한 달이 못 되어 사화동과 사로잡혀 간 늙은이와 아이들 100여 명을 데리고 와서 바치니, 임금이 가상히 여기고 특별히 직제학(直提學)을 제수하고 은대(銀帶)를 하사(下賜)했다.

31세, 문형(文衡)에 오르다

이 무렵 이덕형의 승진 속도는 현기증이 날 정도이다. 1590년에는 동부승지·우부승지·부제학·대사간·대사성 등을 차례로 지내고, 이듬해 예조 참판이 되어 대제학을 겸했다. 이때 이덕형의 나이 31세였다. 대제학이란 국가 문장을 주관하는 자리라 하여 문형(文衡)이라 불렸다. 승지로서 기밀 업무를 다루는 데 능함이 입증되었는데 문재(文才) 또한 타의 추종을 불허했던 것이다. 비명이다.

신묘년(辛卯年-1591년, 선조 24년)에 예조 참판(禮曹參判)에 초배(超拜-특진)되어 대제학(大提學)을 겸하니 당시 나이 31세였다. 춘정(春亭-변계량) 이후 문형(文衡)을 맡았던 사람들은 모두 오래도록 덕망을 쌓고 품계가 높은 이들을 등용했고 공과 같은 묘령(妙齡)에 그 자리를 차지한 사람이 없었다. 당시에 문학에도 능숙하고 덕망을 쌓은 훌륭한 이가 몇 사람에만 그치지 않았는데 공이 문형을 맡은 우두머리가 되기에 이르자 모두가 이르기를 "이 모(李某)보다 앞설 사람은 없다"라고 했다.

문무를 겸전한 이덕형

이덕형은 문약(文弱)한 인재가 아니었다. 『선조실록』 17년(1584년) 3월 25일 자 기록이다.

임금이 서총대(瑞蔥臺)에 친림(親臨)하여 무예를 시험할 때 공이 응제(應製)하여 장원(壯元)했는데 이로부터 무예를 겨룰 적마다 항시 수위(首位)를 차지했다.

1592년 임진왜란이 발발한 직후 이덕형의 담대함은 두고두고 그의 면모를 단적으로 보여주는 장면이다. 그의 비명은 당시 그의 행적을 이렇게 기록하고 있다.

임진년(壬辰年-1592년)에 들어 왜구(倭寇)들이 대거 침입해 우리나라를 천식(荐食-점차로 먹어들어감) 하면서 이 모(李某)를 만나 강화를 논의하겠노라 선언하므로 선조가 조신(朝臣)들에게 그 대책을 두루 하문(下問)했으나 모두가 겁에만 질려 대답하지 못했다. 이때 공이 나아가 이르기를 "급히 서두르는 것이 신하 된 자의 직분입니다"라고 자청하여 단기(單騎)로 급히 달려 구성(駒城-용인)에 이르러 보니 벌써 적(賊)의 기세는 걷잡을 수 없이 널리 퍼져 있어 들어갈 틈이 없었다. 곧바로 되돌아 한강(漢江)을 건너와 보니 대가(大駕)는 이미 서행(西幸-몽진)한 뒤라 사잇길로 뒤쫓아 평양(平壤)에 도착했다.
그동안 적들은 패수(浿水-대동강(大同江)의 옛 이름)까지 핍박해 들어와서 공을 만나기를 청하므로 공은 또 가길 자청하여 단가(單舸)로 강중(江中)에까지 나아가 그들을 회견했다. 뭇 신하와 여러 장수는 그 광경을 바라보고 두려움에 질려 얼굴빛이 변하지 않는 사람이 없었건만 공은 적을 만나 태연자약한 기세로 꾸짖기를 "너희들이 아무런 까닭도 없이 군사를 일으켜 오랫동안의 우호(友好)를 깨뜨림은 무엇 때문인가?"라고 하니 현소 등이 이르기를 "우리는 명(明)나라로 들어가려고 하는데 조선(朝鮮)에서 군도(軍途)를 빌려주지 않았기 때문이다"라고 하는지라, 공은 준엄한 얼굴을 지으며 잘라 이르기를 "너희들이 우리의 부모국(父母國)과 같은 나라를 침범하려고 하니, 설사 우리나라가 망하는 한이 있더라도 할 수 없다. 어찌 화의(和議)가 이뤄지겠는가?"라고 했다.

그 후에 현소 등은 떠들썩하게 공을 칭송하여 이르기를 "험악한 적진 속에서도 말하는 품이 지난날 연회의 주석(酒席)에서 하는 태도와 다름이 없으니 참으로 미치기 어려운 인물이다"라고 했다.

병조 판서 이항복과 함께 명나라에 구원병을 청하다

1592년 임진왜란이 발발한 당시 이덕형은 관직이 대사헌이었지만 원병을 청하는 청원사(請援使)가 되어 요동을 방문하고 돌아온다. 임무는 크게 두 가지였다.

첫째는 사태가 급박해지면 선조가 요동으로 피신해도 되는지를 타진하는 것이었고 둘째는 원병 파견을 촉구하는 것이었다. 선조 25년(1592년) 7월 3일이다.

먼저 요동에 들어가기를 서두르는 선조의 촉구에 이덕형은 사실상 불가함을 이렇게 에둘러 말한다.

"우리나라에 한 고을도 남은 곳이 없게 된 뒤에 가야 할 것입니다. 만일 한 고을이라도 남아 있으면 갈 수가 없습니다. 대부분의 공억(供億-물자 제공)을 어느 아문(衙門)에서 하겠습니까. 반드시 적병의 핍박으로 부득이하게 된 뒤에 가야 할 것입니다. 그렇지 않으면 가서는 안 될 듯합니다."

그러나 명나라에서 군대를 파견하는 것은 이런저런 이유로 지연되고 있었다. 8월 22일 대사헌 이덕형은 문형의 직임을 감당키 어렵다며 체직을 청했다.

그러나 전쟁이 터져 명나라와 외교 교섭이 더욱 중요해진 상황에서 국왕의 문서 작성을 책임져야 하는 문형의 비중은 더 커졌다. 이에 선조는 여러 신하에게 의견을 물었다.

이덕형은 동인-북인의 거두 이산해(李山海)의 사위이다. 서인 좌의정 윤두수(尹斗壽)가 말했다.

"문형(文衡)의 직임은 평소 양성한 명망이 가볍지 않아야 하는 것입니다. 중국 사신을 만날 경우에는 전적으로 나라를 빛나게 해야 하는 것입니다.

현재 호종한 재신(宰臣) 중 누구인들 골육과 친속이 오랑캐의 수중에 빠져 있지 않겠습니까. 대의가 중하기 때문에 힘써 종사하면서 구구한 사정(私情)은 돌아볼 겨를이 없는 것입니다. 이덕형은 나이도 젊고 명망도 무겁고 문학도 넉넉하니, 대제학의 직임은 아마도 가볍게 바꾸지 않는 것이 타당할 듯합니다."

이덕형이 조정 신하들로부터 어떤 신망을 받고 있었는지를 명확하게 보여주는 발언이다.

한성부 판윤 이덕형

선조 25년(1592년) 12월 18일 대사헌 이덕형은 한성부 판윤으로 자리를 옮긴다.

그러나 이덕형의 주된 업무는 접대사(接待使), 접반사(接伴使) 등으로서 명나라에서 온 장군들을 만나 그들의 속내를 파악하고 조선이 원하는 바를 전달하는 것이었다. 이 업무에 충실할 수 있도록 선조는 이덕형을 중추부 지사로 임명한다.

특히 평양성을 탈환한 이후 속히 일본군을 조선에서 내몰 수 있도록 명나라 군대에 진격을 촉구하는 것이 가장 중요한 임무였다. 그러나 남의 나라 군대를 우리 뜻대로 움직인다는 것은 지난한 일이었다. 그래서 조선 조정 중신들은 이로 인해 명나라 장수들에게 곤욕을 당하곤 했는데 이덕형 또한 예외는 아니었다.

선조 26년이 되면 이덕형은 다시 한성부 판윤, 형조 판서에 임명되지만 본 업무는 '제독 접반사'였다. 명나라 수뇌부 이여송과 협의하는 최고위 통로였다. 그만큼 선조의 신임이 깊었다. 이해의 활약상에 대해서는 비명이 간략하다.

4월에 들어 공은 명군(明軍)을 인도하여 한양(漢陽)에 입성(入城)해서 묘사(廟社-종묘사직)의 회신(灰燼)을 말끔히 쓸고 크게 통곡하니 살아남은 고로(故老)들이 모두가 울면서 공을 보기를 부모와 같이 여겼다. 경성(京城)은 이제 막 병화(兵禍)에 결딴이 난 뒤라 굶주린 데다 돌림병마저 치열하게 번져 부자가 뼈를 바꾸어 씹을 지경에 이른 백성이 고난(苦難) 속에 슬피 울부짖었고, 이미 굶어 죽은 시체가 길가에 가득했는데, 공은 쉴 새 없이 굶주린 백성을 거두어 먹인 것을 이루 다 헤아릴 수가 없었고, 또 한편으론 흩어진 서적(書籍)들을 수집하여 강유(講帷-강연(講筵))에 대비하게 했다.

1594년 이덕형은 모친상을 당했다. 그러나 선조는 그를 기복(起復)해 이조 판서에 제수했다. 이에 이덕형은 아홉 차례나 사직을 청했다. 선조는 청을 받아들이지 않고 이렇게 말했다.

"이처럼 국세가 위급할 때는 인물을 전형하는 일에 국가의 성패가 달렸다. 어찌 단지 금혁(金革-병조 판서)을 친히 맡은 것뿐이겠는가. 한갓 사정(私情)만을 고집하고 군부(君父)의 위급함은 돌아보지 않으니, 어찌 이렇게까지 할 수가 있는가. 경은 전번의 전지에 따라 급히 올라오라."

이몽학 난으로 찾아온 위기, 선조가 감싸안다

1595년 병조 판서에 제수되었는데 이듬해 이덕형은 큰 위기를 맞게 된다. 1596년에 호서(湖西)의 이몽학(李夢鶴, ?~1596년)이 군사를 일으켜 두 고을을 함락하자 홍주 목사(洪州牧使) 홍가신(洪可臣)이 그를 토멸해 주살했는데, 그 잔당(殘黨)이 체포당해 이덕형의 이름을 끌어들인 것이다.

이덕형은 거적을 깔고 엎드려 처벌의 명을 기다렸으나 선조는 문제 삼지 않았고 병조 판서의 자리에서만 물러나게 했다.

정유년(丁酉年-1597년, 선조 30년)에 왜적(倭賊)이 재침(再侵)하자 명

(明)나라 황제가 장수(將帥) 네 사람을 보내면서 병사(兵士) 10만 명을 인솔하게 했고, 어사(御使) 양호(楊鎬)를 감군(監軍)으로 삼았다.

양호는 나이가 어리고 기세를 마구 부려 세상의 명사(名士)들을 얕보는 버릇이 있어 우리나라 사람들은 그 평판을 듣고 몹시 겁을 먹었는데 선조는 많은 신하 가운데 오직 이덕형만이 그를 상대할 수 있다고 해서 보냈다. 다시 정치에 복귀한 것이다. 그렇게 해서 '경리 접반사'로서 양호를 만난 이덕형은 첫 대면에서 이렇게 말했다. 경리란 양호이다.

"지금 왜적(倭賊)의 기세가 몹시 험악하니 순식간에 한강(漢江)을 건너올 것이다. 까딱 한 번 천참(天塹-천연의 요새지 한강)을 잃는다면 비록 명군(明軍) 같은 위세(威勢)일지라도 힘이 되기란 어려울 것이다."

양호는 그 말을 듣고 즉시 서울로 들어가 서둘러 책전(責戰)을 하고 유격장(遊擊將) 마귀(麻貴)가 거느린 용감한 기병들이 왜적을 직산(稷山)의 소사(素沙) 들판에서 크게 무찔렀다. 그래서 서울이 다시 안정을 찾게 됐다.

그 후 양호는 이덕형의 일 처리에 감복해 이렇게 말했다.

"이 모(李某)는 비록 명(明)나라 조정(朝廷)에 있다 하더라도 예복(禮服) 차림으로 위엄을 갖추어 묘당(廟堂-정승 사무실)에 서서 백료(百僚-모든 벼슬아치)를 복종하게 할 인물이다. 참으로 훌륭하다!"

38세, 우의정에 제수되다

선조는 이 말을 듣고 곧바로 우상(右相)에 임명하니 나이 38세였는데, 얼마 안 되어 좌의정에 올랐다. 20세에 과거에 급제하고 불과 18년 만에 정승의 반열에 오른 것이다. 훈련도감 도제조를 겸한 이덕형은 곧바로 명나라 제독 유정(劉綎)과 함께 순천에 이르러 통제사 이순신(李舜臣)과 함께 적장 소서행장(小西行長-고니시 유키나가)의 군사를 대파했다. 당시 상황을 비명은 자세하게 전한다.

제독(提督) 유정(劉綎)이 군사들을 이끌고 남하할 때 선조(宣祖)가 전송(餞送)을 하니 유정이 간절한 말로 이르기를 "이 나라에서 문무(文武)를 겸비한 가장 훌륭한 자와 동행하게 한다면 만족히 여기겠습니다"라고 했다.

임금이 우상(右相) 이항복(李恒福)에게 "의중(意中)에 생각나는 사람이 있는가?"라고 하문(下問)하므로 대답하기를 "반드시 이 모(李某)일 것입니다"라고 하니 임금이 공을 종행(從行)하게 명했다. 유정은 몹시 기뻐하면서 "나는 성공을 했다"라고 했다.

순천(順天)에 당도하니 궁지에 몰린 적추(賊酋) 소서행장(小西行長)의 기세가 몹시 꺾여 섬멸(殲滅)의 날을 기필(期必)할 수 있었는데 유정은 교활한 성품에다 남에게 분공(分功) 하는 것을 몹시 싫어하여 몰래 소서행장에게 사람을 보내 피하여 달아날 것을 권유했다.

공이 그 내용을 미리 탐지하고서 통제사(統制使) 이순신(李舜臣)으로 하여금 명(明)나라 수군(水軍) 제독(提督) 진린(陳璘)과 약속을 하고 요항(要港)에 잠복했다가 퇴각하는 적을 대파(大破)하게 하니 소서행장은 겨우 죽음만을 면하고 도망했다. 유정은 이 소식을 듣고 몹시 분개하면서 "이 모(李某)가 나의 30년의 훈명(勳名)을 떨어뜨린단 말인가?"라며 아쉬워했다.

광해군 즉위에 정당성을 부여하다

선조의 한결같은 총애를 받았던 이덕형은 광해군(光海君) 집권과 더불어 큰 시련기를 맞게 된다. 광해군 초기에 그의 친형인 임해군(臨海君)에 대한 고변(告變)이 있어 삼사(三司)에서 즉시 법대로 다스리길 청하자, 광해군이 대신(大臣)들의 의견을 물었으므로 공과 좌상(左相) 이항복(李恒福)은 의(義)로써 처단하는 것보다는 은정(恩情)으로 감싸 줄 것을 말했고 한강(寒岡) 정구(鄭逑)도 도헌(都憲-대사헌)으로서 소(疏)를 올려 전은(全恩-온전히 살려주는 은혜)을 주장했으며 상신(相臣) 이원익(李元翼)도 차자를 올려 역시 전은을 주장하자 시론(時論)이 떠들썩하게 일어나 전은을 주장한 사람들을 지목해 호역(護逆)이라 몰아세웠다. 이덕형은 남인이었고 당시 세상은 북인 천하였다. 결국 임해군 처형을 막지 못했다.

그에 앞서 명나라 조정에서는 적장자를 버려두고 서자를 세웠다는 이유를 들어 광해군의 책봉을 허락하지 않았다. 이때 고부사(告訃使) 이호민(李好閔)이 연경(燕京)에 도착하자 엄일괴(嚴一魁)와 만애민(萬愛民) 두 차관(差官)을 보내 임해군의 광포(狂暴)한 병 상황을 사문(査問)하려 하자 온 조정이 허둥지둥 놀라 입을 다물 뿐 감히 한마디 말도 못 하고 있었다. 이에 이덕형이 이들 차관에게 달려가 이르기를 "아우의 일로 형을 사증(査證)하는 행위는 아무리 하국(下國)일지라도 명을 받을 수 없다"라고 하니 차관들이 이 말을 듣고 다시는 사문하지 않았다. 광해군 즉위에 관한 정당성을 확보하는 데 공을 세운 것이다.

당시 명나라 만력(萬曆) 말엽에 천자(天子)의 뒤를 이을 후계자를 옹립하는 일이 오래도록 결정되지 않아 아무리 번국(藩國)에서 자국

(自國)의 세자 책봉의 허락을 요청해도 명조(明朝)에서는 그 허락을 자꾸만 미루는 경향이 있었다. 그래서 광해군은 이덕형에게 명해 진주사(陳奏使)로 삼으니, 이덕형은 밤낮 없이 길을 재촉해 27일 만에 연경(燕京)에 도착해 5개월 동안 머물면서 백방(百方)으로 주선해 책봉의 허락을 받아 돌아왔다.

광해군이 몹시 기뻐해 이덕형 아버지에게 통정대부(通政大夫) 판결사(判決事)를 제수하고 아들에게는 6품(品) 벼슬을 내렸으며 전토(田土)와 노비(奴婢)를 내려 돈독히 대우했다.

영창대군 처형과 폐모론에 맞서다

1613년(광해군 5년) 이이첨의 사주를 받은 삼사에서 영창대군(永昌大君)의 처형과 폐모론을 들고나오자, 이항복과 함께 이를 적극 반대했다. 이에 삼사가 모두 이덕형을 모함하며 처형을 주장했으나 광해군이 관직을 삭탈해 이를 수습했다. 그 뒤 용진(龍津)으로 물러가 국사를 걱정하다 병으로 죽었다. 같은 해 10월 9일이다. 이때 그의 나이 불과 53세였다. 짧았으나 참으로 많은 일을 한 생애였다.

『광해군일기』 광해 5년(1613년) 10월 9일 자에 실린 이덕형 졸기이다.

이때 죄를 주자는 논계(論啓)는 이미 중지되었는데 덕형은 양근(楊根-양평)에 있는 시골집에 돌아가 있다가 병으로 졸했다. 덕형의 자는 명보(明甫), 호는 한음(漢陰)이다. 그는 일찍부터 공보(公輔-재상)가 되리라는 기대를 받았는데 문학(文學)과 덕기(德器)는 이항복(李恒福)과 대등했다. 31세에 대제학에 제수 되었고 38세에 재상의 반열에 올랐다.

임진년 이래 공로가 많이 드러나 그의 명성이 중국과 오랑캐들에게도 알려졌다. 일찍이 선위사(宣慰使)로 있었을 때는 왜인들에게 크게 존경받았으나 임진왜란에 이르러 적의 기세가 날로 급박해지자 조정에서는 이덕형으로 하여금 적의 정세를 탐지하고 세력을 늦추도록 보내려 했다. 이덕형이 명을 듣자마자 즉시 출발하므로 선조(宣祖)가 이에 감읍했다. 가마가 평양에 도달하자 적장 현소(玄蘇)가 이덕형을 뵙기를 구하니 사람들이 이를 크게 위태롭게 여겼다. 이덕형이 배 1척(單舸)으로 찾아가면서 조금의 두려워하는 낯빛이 없었다. 『갑진록(甲辰錄)』「호성공(扈聖功)」에 이덕형의 충성과 노고가 기록되었음에도 봉작을 굳이 사양하여 받지 않았다.

계축년 옥사가 일어나자, 수상(首相)으로 흉배들에게 협박받았다. 비록 옥사에 성실히 참여했지만, 친구를 대하면서 말이 시사에 미치면 눈물 흘리지 않은 적이 없었고 식음을 전폐하는 데 이르렀다. 차자로 영창대군의 원한을 논하면서 말이 조리가 없었는데 사람들이 이를 병통으로 여겼고 오히려 이 때문에 죄를 받았다.

사람됨이 간솔하고 까다롭지 않으며 부드러우면서도 능히 곧았다. 또 당론(黨論)을 좋아하지 않아 장인 이산해(李山海)가 당파 가운데서도 지론(持論)이 가장 편벽되고 문하들이 모두 간악한 자들로 본받을 만하지 못했는데 덕형은 한 사람도 친하지 않았다. 이 때문에 자주 소인들에게 곤욕을 당했다. 그가 졸했다는 소리를 듣고 원근의 사람들이 모두 슬퍼하고 애석해했다.

제18장

백성을 전란의 도탄에서 구해낸
실사구시 재상
최명길

인조반정 이후 명재상이 드문 까닭

1623년 3월 13일 서인 세력이 주축이 된 일군의 무리가 훗날의 인조를 내세워 반정(反正)을 일으켜 광해군을 강화도로 내쫓고 이이첨(李爾瞻, 1560~1623년) 등을 처형했다.

정인홍(鄭仁弘)과 함께 대북파를 이끈 이이첨은 광해군 친형 임해군을 죽이고 영창대군을 살해했으며 인목대비 폐모론을 주도했다. 사실상 서인과 남인들이 거사할 수 있는 명분을 제공한 장본인이었다.

인조와 서인은 남인 이원익을 모셔 와 영의정으로 삼았지만, 실권을 갖는 재상인 좌의정은 자기 사람으로 임명했다. 거사 당시 좌의정 박홍구(朴弘耉, 1552~1624년)는 곧바로 윤방(尹昉)으로 교체되었다. 박홍구는 이이첨과 정인홍을 따르던 대북파로 반정 당시에는 목숨을 건졌지만, 이듬해 이괄의 난에 연루돼 사형당했다.

거사 후 열흘이 지난 3월 24일 정창연(鄭昌衍)이 좌의정에 오른다. 좌의정 정유길(鄭惟吉)의 아들로 이미 광해군 때 좌의정을 지냈고 폐모론이 일어나자, 벼슬을 사퇴하고 두문불출했다. 이때 이미 70세를 넘겨 이렇다 할 치적을 남기지는 못했다. 그러나 광해군비 유씨(柳氏)가 조카였음에도 불구하고 폐모론에 참여하지 않아 서인들로부터 좋은 평가를 받았다.

그러나 정창연은 4개월여 만에 물러나고 우의정 윤방(尹昉, 1563~1640년)이 좌의정에 오른다. 선조 때 서인 영수였던 영의정 윤두수(尹斗壽) 아들로 이이(李珥)의 제자였으니 정통 서인이었다. 그는 4년 정도 좌의정으로 있으며 이괄의 난이 일어났을 때 이를 진압하고 민심을 수습하는 데 공을 세웠다. 그의 졸기 한 대목이다.

상이 반정하고 나서 그를 재상으로 발탁했는데 국가 대사에 대해 특별히 의견을 진달한 것은 없었다. 그러나 갑자년(1624년)에 이괄(李适)의 난이 평정된 후 맨 먼저 도성에 들어갔을 때 어떤 사람이 책자 한 권을 바쳤는데 곧 역적 이괄에게 붙은 사람들의 이름이 적힌 것이었으므로 그는 자세히 보지도 않고 불태워버렸다. 그래서 의견을 내는 사람들이 "이분의 큰 역량이 아니었으면 이 일을 해내지 못했을 것이다. 만일 그가 정묘호란이 있기 전에 조용히 은퇴했거나 병자호란 때 죽기로 결심했더라면 이름난 재상이 되었을 것이다"라고 했는데 그 말이 맞다고 하겠다.

그는 병자호란 때 40여 신주를 모시고 봉림대군 등과 함께 강화로 피난했는데 그 과정에서 잘못을 저질러 2개월 동안 유배를 당한 일이 있었다.

윤방의 뒤를 이어 잠시 신흠(申欽)이 좌의정에 올랐지만, 곧바로 오윤겸(吳允謙, 1559~1636년)으로 교체된다. 인조 5년(1627년) 9월 4일이었다. 반정 공신 김류(金瑬, 1571~1648년)는 우의정이었다.

오윤겸은 성혼(成渾)의 문인으로 서인이며 예학(禮學)에 밝았다고 한다. 그러나 재상으로 업적은 그다지 없었음을 졸기를 통해 확인하게 된다.

청백하고 근신함으로써 몸을 지켰으며 사람을 사랑하고 선비들을 예우했으므로 현상(賢相)이라고 일컬어졌다. 그러나 경국제세(經國濟世)의 재능과 곧은 말을 하는 기풍이 없어 명성이 정승이 되기 전보다 떨어졌다.

1년 후 드디어 반정 1등 공신 김류가 좌의정이 되어 정국을 주도한다. 김류는 인조의 아버지 원종(元宗) 추숭(追崇-왕위에 못 오르고 죽은 이에게 임금의 칭호를 주던 일)에 반대하고 소현세자빈 강씨(姜氏)의 옥사가 일어나자 이에 반대하고 더는 벼슬하지 않았다. 다만 졸기는 그에 대한 아쉬움을 이렇게 기록하고 있다.

성품이 자기의 마음대로 하기를 좋아하여 남의 선을 따르는 데는 부족한 점이 있었다. 병자년과 정축년의 난리 때는 패자(敗子)에게 중임을 제수하여 결국 나라를 망하게 했으니 통분스러움을 금치 못하겠다.

아들에게 강화도 수비를 담당하는 중임을 맡겼다가 실패한 일을 말한다. 그 후 이정귀(李廷龜)도 잠깐 좌의정을 맡았다. 마침내 인조 15년(1637년) 7월 최명길이 좌의정에 오른다. 52세 때였다.

신흠 이항복에게 배우다

최명길은 1586년 8월 15일에 태어났다. 선조 19년이니 임진왜란이 일어나기 6년 전이다. 아버지 최기남(崔起南)은 우계(牛溪) 성혼(成渾)에게서 수학했고 늦은 나이에 문과에 급제했으나 "당시의 소인배들에게 배척을 당해 관직으로 현달하지 못하고 영흥부사(永興府使)에 그쳤다." 할아버지 최수준(崔秀俊)은 아예 벼슬길에 나아가지 않았다.

아버지의 학통이 서인(西人) 중에서 훗날 소론(少論)으로 발전하게 되는 학파의 종주(宗主)인 성혼과 닿아 있다는 것은 어린 시절 최명길의 배움에도 깊은 영향을 남기게 된다. 아마도 아버지가 서인 중에서도 이이(李珥)나 송익필(宋翼弼)의 학통이었다면 주희의 『소학(小學)』부터 읽으라고 가르쳤을 텐데 아버지 최기남은 달랐다. 행장(行狀)을 비롯한 각종 기록을 보면 공통으로 등장하는 이야기가 있다.

둘째 아들인 최명길은 키가 작고 몸도 좋지 않았다. 남들보다 늦은 8세에 처음으로 공부를 시작했다. 그런데 공부를 시작하고부터 명길이 자주 입에 올린 말이 있다.

"오늘은 증자(曾子)가 되고 내일은 안자(顔子)가 되고 또 그다음 날에는 공자(孔子)가 되리라."

증자와 안자, 즉 안회(顔回)는 모두 공자의 제자 중에서도 덕행(德

行)이 최고로 꼽히는 인물들이다. 이에 최기남은 이를 기특하게 여겨 『논어(論語)』를 가르쳤다. 10세에 문장을 짓기 시작했고 14세에 집에서 주자(朱子)의 책들을 익혔다. 이에 시골을 떠나 한양으로 올라가 성균관을 드나들며 선비들과 교유했다.

이때는 임진왜란이 한창일 때였다. 명길의 나이 7세가 되던 1592년 전쟁이 발발해 가족들은 지금의 경기도 송탄으로 피신했다가 이듬해 한양이 수복되자 최명길의 가족들도 인천(仁川) 집으로 돌아갈 수 있었다. 그러니 최명길의 공부가 늦어진 데는 임진왜란의 영향도 없지 않았다.

다행히 최명길의 증손자이자 영의정을 지낸 최석정(崔錫鼎)의 아들인 최창대(崔昌大)가 남긴 글에 그 무렵 일에 대해 최명길 자신이 회고한 대목이 실려 있다. 자제들을 타이르며 한 말이다.

"난리 뒤에 인천 장사(莊舍)로 돌아가 살면서 부지런하게 과독(課讀-책 읽기)하기를 밤낮으로 그치지 않았다. 간혹 닭이 울게 되면 매번 뱃속이 주림을 깨달았지만 이제 막 상란(喪亂)을 겪은 터에 집 안 또한 텅 비고 곤궁하여 빙 둘러보아도 실로 주림을 구제하고 먹을 만한 것이 없어 늘 주림을 참으며 글 읽기를 면하지 못했느니라. 이제 너희들은 날로 기름진 기장밥을 배부르게 먹어 항상 배불러 넉넉함이 있거늘 부지런히 글을 읽지 아니한다면 되겠느냐?"

최명길은 1605년(선조 38년) 2월 14일 문과에 급제했다. 20세였다. 훗날 그의 스승 중 한 명으로 꼽히게 되는 상촌(象村) 신흠(申欽)이 승정원에 재직 중이었는데 평소 눈여겨보던 최명길에 대해 이런 촌평을 남겼다.

"최 아무개는 체질은 비록 잔약하나 정신은 정련돼 있어 금이나 옥과 같은 사람이다. 장래에 세상을 위해 큰일을 할 인물이다."

최명길은 과거 급제자들의 길을 따라 승문원에서 관리 업무를 익히며 행복한 나날을 보냈다. 승문원이란 외교에 관한 문서를 맡은 관청으로 흔히 중국의 관례를 따라 괴원(槐院)이라고 불렸다. 이 무렵 최명길은 이시백(李時白, 1581~1660년), 장유(張維, 1587~1638년)와 함께 어울리며 당시 정승으로 있던 백사(白沙) 이항복(李恒福)을 스승처럼 섬겼다. 이들은 넓은 의미의 서인(西人)이라 할 수 있다. 이시백은 이이(李珥)를 스승으로 섬긴 이귀의 아들이고 장유는 서인의 정통이라 할 수 있는 김장생(金長生)의 문인이다. 이항복은 대체로 이이의 학통을 이어받은 것으로 본다.

순탄치 못했던 초급 관리 시절

그러나 최명길의 실제 관리로서의 길은 평탄치 못했다. 최명길은 병약했다. 24세인 1609년 광해 원년에 사초를 정리하던 사국(史局)에 천거됐으나 병으로 나아가지 못했고 이듬해 사헌부 감찰과 예조 좌랑에 천거됐을 때도 마찬가지 이유로 취임하지 못했다. 1611년 공조 좌랑에 임명됐고, 이듬해에는 병조 좌랑에 제수됐다. 그런데 병조 좌랑으로 있던 최명길은 1614년(광해군 6년) 1월 14일에 감옥에 내려진다. 그날의 『광해군일기』다.

"병조 좌랑 최명길(崔鳴吉), 선전관 윤우(尹佑)가 잡혀 와 하옥되었다."

그 배경은 이러했다. 당시에 명나라 차관(差官)이 서울에 들어왔는데 왕이 명해 병조 낭청과 선전관 각 한 사람으로 하여금 차관의 관소를 수직하게 하여 외부 사람과 서로 접촉하지 못하게 막도록 했다. 마침 원일(元日-정월 초하루)이어서 차관의 가정(家丁) 몇 사람이 길을 나다녔는데 포도청 군사들이 그 뒤를 따라갔으므로 사람들이 모두 두려워하며 피했다. 그런데 서학(西學) 유생 이홍임(李弘任)이란 자가 술에 취해 묻기를 "이는 중국 사람인데 어디서 왔는가?"라고 했다. 포도청 군사들이 즉시 체포해 보고하고 이홍임이 중국인과 밀담을 주고받았다고 무고해 상을 타고자 했다.

최명길이 사실을 조사해 그런 실상이 없음을 알고는 즉시 석방했다. 당시의 실력자 이이첨(李爾瞻)은 이 소식을 듣고는 사실을 알고도 그대로 내버려두었다고 하여 드디어 이홍임과 함께 잡혀 오게 된 것이다. 왕이 친국해 공초를 받고, 이어 하옥하라고 명했다. 결국 28일 명길은 관작을 빼앗기고 도성 밖으로 내쫓으라는 명이 떨어졌다.

5년 후인 1619년(광해 11년) 5월 14일 마침내 유배에서 풀려났다. 그러나 이 5년의 기간이 무의미하지만은 않았다. 연보(年譜)에 따르면 이 무렵 아버지의 외가 쪽 친척인 남언경(南彦經)의 아들 남격(南格)으로부터 장유와 함께 양명학(陽明學)을 배웠다. 남언경은 선조 때 사람으로 서경덕(徐敬德)의 문인이며 조선 최초의 양명학자다.

인조반정에 참여하다

유배에서 풀려나고 한 달 만인 6월 16일 최명길은 부친상을 당했다. 그렇다면 적어도 1619년부터 1621년까지는 시묘살이를 하느라 남격에게 공부를 배우지는 못했을 것이고 그 후로부터 본다면 인조반정을 일으키던 1623년까지 1~2년 정도 양명학을 공부한 기간으로 추산할 수 있을 것이다. 시호를 내려준 시장(諡狀-위인이 살았을 때 한 일들을 적은 글발)에 따르면, 이 무렵 최명길은 "복제(服制)가 끝났어도 성시(城市)로 가까이 발걸음을 옮기는 것을 즐기지 않았고 교외에 살면서 소요했다"라고 한다.

이미 인목대비는 폐위돼 서궁에 유폐돼 있었다. 시중에는 광해군이 유폐된 인목대비를 죽이려 한다는 소문이 파다하게 돌았다. 이 무렵 신경진(申景禛, 1575~1643년)이 가장 먼저 행동에 나섰다. 당시 신립(申砬) 아들 신경진은 안주 목사(安州牧使)에 제배 되자 최명길을 찾아와 말했다.

"우리의 뜻은 서궁(-인목대비)을 붙들어 보호하는 데 있소. 멀리 변방 요새로 부임하는 것을 원하지 않소."

거사(擧事)의 암시였다. 신경진은 당시에 이미 김류(金瑬) 등과 거사를 준비해 오고 있었다.

이시백과 가까웠던 최명길은 이시백의 아버지 이귀(李貴)를 찾아갔다. 이귀도 동의했다. 당시 최명길의 역할과 관련해 한 가지 기억해야 할 사실은 거사의 날을 최명길이 점을 쳐서 정했다는 것이다. 후손 최석정(崔錫鼎)이 지은 행장을 보자.

> 그때 같이 일할 여러 사람이 중앙과 지방에 흩어져 있어서 시간을 자꾸 오래 끌어 거의 무산될 지경에 이르렀다. 공은 큰 계획을 너무 질질 끄는 것은 불가하다고 생각해 바로 시골에서 서울로 옮겨 와서는 반정의 거사 일을 스스로 점을 쳐서 결정했다.

이는 최명길이 『주역(周易)』과 『춘추(春秋)』에 밝았던 것과도 무관하지 않다. 일의 대체(大體)를 살필 줄 알았기 때문이다.

또 한 가지 그의 행장이나 신도비 등이 반드시 기록하고 있는 사실이 있다. 한창 거사를 준비하고 있을 때의 일이다.

어떤 사람이 공에게 능양군(綾陽君-훗날의 인조)을 사저로 찾아뵈라고 권했다. 그러나 공은 "훗날 신하가 돼 섬겨야 할 분이다. 의리로 볼 때 사사로이 뵙는 것은 올바른 처사가 아니다"라며 끝내 가지 않았다. 식자들이 옳은 일이라고 했다.

훗날 최명길이 보여주는 공과 사의 분별은 이미 이때부터 드러나고 있었다. 적어도 그는 공로를 얻기 위해 거사에 참여한 것이 아니라 나라의 도의가 땅에 떨어진 데 대한 공분(公憤)에서 출발했던 것이다. 이때 그의 나이 38세였다.

1등 공신 완성군 최명길, 탄탄대로를 걷다

인조반정 거사 바로 다음 날 최명길은 조익(趙翼)과 더불어 이조 좌랑(吏曹佐郎)에 제배됐다. 이날의 『인조실록』이다.

명길은 영민하고 재주가 있으며 성품 또한 재치가 있었다. 젊었을 때부터 세상일을 담당할 뜻을 두었다. 광해조 때 벼슬에서 쫓겨나 집에 있다가 드디어 신경진 등과 의거를 꾀했는데 기묘하고 은밀한 계책이 그의 손에서 많이 나왔다. 아울러 정사 원공(靖社元功)에 녹훈됐다.

이조 좌랑은 높지는 않아도 인사(人事)를 담당하는 요직이다. 그만큼 인조나 반정 세력 사이에서 최명길에 대한 신망이 높았다는 것을 보여준다. 특히 그의 공정함에 대한 인정이 없었다면 인사를 맡을 수 없을 것이다. 이 점은 그 후에 그가 맡은 직위를 통해 확인할 수 있다.

3월 25일 새 임금은 김류·이귀·이괄을 불러 만나보고서 거사에서 주요 인사들의 활동상을 보고받았다. 차후에 있게 될 공신 책봉의 밑그림을 그리기 위해서였다. 이 자리에서 김류는 최명길과 관련해 아주 중요한 언급을 한다.

"무오년(1618년)부터 서로 약속한 자는 신경진(申景禛)·구인후(具仁垕)·이서(李曙)·박난영(朴蘭英)이었는데 이홍립과 이서는 박승종(朴承宗)과 절친한 사이지만 끝내 대의(大義)를 일으켰으니 더욱 충의를 분발한 것을 볼 수 있습니다. 또 최명길(崔鳴吉)은 처음부터 치밀하게 주선했으니 그 공로가 김자점(金自點, 1588~1651년)에 밑돌지 않습니다."

김류가 비교 대상으로 삼은 김자점은 어떤 사람인가? 최명길보다 두 살 아래인 김자점은 성혼으로부터 학문을 배웠고 음보(蔭補)로 출사해 병조 좌랑에까지 이르렀으나 인목대비의 폐비 논의에 반대하는 등 광해군 때 대북 세력에 맞서다가 정계에서 축출당했다. 처음에 최명길·심기원(沈器遠)과 함께, 사돈 관계에 있는 이귀(李貴)를 중심으로 반정을 모의하던 중 1622년(광해군 14년) 김류(金瑬)·신경진 등과 연결됐다. 1623년 3월 군대를 모아 이귀·김류·이괄(李适) 등과 함께 홍제원(弘濟院)에서 궁궐로 진격해 들어가 반정을 성공시켰다. 반정 직후에는 이귀의 입장을 지지하다가 김류와 이귀가 갈등을 빚자, 김류를 지지하는 쪽으로 돌아섰다.

　김류의 칭찬 덕분인지 같은 해 10월 18일 반정 공로에 대한 논공행상에서 최명길은 1등 공신에 녹훈돼 완성군(完城君)의 봉작을 받았다. 이미 그에 앞서 8월 11일 최명길은 이조 참의(吏曹參議)에 제수됐다. 11월 2일 다시 최명길은 이조 참판(吏曹參判)으로 승진했다. 새 임금과 조정의 신망을 얻지 않고서는 아무리 공신이라 하더라도 이렇게 빠를 수는 없었을 것이다.

병자호란 때 주화론을 주창하다

　인조 5년(1627년) 정묘호란이 일어났을 때 아무도 강화론을 내지 못할 상황에서 그는 당당히 주화론(主和論)을 주장했다. 병자호란이 임박한 인조 14년(1636년) 11월 8일 최명길은 일관되게 청나라의 침략을 당해낼 능력이 없는 현실을 직시하고 화친을 추진했는데 부교리 윤집(尹集)이 소를 올려 최명길을 성토했다.

　"옛날 화의를 주장한 자 중에 진회(秦檜)보다 더한 사람이 없는데, 당시에 그가 한 언어와 사적(事迹)이 사관(史官)의 필주(筆誅)를 피할 수 없었으니, 비록 크게 간악한 진회로서도 감히 사관을 물리치지 못한 것은 명확합니다. 대체로 진회로서도 감히 하지 못한 짓을 최명길이 차마 했으니, 전하의 죄인이 될 뿐 아니라 진회의 죄인이기도 합니다."

　한마디로 진회만도 못한 자라는 뜻이다.

진회(秦檜, 1090~1155년)는 남송 초 정치가로 송나라를 침략한 금나라와 송나라를 남북으로 나누기로 합의한 장본인이다. 유능한 관리였지만 정권을 유지하기 위해 '문자옥(文字獄)'을 일으켜 반대파를 억압했기 때문에 민족주의와 이상주의를 내세운 후세의 주자학파(朱子學派)로부터 혹독한 비난을 받았다. 그의 손에 옥사(獄死)한 악비(岳飛)가 민족의 영웅으로 존경받는 데 반해 그에게는 간신(奸臣)이라는 낙인이 찍혀 있다. 서인이 누구인가? 주자학파 중에서도 가장 골수들 아닌가?

최명길은 조금도 굴하지 않았다. 전쟁 발발을 앞두고 최명길은 온몸을 던져 적진으로 들어가 전쟁을 막는 데 온 힘을 다했다. 청나라 장수는 전쟁과 강화 중에 택일할 것을 통보했다. 최명길이 이를 남한산성에 피신해 있던 인조에게 보고하자 조정 신하들은 격론을 벌였다. 최명길 비명이 전하는 당시 상황이다.

공이 남한산성으로 달려가 결과를 보고하니 주상이 공의 손을 붙잡고 울먹였고 공도 눈물을 흘리며 감히 우러러보지 못했다. 청나라 군대가 성 아래에 이르러 여전히 사람을 보내어 강화를 요구했다. 그러자 공격과 강화의 의논이 더욱더 거세졌기 때문에 조정에서 그 두 가지를 가지고 결단을 내리지 못했다. 공이 분발하여 말했다. "오늘날의 계책은 오직 강화냐 전쟁이냐 이 두 가지일 뿐인데 전쟁하려고 하면 힘이 미치지 않고 강화를 하려고 하면 두려워서 감히 하지 못하고 있습니다. 그러다가 하루아침에 성이 함락되어 상하가 어육(魚肉)이 되어버린다면 장차 종사는 어느 곳에다 둔단 말입니까?"

오랑캐가 성을 더욱더 급하게 포위하여 여러 번 함락되려고 하자 사람들의 마음이 상실되어 대부분 강화의 의논을 따랐다. 김상헌(金尙憲) 공이 강화 문서를 찢으며 통곡하니, 공이 주워 맞추면서 말했다.

"강화 문서를 찢는 사람이 없어서는 안 되지만 찢어진 문서를 맞추는 사람도 있어야 합니다."

강도(江都-강화도)가 함락되었다는 보고가 이르자 드디어 남한산성 아래에서 강화의 맹약을 했다.

이로써 종묘사직은 보존될 수 있었다.

이듬해 4월 최명길은 우의정이 되었다가 석 달 만에 좌의정에 올랐다.

좌의정 최명길, 속환된 여성들을 보호하다

인조 16년(1638년) 3월 11일 자 『인조실록』에는 청나라에 잡혀갔다가 돌아온 사족 여성들과의 이혼 문제가 실려 있다. 이때 좌의정 최명길은 속환(贖還) 여성들의 강제 이혼에 대해 반대론을 펼친다. 정(正)보다는 중(中), 낡은 관습보다는 변통을 중시했던 그의 면모가 한껏 드러나는 장면이다.

신이 심양으로 갈 때에 들은 이야기인데, 청나라 병사들이 돌아갈 때 자색이 자못 아름다운 한 처녀가 있어 청나라 사람들이 온갖 방법으로 달래고 협박했지만 끝내 들어주지 않다가 사하보(沙河堡)에 이르러 굶어 죽었는데, 청나라 사람들도 감탄하여 묻어주고 떠났다고 했습니다. 또 신이 심양의 관사에 있을 때, 한 처녀를 값을 정하고 속(贖)하려고 했는데, 청나라 사람이 뒤에 약속을 위배하고 값을 더 요구하자 그 처녀가 돌아갈 수 없음을 알고 칼로 자신의 목을 찔러 죽고 말았습니다. 이에 끝내는 그녀의 시체를 사가지고 돌아왔습니다. 가령 이 두 처녀가 다행히 기한 전에 속환되었더라면 반드시 자결하지는 않았을 것입니다. 비록 정결한 지조가 있더라도 누가 다시 알아주겠습니까.

이로써 미뤄본다면 전쟁의 급박한 상황 속에서 몸을 더럽혔다는 누명을 뒤집어쓰고서도 밝히지 못하는 사람이 얼마나 많겠습니까. 사로잡혀 간 부녀들을 모두 몸을 더럽혔다고 논할 수 없는 것이 이와 같습니다.

인조는 최명길이 아뢴 대로 하라고 답했다. 그러나 『실록』은 덧붙여 "그러나 이 뒤로는 사대부집 자제는 모두 다시 장가들고 다시 합하는 자가 없었다"라고 말하고 있다.

이날 사관의 평은 더 가혹하다.

최명길은 비뚤어진 견해를 가지고 망령되게 선조(先朝) 때의 일을 인용하여 헌의하는 말에 끊어버리기 어렵다는 의견을 갖춰 진달 했으니, 잘못됨이 심하다. 당시의 전교가 사책(史冊)에 기록되어 있지 않아 이미 증거할 만한 것이 없다. 설령 이런 전교가 있었다고 하더라도 또한 본받을 만한 규례는 아니니, 선조 때 행한 것이라고 핑계하여 오늘에 다시 행할 수 있겠는가. 선정(先正)이 말하기를 "절의를 잃은 사람과 짝이 되면 이는 자신도 절의를 잃는 것이다"라고 했다. 절의를 잃은 부인을 다시 취해 부모를 섬기고 종사(宗祀)를 받들며 자손을 낳고 가세(家世)를 잇는다면 어찌 이런 이치가 있겠는가. 아, 100년 동안 내려온 나라의 풍속을 무너뜨리고 삼한(三韓)을 들어 오랑캐로 만든 자는 명길이다. 통분함을 금할 수 있겠는가.

"진회보다 못한 자"에 이어 "삼한을 들어 오랑캐로 만든 자"라는 비난이 사책에 가해진 것이다. 여기서 선조 때의 일이란 임진왜란 때 일어난 일로 최명길이 인용한 대목이다.

"신이 고로(故老)들에게 들으니, 선조 조에 임진년 왜변이 있은 뒤에 전교가 있었는데, 지난해 성상의 전교와 서로 부합된다고 했습니다. 그 말을 자세히 기억할 수는 없지만 여항에서 전하는 바로 말한다면, 그때 어떤 종실이 상소하여 이혼을 청하자, 선조께서 허락하지 않으셨으며, 어떤 문관이 이미 다시 장가를 들었다가 아내가 쇄환(刷還-외국에서 돌아옴) 되자 선조께서 후취 부인을 첩으로 삼으라고 명하셨으며, 그 처가 죽은 뒤에야 비로소 정실부인으로 올렸다고 합니다.

이외에도 재상이나 조관(朝官)으로 사로잡혀 갔다가 돌아온 처를 그대로 데리고 살면서 자식을 낳고 손자를 낳아 명문거족이 된 사람도 왕왕 있습니다. 이 어찌 예는 정(情)에서 나오는 것이므로 때에 따라 마땅함을 달리하는 것으로서 한 가지 예에 구애되어서는 안 되기 때문이 아니겠습니까."

그러나 이런 시중(時中)의 논리가 먹혀들 조선 사대부 사회가 아니었다.

손자 최석정의 최명길 옹호론

최명길이 세상을 떠날 때 두 살이던 손자 최석정(崔錫鼎)은 숙종 때인 1699년 좌의정에 오르고 1701년에 영의정으로 옮긴다. 할아버지와 같은 서인 내 소론의 입장으로 남인을 포용할 것을 주장했고 백성의 어려움을 정치의 첫머리에 두었으며 당쟁의 폐단을 최대한 줄이려 했던 재상이다.

당시 노론 세력이 대보단(大報壇)을 세우면서 조부 최명길을 맹공하자 그 원통함을 해명하는 소를 올렸다. 그 소 중에 이시백이 최명길의 삶을 평가한 대목이 나온다.

"신의 조부(祖父)가 별세한 뒤에 고(故) 상신(相臣) 이시백(李時白)이 남에게 이렇게 말했습니다.

'지천(遲川)의 사업(事業)이 매우 많은데도, 그중에 큰 것이 여덟 가지가 있다.

계해년 반정(反正)할 때 광복(匡復)하는 사업을 협찬(協贊)한 것이 첫째이고,

병인년에 예(禮)를 의논할 때 능히 부자(父子)의 윤리(倫理)를 밝힌 것이 둘째이며,

병자년의 호란(胡亂)에 혼자 말을 타고 적진(敵陣)에 나아가 적(賊)의 기세(氣勢)를 늦추게 한 것이 셋째이고,

남한산성(南漢山城)의 포위 때에 비방을 무릅쓰고 화친(和親)을 주장하여 종사(宗社)를 보존(保存)한 것이 넷째이며,

무인년의 징병(徵兵)할 때 의리로써 거절하여 죽는 것을 자기 집에 돌아가듯이 여기는 것이 다섯째이고,

명(明)나라에서 서신을 보내어 마침내 위기(危機)를 밝으면서 자신이 스스로 담당한 것이 여섯째이며,

마음을 가지고 일을 행하는데 확실하게 자신(自信)하여 붕당(朋黨)에 물들지 않는 것이 일곱째이고,

골육(骨肉)을 잘 처리하여 촉오(觸忤)를 피하지 않고 남이 어렵게 여기는 바를 말하는 것이 여덟째이다.'

'지천(遲川)'은 곧 신의 조부(祖父)의 자호(自號)입니다."

이시백의 말에서 병인년에 부자의 윤리를 밝힌 것이란 인조 아버지를 원종으로 추존할 때 찬성한 것을 말한다. 무인년의 징병이란 청나라에서 군대를 보내줄 것을 청한 것이고 최명길은 명분에 입각해 이를 거절했다. 촉오란 웃어른의 마음을 거슬러서 성을 벌컥 내게 함이니 왕실 문제도 원칙에 입각해 곧은 간언을 했음을 말한다.

『실록』의 최명길 졸기는 반대파에서 쓴 것임을 감안하면서 읽어야 한다.

완성 부원군(完城府院君) 최명길(崔鳴吉)이 졸했다.

명길은 사람됨이 기민하고 권모술수가 많았는데 자기의 재능에 대해 자부심을 가지고 일찍부터 세상일을 담당하겠다는 생각을 가졌다. 광해 때에 배척을 받아 쓰이지 않다가 반정할 때 대계(大計)를 협찬했는데 명길의 공이 많아 드디어 정사 원훈(靖社元勳)에 녹훈되었고, 몇 년이 안 되어 차서를 뛰어넘어 경상(卿相)의 지위에 이르렀다. 그러나 추숭(追崇)과 화의론을 힘써 주장함으로써 청의(淸議)에 버림을 받았다. 남한산성의 변란 때는 척화(斥和)를 주장한 대신을 협박하여 보냄으로써 사감(私感)을 풀었고 환도한 뒤에는 그른 사람들

을 등용해, 사류와 알력이 생겼는데 모두 소인으로 지목했다. 그러나 위급한 경우를 만나면 앞장서서 피하지 않았고 일에 임하면 칼로 쪼개듯 분명히 처리하여 미칠 사람이 없었으니 실로 한 시대를 구제한 재상[救時之相]이라 하겠다.

구시지상(救時之相), 이시백의 평과 정확히 합치되는 평이라 할 것이다.

제19장

백성의 삶을 정치하는 최우선으로 삼은
대동법 재상
김육

서인 집안에서 나서 남인 조호익에게 학문을 익히다

'대동법 재상' 김육(金堉)은 본관은 청풍(淸風)이고 호는 잠곡(潛谷)으로 선조 13년(1580년) 한양 마포의 외조부 조신창(趙新昌) 집에서 태어나고 자랐다.

아버지 김흥우(金興宇)는 사마시에 급제했지만, 벼슬이 참봉에 머물렀고 성혼(成渾)과 이이(李珥) 문하에 출입했다. 훗날 김육이 서인으로 분류되는 것은 이 때문이다.

그런데 할아버지 김비(金棐)가 임지인 평안도 강동현에 갈 때 7~8세 무렵의 김육이 따라갔다가 마침 그곳으로 유배를 온 퇴계 제자 조호익(曺好益, 1545~1609년)을 만나 경전을 익혔다. 조호익은 특히 『주역』에 밝아 이에 관한 책을 여럿 지었다. 훗날 김육이 서인의 주자학 일

변도에 국한되지 않고 열린 태도를 가질 수 있었던 데는 어릴 때 조호익으로부터 감화받은 바가 컸기 때문이다.

'총종사오현소(請從祀五賢疏)'를 올렸다가 금고당하다

김육은 25세인 1605년(선조 38년)에 사마시에 합격해 성균관에 들어갔다. 광해군 3년(1611년) 김굉필, 정여창, 조광조, 이언적, 이황 등 5인을 문묘에 종사하려 하자 정인홍이 이를 반대했다. 이 사건 때문에 문과 응시 자격을 박탈당하는 금고(禁錮)를 당하자, 성균관을 떠나 경기도 가평 잠곡(潛谷)으로 은거했다. 그는 당시 심정을「유감(有感)」이라는 시에서 이렇게 노래했다.

> 세상의 일 차마 입에 담을 수 없으니
> 슬픈 마음 그 어찌 말로 다 풀어내리
> 봄바람 불 때 두 줄기 눈물 흘리며
> 깊은 산속에 홀로 누워 지내노라.

이곳에 머물며 회정당(晦靜堂)을 짓고 농사를 지으며 스스로 학문을 닦았다. 이때 스스로 호를 잠곡이라고 했다. 이때부터 10여 년에 걸친 주경야독(晝耕夜讀)의 은거 생활이 이어졌다. 넉넉하지 못한 생활이었다. 남의 밭에 김을 매주고 숯을 구워 팔아 끼니를 근근이 해결하는 정도였다. 이런 빈궁한 생활은 훗날 그가 정치인으로서 무엇보다 민생(民生)을 첫머리에 두는 계기가 됐음은 두말할 나위가 없다.

인조반정으로 벼슬길에 나서다

1623년, 그의 나이 43세에 인조반정이 일어나 서인 세상이 열렸다. 반정이 있은 직후 광해군 시절 직언하다가 죄를 입은 유생과 학행(學行)이 있는 유생을 발탁해 6품직을 제수했는데 이때 김육(金堉)의 이름은 김장생 아들 김집(金集)과 함께 학행 유생에 포함돼 있었다.

이듬해인 1624년(인조 2년) 9월 29일에 김육은 증광 별시에서 문과에 급제했다.

문과에 급제한 후 김육은 주로 사간원을 중심으로 벼슬 생활을 했다. 인조 3년(1625년) 7월 3일에는 세자 교육을 담당하는 시강원 문학(文學)에 제수됐는데 당시 『실록』은 그를 이렇게 평하고 있다.

> 김육은 천성이 본디 단정하고 성실하며 지조가 있었다. 일찍이 혼조(昏朝-광해군 조정)에서는 과거에 응시할 생각을 버리고 산골짜기에서 몸소 농사를 지어 사뭇 옛사람의 풍도가 있었고 반정 뒤에 맨 먼저 학행으로 발탁되었다.

순조로운 벼슬살이는 인조 7년(1629년)에 처음으로 위기를 맞는다. 인사 문제를 조정하려다가 오히려 공격을 당해 하옥되었다가 축출되었다. 이때는 강관(講官)으로서 공로로 하사받은 호피(虎皮)로 전답을 사서 한적하게 지냈다.

이때도 그의 학문은 심화했을 것으로 보이는데 그는 공리공담(空理空談)보다는 백성의 실생활에 도움을 줄 수 있는 잡학(雜學)에 관심을 쏟았다. 그것은 군사·천문·지리·의학·산학 등이었다. 3년 후인 인조 10년 조정의 부름을 받고 홍문관 교리 등을 지냈다.

동지사가 되어 북경을 찾다

인조 14년(1626년) 3월 5일 김육은 동지사(冬至使)에 제배됐다. 이때는 명나라와 청나라 전쟁이 막바지를 향해 달리고 있을 때였다. 당시 상황을 이경석(李景奭)은 김육 비명(碑銘)에서 이렇게 기록하고 있다.

사람들은 바다를 건너가는 것을 꺼리었으나 공은 태연히 길을 나서 8월에 남신구(南汎口)에 정박했다. 그때 청(淸)나라 군사가 이미 명(明)나라 수도 연경(燕京)에 육박하는 데도 도독(都督) 진홍범(陳洪範)은 군사를 거느리고 관문(關門) 밖에 있는지라 공이 서찰을 보내어 대의(大義)로 격동시키니, 진홍범이 부끄럽게 여기어 그 군졸이 11월에 연경에 도착했다.
그때 천하가 전란에 빠졌는데, 공만 일찍 하례(賀禮)의 사절로 도착했으므로 예부 상서(禮部尙書) 강봉원(姜逢元)이 위로하고 절일(節日)에는 함께 참례(參禮)하도록 허락했으니, 이는 특별한 대우였다. 예부(禮部)에서 서적 사는 것을 금지했으므로 공이 극력 변명했다.
정축년(丁丑年-1637년, 인조 15년) 2월에 일을 끝마치고 돌아오기에 앞서 명나라에서 관례에 따라 연회를 베풀어주려고 하자 공이 국모(國母-인열왕후(仁烈王后) 한씨)의 상중(喪中)이라고 하여 사양하고 또 은(銀)값을 쳐서 주는 것을 사양했다.
공이 우리나라가 전란에 휩싸였다는 소식을 듣고 동쪽을 향해 통곡하니, 중국 사람이 감동해 눈물을 흘렸다. 전후로 각부(閣部)에 올린 공문 10여 건이 우리나라의 정황을 아뢴 것이었으므로, 황제가 우리 조정의 성의를 가상히 여기고 힘이 부족한 것을 민망히 여겨 상을 후히 내림과 아울러 병부(兵部)에 명해 병력 3,000으로 호송해 바다로 나가게 했다.

도중에 병조 참의(兵曹參議)에 임명되었는데 임무를 보고하고 나서 사양하여 면직되었다. 예조(禮曹)를 거쳐 승정원(承政院)으로 들어가 주상이 내린 하교에 불평(不平)한 내용이 있는 것을 보고는 봉하여 다시 올리고 얼마 안 되어 사직했다.

김육은 명나라에서 병자호란을 맞았던 것이다.

충청도 관찰사가 되어 대동법을 시행하다

인조 16년(1638년) 6월 25일 김육은 충청도 관찰사에 제수됐다. 그의 문집에는 '호서대동절목서(湖西大同節目序)'가 실려 있는데 여기에 공직에 임하는 그의 자세가 생생하게 적혀 있다. 호서란 충청도를 가리키는 말이다.

군자가 이 세상에 태어나 어려서는 학문에 힘쓰고 학문을 닦아서는 그것을 실행해야 한다. 도덕을 닦고 관직을 받는 것이 어찌 이록(利祿)을 위하고 명예를 노려서이겠는가? 장차 그 뜻을 실천하여 백성에게 펴고자 하는 것이다. 관직의 높낮이에 관계없이 진실로 그 뜻을 시행하는 데 뜻을 둔다면 성현의 말씀을 법으로 삼아야 한다. 한 고을에서 시행하면 그 고을이 편해지고 한 나라에서 시행하면 그 나라 백성이 편안하게 되며 온 천하에 시행하면 온 천하의 백성을 편하게 만들어야 한다.

부임한 지 석 달 후인 9월 27일 『실록』이다.

충청 감사 김육(金堉)이 치계(馳啓) 했다.
"선혜청(宣惠廳)의 대동법(大同法)은 실로 백성을 구제하는 데 절실합니다. 경기와 강원도에 이미 시행했으니, 본도(本道)에 무슨 행하기 어려울 리가 있겠습니까. 신이 도내(道內) 결부(結負)의 수를 모두 계산해보건대, 매결(每結)마다 각각 면포(綿布) 1필과 쌀 2말을 내면 진상하는 공물(貢物)값과 본도의 잡역(雜役)인 전선(戰船), 쇄마(刷馬)와 관청에 바치는 물건이 모두 그 속에 포함되어도 오히려 남는 것이 수만입니다. 지난날 권반(權盼)이 감사가 되었을 때 도내의 수령들과 더불어 이 법을 시행하려고 하다가 하지 못했습니다. 지금 만약 시행하면 백성 한 사람도 괴롭히지 않고 번거롭게 호령도 하지 않으며 면포 1필과 쌀 2말 이외에 다시 징수하는 명목도 없을 것이니, 지금 굶주린 백성을 구제하는 방법은 이보다 좋은 것이 없습니다."
비국(備局-비변사)이 회계했다.
"이 상정(詳定-지방 특성에 따라 알맞게 조정한 세금 규정)은 바로 고(故) 신 권반이 일찍이 상세하게 만든 것인데 미처 시행하지 못했으니, 식자들이 지금까지 한스럽게 여깁니다. 만약 지금 시행한다면 공사(公私) 양편 모두가 이로울 것이고 서울과 지방이 모두 편리할 것이니 해조(該曹)로 하여금 낱낱이 상고하여 결정하게 하소서."

아뢴 대로 윤허한다고 답했다.

요직을 거치면서도 당쟁에 물들지 않다

인조 17년 12월 11일, 김육은 관찰사 임기를 마치고 동부승지로 중앙에 복귀했다. 2년 정도 승정원 승지직을 순환하던 김육은 인조 19년 홍문관 부제학이 되고, 이어 대사간으로 옮긴다. 인조 21년(1643년) 5월 21일 김육은 한성부 우윤(右尹-부시장)에 제수됐다. 이때 사관의 평이다.

김육은 청렴 근신하며 바르고 곧아 승정원에 오래 있는 동안 상의 총애가 융숭했는데 마침내 초탁(超擢)했다.

당시 인조가 김육을 얼마나 총애했는지는 두 달 후인 7월 13일 김육을 도승지로 삼은 데서 확인할 수 있다. 김육은 심양에 가서 원손(元孫) 보양관으로 다녀오기도 했다. 원손이란 소현세자 아들이다. 또 김육은 소현세자가 죽었을 때 그의 애책문(哀冊文)을 지었다.

그러나 인조 24년(1646년) 2월 인조는 세자빈 강씨가 음식에 독을 넣었다며 억지를 부리는데 이때 약방제조 도제조 김류(金瑬)와 부제조 김육이 자기에게 그 음식을 들었는지, 여부를 물어보지도 않았다며 내친다. 당시 김육은 예조 판서이기도 했는데 인조는 김육이 일찍이 강씨에게 후하게 했고 또 원손 보양관이었으므로 이들을 비호(庇護)한다고 의심했다.

이듬해 송도 유수(松都留守)가 되어 관직으로 돌아왔다. 비명은 송도 유수 김육의 활약상을 이렇게 정리하고 있다.

부임하여 먼저 교도(教導)의 정사를 펴고 선비들을 교육하고 학궁(學宮)의 양쪽 곁채를 새로 단장하고 대성전(大成殿)의 제전(祭奠)을 반드시 몸소 드리었다. 그리고 포은(圃隱-정몽주)이 순절(殉節)한 곳에다가 성인비(成仁碑)를 세우고 『논어(論語)』의 정문(正文)과 『효충전경(孝忠全經)』을 간행하여 배포하고 노인을 우대하고 선행을 표창하니, 사람들이 모두 기뻐했고 돌아올 때 수레를 붙잡고 사모했다.

인조 27년(1649년)에 김육 나이 이미 70세라 기로사(耆老社)에 들어갔다. 남들 같으면 벼슬에서 물러나야 할 때였다. 그해 5월 인조가 승하하자 김육은 임시 예조 판서로 불려 와서 장례를 흠결 없이 치렀다.

효종의 지우(知遇)를 받아 우의정에 오르지만

효종(孝宗)은 즉위하자마자 8월 28일 김육을 대사헌으로 삼았다가 곧바로 9월 1일 우의정에게 제수한다. 좌의정은 조익(趙翼, 1579~1655년)이었다.

우의정 김육은 재상으로서 일성(一聲)이 대동법 확대 실시였다. 또 그는 역법(曆法)에도 조예가 깊었다. 모두 잠곡 시절에 공부해두었던 정책들이었다. 효종 즉위년(1649) 12월 3일 『실록』이다.

상이 대신과 비국의 여러 신하를 인견했다. 좌의정 조익이 나아가 아뢰었다.

"왕정(王政) 가운데서 큰 것으로는 대동법(大同法)보다 큰 것이 없는데 어찌 한두 가지 일이 불편하다 하여 행하지 않겠습니까."

우의정 김육이 아뢰었다.

"대동법은 지금 모든 조례(條例)를 올렸으니, 전하께서 옳다고 여기시면 행하시고 불가하면 신을 죄주소서."

상이 대답하지 않았다. 김육이 또 아뢰었다.

"신이 일찍이 관상감 제조를 지내어서 역법(曆法)을 마땅히 바꾸어야 함을 압니다. 역법은 반드시 100년 혹은 50년에 한 번씩 바꾸어야 하는데, 지금 쓰고 있는 역은 바로 허형(許衡) 등이 만든 법으로 이미 400년이 되었으니 어찌 변경하지 않을 수 있겠습니까. 이번 서양(西洋)의 새 법에는 견해가 없지 않으니 그 법을 참고해서 고쳐야 합니다."

상이 말했다.

"그 가운데서도 역시 옳지 않은 것이 있다. 우선 추산(推算)하여 고쳐 어떠한지 보아야 한다."

효종이 머뭇거린 데는 이조 판서 김집(金集)이 있었다. 효종 1년(1650년) 1월 13일에 그 이유가 설명되어 있다. 이는 훗날 한당(漢黨)과 산당(山黨)의 대립으로 나타나게 된다. 김육은 애당초 인물의 능력이 중요하지, 당파는 중요하다고 여기지 않았다.

우의정 김육(金堉)이 선조의 묘를 성묘하기 위하여 양주(楊州)로 물러갔다. 이보다 앞서 김육이 대동법(大同法)을 시행할 것을 청하자, 상이 이조 판서 김집(金集)에게 물으니, 김집은 시행하는 것이 불가하다고 하고, 또 건의하여 원로 대신에게 인재를 물어 차례에 구애받지 말고 등용하기를 청했는데, 이에 김육이 소를 올려 말했다.

"인재를 등용하는 권한은 인주(人主)의 대병(大柄)이므로 아래에서 마음대로 해서는 안 됩니다."

이로 인해 두 사람이 화협 하지 못했다.

그 뒤로 김육은 여러 번 소를 올려 치사(致仕-사퇴)를 청하면서 아뢰었다.

"신하가 임금을 섬기는 도리는 진퇴가 분명하고 그 마음에 변함이 없어야 할 뿐입니다. 나아가야 할 때에 물러나는 것은 잘못이며, 물러가야 할 때 나아가는 것도 잘못입니다.

미관말직에 있는 자도 오히려 그러해야 하는데, 더구나 대신의 반열에 있는 자이겠습니까. 대체로 물러가서는 안 되는 경우가 셋이며, 물러가지 않으면 안 되는 경우가 셋입니다. 이를테면 자신에게 국가의 안위가 걸려 있어 국가의 존망에 관계된 자가 첫째요, 산림(山林)에서 와서 덕망이 세상을 덮는 자가 둘째요, 나이가 젊고 근력이 있어 국사를 담당할 만한 자가 셋째이니, 이상은 물러가서는 안 되는 경우입니다. 그리고 자신이 분명히 알 만큼 재덕(才德)이 부족한 경우가 첫째요, 나이가 이미 많고 노쇠하여 치료하기 어려운 병을 지닌 자가 둘째며, 남의 비웃음이나 당하며 쓰이기에는 부적합한 말을 하는 자가 셋째이니, 이는 물러가지 않으면 안 되는 경우입니다.

이제 신은 분에 넘치는 은총으로 치사(致仕)할 나이가 넘었으니 물러가야 하겠습니까, 물러가지 않아야 하겠습니까. 옛사람을 들어 말하건대 자신에게 국가의 존망이 걸린 한(漢)의 제갈량(諸葛亮)이나 백성의 인망이 간절했던 진(晋)의 사안석(謝安石)이나 나이가 노쇠하지 않았던 송(宋)의 문천상(文天祥)의 경우와 참람 되지만 비교해본다면, 하늘을 나는 붕새와 땅속 벌레의 차이 정도일 뿐만이 아니며, 시세의 어려움도 한(漢)이나 진(晋)·송(宋)의 경우와도 다릅니다. 조금이라도 그대로 나아가야 할 도리가 어디에 있습니까. 삼가 원하건대 성명께서는 속히 치사를 허락해주소서."

김집이 "원로 대신에게 인재를 물어" 운운한 것은 두말할 것도 없이 특정 당파의 인재를 쓰자는 것이다. 김육은 이 점을 꿰뚫어 보았기에 정면으로 반대한 것이다.

김집과의 충돌은 곧 김상헌·송시열 등 청의파(淸議派)와 충돌을 의미하는 것이기에 김육으로서도 부담스럽지 않을 수 없었다. 그러나 왕권에 손상을 입히고 인재를 능력에 맞게 쓴다는 원칙에 어긋났기에 김육으로서도 타협의 여지가 없었다.

명분보다 실상을 중시했던 김육은 여기서도 제갈량·사안석·문천상을 언급하고 있다. 이들은 흔히 사공(事功)을 중시했던 인물이며 그 뿌리는 관중(管仲)의 부국강병에 닿아 있었다.

김육과 김집의 갈등

김집은 대동법 시행에 반대해 김육이 소를 올린 얼마 후인 1월 21일 고향 연산(連山)으로 돌아갔다. 다음 날에는 김육도 김집의 사직에 맞서 사직의 뜻을 올렸다.

이제 들으니 이조 판서 김집이 상소를 남겨두고 떠났다고 합니다. 전하께서도 일찍이 봄이 되면 왕래하도록 허락하셨는데, 혹시라도 그가 나가고 신이 들어가면 남들은 필시 신의 말로 인하여 그가 갔다고 할 것입니다. 어진 벗을 내쫓고 자신이 들어가는 그러한 사람이 어떻게 세상에 있을 수 있겠습니까. 신은 이미 위험한 기관(機關)을 범했으니 참으로 스스로를 보전하기가 어렵습니다.
만일 어진 이를 업신여기고 변법(變法)을 한 것으로 왕안석(王安石)에 견주어 공격한다면, 전하께서 아무리 신을 구원하고자 하여도 안 될 것입니다. 신은 차라리 게을리하여 책임을 회피한 죄를 받을지언정 진퇴(進退)에 기준이 없는 사람이 되어 탄핵의 아래 욕을 당하는 그런 사람은 차마 될 수 없습니다. 삼가 성명께서는 속히 신의 직을 체차하소서.

효종은 김집의 손을 들어주었다. 사흘 후인 25일 김육을 우의정에서 면직시키고 영중추 부사(-중추부 영사)로 삼았다. 실권이 없는 자리로 옮긴 것이다. 그러나 효종은 1년 후인 효종 2년 1월 11일 김육을 영의정으로 임명한다. 좌의정을 거치지 않은 채 영의정으로 삼은 것이다.

영의정으로서 김육이 새롭게 제기한 문제는 화폐 유통이었다. 이 또한 실은 대동법과도 연계된 것으로 백성의 삶을 편안케 할 수 있는 핵심 정책이었다.

그러나 이는 훗날 숙종 때 가서 빛을 보게 된다.

효종과 사돈이 되다

효종 2년 11월 21일 세마(洗馬) 김우명(金佑明)의 딸을 세자빈으로 삼았다. 훗날 현종(顯宗)비이며 숙종(肅宗)의 어머니다.

효종 2년 12월 7일 마침내 김육은 좌의정이 된다. 71세였다. 김육은 2년 반 정도 좌의정으로 있다가 다시 영의정을 맡았고 얼마 후에 돈녕부 영사로 일선에서 물러난다. 돈녕부란 왕실 인척들을 관리하는 관아이다.

이 자리에 있으면서도 김육은 백성을 위한 정책을 건의하는 데 조금도 꺼리지 않았다. 효종 6년(1655년) 7월 9일 영돈녕 부사 김육(金堉)이 차자(箚子-약식 상소)를 올려 병조 판서 원두표(元斗杓), 호조 판서 허적(許積)과 화폐를 통행시키는 법을 함께 의논하겠다고 청하니 상이 허락했다. 원두표는 대동법 시행 때도 보조를 같이했던 인물이다.

대개는 재상 자리에 있으면서 이렇다 할 건의를 올리지 않았다는 지적을 받는 사람들이 많았지만, 김육은 이와 달리 어느 자리에 있든 백성을 편안케 할 방책이라면 때와 장소를 가리지 않고 말을 해 종종 임금으로부터 배척을 당하기도 했다.

이경석의 말이다.

조정에 나간 뒤로 회포가 있을 때마다 임금에게 아뢰었는데, 혹은 항의의 상소를 올리기도 하고 혹은 무릎 밑에 나아가 쌓인 바를 남김없이 털어놓되, 비록 엄중한 견책을 받아도 굽힌 바가 없었다. 예를 들면 안흥(安興)의 축성(築城)이나 속오군(束伍軍)의 급보(給保)나 어영군(御營軍)이 돌아가며 번서는 것이나 영장(營將)을 별도로 설치하는 것 등이 백성을 동요할까 염려하여 모두 중지할 것을 요청했다. 흠경각(欽敬閣) 옛터에다 만수전(萬壽殿)을 지으려고 하자 불가한 이유를 극구 개진했는데, 그 말이 비록 시행되지는 않았으나 임금이 그 굳은 충심을 가상히 여기었다.

또 그의 업적에 대해 이렇게 말했다.

돈의 유통과 수레의 사용은 모두 공이 건의한 것이었는데, 시행되지 않자 항상 개연(慨然)하게 여기었다. 옛날의 활 쏘는 법이 변할까 염려하여 등대(登對)할 때 극력 건의하고, 호남의 균역(均役)에 뜻을 두었다가 죽은 뒤에 비로소 시행되었다. 주상이 공의 충심을 추념하고 경연(經筵)에서 탄식하기를, "어떻게 하면 김 영돈녕(金領敦寧)처럼 소신이 확고한 사람을 얻을 수 있단 말인가?"라고 했다.

죽음을 앞두고 올린 유차

신의 병이 날로 더욱 깊어지기만 하니 실낱같은 목숨이 얼마나 버티다가 끊어질는지요? 아마도 다시는 전하의 얼굴을 뵙지 못할까 생각하므로 궁궐을 바라보며 비 오듯이 눈물을 흘렸습니다. 제왕의 학문에서 귀중히 여기는 것은 마음을 간직하고 정신을 하나로 모아 밖으로 치달리지 않게 하는 것을 말합니다. 전하께서 종전부터 학문을 강마하시면서 과연 이 도리를 잃지 않으셨습니까? 악정자 춘(樂正子春)은 한낱 필부였습니다만, 한 발자국을 뗄 때도 부모를 잊지 않았습니다. 그런데 전하께서 오늘날 다치신 것이 이 지경까지 이르렀으니 어찌 악정자 춘에게 부끄럽지 않겠습니까.

송 효종(宋孝宗)에게 철장(鐵杖)과 목마(木馬)가 뜻을 가다듬어 원수를 갚는 데 무슨 도움이 되었습니까. 주희(朱熹)와 같은 때 살면서도 주희로 하여금 수십 일도 조정에 있게 하지 못했으니 정말 애석한 일이었습니다.

전하께서 오늘날 심학(心學)에 힘을 써야 하실 것은 다만 위 무공(衛武公)의 억계시(抑戒詩-『시경』에 나오는 시 「억(抑)」)를 완미하고 탐색하시는 것입니다. 맹자가 말하기를 "백성을 보호하면서 왕 노릇을 하면 막을 수가 없을 것이다"라고 했습니다. 백성이 편안하여 삶을 즐겁게 누리면 어찌 군사가 없는 것을 걱정할 것이 있겠습니까.

흉년이 들어서 백성이 흩어져 사방으로 가려 하는데 승호(陞戶) 하는 일이 또 이때에 생겨 대신들이 다투어 간했지만 되지 않았으니 이 무슨 일입니까.

전하께서 후회하셔야 할 것입니다. 비록 열 번 명령을 바꾼다고 하더라도 무슨 지장이 있겠습니까. 나라의 근본을 기르는 일은 오늘의 급선무인데, 찬선(贊善)을 맡길 사람은 송시열과 송준길보다 나은 자가 없을 것입니다. 원하건대 전하께서는 시종 공경스러운 예로 맞아 지성으로 대우하여 멀리하려는 마음이 없게 하소서.

호남의 일에 대해서는 신이 이미 서필원(徐必遠)을 추천하여 맡겼는데, 이는 신이 만일 갑자기 죽게 되면 하루아침에 돕는 자가 없어 일이 중도에서 폐지되고 말까 염려되어서입니다. 그가 사은하고 떠날 때 전하께서는 힘쓰도록 격려하여 보내시어 신이 뜻한 대로 마치도록 하소서. 신이 아뢰고 싶은 것은 이뿐만이 아닙니다만, 병이 위급하고 정신이 어지러워 대략 만분의 일만 들어 말씀드렸습니다. 황송함을 금하지 못하겠습니다.

이준경이 선조에게 올렸던 유차(遺箚-유언 상소)를 떠올리는 충심의 글이다. 정적이라 할 수 있는 송시열과 송준길을 천거한 것 또한 그의 개방적 태도를 잘 보여주며 후임자 추천까지 빠트리지 않았다. 서필원(徐必遠, 1614~1671년)은 전라도 관찰사 때 김육처럼 전남도 대동사목을 반포했고 형조 판서를 거쳐 병조 판서로 있다가 죽었다. 민생을 구휼하고 지방의 폐단을 개혁하기 위한 사업을 많이 했으며 왕에게 직언을 잘해 그 시절 이상진(李尙眞) 등과 함께 오직(五直)으로 불렸다.

김육의 졸기 일부이다.

사람됨이 강인하고 과단성이 있으며 품행이 단정 정확하고, 나라를 위한 정성을 천성으로 타고나 일을 당하면 할 말을 다해 기휘(忌諱)를 피하지 않았다. 병자년에 연경에 사신으로 갔다가 우리나라가 외국 군사의 침입을 받는다는 말을 듣고 밤낮으로 통곡하니 중국 사람들이 의롭게 여겼다.

평소에 백성을 잘 다스리는 것을 자신의 임무로 여겼는데 정승이 되자 새로 시행한 것이 많았다. 양호(兩湖)의 대동법은 그가 건의한 것이다. 다만 자신감이 너무 지나쳐서 처음 대동법을 의논할 때 김집(金集)과 의견이 맞지 않자, 김육이 불평을 품고 여러 번 상소하여 김집을 공격하니 사람들이 단점으로 여겼다. 그가 죽자, 상이 탄식하기를 "어떻게 하면 국사를 담당하여 김육과 같이 확고하여 흔들리지 않는 사람을 얻을 수 있겠는가"라고 했다.

제20장

당쟁 시대의 무력한 재상들 ①
동래 정씨

당쟁과 정승

일반적으로 선조 8년(1575년)에 조선의 당쟁(黨爭)이 본격화된 것으로 이야기한다. 실은 이미 그전부터 조짐이 있었고 이때 이르러 심의겸과 김효원이 인사권 문제로 충돌하면서 물밑에서 갈등하던 당쟁이 물 위로 올라온 것일 뿐이다.

당쟁의 폐해는 여러 가지가 있지만 무엇보다 재상 혹은 정승이 바로 이 당파의 일원이 됨으로써 나라 전체의 인재를 쓰지 못하는 데 있다고 할 수 있다. 그래서 선조 이전의 재상과 선조 이후의 재상은 그 품격에서 이미 차이가 드러날 수밖에 없다.

선조 8년 이후부터 좌의정을 맡았던 이들의 면면을 들여다보면 이점은 쉽게 드러난다. 그 무렵 좌의정은 박순(朴淳)인데 그는 노골적으로 이이(李珥)의 후원자를 자처했던 서인(西人) 계열이다. 학문이 깊었다는 평가도 있지만 당쟁이 시작되던 시기에 그것을 제어하기보다는 어느 한쪽에 서서 좌의정의 권력을 유지하려 했던 것은 아닌가 하는 비판을 받기도 한다.

당시 우의정은 노수신(盧守愼)이었는데 그 또한 서인과의 관련이 깊었고 뒤에 좌의정에 오르지만, 『실록』은 "정승으로 있는 동안 이렇다 할 건의가 없었다"라고 말한다.

불행하게도 이때부터 나라의 재상은 드물게 되고 당파의 재상이 나타나게 된 것이다. 예전에는 정승을 국상(國相)이라고까지 했는데 이때부터는 당상(黨相)에 머물렀다. 이런 한계를 감안하면서 선조 이후의 재상들을 짚어볼 때 그들의 현실 속 모습이 훨씬 분명하게 드러난다고 할 수 있다. 동시에 함부로 '명재상'이라고 부르기 어려운 까닭이기도 하다.

정광필 손자 정유길

이런 맥락에서 정유길(鄭惟吉, 1515~1588년)을 살펴보는 것은 여러 가지로 의미가 있다. 당시 시대 상황을 누구보다 잘 체현하고 있는 인물이어서다.

우선 그의 배경은 든든하다. 할아버지가 중종 때의 명재상이었던 영의정 광필(光弼)이다. 또한 훗날 서인을 좌우하게 되는 김상헌(金尙憲)의 외할아버지다. 즉 그 이전까지는 한미한 편이었던 안동 김씨는 바로 이 정유길의 외손자였다는 사실 하나로 김상헌이 조정에서 발언

권을 높이는 데 큰 힘을 실어주었다. 그리고 그의 아들 창연(昌衍)도 좌의정에 올랐다.

여러 기록에 따르면 유길은 겨우 이를 갈 무렵에 할아버지 문익공(-정광필)이 슬하에 놓고 가르치면서 항상 부인에게 말하기를 "이 아이는 뒤에 반드시 나의 지위에 이를 것이다"라고 했다고 한다.

이 무렵 어떤 재능을 보인 때문인지는 모르겠으나 할아버지의 손자 사랑으로 볼 수도 있고 사람을 보는 데 밝았던 정광필이 그에게서 뭔가 특이한 점을 살핀 때문일 수도 있다. 분명한 것은 문장에서 일찍부터 발군의 실력을 보였다는 점이다.

"조금 장성하자 문장의 구상이 넘쳐흘러 날마다 새로워지고 풍부해져 재능이 몇 사람을 아우를 수 있었으므로 동료 중에 앞선 사람이 없었다."

관리로서 그의 길은 탄탄대로였다. 1531년(중종 26년) 사마시에 합격하고 1538년 별시 문과에 장원급제해 중종의 축하를 받고 곧 사간원 정언에 올랐다. 그 뒤 공조 좌랑·이조 좌랑·중추부도사·세자시강원 문학 등을 역임했다.

뒤에도 그랬지만 정유길은 당파의 인물임에도 불구하고 어느 한쪽에 심하게 쏠리는 성향은 아니었다. 이조 좌랑으로 있을 때 외척들 사이에 틈이 생겨 조정이 분분했는데 정유길은 격동하지도 않고 순종하지도 않으니, 사론(士論)이 귀의했다고 한다.

1544년에는 이황(李滉), 김인후(金麟厚) 등과 함께 동호서당(東湖書堂)에서 사가독서(賜暇讀書-문흥을 일으키기 위해 유능한 젊은 관료들에게 휴가를 주어 독서에만 전념케 하던 제도)했다.

굳이 말하자면 정유길은 자기 의견을 강하게 내세우지 않는 관리

형 인재였다고 할 것이다. 1552년(명종 7년) 부제학에서 도승지가 됐다. 1560년에는 찬성 홍섬(洪暹)이 대제학을 사양하고 후임으로 예조 판서 정유길, 지사 윤춘년(尹春年)과 이황을 추천했는데, 이 중에서 가장 많은 지지를 얻어 홍문관·예문관 대제학이 되어 문형(文衡)에 들어갔다. 한 시대를 대표하는 문필가로 인정받은 것이다.

그러나 흔히 폭정의 시대로 불리는 명종 때 이렇다 할 간쟁은 없이 벼슬만 올랐다는 것은 그리 자랑이라 할 수는 없다.

결국 먼 훗날 우의정에 제수됐을 때 "명종 때 권신인 윤원형(尹元衡)과 이량(李樑) 등에게 아부한 사람을 상신(相臣)에 앉힐 수 없다"라는 사헌부의 탄핵으로 사직해야 했다. 그러나 결기가 없다고 해서 자신의 뜻을 굽히기만 하는 인물은 아니었다.

당시 배경에 대해 외손자인 김상헌은 정유길의 묘비명에서 이렇게 변명했다.

다시 찬성(贊成)이 되었을 때 홍문관에서 차자를 올려 지적해 배척하니 임금의 하교에 "내가 정 아무개를 보건대 그 마음이 순실(純實)하여 정말로 경박한 선비에 비할 바가 아니다. 근래에 조정 관료들이 마음을 합쳐 나라를 도울 것은 생각지 않은 채 오직 자신들에게 빌붙지 않은 사람은 번번이 배척하고 있으니 장차 무엇을 하려고 하는가?"라고 했다.

그때 선배와 후배가 서로 불신하여 당파로 나뉘는 조짐이 있었으므로 부군이 피차의 간격을 두지 않고 한결같이 화평하도록 조절했는데, 소년(少年-신진 인사)들이 일을 좋아하여 함부로 비평하며 공격했기 때문에 이러한 하교가 있었던 것이다.

군이 요즘 식의 용어를 빌리자면 '어용(御用)'이라고 비판한 것이다. 사실 정유길이 걸었던 길은 큰 시각에서 보면 임금을 섬기는 바른길이었다고 할 수 있다. 그러나 시대가 동서(東西)로 갈라지면서 당색을 떠나 두루 정치를 하려 했던 인물들이 설 자리는 점점 줄어들고 있었다. 그런 끝자리에 정유길이 있었던 것이다.

1568년(선조 1년) 경상도·경기도 관찰사를 역임하면서 옥사(獄事)를 바로잡고, 민생 안정에 진력했다. 1572년 예조 판서로 있으면서 명나라 사신 접반사가 되어 능란한 시문과 탁월한 슬기를 발휘해 명나라 사신과 지기지간이 됐다. 우의정이 사헌부에 의해 좌절된 지 2년이 지난 1583년에 다시 우의정에 오르고, 이듬해 궤장(几杖)을 하사받아 기로소에 들어갔으며 1585년 좌의정이 됐다. 이 무렵 정유길에 대한 김상헌의 기록이다.

고사(故事)를 행하기에 힘쓰고 개혁하는 것에 신중을 기했다. 항상 명예와 세도를 멀리하고자 문호(門戶)를 세워 사사로이 후진과 결탁하지 않았으므로 이로 인해 누차 분분한 탄핵을 초래했다. 부군이 스스로 생각하기에 오래된 가문의 세신(世臣)으로 나라의 은혜를 후하게 받았다고 여겨 차마 결연히 떠나지 못했으나 의중은 상당히 좋지 않았다. 이보다 앞서 부군이 꿈속에 어느 정자에 이르러 마음에 매우 들었었는데 그 뒤에 사들인 정자가 한결같이 꿈속의 경관과 같았으므로 그냥 '몽뢰(夢賚)'라는 이름을 붙이고 그 집은 '퇴우(退憂)'로 편액을 걸어 만년에 휴식하는 뜻을 의탁했다.

1588년 그가 세상을 떠났을 때 북인 쪽에서 편찬한 『선조실록』은 그 일에 관해 "정유길이 죽었다"라고만 기록했다. 그나마 서인에서 편찬한 『선조수정실록』은 조금 길긴 하다.

재주와 풍도가 있어 일찍부터 훌륭한 명성을 드날려 세상의 추중(推重)을 받았다. 그러나 천성이 화유(和裕)하고 엄하지 아니하여 권간(權奸)이 용사(用事)할 때를 당하여 이견을 표시하는 바가 없었으므로 사론(士論)이 이를 이유로 가볍게 여겼다. 만년에 다시 등용되어 자주 공격을 받았으나 상의 권고(眷顧)가 쇠하지 아니하여 공명을 누린 채 졸했다.

이 또한 졸기치고는 그다지 긍정적이라 할 수 없다. 한마디로 정유길은 시대를 잘못 만난 것이다.

정유길 아들 정창연

정창연(鄭昌衍, 1552~1636년)은 정유길 아들로 1579년(선조 12년) 문과에 급제해 벼슬길에 들어섰다. 그가 벼슬길에 들어섰을 때는 조정에 당쟁의 불길이 점점 크게 타오르던 때였다. 4년 후인 선조 16년(1583년) 오억령(吳億齡)과 함께 이조 좌랑에 제수되면서 본격적으로 관리 생활을 시작했고 5년 후인 선조 21년(1588년) 3월 9일 동부승지가 되어 임금을 지근거리에서 모시게 된다. 당시 정창연은 종4품 조산대부(朝散大夫)임에도 정3품 당상관인 승지에 오른 것인데 『실록』은 "상이 특별히 임명토록 했다"라고 적고 있다.

얼마 후에 정여립의 난이 일어나 정창연도 위기를 맞는다. 그를 김제 군수로 추천한 인물들을 추적하던 중에 선조 19년(1586년) 이조에 있었던 인물이 모두 조사 대상이 되었는데 이조 판서가 이산해(李山海)였고 정창연은 이조 정랑이어서 조사를 받았다.

가벼운 처벌을 받고 풀려난 정창연은 임진왜란 직전인 1591년(선조 24년) 4월에 병조 참지가 되었다가 석 달 후인 7월 6일 좌부승지로 본래 자리에 복귀한다. 선조에 대한 그의 총애를 엿볼 수 있다.

이후 그의 승진은 눈부실 정도이다. 같은 해 7월 22일 이조 참판으로 옮겼고 임진왜란 직후인 이듬해 5월에 예조 판서에 올랐다. 벼슬살이를 시작한 지 10년 만에 판서에 오른 것이다. 이때 정창연은 세자 좌빈객도 겸하게 되는데 이는 그만큼 행실이 두터웠다는 뜻이다.

선조 26년(1593년) 1월 16일 대사헌에 제수된 정창연은 5월 6일에 의정부 좌참찬에 임명된다. 이후 정창연은 다시 대사헌 좌참찬·예조 판서를 순환하며 직무를 수행했는데 이렇다 할 문책 기록이 없는 것으로 보아 이재(吏才)가 뛰어나고 글에 능했음을 짐작할 수 있다.

서인을 대변해 유성룡 파직에 앞장서다

1598년(선조 31년) 12월 6일 처음으로 사헌부 지평 구의강(具義剛)과 사간원 정언 권진(權縉)이 "전 풍원 부원군 유성룡의 삭탈관작을 명하소서"라고 하자 선조는 "아뢴 대로 하라"고 답했다. 이때 대사헌이 정창연이었다. 처음으로 당쟁과 관련된 문제에 그의 이름이 드러나는 순간이다.

이듬해 1월 14일 대사헌 정창연은 이원익(李元翼)이 유성룡 탄핵을 변론한 일은 부당하다며 자기는 사퇴하겠다고 말했다. 물론 선조는 받아들이지 않았다. 유성룡 탄핵은 당시 선조의 본심이었기 때문이다.

선조 32년 3월 27일 정창연은 이조 판서가 되고 얼마 후에 형조 판서로 옮긴다. 흥미로운 것은 이때도 정창연은 이조·형조 판서 외에 중추부 동지사와 대사헌을 순환하고 있었다.

살얼음을 걸어야 했던 광해군 시기

북인, 그중에서도 대북(大北)이 중심이 된 광해군 시대가 시작되었으나 서인 정창연은 광해군 초기부터 병조 판서와 이조 판서 등 요직을 맡았다.

특히 그가 이조 판서로 있을 때인 광해 즉위년 3월 7일 어떤 진사가 이조 판서를 비판하는 글을 올렸는데 이에 대해 『실록』 사관은 이렇게 비평하고 있다.

> 정창연이 세 번이나 가망(加望)된 끝에 이조 판서에 제배되었는데 과장하기 좋아하고 이욕을 즐기고 부끄러움을 모르는 무리가 마구 달려 나와 빌붙었으므로 정사를 혼란시키는 제일의 원두(源頭)가 되었다.

그 무리가 누구일까? 다행히 6월 3일 자 『광해군일기』에는 그 이유가 설명되어 있다.

조정은 정인홍의 당이고 이이첨의 심복이다. 탐욕스럽고 비루하며 사악하고 아첨을 잘했으며 임진왜란 때는 임금을 버려서 사람들에게 오랫동안 버림받았었는데 이때 이르러 정창연이 맨 먼저 그를 전조(銓曹)에 끌어들였다.

즉 정창연은 대북 핵심인 정인과 이이첨 세력이 인사를 책임지는 전조(銓曹)에 진입할 수 있는 물꼬를 터주었던 것이다. 동래 정씨 특유의 화합 정신이랄까? 그러나 같은 서인 입장에서는 용납할 수 없었기에 이처럼 말이 거친 것이다. 참고로 『광해군일기』는 서인 입장에서 편찬한 것이다.

광해군 6년(1614년) 1월 19일 마침내 정창연은 우의정이 되어 정승 반열에 오른다. 이때 영의정은 기자헌(奇自獻, 1562~1624년), 좌의정은 정인홍(鄭仁弘)이었다. 이때 정창연은 건강을 이유로 열아홉 차례 사직소를 올리기도 했다. 그해 11월 7일 마침내 출사하는데 『광해군일기』는 그 이유를 정인홍이 아니라 기자헌 때문이라고 밝히고 있다.

창연은 평소에 기자헌과 사이가 좋지 않았는데 자헌이 수상(首相)이 되자 대간이 번갈아 상소를 올려 탄핵했으나 상이 듣지 않았다. 창연은 자헌과 함께 정승을 하기 싫어서 병을 핑계로 사직서를 열여덟 차례나 올렸으나 상이 허락하지 않으니, 이때 이르러 출사했다.

정창연은 2년 후인 광해군 8년(1616년)에도 스무 차례 사직 소를 올려 마침내 우의정에서 물러나 돈녕부 영사가 된다. 돈녕부란 왕실 친인척을 관리하는 부서로 영사 지사는 왕실 친인척이 맡았다. 광해군 장인 유자신(柳自新, 1541~1612년)이 정창연 매부였다. 따라서 광해군은 정창연에게 조카사위였다.

광해군 9년에 인목대비 폐비 문제가 본격적으로 제기되자 정창연은 두문불출했다. 이에 조정뿐만 아니라 재야에서도 정창연이 친척이면서도 폐비 문제를 관망하고 있다고 비판하는 상소가 끝없이 올라왔다. 광해군 10년 2월에는 정사에 참여하고 있지 않은 38명 명단을 정리했는데 여기에 정창연 이름이 올라 있었다.

인조반정으로 위기를 벗어나 좌의정에 오르다

광해군 15년(1623년) 3월 12일 인조반정이 일어났다. 이로써 정창연은 위기에서 벗어난다. 정인홍과 이이첨 등 대북을 진출시킨 잘못에도 불구하고 광해군 말기에 폐모를 논의하는 데, 끝내 참여하지 않은 공이 더 높게 평가를 받았다.

인조 1년(1623년) 3월 24일 정창연은 마침내 좌의정에 오른다. 이때 그의 나이 71세였다. 이날 『실록』은 그의 사람됨을 이렇게 적고 있다.

> 창연은 사람됨이 성실하고 조심스러웠다. 폐비의 가까운 인척으로 자못 자신을 단속하고 경계하여 폐모의 정청(庭請)에 참여하지 않았으므로 시론을 훌륭히 여기었다.

2년 후 좌의정에서 물러나 원로로 있으며 생을 마쳤다.

아들 정광성(鄭廣成, 1576~1654년)은 선조 36년(1603년) 문과에 급제해 홍문관에서 요직을 거쳤고 인조 때는 승지와 경기도 관찰사 등을 지냈으나 병자호란 이후 벼슬에서 물러났다. 1649년 효종이 즉위하자 형조 판서를 지냈다.

그의 졸기이다.

광성은 고 정승 정창연(鄭昌衍)의 아들이다. 젊어서 과거에 급제하여 화려한 벼슬을 두루 역임했고 혼조(昏朝-광해군)에 있어서는 수립한 것이 적지만, 평소에 재능과 명망을 짊어지고서 몸가짐이 간소 검약했다. 그래서 반정 이후에 위임하고 대우함에 쇠퇴한 적이 없었다. 병자호란 이후에는 물러나 전리(田里)로 돌아가 벼슬에 뜻을 끊어버렸다. 상이 그의 아들 정태화가 바야흐로 국정을 맡아 항상 귀근(歸覲-부모를 찾아뵘)을 청한다는 까닭으로 누차 그를 부르자 광성이 부득이 조정으로 돌아왔는데 얼마 되지 않아서 졸하니 나이가 79세였다.

정창연 둘째 아들 정광경(鄭廣敬, 1586~1644년)은 아버지 정창연 말기에 함께 조정에 있었다. 정광경은 아버지에게 화가 미칠까 두려워 폐비에 찬성하는 입장을 보였다. 그러나 반정 후에 조정에서는 그 사정을 알기에 죄를 묻지 않았다. 벼슬은 이조 참판에 이르렀다.

효종과 현종 때 재상 정태화

조선 초에 광주 이씨가 성대했다면 조선 중기에는 동래 정씨만큼 성대한 집안도 드물 것이다. 정광성은 아들 셋을 두었다. 태화(太和)·치화(致和)·만화(萬和)가 그들이다. 이름에서 화(和)를 강조한 데서 집안 정신을 간접적으로나마 읽을 수 있다. 그중 태화와 치화는 모두 정승에 이른다.

정태화(鄭太和, 1602~1673년)는 인조 6년(1628년) 문과에 급제해 벼슬살이를 시작했고 소현세자를 따라 심양을 다녀왔다. 1637년 심양에서 돌아오자, 요직을 거쳐 1649년 49세의 나이로 우의정에 올랐다. 이후 소현세자 죽음과 후사 문제로 조정이 갈라져 격심한 충돌이 있었는데 그 와중에서 예조·형조·대사헌 등을 맡으면서도 무탈할 수 있었던 것은 적대 세력을 두지 않은 때문이라고 한다.

사관은 이렇게 평한다.

조정의 의논이 자주 번복되어 여러 차례 위기를 맞았으나, 그의 영현(榮顯)은 바뀌지 않았으니, 세상에서는 벼슬살이를 가장 잘하는 사람으로 그를 으뜸으로 친다.

효종이 즉위하자 좌의정이 되었고 이후 20년 동안 다섯 차례에 걸쳐 영의정을 지내면서 효종과 현종을 보필했다. 그 시대는 북벌정책과 예송논쟁 등으로 신하들 간에 반복이 심했는데도 당색을 드러내기 꺼려 비판을 받기도 했다.

재주가 뛰어나고 임기응변에 능숙해 나랏일은 적극 담당하지 않고 처신만 잘하니, 사람들은 이를 단점으로 여겼다.

정태화 졸기이다.

재주와 지혜가 넉넉하고 총명하고 민첩함이 남보다 뛰어났는데, 일에 앞서 생각하여 일을 그르친 적이 없었다. 집에 있을 때도 법도가 있어 자제들에게 번화하고 화려한 것을 숭상하지 말고 붕당(朋黨)을 결성하지 말도록 신칙했다.

의정부에 출입한 지 25년이 되었으나 세력을 부리지 않았다. 그러나 세상이 돌아가는 대로 행동하고 국사를 제대로 담당하려고 한 적이 없었다. 그리고 자못 뇌물을 받는다는 기롱도 있어 사람들이 이를 단점으로 여겼다.

향년 72세로서 자식을 다섯 두었다. 하나는 공주(公主)에게 장가들었고, 하나는 명관(名官)이 되었으며, 나머지는 모두 음사(蔭仕)를 했으므로 조복(朝服)이 집에 가득했다. 동생 정치화(鄭致和)와 더불어 번갈아 정승 자리에 있었으므로 사람들이 이르기를 "복록(福祿)이 온 세상에 비할 바가 없다"라고 했다.

정치화(鄭致和, 1609~1677년)는 정광성 아들이자 정태화 동생이다. 태화 막내아들 재륜(載崙)을 입양했는데 그가 효종 딸 숙정공주(淑靜公主)와 혼인해 동평위(東平尉)가 되니 효종과는 사돈 관계였다.

1628년(인조 6년) 문과에 급제해 청요직을 두루 거쳤다. 육조 판서와 대사헌 등을 지내고 39세인 1667년(현종 8년) 우의정에 올랐으며 그 또한 대체로 서인과 남인의 당쟁에서 나서지 않고 중도 노선을 지켰다는 평가를 받는다.

정치화 졸기이다. 상당히 부정적이다. 아마도 서인 노론에 대한 부정적 시각을 가진 소론에 의해 집필된 때문으로 보인다.

영중추부사(領中樞府事) 정치화(鄭致和)가 졸(卒)했다. 나이는 69세였다. 정치화는 어려서부터 강직하고 명민하다는 칭송이 있었고 또 청렴하다는 명망이 널리 알려졌었다. 만년에 서자(庶子)를 지나치게 사랑하여 자못 뇌물을 받는다는 책망이 있었으므로 그 좋은 명예를 보전하지 못했다.

정만화(鄭萬和, 1614~1669년)는 예조 참판을 지냈는데 역시 졸기가 각박하다.

본래 재주와 지혜도 없으면서 가혹하고 각박함을 일삼았으므로 사람들이 모두 바르지 못하다고 지목했다.

반면에 『한국민족문화대백과』를 보면 매우 긍정적이다.

평안도 관찰사가 되어 기민(饑民)을 구호하는 한편, 타도의 유민 수천 명까지 구호하는 치적을 쌓아 이원익(李元翼)과 함께 평양에 생사당(生祠堂)이 세워졌다. 그 뒤 병조 참판과 대사간 등을 역임했다. 어려서부터 총명하고 문장에 뛰어나 김상헌(金尙憲)과 이정구(李廷龜) 등으로부터 찬탄을 받았다.

당쟁의 폐해가 『실록』 편찬에 그대로 반영된 경우라 양단(兩端)을 실었으니 그 중간쯤에서 그의 면모를 떠올려보기를 바란다.

정지화(鄭知和, 1613~1688년)는 아버지가 이조 참판 정광경(鄭廣敬)이다. 아들을 두지 못해 형 정지화(鄭至和) 셋째 아들 정재희(鄭載禧)를 양자로 들였는데 정재희는 훗날 예조 판서에 오른다.

1637년(인조 15년) 문과에 장원급제해 홍문관 부수찬으로 벼슬살이를 시작했고 허적(許積) 등과 함께 홍문록에 올랐다.

이듬해 세자시강원 사서(司書)로 소현세자를 시중해 심양으로 갔다. 1640년 세자가 문안할 때 귀국해 청요직을 거쳤고 현종 5년(1664년) 형조 판서에 올랐다. 이후 각조 판서와 대사헌을 거듭했고 1674년 좌의정에 오른다. 서인이면서도 남인과 충돌을 조정하고 억제해 중도적 길을 걸었다. 숙종 14년(1688년) 3월 23일 자 정지화 졸기는 정치화보다는 조금 낫다.

정지화는 문익공(文翼公) 정광필(鄭光弼)의 5대손인데 대가(大家)에서 태어났다. 관직(官職)에 있을 때 엄숙함을 자못 명령하면 시행되고 금지(禁止)하면 그쳐지는 효과가 있었다.

성품이 음악과 여색과 거문고와 퉁소를 좋아하여 분대(粉黛-곱게 화장한 미인)가 좌우(左右)를 떠나지 않았으며, 즐겨 노는 것이 습관이 되어 공무(公務)에 게을러 힘쓰지 않았으므로 직위(職位)가 열경(列卿)에 이르렀으나, 정책(政策)을 수립하여 밝힌 것이 없었다.

가세(家世)로써 입상했는데 간당(奸黨)이 정권을 잡은 시기를 만나자 곧 사임(辭任)하여 체직(遞職)되고 집에 있었다. 그러나 윤휴(尹鑴)와 허목(許穆)의 무리가 고묘론(告廟論)을 발의(發議)하여 송시열(宋時烈)을 죽이려고 할 때 곧 차자(箚子)를 올려 그들의 잘못을 남김없이 말했으니, 사의(辭意)가 밝고 정대(正大)하여 흉론(凶論)이 조금 좌절된 것은 정지화의 힘이었다. 사람들이 말하기를 "이 한 가지 일이 자못 정광필의 후손 된 것에 부끄러울 게 없다"라고 했다. 젊어서는 청렴하고 검소한 것으로 일컬어졌는데 늙어서는 사알(私謁)을 자못 행했다. 나이 76세에 졸(卒)했다.

간당은 곧 삼년상을 주창했던 남인 세력을 말한다.

숙종 때 재상 정재숭

정재숭(鄭載嵩, 1632~1692년)은 영의정 정태화 아들이다. 현종 1년(1660년) 문과에 급제하고 숙종 2년(1676년) 승지를 거쳐 대사간이 되었다. 숙종 11년(1685년) 우의정에 올랐다. 숙종 18년(1692년) 2월 19일 자 그의 졸기이다.

영중추부사(領中樞府事) 정재숭(鄭載嵩)이 졸(卒)했는데 나이는 67이었다. 정씨(鄭氏)들은 문익공(文翼公) 정광필(鄭光弼) 이후로 정승을 지낸 사람이 많았다.

정재숭은 정태화(鄭太和)가 아비이고 정치화(鄭致和)가 숙부이며 정지화(鄭知和)가 종숙(從叔)이었으며 또한 재지(才智)가 있다고 소문이 났었다. 오랫동안 탁지(度支-호조)의 판서(判書)로 있었고 또한 정승으로 들어갔었는데 특출한 풍절(風節)은 없었다.

윤이(倫彝-인륜)가 무너져 어두웠을 때를 당해 단지 명위(名位)만 가지고 있다 돌아갔으니, 그의 사람됨을 알 수 있는 일이다.

정광필의 여열(餘烈)

정재숭으로 끊어질 듯하던 재상을 배출하는 전통은 정조 때 이르러 정홍순(鄭弘淳, 1720~1784년)이 이어갔다. 증조부가 정태화 장남 정재대(鄭載岱)이다. 정재대는 정재숭 형이다. 할아버지는 정혁선(鄭赫先)이고 아버지는 참판 정석삼(鄭錫三, 1690~1729년)이다.

정석삼은 문과에 급제해 벼슬길에 나아갔으나 크게 현달하지는 못해 호조·예조 참판에 그쳤다.

정홍순은 영조 21년(1745년) 문과에 급제해 이조 참판과 평안도 관찰사 등을 지내고 이후 호조 판서로 10년간 재직하면서 재정 문제에 재능을 발휘해 당대 최고의 재정관이라는 평판을 얻기도 했다. 이재(吏才)가 출중했던 것이다.

이후 예조 판서를 겸하면서 1762년에 장헌세자(莊獻世子-사도세자) 상례를 주관하면서 세자의 의복과 금침(衾枕)에서 미세한 것까지 한 조각씩 떼 내어 잘 보관했다.

1777년 정조가 즉위하고 당시 예조 판서였던 정홍순에게 아버지 사도세자 장례에 관한 사항을 묻자, 정홍순은 그동안 간직했던 것들을 정조에게 다 내보였다. 이에 정조는 1778년(정조 2년) 정홍순을 우의정에 임명했다. 근 100년 만에 동래 정씨 가문에서 다시 재상이 나온 것이다. 1년 만에 우의정에서 물러났고 이후 중추부 판사로 있다가 정조 8년(1784년) 1월 25일 졸했다.

그의 졸기이다.

판중추부사 정홍순(鄭弘淳)이 졸(卒)했다. 정홍순의 자(字)는 의중(毅

中)이며 영의정 정태화(鄭太和)의 후손이다. 영종(英宗-영조) 을축년(영조 21년)에 급제하여 재주와 지모로 벼슬이 올라 정경(正卿)에 이르렀다. 여러 번 탁지(度支-호조)와 혜국(惠局-선혜청)을 맡았는데 근세에서 이재(理財)를 잘하는 자로는 반드시 먼저 꼽는다. 금상(今上) 무술년(정조 2년)에 비로소 정승에 천거되었는데, 성질이 준엄하고 강직하며 매우 민첩하여 일을 헤아리는 데 밝았으나 정승의 직무로 보자면 장점이 아니었다.

즉 정승으로 갖춰야 할 간이(簡易)함이 부족했고 너무 세세하고 잘 알았다는 지적이다.

제21장

당쟁 시대의 무력한 재상들 ②
안동 김씨

안동 김씨의 도약, 정유길이 발판이 되다

　자료를 보면 성씨별 정승 배출 순위에서 전주 이씨(22명), 동래 정씨(16명) 다음으로 안동 김씨(15명)가 바로 뒤를 잇는다. 이는 아마도 순조 때부터 안동 김씨 외척정치 시대가 열린 것과도 무관치 않을 것이다. 그다음으로 청송 심씨(13명), 청주 한씨(12명), 파평 윤씨(11명), 여흥 민씨(11명)가 뒤를 잇는다.

　전주 이씨와 동래 정씨를 제외한다면 대부분 왕실 외척이라는 공통점이 있다. 그중에서 안동 김씨와 여흥 민씨는 당쟁과도 연관이 깊다. 모두 서인-노론의 길을 걸었기 때문이다.

　조선 중·후기 안동 김씨의 도약은 김상헌(金尙憲, 1570~1652년)에서 비롯된다. 사실 그는 한양에서 태어났고 집안은 그저 그런 정도였다. 할아버지는 군수를 지낸 것이 전부였고 아버지 김극효(金克孝, 1542~1618년) 또한 문과에는 급제하지 못한 진사였고 정승 정유길(鄭惟吉)에게 학문을 익히고 그의 사위가 되면서 돈녕부(敦寧府) 동지사가 된 것이 전부이다. 돈녕부란 외척을 관리하는 부서이고 종친을 관리하는 종친부와 대비를 이룬다. 즉 김상헌 외할아버지가 정유길이었다.

김극효에게는 김상용(金尙容, 1561~1637년)과 김상헌을 포함한 아들이 다섯 있었다. 김상용은 장남, 김상헌은 넷째였다. 김상용은 임진왜란 직전인 1590년 문과에 급제해 벼슬길에 들어섰고 좌의정 정철(鄭澈)의 종사관을 지냈다. 임진왜란이 일어나자, 처삼촌인 도원수 권율(權慄)을 따라 영호남을 누볐다. 권율은 이항복(李恒福) 장인이었으니 김상용은 이항복과도 인척지간인 셈이다.

전란이 한창이던 1594년 한 살 아래 부인 권씨가 33세에 병으로 세상을 떠났다. 후에 김상용은 김장생(金長生) 누이와 재혼해 1남 4녀를 두었다.

1598년 승지에 올랐다. 그의 졸기에 따르면 "사람됨이 중후하고 근신했으며 선조를 섬겨 청직(淸職)과 화직(華職)을 두루 역임했으며 해야 할 일을 만나면 임금이 싫어해도 극언했다. 광해군 때 참여하지 않아 화가 임박했는데 두려워하지 않았다."

그는 병자호란 때 강화도에 먼저 들어가 사태가 급박해지자 남문루에 올라 화약을 장치한 뒤 손자 1명, 노비 1명과 함께 불에 뛰어들어 분사(焚死)했다. 그래서 졸기는 "정승으로서 칭송할 만한 업적은 없다 하더라도 한 시대의 모범이 되기에는 충분했다"라고 평하고 있다.

흥미로운 점은 그가 광해군과도 인척 관계였다는 점이다. 정유길의 딸이 광해군 장인 유자신(柳自新)과 혼인했으니, 유자신은 김상용에게 이모부였고 광해군은 이종사촌 간이었다.

　광해군 때 도승지·대사헌·형조 판서 등을 지냈으나 폐모론에는 관여하지 않았고 인목대비가 폐비되자 강원도로 낙향했다. 1623년 인조반정이 일어나자 다시 부름을 받아 집권당 김장생의 매부이기도 했기에 여러 판서를 두루 거친 후 1629년 우의정에 올랐다.

　형 김상용이 벼슬길을 열었다면 동생 김상헌은 절의(節義)로 이름을 날렸다. 임란 중이던 1596년 문과에 급제해 벼슬길에 들어섰다. 요직을 거쳐 광해군 4년(1611년) 동부승지가 되어 왕의 지근거리에서 일을 했다. 그런데 북인 정권을 이끌던 정인홍이 이언적과 이황을 배척하자 정인홍을 탄핵했다가 광주 부사로 좌천되었다. 1613년 조작 논란이 있는 칠서지옥(七庶之獄)이 터져 인목대비 아버지 김제남(金悌男)이 사형을 당할 때 김상헌 아들 김광찬(金光燦)이 김제남 아들 김래의 사위라 해 파직되었고 이에 경상도 안동으로 내려가서 지냈다.

　1623년 인조반정이 일어나 이조 참의로 조정에 복귀하지만, 공신들의 보합(保合) 정치에 반대하며 강경파로서 청서파(淸西派)를 이끌며 당파 영수로 떠올랐다.

　이후 육조 판서 등을 두루 거쳤지만 1632년 인조 아버지 원종(元宗)을 추존하려는 인조에 반대해 벼슬에서 물러났다.

　1636년 병자호란이 일어나자 예조 판서로서 최명길의 주화론(主和論)을 배척했으며 인조가 삼전도에서 항복하자 안동으로 물러나 지냈다. 1639년에 청나라가 명나라를 공격하기 위해 요구한 출병에 반대하는 소를 올렸다가 청나라에 압송되어 6년 동안 억류 생활을 했고 그 후 귀국해 1645년에 좌의정에 제수되었다가 기로소에 들어갔다. 그 후 송시열·김집의 노론 강경파의 상징적 인물이 되었다.

김수흥·김수항 형제, 환국의 한복판에 서다

김상용·김상헌 형제가 모두 정승에 오르기는 했으나 다분히 상징적이었고 당쟁 시대에 접어들어 김수흥(金壽興, 1626~1690년)·김수항(金壽恒, 1629~1689년) 형제가 정승에 오른다. 두 사람의 아버지 김광찬(金光燦, 1597~1668년)은 본래 김상관의 아들이었으나 김상헌 양자로 들어갔다. 김래의 딸과 결혼했던 그 아들이다. 김광찬은 진사시에 그쳐 현달하지 못했고 군수와 목사 등을 지냈다.

송시열(宋時烈, 1607~1689년)이 산림의 이론가였다면 김수흥·김수항은 조정의 행동가였다고 할 수 있다. 송시열은 김상헌을 사모했기에 이들의 결합은 서인-노론의 법통이라 할 수 있다.

김수흥은 30세인 효종 6년(1655년) 문과에 급제해 벼슬길에 나아갔다. 효종 때는 김상헌·송시열의 영향력이 극에 이르던 때라 김수흥의 관리 생활도 탄탄대로였다. 현종 초기에도 대사간·동부승지·경기 감찰사 등을 지냈고 현종 14년(1673년)에는 우의정에 올랐다. 문과에 급제한 지 20년도 되지 않아 정승에 오른 것이다. 그는 서인 노론의 지원 외에 이재(吏才)가 출중했다. 졸기의 일부다.

> 문사(文詞)는 (동생인) 김수항보다 못했으나 아량이 있어 쓸 만했다. 간사(幹事) 하는 기량이 남보다 뛰어나서 과단(果斷)하고 민첩하게 처리했으므로 탁지(度支-호조)의 정사(政事)는 사람들이 근세에 드문 것으로 일컬었다.

현종 15년 4월 영의정에 오르지만, 곧바로 험로(險路)를 만나게 된다. 예송(禮訟) 논쟁이었다.

김수흥, 예송 논쟁에 휘말리다

현종 친모 인선대비가 세상을 떠나고 자의왕대비의 복제가 대공복(大功服-9개월 상복)으로 정해져 5개월이 흐른 현종 15년 7월 6일 남인 계통의 대구 유생 도신징(都愼徵)이 정국을 뒤흔드는 소를 올렸다. 이 소는 남인들의 논리를 일목요연하게 정리해 보여줄 뿐만 아니라 실은 이 당시 서인들에 대한 현종의 생각을 거의 그대로 대변하고 있었다.

"왕대비께서 인선 왕후를 위해 입는 복에 대해 처음에는 기년복(朞年服-1년 상복)으로 정했다가 나중에 대공복으로 고쳤는데 이는 어떤 전례를 따라 한 것입니까? 대체로 큰아들이나 큰며느리를 위해 입는 복은 모두 기년의 제도로 되어 있으니 이는 국조 경전에 기록되어 있는 바입니다. 그리고 기해년 국상 때 왕대비께서 입은 기년복의 제도에 대해서 이미 '국조 전례에 따라 거행한다'라고 했는데, 오늘날 정한 대공복은 또 국조 전례에 벗어났으니, 왜 이렇게 전후가 다르단 말입니까.

만약 주공(周公)이 제정한 '큰며느리를 위해서는 대공복을 입어준다'라는 예에 따라 행했다고 한다면, '주례(周禮)' 가운데 '시아버지와 시어머니를 위해서는 기년복을 입고 큰며느리를 위해서는 대공복을 입는다'라는 것은 증명할 수 없는 것으로, 모두 후세에서 준행하지 않고 있습니다. 당나라 위징(魏徵)이 건의하여 이 부분을 고쳤고, 송나라 주자도 고전을 모아 '가례(家禮)'를 편찬하면서 '큰며느리를 위해서는 기년복을 입어준다'라고 했고, 명나라 구준(丘濬)이 『가례의절(家禮儀節)』을 편찬할 적에도 변동하지 않고 그대로 따랐습니다. 그리고 본조(-조선)의 선정신(先正臣-옛 명신) 정구(鄭逑)가 만든 오복도(五服圖) 가운데 '주례'의 '큰며느리는 대공복을 입어준다'라는 것을 버리지 않고 그대로 둔 것은, 의심스러운 것은 그대로 전하는 『춘추』의 예를 지킨 것뿐이지 후세에서 따라 하라고 한 것이 아닙니다. 그러고 보면 큰며느리에게 기년복을 입어주는 것은 역대 여러 선비가 짐작해 정한 것으로서 성인이 나오더라도 개정할 수 없다는 것이 이처럼 명백합니다. 그런데 지금 사사로운 견해로 참작해 가까운 명나라가 제정한 제도를 버리고 저 멀리 삼대(三代)의 옛날 예를 취했으니 전도된 것이 아닙니까. 더구나 일찍이 국가에서 제정한 예에 따라 기해년에는 큰아들에게 기년복을 입어주었는데, 반대로 지금에 와서는 국가에서 제정한 뭇 며느리에게 입어주는 복을 입게 하면서 예경(禮經)에 지장이 없다고 했으니 그 의리가 후일에 관계됩니다.

왜냐하면 왕대비의 위치에서 볼 때 전하가 만일 뭇 며느리한테서 탄생한 것으로 친다면 전하는 서손(庶孫)이 되는데, 왕대비께서 춘추가 한이 있어 뒷날 돌아가셨을 경우 전하께서 왕대비를 위해 감히 중대한 대통을 전해 받은 적장손(嫡長孫)으로 자처하지 않을 수 있겠느냐는 것입니다. 예로부터 지금까지 중대한 대통을 이어받아 종사의 주인이 되었는데도 적장자나 적장손이 되지 못한 경우가 과연 있었습니까. 전하께서 적장손으로 자처하신다면 양세(兩世)를 위해 복을 입어드리는 의리에 있어서 앞뒤가 다르게 되었으니, 천리의 절문에 어긋나지 않습니까.

무릇 혈기가 있는 사람치고 어느 누가 놀라고 분개하지 않겠습니까. 그런데 안으로는 울분을 품고도 겉으로는 서로가 경계하고 주의시키면서 아직까지도 누구 하나 전하를 위해 입을 열어 말하는 사람이 없으니, 이러고도 나라에 사람이 있다고 할 수 있겠습니까. 예라는 한 글자가 세상 사람들이 기피하는 바가 되어 사람마다 제 몸을 아끼느라 감히 입을 열지 못하더니 더없이 중대하여 말하지 않을 수 없는 이러한 때를 당해서도 일체 침묵을 지키는 것을 으뜸으로 여기어, 조정에 공론이 없어지고 재야의 사기가 떨어지고 말았습니다. 국사가 이 지경에 이르렀으니 어찌 한심하지 않겠습니까.

전하께서 참으로 선뜻 깨닫고 즉시 반성하여 예관으로 하여금 자세히 전례를 상고토록 분명하게 지시해서 잘못된 것을 고치고 올바른 제도로 회복시킨 다음, 후회한다는 전교를 널리 내려 안팎의 의혹을 말끔히 씻어준다면, 상례 치르는 예에 여한이 없을 것이고 적장손의 의리도 밝혀질 것입니다. 떳떳한 법을 바로잡아 도에 합치되게 하는 것이 참으로 이 일에 달려 있으며, 말 한마디로 나라를 일으켜 세울 기회가 바로 오늘입니다. 이렇게 했는데도 능히 백성의 마음을 기쁘게 하고 국시를 확실히 정하지 못하게 된다면, 망령된 말을 한 죄로 벌을 받는다 하더라도 신은 실로 달게 여기겠습니다.

신이 대궐 문 앞에서 이마를 조아린 지 반달이 지났는데도 시종 기각을 당하기만 했으니, 국가의 언로가 막혔으며 백성의 목숨이 장차 끊어지게 되었습니다. 신이 말하려 하는 것은 오늘날 복을 낮추어 입은 잘못에 대한 것일 뿐인데, 승정원이 금지령을 어기고 예를 논한다는 말로 억압하면서 받아주지 않고 물리쳤습니다. 아, 기해년의 기년복에 대해서는 경상도 선비들이 올린 소로 인해 이미 교서를 반포하고 금령을 만들어놓았습니다. 그러나 오늘날의 대공복에 대해서는 금령을 만들지도 않았는데 지레 막아버리니 정원의 의도가 아무래도 이상합니다.

과거에 기년복으로 정할 때 근거로 한 것은 국조 전례였는데 지금 대공복으로 정한 것은 상고해볼 데가 없으니, 맹자가 이른바 '예가 아닌 예'란 것이 이를 두고 한 말입니다. 대공복이 잘못되었다는 것은 미천한 자들도 알 수 있는데 잘 알고 있을 정원으로서 이렇게까지 막아 가리고 있으니, 전하께서 너무 고립되어 있습니다. 재야의 아름다운 말이 어디에서 올 수 있겠습니까. 진(秦)나라는 시서(詩書)를 읽지 못하도록 금령을 만들었다가 결국 나라를 망치고 말았습니다. 그런데 어찌 성스러운 이 시대에 예경을 논하지 말라는 금령을 새로 만들 줄이야 생각이나 했겠습니까. 신이 소를 올려 한번 깨닫게 되기를 기대했는데 안에서 저지하니 뜻을 못 펴고 되돌아가다 넘어져 죽을 뿐입니다만, 국가가 장차 어느 지경에 놓일지 모르겠습니다. 마음이 조여들고 말이 움츠러들어 뜻대로 다 쓰지 못했습니다. 대궐을 향해 절하고 하직하면서 통곡할 뿐입니다."

도신징의 상소는 크게 두 가지로 구성돼 있다. 하나는 송시열을 필두로 한 예론이 실은 효종을 서자(庶子)로 취급하는 논리라는 것이고, 또 하나는 자신의 상소를 승정원에 포진된 서인 세력이 반달 동안이나 가로막았다는 것이다. 국왕을 가장 가까이에서 모셔야 하는 승지들까지 자기편이 아니라는 데 현종은 경악했다. 도신징의 말대로 자신은 고립돼 있었다.

도신징의 상소가 올라오자마자 대사간으로 임명된 전 예조 참판

김익경이 현종을 찾아와 인피(引避)하겠다는 의사를 밝혔다. 김익경은 김장생의 손자였다. 인피란 어떤 사건이 발생했을 때 직간접적으로 연루된 사람이 관직을 내놓고 물러나 처벌을 기다리겠다는 뜻을 말한다.

"삼가 듣건대, 어떤 유생이 소를 올려 왕대비께서 입은 복제에 대해 예조에서 정한 것이 예에 맞지 않다고 논했다 들었습니다. 그러나 그 소가 하달되지 않아 어떻게 말했는지 자세히 알 수 없는 데다가 또 옳고 그름과 잘잘못에 대해 지레 논해 가릴 필요는 없습니다만, 신은 당시 예관의 한 사람이었는데 어떻게 태연히 있을 수 있겠습니까."

일종의 선수를 치고 나온 것이다.

그런데 여기서 중요한 것은 두 가지다. 하나는 도신징의 상소가 현종에게 전달되자마자 승정원에 포진된 서인 계통의 승지들이 김익경을 비롯한 서인의 핵심 인사들에게 그 같은 사실을 전달했다는 것이다. 또 하나는 현종이 그 내용을 공개하지 않았다는 점이다. 서인 진영은 불안과 공포에 빠져들기 시작했다. 전전긍긍(戰戰兢兢). '과연 주상은 이 일을 어떤 방향으로 끌고 가려고 하는가?'

김익경이 인피하자 사간원의 사간 이하진, 정언 안후태 등이 엄호사격에 나섰다.

"이미 지나간 일인데 그 일로 인피할 것까지야 뭐가 있겠습니까. 김익경으로 하여금 출사하게 하소서."

그러나 서인 입장에서 보자면 이하진이나 안후태의 지원 논리는 무성의한 것이었다. '이미 지나간 일'이 아니라 '잘못된 일'이라고 했어야 하는 것이다. 결국 닷새 후인 7월 11일 사헌부 장령 이광적이 나서 "상복 제도는 이미 정해져 있는 것인데 유생이 올린 소는 망령되고 그릇된 것입니다. 그런데도 그것을 제대로 분변하지 못해 공론으로부터의 비난을 면치 못하게 되었습니다. 이하진과 안후태는 좌천시키고 김익경은 출사하게 하소서"라고 소를 올렸다.

'공론으로부터의 비난을 면치 못하게 되었다? 또 공론인가?' 현종이 볼 때 서인들의 '노는 꼴'이 가관이었지만 일단은 이광적의 상소를 받아들여 이하진과 안후태를 체차했다. 체차란 현직에서 내쫓았다는 뜻이다.

이때 현종은 몸이 좋지 않은 데다가 치통에 시달리고 있었다. 그러면서도 그동안 틈틈이 공부하고 연마해온 예론 탐구를 바탕으로 도신징의 상소에 대한 치밀한 검토에 들어갔다.

검토한 결과 도저히 묵과할 수 없다는 결론을 내린 현종은 7월 13일 영의정 김수흥을 비롯한 대신들을 부른다.

현종은 먼저 영의정 김수흥에게 질문을 던진다.

"왕대비께서 입을 상복 제도에 대해 예조가 처음엔 기년복으로 의논해 정하여 들였다가 뒤이어 대공복으로 고친 것은 무슨 곡절 때문에 그런 것인가?"

이 말을 듣는 순간 김수흥은 '올 것이 오고야 말았구나!'라고 생각했을 것이다. 그의 곁에는 송시열이 있었다.

송시열은 예론이라는 이론 면에서는 김장생·김집의 정신을 계승했다면 절의의 현실 정치에서는 김상헌을 이었다. 송시열에게 김장생·김집 부자가 마음이었다면 김상헌은 몸이었다. 송시열은 1645년(인조 23년) 경기도 모처에 은거하고 있던 김상헌을 직접 찾아뵈었고 자신의 아버지 송갑조의 묘갈명을 부탁하기도 했다. 당시 산림들 사이에 묘갈명을 부탁한다는 것은 그만큼 존경을 표시한다는 뜻이었다. 김상헌 또한 송시열을 '태평책을 품은 경세가', '주자를 이은 종유(宗儒)'라며 극찬을 아끼지 않았다. 이때 김상헌은 75세였고 송시열은 38세였다. 두 사람의 만남은 이후 3년 동안 이어졌다고 한다.

김수홍의 입장에서 보자면 효종을 서자로 보려는 서인의 예론은 단순히 왕권에 대한 반대를 넘어 할아버지의 절개를 드높이 숭상하는 사안이기도 했다.

현종의 질문에 김수홍은 간단하게 답한다.

"기해년에 이미 기년복을 입으셨기 때문입니다."

그러나 이는 현종을 너무 얕잡아본 대답이 아닐 수 없었다. 이미 현종은 예론에 관한 이론 무장을 거의 끝낸 상태였기 때문이다.

"그때의 이야기를 다 기억은 못 하지만, 중국 고대의 예법(古禮)이 아닌 국제(國制)에 따라 1년복으로 정한 것으로 안다. 그렇다면 이번 왕대비의 대공복도 국제에 따른 것인가?"

고례란 주나라 예법인 주례(周禮)를 의미하고 국제란 『경국대전』에 명문화돼 있는 예법을 말한다. 주례에 따르면 장자(長子)의 상에는 참최복(斬衰服-3년 상복)을 입어야 하고 나머지 아들[衆子]의 상에는 기년복을 입어야 한다. 반면 국제에 따르면 장자와 중자는 구별 없이 그 상에는 기년복을 입어야 한다.

명확한 사실은 효종이 승하한 기해년 때 자의왕대비는 기년복을 입었다. 그런데 현종은 국제에 따랐다고 생각하고 있었고 송시열을 비롯한 서인들은 '내심' 고례를 따른 것으로 간주하고 있었다. 문제는 다시 인선왕후가 죽자 자의왕대비의 복제 문제가 불거지면서 이 점을 분명히 하지 않을 수 없게 되었다는 데 있었다. 서인들도 외형적으로는 국제를 따랐다고 이야기를 해오고 있었기 때문에 이번에도 자의왕대비의 복제는 두말할 것도 없이 국제에 따라 기년복을 입어야 했다.

하지만 서인들도 더 이상 내심을 숨기고 있을 수만은 없었다. 그래서 무리수를 써가며 기년복을 대공복으로 바꾼 것인데 도신징의 상소가 계기가 되어 자신들의 의도가 만천하에, 그것도 현종 앞에서 드러나게 돼버린 것이었다.

김수홍은 "고례에 따르면 대공복입니다"라고 정면 돌파를 시도했다. 문제는 이럴 경우 자기모순에 빠진다는 것이다. 이 점을 현종은 놓치지 않았다.

"기해년에는 국제를 사용하고 오늘날에는 옛날의 예를 쓰자는 말인데 왜 앞뒤가 다른가?"

김수홍은 "기해년에도 고례와 국제를 함께 참작해 사용했고 지금도 그렇게 한 것"이라고 얼버무리며 넘어가려 하자 현종은 평소와 달리 단호함을 보였다.

"그렇지 않다. 그때는 분명 국제를 썼던 것이고 그 뒤 문제가 되어 고례대로 하자는 다툼이 있었을 뿐이다."

김수홍이 수세에 몰리자 같은 서인 계열의 행(行)호조 판서 민유중(閔維重)이 거들고 나섰다.

"기해년에는 고례와 국제를 함께 참작해 인용했습니다."

그러나 현종은 들은 척도 아니하고 다시 김수홍에게 따져 물었다.

"자, 그러면 국제에 따를 경우 이번에는 어떤 복이 되는가?"

김수홍은 "국제에는 맏며느리의 복은 기년으로 되어 있습니다"라고 답한다. 이에 현종의 목소리는 점점 커져가고 얼굴에도 노기(怒氣)가 나타나기 시작했다.

"그렇다면 지금 왕대비께서 거행하고 있는 대공복은 국제와 무슨 관계가 있는가? 이건 놀라운 일이다. 기해년에 사용한 것은 국제였지 고례가 아니다. 만일 경들의 주장대로 기해년에 고례와 국제를 함께 참작해 사용했다고 한다면 오늘날 대공복은 국제를 참작한 것이 뭐가 있는가? 내 실로 이해가 안 간다."

맏며느리라면, 즉 효종을 장자로 간주했다면 국제로 하더라도 대공복이 아닌가 하는 정면 반박이었다. '효종을 적장자로 삼을 수 없다'라는 서인들의 묵계(黙契)는 하나둘 허물어지기 시작했다. 현종이 다시 한번 "기해년에 조정에서 결정한 것은 국제를 따른 것"이라고 못 박으려 하자 결국 김수흥은 본심을 드러낸다.

"그렇지 않습니다. 고례를 따라서 따지는 자가 그렇게 많은 것입니다."

너무 나갔다.

현종은 확실하게 논의의 주도권을 잡았다.

"고례에서 장자의 복은 어떻게 되는가?"

김수흥으로서는 "참최 3년복입니다"라고 답할 수밖에 없었다. 자기모순의 덫에 단단히 걸려들었다. 자기 입으로 기해년에는 국제가 아닌 고례를 따랐다고 해놓고 장자의 복은 참최 3년복이라고 말해버렸으니 당시 현종은 장자가 아닌 중자(衆子) 취급을 받았다는 것을 스스로 인정한 꼴이 돼버린 것이다.

상황은 끝났다. 그때서야 현종은 도신징의 상소를 김수흥에게 내보이며 읽어볼 것을 권한다. 김수흥과의 논쟁을 통해 현종은 자기 아버지가 서인들로부터 정통성을 인정받지 못하고 인조의 서자 취급을 당하고 있다는 것을 분명하게 알았다. 더불어 도신징의 상소가 한 치 어긋남도 없이 정확했다는 확신을 갖게 됐다.

이후 현종은 자의왕대비의 복제를 기년복으로 바꾸고 영의정 김수흥을 춘천으로 귀양 보냈다. 또 예론의 주무 부서인 예조의 판서·참판 등을 하옥한 다음 귀양을 보냈다. 그리고 충주에 물러나 있던 남인의 영수 허적을 불러올려 영의정으로 삼았다. 전광석화 같은 조치를 통해 정권 교체를 추진한 것이다. 훗날 숙종이 여러 차례 보여주게 되는 환국(換局)의 모델이라고 할 수 있다.

그런데 예송논쟁이 있은 불과 한 달여 만인 8월 10일 갑작스러운 복통을 호소하던 현종이 위독한 상태에 빠진다. 허적이 명을 받고 한양에 들어온 것은 8월 16일. 영의정 허적은 남인이었지만, 좌의정 김수항, 우의정 정지화 등은 서인이었다. 김수항은 김수흥 동생이다.

김수항은 김광찬의 셋째 아들이다. 노선은 김상헌·송시열·송준길 노선이었고 남인과는 분명한 대립을 보였다. 1651년 문과에 장원으로 급제해 벼슬길에 들어서 효종 때 요직을 거쳐 현종 때 예조·이조 참판을 거쳐 도승지와 대사헌을 거쳐 이조·예조·형조 판서 등을 두루 지냈고 현종 13년에 44세의 나이로 우의정에 올라 정승이 되었다.

그 후 숙종 시대가 열리자, 영욕이 교차하게 되는데 1차 경신환국 때는 남인들의 죄를 앞장서서 다스렸고 남인의 영수 윤휴와 허목을 처형하라는 여론을 적극 지지했다. 이에 8년 동안 영의정으로 있으면서 서인의 이익을 대변했다.

그러나 숙종 15년(1689년) 기사환국이 일어나 남인 정권이 세워지자, 김수항도 전라도 진도로 위리안치되었다가 얼마 후에 사약을 받았다. 송시열도 같은 시기에 사약을 받았다. 줄기 그대로이다.

김수항은 처음부터 송시열(宋時烈)에게 마음을 바쳐 그의 말이면 어기는 것이 없었으며, 오로지 이것으로 가계(家計)를 삼아 거의 옳다는 것은 있어도 그르다는 것은 없었다.

형 김수흥도 숙종 시기에 부침을 거듭하며 한때 영의정에 오르기도 했으나 동생이 죽은 이듬해인 1690년 유배지 경상도 장기(-포항)에서 숨을 거두었다.

전형적으로 임금의 재상이 아니라 당파의 재상이었던 두 사람의 비극적 결말이라 하겠다.

두 사람의 형 김수증(金壽增, 1624~1701년)은 어려서부터 조부 김상헌을 모시며 송시열을 사우(師友)로 삼아 가까이 지냈다. 문과에 급제하지 못한 그는 이런 중간급 관직을 지내며 노론계 인사들과 교유하면서 강원도 화천 화악산 북쪽에 거처를 마련하고 주희의 무이구곡을 본떠 자기 호를 붙여 곡운구곡(谷雲九曲)이라 이름 짓고 천수를 누렸다. 글씨를 잘 썼다고 한다.

노론 사대신(四大臣) 김창집 형제들

김수항에게는 창(昌)자 돌림 여섯 아들이 있어 흔히 '육창(六昌)'으로 불리기도 하는데 아버지가 사사되자 나머지 형제들은 학문이나 글씨 혹은 그림에 전념하며 세상과 거리를 두었다.

김창집(金昌集, 1648~1722년)은 숙종 10년(1684년) 문과에 급제해 본격적인 벼슬살이에 나선다. 남들보다 많이 늦은 36세에 문과에 급제하게 된 데는 현종 말기 아버지가 유배를 갔기 때문이다. 경신환국

(1680년)이 일어나 남인들이 축출되고 서인들이 다시 득세하자 비로소 문과에 응시했던 것이다. 그러나 9년 후인 1689년 기사환국으로 아버지가 유배지 진도에서 사사되자 다른 형제들과 더불어 관직을 멀리하고 향리에 머물렀다.

1694년 갑술환국으로 다시 서인이 집권해 김창집도 병조 참의에 제수되었으나 고사했고 이후 동부승지 대사간 등도 받지 않았다. 그 후 철원 부사로 민정을 잘 다스려 호조·이조·형조 판서를 거쳐 1706년 우의정에 이어 좌의정에 올랐고 1717년 영의정이 되었다.

김창집은 숙종이 세상을 떠난 뒤에 원상(院相)이 되어 정사를 주도했다. 이때 경종이 즉위해 34세가 되었는데 후사가 없어 노론과 소론이 첨예하게 대립했다. 김창집은 중추부 영사 이이명(李頤命), 판사 조태채(趙泰采), 좌의정 이건명(李健命)과 함께 연잉군(延礽君-영조)을 왕세제로 세우기로 하고 김 대비의 후원을 얻었다. 이들이 바로 노론 사대신(四大臣)이다.

그러나 경종비 어씨와 소론들이 격렬하게 반대해 결국 소론의 김일경(金一鏡) 등이 주도한 신임사화가 일어나자, 거제도에 위리안치되었다가 이듬해인 1722년 경상도 성주에서 사사되었다. 아버지 김수항에 이어 부자가 사사된 것이다.

김창협(金昌協, 1651~1708년)은 형 창집보다 빠른 숙종 8년(1682년) 문과에 장원급제해 벼슬길에 올랐고 쾌속 승진해 동부승지·대사성·대사간 등을 지냈고 청풍부사로 있을 때 아버지 김수항이 사사되자 사직하고 형과 함께 지금의 경기도 포천인 영평(永平)으로 은거했다. 1694년 갑술환국으로 아버지가 신원되고 조정에서도 대제학과 예조 판서 등을 제수하며 불렀으나 끝내 나아가지 않고 학문에만 전념했다.

그의 학문은 이황과 이이의 설을 절충하려는 것이었다고 한다. 문장과 시에도 능해 많은 저서를 남겼다. 호는 농암(農巖)이다.

김창흡(金昌翕, 1653~1722년)은 문과에 응하지 않았고 1689년 기사환국으로 아버지가 사사되자 형들을 따라 영평에 은거하면서 『장자』와 사마천의 『사기』를 읽으며 시름을 달래고 세상을 멀리했으며 뒤에 성리학과 문장을 파고들어 일가를 이루었다.

김창업(金昌業, 1658~1721년)은 진사시에 합격했으나 벼슬길에 나서지 않고 영평에 숨어 지냈다. 그림에 능했다고 한다. 지금도 그의 「추강만박도(秋江晚泊圖)」라는 그림이 전해진다.

김창즙(金昌緝, 1662~1713년)도 벼슬에 나서지 않고 학문에 전념했다고 한다. 제자로 유척기(俞拓基, 1691~1767년)가 있다. 유척기는 훗날 영의정에 이른다.

김조순, 드디어 외척이 되다

안동 김씨, 흔히 장동 김씨의 번성은 김창집의 현손(玄孫) 김조순(金祖淳, 1765~1832년)에 이르러 활짝 열리게 된다. 세도정치라고 하는 안동 김씨의 외척 정치가 시작된 것이다. 마치 중국 한나라 말기의 외척 왕씨를 떠올리게 할 정도이다.

영조 시대에는 안동 김씨가 크게 현달하지 못했다. 김조순은 정조 9년(1785년) 문과에 급제하고, 이어 정조가 중시했던 초계문신에 발탁되었다. 김조순은 1788년 규장각 대교(待敎)로 있으면서 시파와 벽파 투쟁에서 중립을 지키며 당쟁을 단호히 없앨 것을 주장했다. 이때 그의 나이 불과 23세였다. 김조순의 신중한 언행과 처신은 이미 어려서부터 탁월했다. 이후 김조순은 유연성을 발휘하면서 시파로 돌았고 정조의 노선을 도왔다.

이에 정조의 적극적 의지로 세자를 사위로 맞았으며 순조가 즉위하고서 그에게 병조 판서와 이조 판서 등이 제수되었으나 조순은 진심으로 사양하며 순조를 뒤에서 도왔다. 그는 실권이 있는 자리는 맡지 않고 당연히 정승에도 오르지 않았다.

세도정치에 나서는 김조순 아들들

김조순에게는 김유근(金逌根)·김원근(金元根)·김좌근이라는 세 아들이 있었다. 김유근은 예조 판서, 김원근은 이조 참판에 올랐고 김좌근은 세도정치의 중심에 서서 영의정에까지 오르게 된다.

김좌근(金左根, 1797~1869년)은 40세가 넘은 1838년(헌종 4년) 문과에 급제해 벼슬길에 들어섰다. 당시 전권을 행사하던 대비의 동생이라는 배경으로 그는 일찌감치 이조 판서와 병조 판서를 지내고 철종 1년(1850년)에는 총융사를 맡아 병권을 장악했고 당시 이반하던 민심을 무력으로 진압하려 하기도 했다.

이후에도 두루 판서를 지냈고 영의정만 세 번 보직되어 안동 김씨 세도정치의 중심이 되었다. 1864년 고종이 즉위하고 흥선대원군이 실권을 장악하자 요직에서 물러났다.

고종 6년(1869년) 4월 25일 『실록』 졸기에 그의 사람됨에 대해 "반듯한 마음가짐과 공평한 일 처리"를 칭찬하고 있다.

김창집에 뿌리를 둔 안동 김씨

김창집 아들 대에서 갈려 김조순의 사촌 김명순(金明淳)은 이조 참판을 지냈고 두 아들 김홍근(金弘根, 1788~1842년)과 김홍근(金興根, 1796~1870년)은 모두 정승에 올랐다. 흥선대원군에게 훗날 석파정이 된 별장을 빼앗긴 장본인이기도 하다.

제22장

당쟁 시대의 무력한 재상들 ③
여흥 민씨

조선 초 태종 처가 여흥 민씨의 영욕

여흥 민씨는 고려 때 명문가로 조선 건국을 도왔고 태종비 원경왕후 민씨를 배출한 집안이다. 그래서 태종 장인 민제(閔霽, 1339~1408년)는 좌정승을 지냈다.

그러나 민제의 네 아들, 즉 태종의 처남 4명이 모두 정치적으로 제거되면서 여흥 민씨 집안은 조선 중기까지도 이렇다 할 두각을 드러내지 못했다. 선조 때 이르러서야 비로소 정승에 오르는 인물들이 나타나기 시작한다.

민기(閔箕, 1504~1568년)는 중종 때 문과에 급제해 명종 시대를 거치며 대사헌, 이조 참판, 형조 판서, 이조 판서에 올랐다. 그는 문재(文才)가 뛰어나 조정의 기대를 모았다.『명종실록』4년(1549년) 3월 22일 자다. 좌의정 황헌(黃憲)이 아뢰었다.

"정사룡·남응룡(南應龍)·김주(金澍)·민기(閔箕)는 다 문재(文才)가 있는 사람입니다. 신이 그들 문장(文章)의 높낮음은 잘 알지 못하나 이런 사람들은 쉽게 구할 수 있는 사람들이 아닙니다."

또 그가 이조 판서에 임명된 명종 21년(1566년) 1월 18일에 사관은 민기를 다음과 같이 평했다.

지략과 계려가 있어 사변을 잘 처리했다. 소시에 학문이 있었으나 만년에의 소득(所得)은 알 수 없다. 기량이 평탄하고 식려(識慮)가 심원(深遠)했다. 그러나 집에 있을 적에는 미세(微細)한 조행(操行)을 힘쓰지 않았다.

민기는 선조 즉위년(1567년) 우의정에 올랐다. 『선조수정실록』 선조 1년(1568년) 2월 1일 자 줄기이다.

민기가 이조 판서로 있을 때 이이(李珥)가 낭관(郎官)이었는데 언제나 전선(銓選-인사 선발)을 공평히 함으로써 청탁의 길을 막으려 하면, 민기는 곧 너무 지나치게 하다가 일을 발생시키는 일이 없도록 하라고 경계했다. 이에 이이가 사람에게 말하기를 "민 공(閔公)이 뛰어난 재상이기는 하나 다만 소인(小人)을 두려워할 뿐 군자(君子)를 두려워하지 않는다"라고 하니 사람들이 그 까닭을 물었다. 이이가 대답하기를 "민 공이 만약 군자에게 죄를 얻는다면 현반(顯班)에다 두지 않는 정도에 불과할 것이나 소인은 성품이 각박해 만약 서로 거슬렸을 경우 혹 멸족(滅族)의 화도 당할 수 있을 것이기 때문에 민 공은 소인을 두려워하는 것이다"라고 했다. 식자들은 민기를 일러 섭세(涉世)의 재주가 뛰어났다고 했다.

섭세(涉世)란 처신섭세(處身涉世)를 말하는 것으로 처세술을 말한다.

민몽룡(閔夢龍, 1550~1618년)은 선조 때 문과에 급제해 요직을 거쳤고 형조 판서와 대사헌을 맡아 서인과 남인 축출에 앞장섰다. 선조 말 북인이 대북과 소북으로 분열되자 정인홍(鄭仁弘)을 따라 대북이 되었다. 이후 광해군이 즉위하자 형조 판서와 이조 판서를 거쳐 우의정에 올랐다. 인목대비 폐모론을 앞장서서 관철했다.

『광해군일기』 광해 10년(1618년) 1월 30일 자에 서궁(西宮-인목대비)을 깎아내리는 절목을 좌의정 한효순(韓孝純, 1543~1621년)과 함께 앞장서서 올렸다.

존호(尊號)를 낮추고 전에 올린 본국의 존호를 삭제하며, 옥책(玉冊)과 옥보(玉寶)를 내오며, 대비라는 두 글자를 없애고 서궁이라 부르며, 국혼(國婚) 때의 납징(納徵)·납폐(納幣) 등 문서를 도로 내오며, 어보(御寶)를 내오고 휘지 표신(徽旨標信)을 내오며, 여연(輿輦)·의장(儀仗)을 내오며, 조알(朝謁)·문안(問安)·숙배(肅拜)를 폐지하고, 분사(分司)를 없애며, 공헌(貢獻)을 없애며, 서궁의 진배(進排)는 후궁(後宮)의 예에 따르며, 공주의 늠료(廩料)와 혼인은 옹주(翁主)의 예에 따르며, 아비는 역적의 괴수이고 자신은 역모에 가담했고 아들은 역적의 무리에 의해 추대된 이상 이미 종묘에서 끊어졌으니 죽은 뒤에는 온 나라 상하가 거애(擧哀)하지 않고 복(服)을 입지 않음은 물론 종묘에 들어갈 수도 없으며, 궁궐 담을 올려 쌓고 파수대를 설치한 다음 무사를 시켜 수직(守直)하게 한다.

이에 대한 사관의 비평이 신랄하다.

민몽룡이 신임 정승으로서 팔을 걷어붙이고 수염을 휘날리면서 흔연히 떠맡았는데, 폄손하는 절목 일체에 대하여 이이첨으로부터 익히 지시를 받은 뒤 물음에 응하여 물 흐르듯 거침없이 외워 나갔으며, 한효순은 머리를 구부린 채 "예, 예" 하고 대답만 할 따름이었다.

얼마 후에 병으로 사망했다. 인조반정으로 서인이 집권하자 관작을 추탈당했다.

서인 입장에서 쓴 『광해군일기』 광해 10년(1618년) 5월 13일 자 졸기는 극도로 비판적이다.

몽룡은 용렬한 비부(鄙夫)로서 세상의 버림을 받고 오래도록 서위(西衛-무반)에 배치되어 있었는데 정인홍(鄭仁弘)이 한 번 보고는 남명(南冥)의 기절(氣節)이 있다고 하여 극력 천거했다. 그러다가 대론(大論-폐모론)이 나오자 앞장서서 떠맡고 나서면서 이이첨과 합동으로 한마음이 된 결과 갑자기 전부(銓部-이조)로 들어가게 되었고 곧바로 정승의 지위에 올랐다. 폄손하는 절목(節目)을 의논할 적에 뻐기면서 의정부에 앉아 턱으로 지시하고 입으로 부르는 등 의기양양했었는데 그 모임이 파하기도 전에 갑자기 뻐개지는 듯한 두통을 느끼고 부축받아 나갔다. 그길로 자리에 누워 일어나지 못하다가 이때에 이러 죽었는데 사람들이 천벌을 받았다고들 했다. 아내와 장자 민준철(閔濬哲)도 잇달아 죽었다.

조선 중·후기 여흥 민씨 번성의 뿌리는 민기이다. 민기는 임진왜란 전란이 한창이던 1597년(선조 30년) 문과에 급제해 외직을 두루 역임했다. 『인조실록』 인조 3년(1625년) 12월 25일 자 기사이다.

민기를 병조 참지로 삼았다. 민기는 사람됨이 청백하고 잘 다스린다는 명성이 있었다.

인조가 즉위하고서 정묘호란 때 어가를 호종했으며 인조도 민기를 아껴 지방직을 돌던 그를 불러올려 승지로 삼아 가까이에 두었다. 인조 4년(1626년) 9월 19일 자 기록이다.

인조의 말이다.

"민기의 청백(淸白)함과 선치(善治)에 대해서 내가 전부터 듣고서 가상히 여겨왔다. 그 고을 선비가 올린 상소를 보니 전에 들은 바가 헛말이 아니었다. 뛰어난 수령 한 사람 얻기가 매우 어려운 때이니, 백성을 위해서 죄를 용서하고 그대로 유임시켜 나의 근심을 나누어 다스리도록 하고, 겸하여 그의 선치를 포상해서 다른 사람들을 분발시키는 것이 어떻겠는가? 정원은 의논해서 아뢰라."

병자호란 때 인조가 청나라에 항복하자 관직에서 물러났다. 인조 19년(1641년) 사망하자 송준길(宋浚吉)이 묘표를 짓고 송시열(宋時烈)이 신도비명을 지었다. 이로써 우리는 민기가 서인(西人)이 존중하던 인물임을 알 수 있다.

민기 아들 민광훈(閔光勳, 1595~1659년)은 인조 때 문과에 장원급제했고 병자호란 때는 원손(元孫)을 모시고 인근 섬으로 피신해 공신에 책록되었다. 관직은 호조 참의와 강원도 관찰사에까지 올랐다. 당색은 서인 노론이었다.

숙종 시대 환국에 따라 부침을 거듭하다

민광훈에게는 민시중, 민정중(閔鼎重), 민유중(閔維重) 세 아들이 있었다.

민시중(閔蓍重, 1625~1677년)은 송시열 문인으로 현종 5년(1664년) 문과에서 장원급제해 벼슬길에 나아갔다. 특히 경상도 관찰사로 큰 치적을 남겼다. 그는 대사헌에까지 이르렀는데 숙종 3년(1677) 2월 3일자 줄기에서는 "민시중은 민정중의 형인데 재주와 방책은 두 아우에게 미치지 못했지만 충후(忠厚)함은 앞서므로 당시에 선인(善人)으로 불렸다"라고 평하고 있다. 숙종 초에 일찍 세상을 떠나는 바람에 다행히 정치적 격랑을 겪지는 않았다.

민시중의 둘째 아들 민진주(閔鎭周, 1646~1700년)는 환국의 파고를 온몸으로 넘어야 했다. 1685년 문과에 급제해 홍문관 부응교가 되었을 때 기사환국이 일어나 남인이 집권하면서 유배를 가야 했다. 1694년에 다시 서인이 집권하는 갑술환국이 일어나자, 경상도 관찰사를 거쳐 대사간으로 승진했고 도승지에 올랐으며 병조 판서와 이조 판서를 지냈다. 숙종 26년(1700년) 8월 24일 자 졸기이다.

민진주는 민시중의 아들이니 사람됨이 장자(長者-덕망 있는 사람)답고 후덕했으며 조정에 서서 말과 의논이 강직했다. 조사석(趙師錫)이 오전(奧殿-중전)의 도움으로 정승에 배명 되었지만, 온 조정이 입을 다물고 잠자코 있었는데, 민진주가 홀로 항소(抗疏)로 말하고 거듭 임금의 뜻을 어기면서도 조금도 흔들리지 아니하니 청의(淸議)가 옳게 여겼다. 일찍이 부개(副价-부사)로 연경(燕京)에 갔더니, 상사(上使) 서문중(徐文重)이 다른 사람에게 말하기를 '민 모(閔某)는 실로 다른 사람이 알기를 두려워하는 깨끗한 지조가 있다'라고 했으니, 그가 조행(操行)을 가다듬고 구차스럽게 하지 않는 것이 이와 같았다. 향용(嚮用-한마음으로 임용함)이 바야흐로 한창이었는데 갑자기 병으로 일어나지 못하니 사람들이 모두 애석하게 여겼다.

민광훈의 둘째 아들 민정중(閔鼎重, 1628~1692년)은 인조 27년(1649년) 문과에 장원급제해 삼사(三司-사헌부·사간원·홍문관)와 승정원의 청요직을 두루 역임했고 남인에 대해서는 개방적 태도를 보였다. 그러나 예송논쟁 때는 남인의 주장을 강경하게 반박하기도 했다.

민정중의 사람됨은 매우 강직했다. 『현종실록』 현종 3년(1662년) 6월 10일 대사성 서필원(徐必遠)이 현종에게 이렇게 말한다.

"민정중처럼 과감하고 강직한 자마저 입을 꾹 다문 채 체직되려고만 안간힘을 쓰고 있으니, 오늘날의 나랏일이 한심스럽기만 합니다."

현종이 점차 서인에 대해서 등을 돌릴 무렵인 현종 14년(1673년) 9월 14일 자에는 다음과 같은 하교가 나온다.

"민정중은 대대로 국록을 받은 신하이므로 산림에서 은거하는 선비와 같지 않은데도, 이때를 당하여 감히 먼 외지에 물러앉아 누차 소를 올려 사직을 청하더니 지금 또 교외(郊外)에 와 있으면서 소를 올려 면직을 청하고 있으니, 송 판부사(宋判府事-송시열)가 한 일을 본받으려고 하는 것인가? 판부사는 정승의 직을 사면하고 물러갔기 때문에 이런 일이 있었으나, 민정중은 누차 온당치 않다는 분부를 내린 연후에야 비로소 올라왔는데 이르는 곳마다 소를 올렸으니 교만하고 방자함이 심하다. 관작을 삭탈해야 할 것이다."

바로 다음 날 민정중을 유배 보낸다.

"민정중의 행신(行身)과 처사(處事)는 조금도 볼 만한 것이 없다. 휴가를 받아 고향으로 내려간 것도 명분이 없고 밖에 있으면서 소를 올린 것도 사군자의 기풍과 절개가 없는 것이다. 그런데 지금 전 정언 성호징이 감히 민정중을 찬양하기를 '나오기는 어려워하고 물러가기를 쉽게 하는 것은 사군자의 기풍이요 절개이다'라고 하고, '쓸쓸하고 적막한 곳에 스스로 들어앉는 것은 필시 마음속에 스스로 지키는 바가 있고 시기가 의리상 갑자기 나올 수 없었기 때문일 것이다'라고 하며, '전하의 이 일은 정말 천고에 없었던 일이다'라고도 하는 등 말을 이리저리 둘러대어 억양(抑揚) 하면서 민정중에게 아부하고 임금을 멸시했으니, 그 정상이 극히 가증스럽다. 엄히 징계하고 다스려 그 죄를 바루지 않을 수 없다. 아주 먼 변방으로 귀양 보내라."

현종은 송시열 제자들이 자신을 농락하고 있음을 알아차리고 있었던 것이다.

민정중은 숙종 초 이조 판서에 올랐으나 얼마 후 남인이 득세하면서 쫓겨났고 1679년 전라도 장흥으로 유배당했으나 이듬해 경신환국

(庚申換局)이 일어나 송시열과 함께 유배에서 풀려나 같은 해 우의정을 거쳐 좌의정에 올랐다. 이때 그의 승진은 현기증이 날 정도이다. 숙종 6년 4월 19일 공조 판서가 됐고 4월 29일에는 우의정에 제수됐다. 우의정이 된 지 한 달도 되지 않은 5월 24일 민정중은 송시열의 방면(放免)을 청했다.

"송시열은 당초 '임금을 깎아내리고 종통(宗統)을 어지럽혔다'라는 것이 그의 죄명이었는데, 이것은 이루 말할 수 없는 원통한 것이고, 남에게 화를 전가한 자들이 억지로 꾸민 죄목입니다. 지난번에 성상께서 그의 본심을 특별히 살피시어 즉시 양이(量移)토록 명하시니, 보고 듣는 모든 사람이 누군들 흠앙(欽仰)하지 않겠습니까? 이번 소결에는 이미 아무 허물도 없는 듯이 석방하시는 일인데, 송시열은 일찍이 대신의 반열에 있었고, 또 빈사(賓師)의 지위에 있었으니, 일의 체모로 보아 다른 죄인들과 차이가 있어야겠습니다. 성상께서는 신 등이 문서를 가지고 하나하나 이름 아뢰기를 기다리지 마시고 먼저 참작해서 처리하심이 일의 대체에 맞을 듯합니다."

한마디로 서둘러 특명으로 송시열을 유배에서 풀어주라는 요청이었고 숙종은 그날 바로 재가했다. 우의정에 오른 지 5개월도 채 안 된 10월 12일 민정중은 좌의정에 오른다. 민정중은 숙종 10년 10월 21일에 병을 이유로 좌의정에서 물러났다. 경신환국 이후 4년 동안 서인 정권의 핵심 지도자로 떠오른 것이다.

1683년 서인이 노론과 소론으로 분당할 때 노론을 선택해 여흥 민씨가 줄곧 송시열 노선을 따른 것은 민정중으로서는 지극히 자연스러운 결정이었다.

그러나 숙종 15년(1689년) 다시 남인이 집권하는 기사환국이 일어나자, 하루아침에 신분이 '죄인'으로 바뀌었다.

11월 18일 남인 영수 이현일(李玄逸)이 숙종을 뵙고 말했다.

"민정중의 죄악은 하늘에까지 가득 찼는데 어찌 일찍이 대신이었던 사람이라고 해서 끝내 안률(按律)하지 아니할 수 있겠습니까?"

법대로 처리해야 한다는 말이다. 민정중은 숙종 18년(1692년) 6월 25일 갑술환국으로 서인이 다시 집권하는 것을 보지 못하고 유배지에서 세상을 떠났다. 그의 졸기이다.

전(前) 좌의정 민정중(閔鼎重)이 (평안북도) 벽동(碧潼)의 적소(謫所-유배지)에서 졸(卒)했는데 65세였다.

민정중은 자(字)가 대수(大受)로 사람됨이 영특(英特)하고 강직하여 굴하지 않았으며 예법으로 자신을 신칙했다. 일찍이 괴과(魁科-과거)에 올랐고 극력 청의(淸議)를 붙들었으며, 송시열(宋時烈)·송준길(宋浚吉) 등 제현(諸賢)이 가장 중시하는 바가 되었다. 국자감(國子監-성균관) 장관(長官)이 되어 선비들을 조성해내는 데 매우 공효가 있게 되므로, 당시에 정엽(鄭曄) 이후의 제일인 사람이라고 했다. 그 뒤 다른 관직에 뽑혀서도 그대로 겸임하고 있고 체직되지 않았으며, 게을리하지 않고 교도(敎導)하므로 선비들의 풍습이 크게 바뀌게 되었다. 관북(關北)을 안찰(按察)하게 되어서는, 북쪽의 풍속은 오로지 무예(武藝)만 숭상하고 문사(文事)에는 소홀하여 진실로 친상사장(親上死長-윗사람을 공경하고 어른을 위해 죽는 일)하는 의리에 어두우므로, 비록 재질과 능력이 강건(强健)해도 쓸 데가 없었다. 드디어 자신이 솔선시범(率先示範)하며 선비들의 교화(敎化)를 크게 천명(闡明)하므로, 얼마 되지 않아서 빈빈(彬彬-문무가 조화를 이룸)해져 볼 만하게 되었다.

그 뒤에 윤휴(尹鑴)와 허적(許積)이 나랏일을 맡아보게 되면서 남쪽 변방으로 귀양 갔었는데, 비록 배척받는 가운데 있었지만, 여망(輿望)은 더욱 높아져, 오늘날의 (송나라 명신) 진요옹(陳了翁)이나 (송나라 학자) 유원성(劉元城) 같은 사람이라고 하게 되었다.

경신년의 경화(更化) 때는 제일 먼저 태부(台府-의정부)에 들어오므로 여러 사람의 마음이 일치하게 되었고, 그 자리에 있는 몇 해 동안 한결같이 임금의 덕을 바로잡는 것과 선비들의 공론을 붙잡기에 주력하고, 여타의 것은 돌아보지 않았다. 만년(晩年)에는 윤증(尹拯)이 스승(-송시열)을 배반하는 것을 보자 김수항(金壽恒)과 함께 입대(入對)하여 옳음과 그름을 구별해 밝히므로 세상의 도의(道義)가 더욱 힘입는 바가 있게 되었다.

기사년의 변(變) 뒤에는 뭇 간신이 기필코 죽이려고 하면서도 오히려 돌아보며 두렵게 여기는 바가 있어 실행하지 못했다.

아버지에 이어 정승이 되는 민중정의 아들 민진장(閔鎭長, 1649~1700년)은 송시열 문인으로 숙종 12년(1686년) 문과에 급제해 도승지와 형조·병조·호조 판서 등을 두루 거쳐 숙종 26년(1700년) 우의정에 이르렀다. 그러나 임명을 받고 숙배(肅拜-임금에게 작별을 아뢰던 일)도 하기 전에 세상을 떠났다. 우의정의 업무는 하루도 보지 못한 정승이라 하겠다.

숙종 26년(1700년) 3월 16일 자 졸기가 매우 상세하다.

민진장은 가정의 행실이 매우 지극하여 아버지 민정중(閔鼎重)을 섬김에 뜻을 잘 받들어 어김이 없었고 어머니가 중병을 앓았는데 밤 낮으로 간호(看護)하면서 수십 년을 하루같이 하여 효성이 천성(天 性)에서 타고 나와 사람들이 모두 감탄했다. 조정에 벼슬할 적에는 일을 공평히 처리하고 법을 지켜서 한결같이 깨끗한 마음으로 임하 고 오랫동안 군국(軍國)의 중요한 임무를 통괄하여 마음과 힘을 다 한 후에야 그만두었다. 민정중은 강직(剛直)하고 민진장은 온화 중후 하여 부자(父子)가 타고난 성품은 비록 같지 않았으나 성심으로 나 라를 위하여 사림(士林)을 도와 권장하는 데는 다를 것이 없었다. 한 때 사람들이 모두 민정중의 착한 아들이라고 칭송했고 정승에 임명 되자 여론이 만족해하며 앞으로 큰일을 할 것이라고 기대했는데 숙 배(肅拜)도 하기 전에 갑자기 죽으니, 조야(朝野)에서 매우 애석하게 여기지 않는 이가 없었다.

숙종의 환국 정치와 국혼 활용

숙종은 1674년 13세의 어린 나이로 임금 자리에 나아갔다. 대체로 이런 나이일 경우 수렴청정을 받는 것이 관례였으나 총명했던 그는 곧바로 친정(親政)을 시행했다.

이때 그의 왕비는 인경왕후(仁敬王后) 김씨(金氏)로 김장생의 증손 김만기(金萬基, 1633~1687년)의 딸이다. 인경왕후 김씨는 숙종과 딸 둘을 낳았으나 모두 일찍 죽었고 본인도 천연두를 앓다가 숙종 6년 (1680년) 10월 26일 경덕궁 회상전에서 승하했다.

이듬해 숙종은 계비로 민유중의 딸을 맞아들인다. 환국(換局)으로

1689년 폐위되기도 하고 1694년 복위되기도 하는 비운의 왕비이다. 또 왕비이면서도 후궁 장희빈과 사사건건 충돌했던 인물이기도 했다.

경신환국은 1680년 3월부터 4월 사이에 영의정 허적(許積)의 경솔한 처신이 빌미가 되어 남인 정권이 궤멸한 사건을 말한다. 허적은 조부 잔치를 위해 왕실에서만 사용하는 유악(油幄-기름칠한 천막)을 숙종 허락도 없이 가져다 써서 숙종의 분노를 샀다. 당시까지 숙종 정권은 남인 일색이었지만 서인 중에서 송시열과는 거리를 둔 김석주(金錫胄, 1634~1684년)가 숙종의 외종숙(5촌)으로서 후견인 역할을 하다가 이때 남인에 일대 타격을 가한 것이다.

경신환국 이후 송시열은 배후에 있고 김석주·김만기·민정중이 연합해 전면에서 정국을 주도했다. 1683년에 서인은 송시열의 노론과 윤증(尹拯, 1629~1714년)의 소론으로 갈라졌다.

노론 정권은 숙종 15년(1689년) 남인들이 지지하던 후궁 장희빈이 낳은 왕자를 세자로 책봉하는 과정에서 반대하다가 일거에 축출당하고 남인이 집권했다. 이를 기사환국이라고 한다.

그러나 숙종 20년(1694년)에 남인은 소수파임에도 독선적임에 넌더리를 느낀 숙종은 마음을 바꿔 다시 남인을 축출하고 서인과 손을 잡는다. 이것이 갑술환국이다.

외척 민씨 집안의 세도(勢道)

민유중(閔維重, 1630~1687년)은 형제 정승이자 역시 부자 정승이기도 했다.

민유중은 송준길과 송시열 문인으로 1651년 문과에 급제해 1671년 형조 판서·대사헌·호조 판서 등을 두루 역임했다. 송시열·송준길의 산당(山黨)에 속해 김육(金堉)의 한당(漢黨)을 공격하는 데 앞장서 현종비 집안인 김좌명·김우명·김석주 등과 크게 불화했다. 숙종이 즉위해 남인이 집권하자 벼슬을 내놓고 충주에서 조용히 지냈다.

1680년 경신환국으로 서인이 집권하자 형 민정중을 도와 남인을 축출하는 데 앞장서 실권을 장악했다. 3년 후에 노론과 소론이 나뉘자, 형과 함께 노론이 되었다. 1681년 병조 판서로 있을 때 둘째 딸이 송시열과 김석주의 추천으로 숙종 계비가 되었다. 이에 임금의 장인인 국구(國舅)가 되어 돈녕부 영사(-영돈녕 부사)가 되었다. 종친부는 친척, 돈녕부는 외척을 관리하는 기구였다.

민유중은 이듬해 금위영(禁衛營-왕실 경호 부대) 창설을 주도해 금위대장을 맡았다. 국구로서 병권과 재정권을 장악한 민유중은 전권을 휘둘렀다. 이를 옛날에는 천권(擅權)이라고 했다. 숙종 9년(1683년) 5월 5일 자 『숙종실록』이다. 소론의 윤증(尹拯)을 조정에서 불렀으나 윤증은 과천에 이르러 자기가 대궐에 이를 수 없는 사정을 담아 소(疏)를 올렸다. 그리고 과천까지 찾아온 박세채(朴世采)에게 이렇게 말했다.

"지금 나갈 수 없는 이유가 셋이 있다. 남인(南人)의 원한[怨毒]을 화평하게 할 수 없는 것이 그 하나이고 삼척(三戚)의 위병(威柄-위세)을 제지(制止)할 수 없는 것이 하나이며, 우옹(尤翁-송시열)의 세도(世道)를 변화시킬 수 없는 것이 하나이다."

『실록』의 풀이다.

삼척(三戚)이란 두 김가(金家)와 민가(閔家)를 가리킨 것이다. 그때 윤증은 이미 송시열(宋時烈)을 배반할 마음이 있었고 뒷날의 화복(禍福)을 깊이 염려하고 있었다.

그러므로 박세채와 더불어 같이 자면서 밤새도록 나눈 이야기는 모두 송시열을 헐뜯고 해치는 말이었으며 또 박세채에게 반드시 송시열과 각립(角立-서로 버팀) 해줄 것을 권했다.

두 김가란 김석주의 청풍 김씨와 김장생의 광산 김씨를 가리키는 것이다. 3년 후인 숙종 12년(1686년) 7월 6일 홍문관 부교리 이징명(李徵明)이 소를 올려 외척을 경계할 것을 건의했다. 노론이었던 이징명은 장희빈 주변을 비판함과 동시에 인현왕후 집안도 함께 겨냥했다.

"오늘날의 외척은 모두가 사류(士類)이므로 아직은 염려할 만한 자취는 없습니다. 그러나 거처와 봉양에 습성이 바뀌니 인정이 변하기 쉽고, 대간(臺諫)의 탄핵에 충격을 받으면 행여 반성에 어둡기 마련인 만큼 일에 앞서서 경계하는 것은 억측에 가깝다고 하더라도 미연에 방지하는 것은 옛사람의 명백한 교훈입니다.

신은 바라건대 성상(聖上)께서 곤성(坤聖-왕비)을 면계(勉戒)하고 외척을 칙려(飭勵)하여 근신하시기를 마치 후한(後漢) 명덕황후(明德皇后)의 외가와 같이 하신다면, 국가의 행복일 뿐만이 아니라 우리 곤성의 친한 이를 친하게 여기는 아름다운 덕이 또한 영원히 보전되어 휴손되지 않을 것입니다."

이징명의 준엄한 지적에 대해 사관(史官)은 이렇게 평했다.

"이징명이 학식은 모자란다고 하더라도 원래 편협한 인물이 아니기 때문에 남이 하기 어려운 말을 능히 하여, 그 가세(家世)의 경직(勁直)한 기풍을 떨어뜨리지 않았는데, 그의 말은 기사환국(己巳換局)에 이르러 더욱 증험이 되어 드디어 후세 사람의 귀감이 되었는지라, 온 세상이 다 함께 그의 선견지명에 탄복했다 한다."

이징명(李徵明, 1648~1699년)은 송시열 문인으로 현종 말기 갑인예송(甲寅禮訟)이 일어나 송시열을 죽이라는 탄핵이 빗발칠 때 몸소 유생들을 모아 이에 항의하는 소(疏)를 올렸다. 그만큼 서인 노론 노선을 강하게 고집한 인물이다. 1689년 노론이 축출되는 기사환국이 일어나자, 그도 남해로 유배되었다. 관직은 참판급에 머물렀다.

이후 숙종은 더는 민유중을 사적으로 만나지 못했고 민유중은 모든 관직을 내어놓고 자택에서 두문불출하다가 이듬해 세상을 떠났다.

민유중에게는 세 아들이 있었는데 장남 민진후(閔鎭厚, 1659~1720년)와 민진원(閔鎭遠, 1664~1736년)이 현달했다. 특히 민진원은 경종과 영조 때 노론의 영수로 활약했으며 좌의정에 오르게 된다.

민진후는 인현왕후의 친오빠이고 명성황후의 5대조이다. 어릴 때 송시열에게 수학했고 1686년 문과에 급제해 승문원 정자가 되었으나 1689년(숙종 15년) 기사환국으로 유배를 가야 했다. 숙종 20년에 갑술환국으로 인현왕후가 복위되자 중용되어 형조 판서와 예조 판서 등을 지냈다. 『숙종실록보궐정오』 숙종 46년(1720년) 5월 13일 자 줄기이다.

민진후가 내행(內行)을 신칙하고 국사(國事)에 근로(勤勞)한 것은 세상에 이론(異論)이 없었다. 그러나 지론(持論)이 편벽되고 가혹하여 당동벌이(黨同伐異)에 과감했다. 재물을 관장하면서 남은 이익을 추구했고, 여항(閭巷)의 간교한 자들을 높이 써서 한 시대에 폐해를 끼친 것은 그의 단점이다. 그러나 그의 동궁(東宮-훗날의 경종)을 위한 적심(赤心)만은 죽음에 이르러서도 변하지 않았으니, 사람들이 '만일 민진후가 생존해 있었다면 이이명(李頤命)·김창집(金昌集)의 무리가 반드시 감히 제멋대로 하지는 못했을 것이다'라고 했는데, 아마 이른바 '사직(社稷)의 보위(保衛)'라 할 것이다.

소론 입장에서 쓴 줄기라 하겠다.

민진원은 1691년 문과에 급제했으나 2년 전에 일어난 기사환국과 누이동생 인현왕후의 폐비로 등용되지 못했다. 갑술환국으로 인현왕후가 복위되자 드디어 등용되어 요직을 두루 거치며 노론의 공격수로 활약하며 소론의 윤증과 박세채 등을 공격하는 데 앞장섰다.

숙종 말기 형조·공조·예조·이조 판서 등을 두루 거쳤다. 특히 숙종이 세상을 떠나고 경종이 즉위하자 김창집·조태채·이이명·이건명 등 노론 4대신을 앞세워 숙빈 최씨 아들 연잉군을 왕세제로 삼을 것을 압박했고 1721년 신임옥사(辛任獄事)로 노론이 실각하자 성주로 유배되었다.

신임옥사란 노론 4대신이 경종의 병을 이유로 왕세제의 대리청정을 주장하자 경종이 이를 승인했는데 소론의 조태구(趙泰耉) 등이 그 부당성을 상소함으로써 대리청정이 취소되었고 소론이 역공해 노론을 축출한 사건을 말한다.

1725년 우여곡절 끝에 영조가 즉위하자 우의정을 거쳐 좌의정에 올랐다.

그러나 영조의 탕평책에 반대하고 영조가 소론 영수 이광좌(李光佐, 1674~1740년)와의 화해를 주선했으나 따르지 않았다. 오히려 민진원은 신임사화(辛壬士禍) 때 죽은 노론 4대신의 복권과 소론 5대신에 대한 탄핵 추탈 부관참시 등을 요구했다. 1727년 소론이 정권을 장악하는 정미환국(丁未換局) 때 파직되어 평안도 순안에 안치되었다.

그런데 이듬해 소론 강경파가 남인과 손을 잡고 삼남(三南) 지역에서 대규모 난을 일으켰다. 이인좌의 난이 그것이다. 이에 소론에 대한 불신을 갖게 된 영조는 노론 강경파의 영수 민진원을 다시 불러들였으며 민진원은 소론과 남인 세력에 대해 이인좌의 잔당이라는 이름으로 대대적인 숙정을 감행했다. 1729년 중추부 영사가 됐고 1736년에 세상을 떠났다.

『영조실록』 12년(1736년) 11월 28일 자 졸기에서 사관은 이렇게 짧게 평했다.

성품이 집요(執拗)한 데다가 당(黨)에 대한 병통이 가장 고질이었다. 그러나 벼슬에 있으면서 청렴하고 검소한 것으로 일컬어졌다.

민진주의 아들 민응수(閔應洙, 1684~1750년)는 집안 노선에 따라 노론을 견지했다. 영조 때 문과에 급제해 대사헌을 지냈고 이조·예조·형조 판서 등을 여러 차례 지냈으며 우의정에 이른다. 그런데 그는 민진원과 달리 유연했던 것으로 보인다. 영조 26년(1750년) 7월 26일 졸기이다.

민응수는 어려서부터 재능이 있다고 일컬어졌고 등과 후에는 청요직(淸要職)을 거쳤다. 이때 조정에서는 붕당을 타파하고 조정(調停)을 하고자 했는데 민응수가 지론(持論)을 평이하게 하여 조현명(趙顯命)·송인명(宋寅明)과 서로 맞부딪힘이 없자 임금이 드디어 현저하게 탁용하여 병조와 이조를 맡은 지 오래지 않아 의정에 올랐다. 마침

그때 삼사에서 이광좌(李光佐)와 조태억(趙泰億)의 추탈(追奪)을 논하자, 임금이 진노하여 모두를 내치니 민응수가 전상(殿上)에 올라가 힘써 만류하다가 뜻을 거슬러 사면(辭免)하게 되었는데, 이때 와서 졸한 것이었다.

고종 때 민씨 천하를 이루다

정조나 순조·헌종·철종 때 여흥 민씨는 침체기를 맞이한다. 그러나 1864년 1월 16일 흥선대원군 이하응(李昰應, 1820~1898년)의 아들이 즉위하자 뜻하지 않게 다시 여흥 민씨의 세상이 열린다.

흥미롭게도 대원군의 어머니도 여흥 민씨였고 부인도 여흥 민씨였다. 부인은 인경왕후 민씨 아버지인 민유중의 5대손 민치구(閔致久, 1795~1874년)의 딸이다. 민치구는 명성황후 친정아버지 민치록(閔致祿, 1800~1858년)과는 10촌 동 항렬이다. 민치구는 고종이 즉위해 훗날 공조 판서에까지 올랐다.

민규호(閔奎鎬, 1836~1878년)는 민유중 아들 민진원의 5대손이다. 철종 10년(1859) 문과에 급제했고 고종 4년(1867) 이조 참의가 되어 승승장구했으며 흥선대원군에 맞서 서구 문물에 대한 개국론(開國論)을 주창했다. 훗날 우의정에 올랐다.

조선 마지막 임금 순종비 순명효황후 민씨 또한 여흥 민씨이다.

여흥 민씨는 조선 개국을 함께한 집안임과 동시에 패망을 함께한 집안이기도 하다. 그래서 대부분 조선 말기 고위직에 있었기 때문에 일본에 항거한 사람과 일본에 굴복한 사람들이 어느 집안보다 많다.

제23장

숙종 때 열 번 이상 영의정에 오른
최석정

최명길 손자 최석정, 남구만과 박세채의 제자 최석정

최석정(崔錫鼎, 1646~1715년)은 인조 때 정승 완성 부원군(完城府院君) 최명길(崔鳴吉, 1586~1647년)의 손자이다. 『실록』에 실린 그의 졸기가 묘사한 어린 시절 최석정의 모습이다.

성품이 청명(淸明)하고 기상(氣像)이 화락(和樂)하고 단아(端雅)했으며 총명함이 다른 사람보다 뛰어났다. 어려서 남구만(南九萬)과 박세채(朴世采)를 따라 배웠는데, 이치를 분별하여 깨달아 12세에 이미 『주역(周易)』에 통달하여 손으로 그려서 도면을 만드니, 세상에서 신동(神童)이라 일컬었다.

남구만(南九萬, 1629~1711년)은 1684년 회니(懷尼) 논쟁 당시 서인이 노론과 소론으로 갈라질 때 송시열의 노론에 맞서 소론의 영수가 되었다. 소론은 남인에 대해 좀 더 유화적이고 근왕(勤王) 의식이 노론보다 강했다. 그것은 이미 최명길이 보여주었던 모습과도 통한다. 젊은 시절 최명길도 『주역(周易)』에 통달했다.

박세채(朴世采)도 회니 논쟁 때 '황극탕평론(皇極蕩平論)'을 지어 노론과 소론을 중재하려 했으나 끝내 소론의 편에 섰다. 이후 소론 윤증을 옹호했다.

회니 논쟁은 '회니 시비(懷尼是非)'라고도 하는데 송시열과 윤증(尹拯) 간의 불화를 말한다. 송시열이 회덕(懷德)에 살았고 윤증이 이성(尼城)에 살았기에 '회니'라고 했다.

송시열과 윤증은 원래 사제지간이었으나 현종 14년(1673년) 윤증이 아버지 윤선거(尹宣擧)의 묘갈문을 송시열에게 청하면서 박세채가 지은 행장(行狀)과 윤선거가 생전에 송시열에게 충고하기 위해 써놓은 편지를 함께 보냈는데 송시열은 그 편지를 못마땅하게 여겨 윤선거의 묘갈문을 지으면서 박세채가 지은 행장에다가 글자 몇 개만 살짝 수정하고 끝내 새로 짓지 않았다.

그 후 숙종 6년(1680년) 남인의 처벌 문제를 둘러싸고 서인 내부에서 분열이 일어나자, 윤증이 이런 개인감정과 함께 송시열의 덕행과 학문을 비난하면서 사제 관계를 끊었다. 그 후 남인에 대한 처벌을 두고서 서인이 강경파와 온건파로 나뉘자, 윤증은 온건파인 소론의 영수로 추대되어 강경파인 송시열의 노론과 불꽃 튀는 싸움을 전개했다.

최석정은 이런 두 스승의 노선을 따라, 자연스럽게 소론의 정치관을 갖추게 됐다.

벼슬길에 나아가다

최석정은 현종 12년(1671년) 문과에 급제해 벼슬길에 들어섰다. 4년 후인 숙종 1년(1675년) 최석정은 홍문록(弘文錄)에 이름을 올렸다. 초급 관리로서 엘리트의 길에 들어선 것이다.

숙종 초는 허적(許積, 1610~1680년)의 남인 정권 시절이었다. 당시 최석정은 서인이었지만 초급 관리였기에 그런대로 순조롭게 승진을 거듭해 숙종 6년(1680년) 4월 13일 홍문관 정4품 응교(應敎)에 임명되고 넉 달 후인 윤 8월 21일에는 승정원 동부승지에 제수되었다. 숙종의 각별한 총애가 있었다는 말이다.

그 후 숙종 10년까지 줄곧 승정원에서 일하던 최석정은 7월 16일 성균관 정3품 대사성(大司成)에 제수됐다가 두 달 후인 9월에는 홍문관 부제학으로 옮긴다. 이를 보면 그때까지 최석정은 이재(吏才)보다는 학재(學才)를 인정받아 승진에 승진을 거듭했음을 알 수 있다.

노론 정승 김수항을 탄핵했다가 파직당하지만 끝내 도승지에 오르다

숙종 11년(1685년) 2월 9일 홍문관 부제학 최석정은 스승 윤증을 옹호하며 영의정 김수항(金壽恒)을 배척하는 소를 올렸다. 소론의 논객으로 노론의 수장을 직격한 것이다. 이에 최석정은 파직당했다.

6월 3일에는 좌의정 남구만과 이조 판서 여성제(呂聖齊, 1625~1691년)가 연이어 최석정의 문학(文學)이 뛰어나니 다시 임용할 것을 청했으나 숙종은 윤허하지 않았다. 특히 남구만은 숙종이 곧 『주역(周

易)』을 강론해야 하니 최석정이 없어서는 안 된다고 강조했다.

그러나 그해 10월 최석정은 부제학으로 돌아오고 바로 다음 달에는 '특별 승진'시켜 호조 판서에 제수되었다. 숙종의 신임을 볼 수 있는 대목이다.

2년 후인 숙종 13년(1687년) 9월 24일 최석정은 도승지에 제배된다. 한 달도 안 돼 대사성으로 옮겼다가 이듬해 다시 부제학을 맡았다. 그해 10월 20일 이조 참판에 제배됐다. 그러나 두 달 후인 숙종 15년 1월 9일 홍문관 종2품 제학으로 자리를 옮긴다.

숙종 22년에는 이조 참판을 겸임했고 같은 해 특승(特陞-특진)해 판윤에 이르고 다시 엿새 후에는 대사헌에 임명된다. 통상적인 관례대로라면 이미 대사간이나 대사헌을 지내야 하는데 최석정은 뒤늦게 대사헌에 제수된 셈이다.

최석정, 우의정에 올라 외교 난제를 해결하다

숙종 22년(1696년) 4월 28일 최석정은 이조 판서에 제수됐다. 이때 최석정은 대제학으로서 임금의 교서(敎書)를 지었다. 문장가로서 그의 실력이 당대 최고였음을 보여주는 사례이다. 이를 문형(文衡)이라고 한다.

이조 판서로 있으면서 최석정은 적극적으로 의견을 개진해 관철했다. 이런 점을 높이 산 숙종은 숙종 23년(1697년) 3월 12일 최석정을 우의정에 제수했다. 같은 날 윤증은 이조 판서에 임명했다. 이날 노론이 편찬한 『숙종실록』은 "최석정은 천박하여 정승의 그릇이 아니어서 중외(中外-조정 안팎)에서 실망했다"라고 적고 있다. 같은 날 최석정은 주청정사(奏請正使), 최규서(崔奎瑞)는 부사, 송상기(宋相琦, 1657~1723년)는 서장관에 임명되었다.

최규서(崔奎瑞, 1650~1735년)는 같은 소론으로 한때 최석정이 파직되었을 때 그를 옹호하는 등 일관되게 최석정과 노선을 함께한 인물이다. 송상기는 노론으로 부수찬 시절 장희빈 어머니가 가마를 탄 채 대궐에 출입하니 가마를 불태워야 한다고 청했다가 파직된 경력이 있을 만큼 강직한 인물이었다.

주청사(奏請使)라는 사신단 이름이 말해주듯 이번 사신은 세자 책봉을 받아내는 중대한 임무를 맡아야 했다. 세자 책봉을 받아내야 할 사람은 다름 아닌 훗날의 경종(景宗, 1688~1724년)이다. 이때 나이 10세로 국내에서는 세자로 사실상 책봉 받았으나 청나라로부터 승인을 받아내야 하는 과제가 남아 있었다.

국내 책봉 과정에서 서인들은 격렬하게 반대했고 송시열은 그 와중에 사약을 받았다. 따라서 이 사신단이 일을 어떻게 해내느냐에 따라 그들 모두의 정치적 미래도 걸려 있었다.

이렇게 해서 최석정을 정사로 하는 세자 책봉을 위한 주청사는 같은 해 윤 3월 29일에 도성을 출발했다.

청나라는 『대명회전(大明會典)』을 근거로 삼아 세자 책봉에 미온적이었다. 그러나 최석정은 같은 『대명회전』을 근거로 그것은 중국의 예식과 관계된 것으로 조선과 같은 외번(外藩)은 그에 해당하지 않는다는 논지를 펼쳐 책봉을 실현했다.

주청사 최석정이 돌아와 복명(復命)한 것은 9월 6일이다. 숙종으로서는 크게 기쁘지 않을 수 없었다. 그러나 최석정은 청나라 사신을 접대하는 과정에서 사소한 과실을 이유로 숙종 24년(1698년) 5월 28일 우의정에서 파직되었다. 그러나 얼마 후 판중추에 오른다. 중추부 판사는 잠재적인 좌의정 후보군이었다. 10월 29일 숙종은 특별히 유시(諭示)를 내려 이렇게 말한다.

"일전에 봉사(奉使-사신 받드는 일)는 비록 착오가 있었으나 본래 다른 뜻은 없었다. 이미 지나간 일인데 내가 어찌 가슴에 품고 있겠으며, 경(卿)은 어찌 깊이 스스로 허물을 인책(引責)해야 하겠는가? 가슴에 품고 있다면 이는 임금의 아량이 못 되며, 깊이 허물을 인책한다면 이는 마음을 알아주는 도리가 아니다. 이 두 가지에 따라 경의 거취(去就)를 결정할 수 있는 것이다. 더구나 지금 나라에 큰 예(禮)가 있고 바야흐로 도제조(都提調) 임무를 띠고 있으니 더욱 물러날 수가 없는 것이다."

최석정은 다시 소를 올려 사양했으나 숙종은 재차 출사할 것을 권했다. 이때 최석정은 봉릉도감(封陵都監) 도제조를 맡고 있었기에 숙종이 그런 말을 덧붙인 것이다.

좌의정 최석정

숙종 25년(1699년) 3월 13일 숙종은 최석정을 좌의정에 제배(除拜)했다. 관례에 따라 최석정은 다섯 차례 글을 올려 사양했으나 마침내 4월 4일 제배의 명을 따라 좌의정에 나아갔다. 좌의정으로서 처음 한 일은 과거 시관을 맡아야 할 대제학과 제학이 모두 자리를 비워 홍문관 제학 박세당이 그 일을 대신 맡도록 청한 것이다. 과거 시관을 주문인(主文人)이라고 했다.

박세당(朴世堂, 1629~1703년)은 관리보다는 학문으로 이름이 있었고 대체로 박세채·남구만·최석정 등과 가까웠다. 최석정은 자리나 지키는 구신(具臣)이 아니었기에 좌의정으로 있으면서 한 달에 두세 건씩 다양한 건의를 올렸는데 대개 민생과 관련된 것들이었다. 또 당색이 소론이다 보니 노론과 남인의 중간에 서서 당쟁을 조정하는 일에도 힘썼다.

좌의정으로서 대제학을 겸하며 『국조보감(國朝寶鑑)』 속편과 『여지승람』 증보를 건의해 관철하기도 했다. 그러나 이때 좌의정은 석 달도 넘기지 못하고 물러나야 했다.

영의정 최석정, 장희빈 사사(賜死)에 반대하다 위기를 맞다

숙종 27년(1701년) 6월 19일 최석정은 영의정에 제배됐다. 그러나 좌의정 때와 마찬가지로 이 자리도 오래가지 못했다.

숙종 27년 8월 14일 인현왕후 민씨가 세상을 떠났다. 그리고 복상(服喪) 기간 중이던 8월 27일 남인인 행 부사직 이봉징이 대단히 민감한 문제를 건드리는 상소를 올렸다. 장희빈의 경우 6년간 왕비에 있었으므로 다른 후궁과는 복제가 달라야 한다는 것이었다. 나름대로 일리가 있는 견해이기는 했다. 그러나 남인들로서는 민씨의 죽음이 어쩌면 장희빈의 복위로 이어질 수도 있다는 기대를 했는지 모른다. 남인이었음에도 불구하고 형조 참판을 거쳐 행 부사직에 오를 수 있었던 이유는 당시 숙종이 제한적인 남인 포용 정책을 쓴 때문이다.

숙종도 처음에는 이봉징의 상소를 그저 복제 문제에 관한 일리 있는 건의 정도로만 생각했다. 그러나 시간이 지날수록 뭔가가 있다고 서인 쪽에서는 판단했다.

9월 2일 영의정 최석정이 나서서 문제를 제기했고 숙종도 "이봉징의 상소는 나도 옳지 않다고 여기고 있다"라고 답한다. 다음 날 숙종은 이봉징을 삭탈관작하고 극변으로 유배를 보냈다.

이후 한동안 잠잠했다. 그런데 20여 일이 지난 9월 23일 숙종은 죽은 왕비를 무고했다는 이유로 장희빈 오빠 장희재(張希載, ?~1701년)를 처형하라는 비망기를 전격적으로 내렸다. 실은 무고의 당사자는 장희재가 아니라 장희빈이었다. 장희빈은 틈만 나면 취선당 서쪽에 몰래 신당을 설치하고 민씨가 죽기를 기도했다는 것이다.

밀고자는 다름 아닌 영조의 어머니인 숙빈 최씨였다. 최씨는 갑술환국이 있던 1694년 9월 훗날의 영조가 되는 왕자를 출산했다. 최씨는 민씨의 사람이었다. 『실록』은 "숙빈 최씨가 평상시에 왕비가 베푼 은혜를 잊지 못하고 원통한 마음을 이기지 못해 임금에게 몰래 고했다"라고 적고 있다.

그러나 그 이상의 생각도 했을 것이다. 민씨가 사라진 상황에서 자신이 그 자리를 잇지 못할 것은 분명했다. 자신은 애초부터 출신이 너무 낮았다. 『실록』에는 명시되어 있지 않지만, 서인 쪽에서 남인의 재기를 사전에 차단하기 위해 손을 썼을 수도 있었다. 20여 일이면 생각하고 일을 꾸미기에 충분한 시간이 흘렀기 때문이다. 게다가 당시 신하들은 어느 정도의 일이면 숙종이 행동에 옮기리라는 것까지 훤히 알고 있었다.

이틀 후인 9월 25일 밤 숙종은 "희빈 장씨로 하여금 자진(自盡)토록 하라"는 명을 내린다. 이에 놀란 승지 서종헌과 윤지인 등이 나서 만류했다. 세자의 생모인 장희빈을 보존해야 세자도 보존할 수 있다는 것이었다. 처음에는 "금일의 조치는 국가를 위한 것이고 세자를 위한 것이지 즐거워서 하는 일이 아니다. 처음에 잘 처리하지 아니하여 그 화가 마침내 자라게 된다면 반드시 끝없는 걱정이 생길 것이니, 다만 이것은 국가를 위한 것이고 세자를 위한 것이다. 지금 비망기는 갑자기 나온 것이 아니고 밤낮으로 생각하고 또 생각한 나머지 부득이하여 낸 것이다"라며 단호한 태도를 보이던 숙종도 승지들의 간곡한 만류가 계속되자 일단 한 걸음 물러선다. 특히 윤지인은 강경하게 맞섰다. 심지어 국가의 중대사를 격분한 마음으로 결정해서는 안 된다고 했다가 숙종의 분노를 사게 된다.

이후 여러 날 동안 숙종은 관련된 궁녀들에 대한 친국을 주관했다. 그 와중에 영의정 최석정은 10월 1일 세자를 위해 장희빈을 죽여서는 안 된다고 간곡하게 청하다가 충청도 진천으로 유배를 가야 했다. 중도부처(中途付處)였다. 아무도 말릴 수 없는 상황이 돼버렸다.

정승들을 비롯한 신하들의 반대 상소가 이어지는 가운데 10월 7일 숙종은 엉뚱하게도 빈이 후비의 자리를 이을 수 없도록 국법으로 정하라는 명을 내린다.

다음 날 "장희빈이 내전을 질투하여 모해하려고 했다"라며 자진 명령을 내린다. 당시 세자는 조정 대신들에게 자신의 어머니를 살려달라고 애걸했다. 그러나 어느 신하도 숙종의 마음을 되돌릴 수 없었다. 결국 10월 10일 장희빈은 사약을 마셨다.

이듬해 1월 5일 숙종은 교서를 내렸다.

"중도부처 한 죄인 최석정은 지은 죄가 비록 무거우나 귀양을 간 지가 한 해를 넘겼고 바야흐로 양춘(陽春-음력 정월)을 당했으니 관대한 은전(恩典)이 없을 수 있겠는가? 특별히 방송(放送)하라."

숙종이 무한 신뢰한 현상(賢相) 최석정

최석정에 대한 신뢰는 장희빈 사사 반대에도 불구하고 식지 않았다. 본인이 구상하는 정국을 가장 잘 구현할 수 있는 재상이 바로 최석정이었기 때문이다.

숙종 28년(1702년) 12월 2일 숙종은 최석정을 서용(敍用)할 것을 명하고서 다시 판중추에 제배했다. 최석정은 일단 진천에서 소를 올려 면직을 청했다. 숙종은 받아들이지 않았다. 오히려 이듬해 2월 11일 최석정을 다시 영의정에 임명한다. 이때부터 최석정은 영의정 폐출과 임명을 반복하게 된다. 숙종 31년(1705년) 4월 13일 다시 최석정을 영의정으로 삼자 『실록』은 이렇게 평하고 있다. 숙종과 최석정이 서로 마음으로 의지하고 있음을 잘 보여주는 평이라고 하겠다.

> 이날 임금이 우상(右相) 이유(李濡)에게 영상(領相)을 추천하라고 명했는데 이유가 형세가 편안하기 어렵다는 이유로 재차 불러도 나오지 않으니, 전망(前望-예전에 후보로 추천된 사람) 단자(單子-명단)를 들여보내라고 명하여 최석정을 정승으로 삼았다.
> 최석정은 성품이 명민(明敏)하고 유순(柔順)하며 또 은밀한 지원(奧援)이 있어서 임금이 총애했으므로 비록 비위를 거슬러 잠시 폐출(廢黜)되었지만, 연이어 중복(重卜-재차 정승에 임명됨)의 명령이 있음이 이

와 같았다.

그럼에도 최석정이 소를 올려 대간(臺諫)의 비평이 있으니 나아갈 수 없다고 밝히자, 4월 19일 숙종은 이렇게 답했다.

"영의정[台司]에 재차 임명한 데에서 의지함이 돈독함을 상상할 수 있고, 승지(承旨)의 돈유(敦諭)에서 그리워함이 절실함을 알 수가 있을 터인데, 나의 뜻이 신뢰를 받지 못하여 사직하는 상소가 계속해서 이르니, 몹시 놀랍고 또 부끄러워 무어라 말할 수가 없다. 기왕의 일에 대하여는 완전히 용서했으니, 지나친 대간의 상소를 가지고 한결같이 인혐(引嫌)해서는 안 될 것이다. 더구나 지금 조정이 거의 비다시피 했고 국사(國事)는 해이해졌으니, 경(卿)과 같이 나라를 걱정하는 정성으로써 더욱 수수방관(袖手傍觀)만 할 수는 없을 것이 분명하다. 부디 자신을 낮추지 말고 즉시 나오도록 하라."

최석정을 향한 노론의 공세가 시작되다

숙종은 말년으로 갈수록 소론 중심에서 노론 중심으로 정국을 운영해갔다. 숙종의 마음이 조금씩 노론 쪽으로 움직여갈 때마다 노론에서는 최석정을 공격 목표로 삼았다. 예를 들면 영의정으로 있던 숙종 32년(1706년) 3월 3일 사학 유생(四學儒生) 송무원(宋婺源, ?~?) 등이 소를 올려 영의정 최석정을 공격했다.

"영의정(領議政) 최석정(崔錫鼎)은 (인조 때) 화친을 주장한 사람인 최명길(崔鳴吉)의 손자로 수치를 잊고 나라를 욕되게 한 죄가 있으니 우리 임금을 대신하여 황단(皇壇)의 제사를 행하게 할 수 없습니다."

황단이란 명나라 황제에게 제사를 지내는 대보단제(大報壇祭)를 말한다. 조부 문제였기에 최석정은 소를 올려 조부 최명길을 다음과 같이 변호했다. 이 글은 『숙종실록』에는 실려 있지 않고 『숙종실록보궐정오』 3월 9일 자에만 실려 있다.

이 글은 최석정이라는 재상의 식견을 보여줌과 동시에 조부 최명길을 변론하고 나아가 상경(常經)을 넘어 권도(權道)를 발휘해야 하는 재상론이라는 점에서 다소 길지만 채록할 필요가 있다.

신의 조부가 또 말하기를, "오랑캐는 우리의 토지(土地)를 탐내서가 아니라 다만 이웃 나라에 위엄을 세우려고 하는 것이니, 이는 반드시 염려할 것이 없다"라고 했습니다. 대개 신의 조부가 성대(聖代)를 만나서 직위(職位)가 숭현(崇顯)함에 이르렀으니, 충의(忠義)를 다한 것은 평소에 축적(蓄積)했던 바이고 훼예화복(毀譽禍福)은 진실로 이미 끊어버렸던 것이며, 국가의 위급존망(危急存亡)의 날을 당하여 자기 혼자 식견(識見)의 명철함을 가지고 꼭 그렇게 될 계획을 믿어서 다만 성패(成敗)의 운수를 익숙히 강구(講究)했을 뿐만 아니라 문득 또한 상경(常經)과 권변(權變)의 의리를 살펴 정했기 때문에 많은 구설에 걸려들어서 여러 번 전패(顚沛)의 지경을 당했으나, 비방하고 원망하는 것이 들끓는 것도 돌아보지 않고 자신의 명예에 누(累)를 끼치는 것도 따지지 않으면서 용감하게 곧장 앞으로 나가서 의심하고 두려워하는 바가 없었으니, 그가 이치를 택하여 의리에 처한 것은 대개 인조(仁祖)에게 올린 봉사(封事)에서 볼 수가 있습니다.

거기에 이르기를 '『춘추전(春秋傳)』에 "권도(權道)를 설행(設行) 하는 것은 사망(死亡)이 아니면 설행 하는 바가 없다"라고 했고, 또 이르기를 "권도를 행하는 것에는 도(道)가 있으니, 자기를 폄손(貶損)하여 권도를 행한다"라고 했으니, 대개 측량하기 어려운 것은 세상의 변고(變故)이고 한(限)이 없는 것은 의리(義理)입니다. 천하가 무사(無事)할 때 경상(經常)을 조심해 지키는 것은 뛰어난 이나 뛰어나지 않은 이나 같이 한길로 돌아가겠지만, 역경(逆境)을 만나거나 몸이 어떻게 할 수 없는 지경에 처하게 되면, 능히 이를 변통(變通)시켜서 도리(道理)와 함께 행한 뒤에야 바야흐로 그것을 성인(聖人)의 큰 권도라고 이르겠습니다.

옛날 은(殷)나라 미자(微子) 계(啓)는 면박함벽(面縛啣璧-손을 뒤로 묶고 옥을 입에 물고서 항복하는 것) 하면서 탕왕(湯王)의 제사를 보존(保存)했고, 제(齊)나라 관중(管仲)은 죽지 않고 갇히기를 청하여 어지러운 천하를 바로잡아 다스렸으니, 이 두 사람으로 하여금 자기 한 몸을 위하여 이런 일을 했다면 치욕(恥辱)스러운 사람으로 천한 행동을 한 것을 면치 못할 것이니, 또한 무엇을 취하겠습니까? 그러나 다만 그들은 때를 따라 정의(正義)를 마련하고 자신을 굴(屈)하여 권도를 행했으며, 혹은 조종(祖宗)의 혈식(血食)으로써 귀중함을 삼았고, 혹은 이익과 은택(恩澤)이 남에게 미치게 하는 것으로써 마음을 삼았기 때문에 공자(孔子)가 모두 인(仁)으로써 그들에게 허여(許與)했는데, 더구나 지금 전하(殿下)께서는 종사(宗社)를 온전히 하시고 생령(生靈)을 보존하신 공이 옛일에 비하여 빛이 납니다.

만약에 세상에 공자가 있었다면 반드시 두 사람에게 허여한 것으로써 전하에게 돌렸을 것입니다. 혹은 국군(國君)이 되어서는 사직(社稷)을 위해 죽어야 한다는 말로 오늘의 일을 의논하는 자가 있으니,

이는 매우 의혹 될 뿐입니다. 무릇 국군이 사직을 위하여 죽는 것은 곧 『예기(禮記)』의 말인데, 해석하는 자가 이르기를 "나라가 망하면 군주도 또한 망한다"라고 한 것이니, 그 나라가 망하지 않았는데 그 임금이 죽지 않았다는 것으로써 소급해 책망한다는 것은 신이 들은 바가 없습니다.

미자(微子)는 은(殷)나라의 한 공자(公子)이고 관중(官仲)은 제(齊)나라의 미천(微賤)한 신하로서 모두 종사(宗祀)나 생민(生民)의 책임이 없는데도, 오히려 수금(囚禁)과 치욕(恥辱)의 부끄러움도 사피하지 않고 반드시 조선(祖先)의 계통(系統)을 잇고 천하를 구제하는 것으로써 자기의 임무로 삼았거늘, 하물며 천승(千乘)의 임금으로 종사(宗祀)와 생령(生靈)이 의탁한 바인데, 도리어 스스로 그 몸을 가볍게 여겨서 구독(溝瀆-도랑에 빠져 죽음)의 행동을 달갑게 여기면서 이를 돌아보지 않아서야 되겠습니까? 유리(羑里)의 좁은 곳에서 성철(聖哲)이 구유(拘幽)된 것은 사문(斯文-유학)의 양구(陽九-재앙)라고 이를 만하지만, 문왕(文王)은 능히 준양시회(遵養時晦-도를 따라 반성하고 때가 불리할 때 숨어 지냄)하며 지혜로써 주밀히 방비하여 그 정당함을 잃지 않았기 때문에 자신이 누설(縲絏-감옥에 갇힘)에 걸려들었으나 치욕스럽게 여기지 않고, 도(道)를 굽혀 면함을 구했으나 아첨(阿諂)스럽게 여기지 않았던 것입니다.

『주역(周易)』에 이르기를 "명이(明夷)는 어려움을 알아 그 정직함을 지키면 이롭다 하고, 안으로 문명(文明)한 덕을 가지고 밖으론 유순(柔順)하여 큰 어려움을 당했으니, 문왕(文王)이 이를 실행했다"라고 했으니, 대개 성인(聖人)도 일찍이 곤궁할 때가 없지 않았으나 다만 그 대처하는 데에 방도가 있으니, 오늘은 곧 전하께서 명이(明夷)를 지킬 때입니다. 전하로 하여금 더욱 어려울 때 정직한 덕을 힘쓰시면 역시 문왕(文王)이 될 따름이라고 했으니, 지금 봉장(封章)의 내용에 있는 뜻으로 살펴본다면, 그 경훈(經訓)을 끌어 증거를 대고 의리(義理)를 참고해 증험한 것은 구차하지 않을 뿐입니다. 비록 그렇지마는 또한 감히 만족한 마음으로 오랑캐를 섬기고 계획을 세우지 않는 것으로 군상(君上)에게 우러러 인도한 건 아니니, 대개 말하기를, "나라를 다시 회복시키는 계획과 내정(內政)을 다스려 외적(外敵)을 물리치는 계책을 스스로 다하지 않을 수 없을 뿐이라" 한 때문에 그 말에 이르기를 "근심이 깊으면 성지(聖智)를 계도(啓導)하고, 어려운 일이 많으면 나라를 일으킨다"라고 했으니, 대개 편안한 데 익숙하여 주색(酒色)에 빠져서 정사에 게으르면 반드시 전복(顚覆)의 화(禍)가 있게 되고, 어려울 때 처해서도 부지런하고 두려워하면 마침내 난국(難局)을 구제하는 효과를 거두는 것은 이치에 반드시 그렇게 됨이 있어서 결단코 의심할 것이 없으니, 국가(國家)가 상망(喪亡)하는 데엔 이르지 않을 것입니다.

대개 지난해[上年]에 화친(和親)을 배척한 일은 진실로 실착(失着)이 되었으나 천조(天朝-명나라)를 위하여 절의를 세웠으니 그 명분이 올발랐고, 올해에 출성(出城-성을 나와 항복함)한 일은 진실로 수치스러웠기는 하나 생민(生民)을 위하여 모욕(侮辱)을 참았으니 그 마음이 어진 것입니다. 천의(天意)가 본조(本朝)에 끊어지지 않은 것과 인심(人心)이 성상(聖上)에게 떠나지 않은 것이 어찌 연유한 바가 없이 그렇게 되겠습니까?

진실로 능히 성상의 뜻을 분발(奮發)하여 동요되거나 저지되는 바가 없게 하고, 앞일을 징계 삼아 뒷일을 삼가는 계책을 더욱 힘쓰고, 내

정(內政)을 다스려 외적(外敵)을 물리치는 정치를 힘써 다하시며, 진정 측은히 여기는 마음으로 어려움에 처한 처지에서 주선(周旋)을 하고 지극한 정성으로 밝게 강림(降臨)하는 하늘에 감동된다면, 실패로 인하여 성공(成功)이 되고 재앙(災殃)이 바뀌어서 복(福)이 되는 것은 반드시 오늘부터 비롯되지 않은 것은 아닙니다.

하(夏)나라에서는 일성(一成-사방 10리 땅)을 가지고도 소강(少康)이 흥기(興起)했고, 월(越)나라에서는 회계(會稽)에 머물면서 구천(句踐)이 패권(覇權)을 잡았었는데, 더구나 지금 국가의 경토(境土)가 결손(缺損)된 바가 없으며, 조종(祖宗)의 덕택(德澤)도 오히려 다 없어지지 않았으니, 변란(變亂)이 비록 비참하나 호령(號令)이 사방에 막히지 않았고, 재용(財用)이 비록 써서 없어졌지마는 남은 힘이 아직 삼남(三南)에 있으니, 오늘의 일은 오직 전하께서 뜻을 세우시기를 어떻게 하시느냐에 달려 있을 뿐입니다. 진실로 일을 하려고 하시면 어찌 이뤄지지 않는 것을 근심하시겠습니까?

이에 숙종은 대신을 흔들고 조정을 어지럽혔다는 죄목으로 송무원에게 변방 유배를 명했다. 송무원은 송시열의 증손이며 아들 송덕상(宋德相, ?~1783년)은 홍국영과 함께 정치 노선을 함께하다가 홍국영이 몰락할 때 함께 패망했으며 정조 때 노론 벽파로 몰렸다. 이를 통해 우리는 송무원의 당색을 짐작할 수 있다.

3월 25일 최석정이 올린 사직 소를 보면 노론의 공격이 최석정의 목 아래에 이르렀음을 알 수 있다.

"풍문(風聞)에 좌상(左相)이나 우상(右相)이 송무원(宋婺源)의 일을 아뢰고 인하여 구해(救解) 하는 말이 있다고 하기에, 처음에는 놀라서 의혹한 마음이 없지 않다가, 좌상의 차자(箚子)를 보고 난 후에야 그 본뜻이 그렇지 않음을 비로소 깨우쳤으나, 정세가 위축(危蹙)되는 데 어찌 감히 안연(晏然)하게 명을 받을 수 있겠습니까?"

당시 좌상은 서종태(徐宗泰, 1652~1719년), 우상은 김창집(金昌集)이었다. 김창집은 노론이었다.

최석정도 가만있지는 않았다. 같은 해 6월 11일 노론 대신 병조 판서 이이명(李頤命)을 직격했다. 이에 숙종은 곧바로 이이명을 파직해 서용하지 말 것을 명했다. 아직은 최석정에 대한 숙종의 신임이 살아 있었던 것이다.

이이명(李頤命, 1658~1722년)은 이경여(李敬輿)의 손자로 일찍부터 송시열의 지원을 받으며 이선(李選)·이수언(李秀言) 등과 함께 노론의 선봉장 역할을 했다. 이 일이 있은 지 얼마 후 우의정에 오르고 숙종의 총애를 얻어 1708년 좌의정에 올라 숙종 말기 노론 정권의 핵심 인물이 된다.

최석정은 노론 일색으로 바뀌는 조정 상황을 보면서 숙종 33년(1707) 여러 차례 사직 소를 올려 마침내 영의정에서 물러난다.

최석정이 지은 『예기유편』, 노론에게 반격의 빌미를 주다

최석정은 숙종 19년(1693년)에 『예기유편(禮記類編)』이라는 주석서를 편찬했다. 대체로 조선 초 권근(權近)의 『예기천견록(禮記淺見錄)』을 기본으로 삼아 원문의 장구(章句)가 혼돈을 주거나 일탈된 것을 정밀하게 바로잡은 책이다.

노론 입장에서 서술한 『실록』은 숙종 35년(1709년) 1월 18일 자에서 이 책을 다음과 같이 평하고 있다.

당초에 최석정(崔錫鼎)이 예서(禮書)를 찬집(纂輯)하여 『유편』이라고 이름했는데, 모든 예경(禮經)의 장구(章句)를 거개 분류(分類)하여 모아 이쪽에서 끊어다가 저쪽에다 보충하고 위에서 잘라다가 아래로 옮기곤 했으되, 되도록이면 번잡하고 중복된 것들을 없애어 고열(考閱) 하기 편리하게 했다. 또 『중용』과 『대학』을 가져다가 도로 그전의 자리에 편차(編次) 하되 편제(篇題)를 첨산(添刪) 하기도 하고 장단(章段)을 없애버리기도 했고, 주자의 설명은 전부 없애고 단지 주설(註說)만 남긴 것도 있고, 정자(程子)의 해설을 끊어내고 자기의 설명으로 대신한 것도 있고, 아래 장(章)을 위에다 넣고서 그 장의 끝에 있는 해석을 삭제한 것도 있고, 딴 주(註)를 새로 붙이어 본주(本註)의 뜻을 어지럽힌 것도 있어, 대개 조목(條目)의 배치는 교묘하게 되었지만, 큰 본령(本領)은 깎여버리게 되었다.

"주자의 설명은 전부 없애고 단지 주설(註說)만 남긴 것도 있고"라는 표현에서 보듯이 발화성이 강한 책이었다.

이이명의 동생 이관명(李觀命, 1661~1733년)이 깃발을 들었다. 최석정의 책은 "성인을 모함하고 현인을 업신여겼다"라는 것이다. 이관명이 촉발한 불은 성균관과 사학(四學)의 선비들에게 옮겨붙었다. 성균관 유생들이 동맹휴업을 결행한 것이다.

이에 최석정은 열다섯 차례나 사직 의사를 밝혔고 그때마다 숙종은 반려했다.

드디어 성균관 유생 이병정 등이 소를 올려 최석정을 공격했다.

우리 주 부자(朱夫子)가 천년이나 추락(墜落)했던 통서(統緒)를 이어받고, 뭇 성현의 것을 집대성(集大成)하여 사도(斯道)의 오묘(奧妙)한 뜻을 천명(闡明)하되, 집주(集註)와 장구(章句)를 확정하고 저술하여 만세에 교훈을 남겨놓았으니, 이는 바로 천지의 떳떳한 법이고 고금의 공통된 의리입니다. 불행히도 지난날에 난적(亂賊) 윤휴(尹鑴)가 선현(先賢)을 가볍게 보고서 『중용(中庸)』의 장구를 멋대로 고쳤었으니, 윤휴가 종말에 창궐(猖獗)하게 된 것이 실지는 이에서 비롯하게 된 것인데, 박세당(朴世堂)의 『사변록』이 또한 뒤따라 일어나게 되고, 이번에는 최석정(崔錫鼎)이 또한 그가 만든 『예기유편』이란 것으로 신엄(宸嚴)을 간범 하고 있습니다.

예학 혹은 예론을 둘러싼 노론과 소론의 정면충돌이었다. 결국 이 일로 최석정은 숙종 35년 6월 29일 사직 상소를 40여 차례나 올린 끝에 영의정에서 물러났다. 다시 영의정을 맡지만, 숙종 36년 2월 30일에는 병을 핑계로 영의정에서 물러나 판중추에 머물렀다. 그러나 판중추에서도 물러나야 했고 마침내 사헌부에서는 최석정을 유배 보낼 것을 청하기도 했다.

최석정에 대한 노론의 집중 공세

판부사(-판중추)로 있던 숙종 40년(1714년) 8월 12일 윤증(尹拯)의 상사에 최석정이 제문을 지었는데 그 안에 송시열을 침척(侵斥)하는 말이 있다 하여 유생들이 소를 올렸다. 그러나 숙종은 사사로운 제사에 쓴 글을 갖고서 나라에서 문제 삼을 수 없다는 논리로 유생들의 주장을 받아들이지 않았다.

그러나 이미 노론의 세상이었다. 이듬해인 숙종 41년(1715년) 최석정은 세상을 떠났다. 숙종은 교서를 내려 말했다.

"지극한 슬픔으로 눈물이 흘러 옷깃을 적시었다."

당시에 최석정을 보는 시각은 정확히 둘로 갈렸다. 먼저 노론이 쓴 『숙종실록』 숙종 41년 11월 11일 졸기이다.

최석정은 성품이 바르지 못하고 공교하며 경솔하고 천박했으나, 젊어서부터 문명(文名)이 있어 여러 서책을 널리 섭렵했는데, 스스로 경술(經術)에 가장 깊다고 하면서 주자(朱子)가 편집한 『경서(經書)』를 취하여 변란(變亂)시켜 삭제했으니, 이로써 더욱 사론(士論)에 죄를 짓게 되었다. 그리고 여러 번 태사(台司-삼정승)에 올랐으나 일을 처리함에 있어 전도되고 망령된 일이 많았으며, 남구만(南九萬)을 스승으로 섬기면서 그의 언론(言論)을 조술(祖述)하여 명분(名分)과 의리(義理)를 함부로 전도시켰다.

경인년(숙종 36년)에 시약(侍藥)을 삼가지 않았다 하여 엄지(嚴旨)를 받았는데, 임금의 권애(眷愛-총애)가 갑자기 쇠미해져서 그 뒤부터는 교외(郊外)에 물러가 살다가 졸하니 나이는 70세이다. 뒤에 시호(諡號)를 문정(文貞)이라 했다.

이번에는 소론이 쓴 『숙종실록보궐정오』 같은 날 졸기이다.

판중추부사(判中樞府事) 최석정(崔錫鼎)이 졸(卒)했다. 최석정은 자(字)가 여화(汝和)이고, 호(號)가 명곡(明谷)인데, 문충공(文忠公) 최명길(崔鳴吉)의 손자이다. 성품이 청명(淸明)하고 기상(氣像)이 화락(和樂)하고 단아(端雅)했으며, 총명함이 다른 사람보다 뛰어났다. 어려서 남구만(南九萬)과 박세채(朴世采)를 따라 배웠는데, 이치를 분별하여 깨달아 12세에 이미 『주역(周易)』에 통달해 손으로 그려서 도면을 만드니, 세상에서 신동(神童)이라 일컬었다.

구경(九經)과 백가(百家)를 섭렵하여 마치 자기 말을 외듯이 했는데, 이미 지위가 고귀해지고 늙었으나 오히려 송독(誦讀)을 그치지 않으니, 경술(經術)·문장(文章)·언론(言論)과 풍유(風猷)가 일대 명류(名流)의 종주가 되었다. 산수(算數)와 자학(字學)에 이르러서는 은미(隱微)한 것까지 모두 수고하지 않고 신묘하게 해득(解得)하여 자못 경륜가(經綸家)로서 스스로 기약했다. 태사(台司)에 열 번이나 올라 당론(黨論)을 타파하여 인재(人才)를 수습하는 데 마음을 두었으며, 『대전(大典)』을 닦고 밝히는 것을 일삼았다. 신사년(1701년-숙종 27년)에 차자를 세 번 올려 미움받았는데, 이는 다른 사람들이 하기 어려워하는 것이었으니, 조태채(趙泰采)가 매복(枚卜)에서 대신(大臣)의 풍도가 있다고 했다.

소관(小官)에 있을 때부터 임금의 권애(眷愛)가 특별하여 만년까지 쇠하지 않자, 당인(黨人)들이 이를 매우 시기하여 처음에는 경서(經書)를 훼파(毁破)하고 성인을 업신여겼다고 무함하다가 마침내 시병(侍病) 하는 데 삼가지 않았다고 구죄(構罪) 하니, 하루도 조정에 편안히 있을 수 없었다. 그러나 편안히 지내면서 끝내 기미(幾微)를 얼굴빛에 나타내지 않으니, 사람들이 그의 너그러운 도량에 감복했다.

만년에는 더욱 경외(京外)를 왕래하다가 황야(荒野)에서 죽으니, 식자(識者)들이 한스럽게 여겼다. 그러나 문식이 지나치고 또 경솔하여 절실함이 깊지 못했다. 정치를 논함에 있어서도 긴요한 듯하면서 실지로는 범연하여 남구만(南九萬)처럼 독실하고 정확(精確)하지는 못했다. 시호(諡號)는 문정(文貞)이며, 태묘(太廟)에 배향(配享)되었다.

산수(算數)와 자학(字學)에 통달한 르네상스적 인간 최석정

최석정은 1710년 사실상 영의정을 그만둔 뒤부터 전원생활에 들어갔다. 그러면서 그는 줄기에서 말한 대로 산수(算數)와 자학(字學) 연구에 전념한 것으로 보인다.

그는 수학과 관련된 『구수략(九數略)』이라는 책을 지었다. 『한국민족문화대백과』에 실린 소개이다.

4권 2책. 목판본. 갑·을·병·정(부록) 4편으로 엮어졌다. 갑편은 주로 가감승제(加減乘除) 4칙에 관한 기본적인 설명, 을편은 이들 기본연산(基本演算)을 다룬 응용 문제, 병편은 개방(開方)·입방(立方)·방정(方程) 등에 관해서, 정편은 문산(文算)·주산(籌算) 등의 새로운 산법과 마방진(魔方陣) 연구 등으로 구성되어 있다.

이 책은 수학의 형이상학적인 역학 사상에 의거, 수론을 전개한 점이 특징이다. 따라서 현실적인 수학의 계산을 도외시하면서 삼위일체설에 근거를 둔 수의 분류를 주제로 한 서양의 보에티우스(Boethius) 수학에 견줄 수 있다.

수사(數詞)·단위·산목(算木)·포산(布算-산목의 배열법)·가감승제의 계산 원칙을 비롯하여 심지어 동양 수학의 대표적 고전인『구장산술(九章算術)』의 각 장을 음양 사상과 결부시켜 분류하고 있다. 그 분류 방법을 보면,

태양[日] 一, 방전(方田)

태음[月] 二, 속미(粟米)·소광(少廣)

소양[星] 三, 상공(商工)·쇠분(衰分)·영육(盈朒)

소음[辰] 四, 균수(均輸)·구고(勾股)·방정(方程)으로 되어 있다.

방전장(方田章)은 곱셈이므로 '태양'에 속하고, 속미장(粟米章)은 나눗셈이므로 '태음'에, 소광장(少廣章)은 심오하므로 '태음'에 속한다는 것이다. 이러한 음양설과 수 체계의 관계는

태원(太元)·양의(兩儀)·사상(四象)

↑↓

수원(數原)·(+, -)·사칙(四則)

사칙(+, -, ×, ÷)

↑↓

'일월성신'으로 대응시키고 있다.

특히 정편(부록) 말미에 많은 지면을 할애하고 있는 '하락변수', 곧 마방진은 저자의 중세적 수학 사상을 여실히 나타내고 있다. 거기에서는 양휘산법(楊輝算法) 내용을 인용하면서 아울러 자신의 연구를 소개하고, 구수음면(九數陰面)·백자자수음양착종면(百子子數陰陽錯綜面) 등 역(易)에 관련된 형이상학적인 명칭을 붙였다.

이 마방진 연구는 중국이나 일본의 경우처럼 단순한 수학 유희(數學遊戲)가 아니고 일종의 심각한 신앙 고백이었으며, 주로 수의 신비적

기능을 빌려 우주의 질서와 조화를 꾀한 것으로 여겨진다. 또한 저자는 영의정을 지낸 사대부 출신이므로 당시의 새로운 지식을 누구보다도 앞서 접할 수가 있었다.

인용 서적에 나타난 바와 같은 『천학초함(天學初函)』 등 유럽 계통의 수학책을 참고로 하면서도 『구수략』의 체재를 신비적 수론 사상을 바탕으로 구성하고 있는 점은, 당시 사대부의 수학관 단면을 보여준 것이라 할 수 있다. 즉, 형이상학적인 수의 사상과 수학상의 이론과 계산 기술을 미분리된 그대로 다루는 사대부층의 수학관이 잘 나타나 있다.

또 그는 일찍이 숙종 4년(1678년)에 훈민정음의 기원을 『주역』에 입각해 풀이한 『경세정운도설』을 지었다. 일종의 운도(韻圖)로서 1678년(숙종 4년) 건곤(乾坤) 2권으로 완성되었으나 간행되지 못했다. 훈민정음 체계를 소옹(邵雍)의 『황극경세성음창화도(皇極經世聲音唱和圖)』에 비추어 해석하고, 그것을 토대로 하여 경세정운도를 작성한 것이다.

구성은 경세정운 서설, 운섭도(韻攝圖), 경세정운 오찬(五贊), 성음 편, 군서절충(群書折衷)으로 되어 있으며, 서설 부분은 훈민정음의 원리와 체계를 기술한 것이긴 하나, 이것은 제2부에서 『황극경세성음창화도』를 모방하여 작성한 운섭도의 이론적 바탕을 제공하기 위한 것이었으며, 이 이론에 따라 운섭도에서 한자음을 도표로 보여주었다. 경세정운 오찬 이하의 기술은 중국 음운학에 관한 것으로서 중국의 여러 운서·운도에 관하여 언급하고 저자의 비판적인 의견도 제시했다.

동생 최석항도 좌의정에 오르다

최석항(崔錫恒, 1654~1724년)도 소론의 거물이며 좌의정에 이르렀다. 경종 4년(1724년) 그의 졸기이다.

최석항은 고(故) 상신(相臣) 최석정(崔錫鼎)의 아우인데, 외모는 왜소했으나 강한 정신력을 내포하고 있었다. 관찰사로 나갔을 적에는 재국(才局)이 있다는 이름을 날렸고, 평생의 처사에 규각(圭角)을 드러내지 않았으며, 항상 후진(後進)에게 경계하기를 '사소한 일을 가지고 남과 서로 따지지 말라. 그러다가는 걸핏하면 실패하고 나랏일을 성취하지 못한다'라고 했다. 그러나 그가 정승으로 들어가 임인년(1722년-경종 2년)·계묘년(1723년-경종 3년)의 큰 옥사를 당하여서는 뜻을 아예 평반(平反-억울한 죄를 다시 조사하여 무죄로 하거나 감형하는 일)에 두지 않은 것이 아니었으나, 필경 대각(臺閣)의 어긋나고 과격한 논의에 끌려서 모든 일을 스스로 주장하지 못한지라, 식자(識者)는 그의 역량이 적었던 것을 결함으로 여겼다. 부음을 알리자, 임금이 하교하여 애도의 뜻을 전했고, 세제(世弟-훗날의 영조)도 거애(擧哀)의 의식을 거행했으니, 예문(禮文)을 따른 것이다.

KI신서 13740
이한우의 조선 재상 열전
조선 500년을 만든 경세가 20인

1판 1쇄 인쇄 2025년 8월 15일
1판 1쇄 발행 2025년 9월 11일

지은이 이한우
펴낸이 김영곤
펴낸곳 ㈜북이십일 21세기북스

인문기획팀 팀장 양으녕 책임편집 이정미 마케팅 김주현
디자인 푸른나무디자인
영업팀 정지은 한충희 장철용 강경남 황성진 김도연 이민재
제작팀 이영민 권경민

출판등록 2000년 5월 6일 제406-2003-061호
주소 (10881) 경기도 파주시 회동길 201 (문발동)
대표전화 031-955-2100 팩스 031-955-2151 이메일 book21@book21.co.kr

ⓒ 이한우, 2025
ISBN 979-11-7357-450-4 03910

㈜북이십일 경계를 허무는 콘텐츠 리더

21세기북스 채널에서 도서 정보와 다양한 영상자료, 이벤트를 만나세요!
페이스북 facebook.com/jiinpill21 포스트 post.naver.com/21c_editors
인스타그램 instagram.com/jiinpill21 홈페이지 www.book21.com
유튜브 youtube.com/book21pub

당신의 일상을 빛내줄 탐나는 탐구 생활 〈탐탐〉
21세기북스 채널에서 취미생활자들을 위한 유익한 정보를 만나보세요!

• 이 책 내용의 일부 또는 전부를 재사용하려면 반드시 ㈜북이십일의 동의를 얻어야 합니다.
• 잘못 만들어진 책은 구입하신 서점에서 교환해드립니다.
• 책값은 뒤표지에 있습니다.

이한우의 지인지감 시리즈

이한우의 설원 전 2권
유향 찬집 완역 해설 상·하
이한우 지음 | 각 값 39,800원

말의 정원에서 만난 언어의 본질
새로운 설원 읽기: 유향식 논어 풀이

이한우의 인물지
유소 『인물지』 완역 해설
이한우 지음 | 값 28,000원

"이 책이 없었다면 조조의 탁월한 용병술은 없었다!"
『논어』와 『도덕경』의 핵심만 담은 인사(人事)의 정수

이한우의 노자 강의
『도덕경』 5천 자에 담긴 무위자연의 제왕학
이한우 지음 | 값 58,000원

'하지 않음'으로 모든 것을 이끄는 '무위의 리더십'을 말하다!
제왕학 관점에서 새롭게 해석한, 노자의 『도덕경』

이한우의 조선 당쟁사
'주자학'이란 이름으로 자행된 야만과 퇴행의 역사
이한우 지음 | 값 45,000원

또 다른 나라를 꿈꾼 이들의 당파 싸움은 어떻게 조선을 삼켰나!
당쟁의 근본 원인과 본질을 정면에서 해부하다

(주)북이십일 경계를 허무는 콘텐츠 리더

21세기북스 채널에서 도서 정보와 다양한 영상자료, 이벤트를 만나세요!
페이스북 facebook.com/jiinpill21   포스트 post.naver.com/21c_editors
인스타그램 instagram.com/jiinpill21   홈페이지 www.book21.com
유튜브 www.youtube.com/book21pub

당신의 일상을 빛내줄 탐나는 탐구 생활 〈탐탐〉
21세기북스 채널에서 취미생활자들을 위한 유익한 정보를 만나보세요!